北京人才蓝皮书

BLUE BOOK OF BEIJING'S TALENT

北京人才发展报告
（2014~2015）

ANNUAL REPORT ON DEVELOPMENT OF BEIJING'S TALENT
(2014-2015)

北京市人力资源研究中心
主　编／刘敏华

社会科学文献出版社
SOCIAL SCIENCES ACADEMIC PRESS (CHINA)

图书在版编目(CIP)数据

北京人才发展报告.2014~2015/刘敏华主编.—北京：社会科学文献出版社，2016.1
（北京人才蓝皮书）
ISBN 978-7-5097-8617-8

Ⅰ.①北… Ⅱ.①刘… Ⅲ.①人才-发展战略-研究报告-北京市-2014~2015　Ⅳ.①C964.2

中国版本图书馆 CIP 数据核字（2015）第 313709 号

北京人才蓝皮书
北京人才发展报告（2014~2015）

主　　编 /	刘敏华
出 版 人 /	谢寿光
项目统筹 /	祝得彬　仇　扬
责任编辑 /	仇　扬
出　　版 /	社会科学文献出版社·当代世界出版分社（010）59367004
	地址：北京市北三环中路甲29号院华龙大厦　邮编：100029
	网址：www.ssap.com.cn
发　　行 /	市场营销中心（010）59367081　59367090
	读者服务中心（010）59367028
印　　装 /	北京季蜂印刷有限公司
规　　格 /	开　本：787mm×1092mm　1/16
	印　张：27　字　数：409千字
版　　次 /	2016年1月第1版　2016年1月第1次印刷
书　　号 /	ISBN 978-7-5097-8617-8
定　　价 /	128.00元

皮书序列号 / B-2011-174

本书如有破损、缺页、装订错误，请与本社读者服务中心联系更换

▲ 版权所有 翻印必究

北京人才蓝皮书编委会

编撰机构 北京市人力资源研究中心

主　　编 刘敏华

副 主 编 罗圣华

编　　委 刘敏华　曾湘泉　杨河清　李海峥　罗圣华

执行编辑 罗圣华　王选华　苏　伟　薄洁敏　李　果
　　　　　　陈思诺　沈怡翾

北京市人力资源研究中心简介

北京市人力资源研究中心是北京市委组织部直属的人力资源开发与管理应用对策研究和咨询机构，成立于2004年12月，是全国组织系统中组建的第一家人力资源研究机构。

北京市人力资源研究中心承担开展北京市委、市政府关于首都人力资源开发与管理的应用研究，推进人力资源交流与合作，统筹全市人才宣传工作等方面职责。十多年来，北京市人力资源研究中心按照"小机构、大平台、宽服务"的要求，充分发挥"智囊、喉舌、触角"的作用，紧紧围绕北京市委、市政府的中心工作，圆满完成了多项重大调研任务，通过出版书籍和内刊等多种形式，为全市各级党委、政府、企事业单位提供了强有力的决策支持和服务。

主要编撰者简介

刘敏华 现任北京市委组织部人才工作处处长、北京市人力资源研究中心主任、北京专家联谊会秘书长。清华大学工学博士,曾任清华大学组织部副部长、北京市委组织部组织处副处长。长期从事组织人才研究与实践工作。

罗圣华 现任北京市人力资源研究中心副主任。中国人民大学经济学硕士,曾任北京市大兴区庞各庄镇党委委员、组织部长。《北京人才参考》副主编。

摘　要

　　《北京人才发展报告（2014～2015）》是由北京市人力资源研究中心组织编写的北京人才蓝皮书系列的第4本，旨在全面总结展示一个时期北京人才发展的理论成果和实践经验。全书由总报告、行业篇、区县篇、专题篇和附录五部分组成。

　　总报告概括了首都人才发展的基本情况，论述了建体系、建机制、建队伍、建平台、建环境"五建"方面的具体做法。同时，提出了下一步"聚"字当头的人才工作任务。

　　行业篇、区县篇和专题篇主要收录了北京市重点行业、区域和领域的人才发展研究报告，力求从不同角度展示有关部门、区县在推进人才发展中的实践探索、工作成果和思路措施。

　　附录部分收录了2014年9月以来北京市关于人才发展的重要政策文件，以及人才发展的重要事件，供读者全面了解这一时期北京人才发展的总体脉络。

目 录

BⅠ 总报告

B.1 体制机制改革：开创首都人才工作新局面
——2014~2015年北京人才发展报告
………………………… 北京市人力资源研究中心课题组 / 001

BⅡ 行业篇

B.2 首都金融人才引进需求结构研究
………………………… 北京市金融工作局人事处
北京双高人才发展中心第一资源研究院 / 028

B.3 科技人才工作体制机制改革研究
………………… 武霏霏 王 峥 朱晓宇 黄 峥 / 061

B.4 旅游文化休闲产业人才发展现状研究
………………………… 门头沟区委组织部课题组 / 086

B.5 影视文化产业人才聚集探索与实践研究
………………… 怀柔区文化产业发展促进中心课题组 / 103

B.6 北京农村实用人才发展研究
　　……………………………… 中共北京市委农村工作委员会 / 113
B.7 北京市社区工作者队伍建设研究
　　………………………… 刘占山　张　强　刘　霖　左　欣 / 137

BⅢ 区县篇

B.8 中关村西城园创新创业人才发展战略研究
　　………………《中关村西城园创新创业人才发展战略》课题组 / 155
B.9 海淀区战略性新兴产业领域人才引进培养
　　服务体系研究 ………………………… 海淀区委组织部课题组 / 181
B.10 房山区人才创业环境优化路径研究
　　……………………………………… 房山区委组织部课题组 / 197
B.11 行政副中心高层次人才队伍建设路径研究
　　……………………………………… 通州区委组织部课题组 / 207
B.12 顺义区建设临空经济高端人才聚集区路径研究
　　……………………………………… 顺义区委组织部课题组 / 221
B.13 新区人才工作引领创新发展实践研究
　　………………… 大兴区委组织部、北京市委经济技术开发区
　　　　　　　　　　　　　　　　　　　　　工委组织部课题组 / 243

BⅣ 专题篇

B.14 健全统一规范的人力资源市场研究
　　………………………… 北京市人力社保局人力资源市场处 / 257
B.15 首都国际人才中介服务业发展研究 ……………… 王辉耀 / 273
B.16 北京市人力资本与物质资本比较研究
　　………………………… 李海峥　孙　越　裘越芳　郭大治 / 284

B.17 北京市高层次专业技术人才梯队建设研究
　　　　　　　　　　　　　　　　　　　…………… 张士运　郑　祎 / 306

ⒷⅤ　附录

B.18 北京市社会工作者继续教育实施办法 ………………… / 328
B.19 关于进一步加强北京市外籍人员聘用工作的通知 …… / 335
B.20 北京市鼓励企业设立科技研究开发机构实施办法 …… / 339
B.21 北京市优秀人才培养资助实施办法 …………………… / 345
B.22 关于进一步促进海淀区央地人才协同发展的实施意见 …… / 352
B.23 中关村高端领军人才聚集工程实施细则 ……………… / 362
B.24 北京市特聘专家服务与管理办法 ……………………… / 374
B.25 中关村国际人才创新创业生态系统建设工程 ………… / 380
B.26 新区推进高端产业领军人才发展示范区建设的实施办法
　　（试行）………………………………………………… / 386
B.27 关于深化中关村人才管理改革的若干措施 …………… / 390
B.28 2014~2015年北京人才工作大事记 …………………… / 394

Abstract ……………………………………………………………… / 405
Contents ……………………………………………………………… / 406

皮书数据库阅读 使用指南

总报告

General Report

B.1

体制机制改革：开创首都人才工作新局面

——2014~2015年北京人才发展报告

北京市人力资源研究中心课题组*

> 摘　要： 2015年是首都人才工作改革创新突破之年。本报告首先总结了首都人才发展的基本概况，从人才规模、质量、结构以及效能等方面，分析了首都人才事业发展取得的新成效。其次，从建体系、建机制、建队伍、建平台、建环境"五建"入手，重点论述了在完善人才工作体系、深化人才发展体制机制改革、强化人才队伍建设、打造人才发展平台、营造人

---

* 课题组组长：刘敏华，北京市委组织部人才工作处处长、北京市人力资源研究中心主任，工学博士。课题执笔人：罗圣华，北京市人力资源研究中心副主任，经济学硕士；王选华，北京市人力资源研究中心副调研员，经济学博士；苏伟，北京市人力资源研究中心干部，管理学博士；薄洁敏，北京市人力资源研究中心干部，大学本科；李果，北京市科学技术委员会干部，管理学硕士；陈思诺，北京市市直机关工委党校干部，法学硕士；沈怡翾，北京科学学研究中心干部，大学本科。

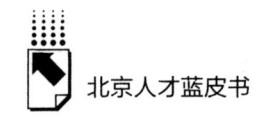

才发展环境等方面的具体做法。最后，提出了下一步"聚"字当头的人才工作任务，重点围绕提升人才国际化发展水平、推进京津冀人才一体化发展、深化人才发展体制机制改革、强化专家人才政治引领与政治吸纳等方面开展人才工作。

关键词： 人才发展　体制机制改革　"五建"　人才一体化

一　首都人才发展新情况

近年来，按照北京市委、市政府要求，在市人才工作领导小组统一部署下，有关职能部门各司其职、密切配合，紧紧围绕首都城市战略定位，深化人才发展体制机制改革，以吸引、培养和集聚高层次人才为重点，统筹推进各类人才队伍建设，为实施创新驱动发展战略和推动首都经济社会持续健康发展提供了坚强的人才保障和广泛的智力支持，首都人才事业发展取得新的成效。

（一）人才规模适度增长

1. 人才资源数量持续增长

人才资源总量。到2014年底，北京地区从业人员达到1156.7万人，分别比2008年、2010年增长了17.9%、12.1%。据测算，北京地区人才资源总量达到615万人，分别比2008年、2010年增长了82.5%、59.7%。从人才密度看①，2014年为53.2%，分别比2008年、2010年提高了18.8%、15.9%。人才资源变化见图1，人才密度见图2。

人才队伍建设。从六支人才队伍看，各支人才队伍增速合理，队伍结构逐渐优化。2014年，党政人才、企业经营管理人才、专业技术人才、高技

---

① 人才密度，是指在一定区域或系统内人才数量在从业人员中所占的比重。

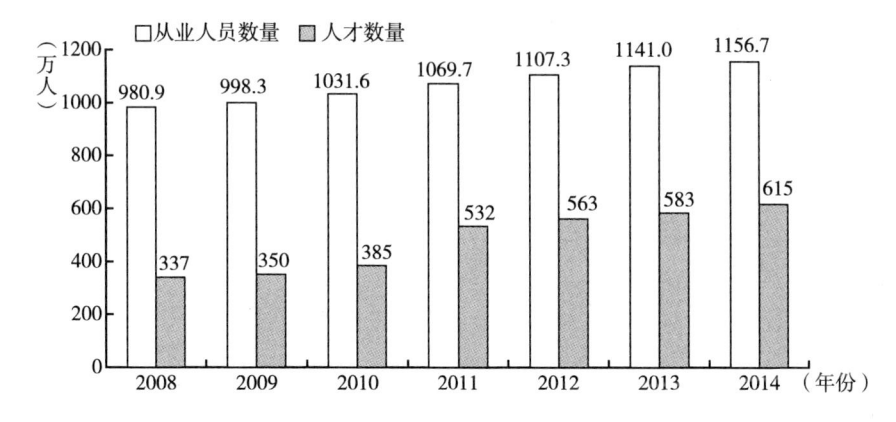

体制机制改革：开创首都人才工作新局面

图1 北京地区人才资源变化情况

数据来源：从业人员数据来自《北京统计年鉴（2015）》，2014年人才数据来自《北京地区人才资源统计报告（2014）》，其他年份人才数据来自《北京人才发展报告（2013~2014）》。

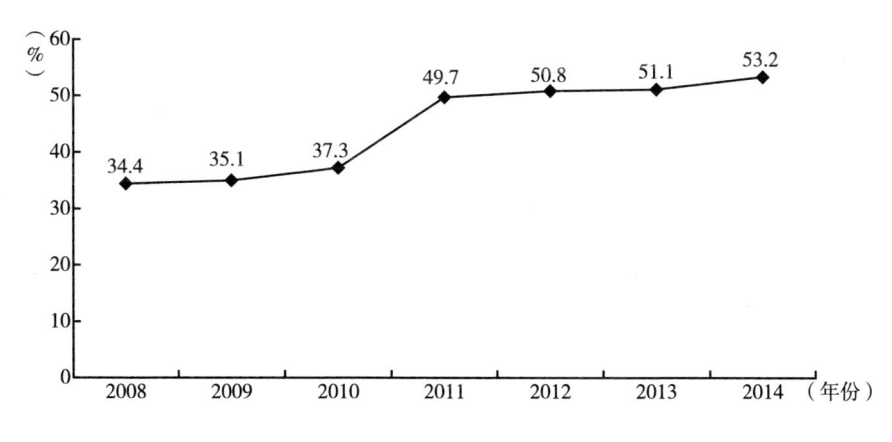

图2 北京地区人才密度变化情况

能人才、农村实用人才以及社会工作人才的数量分别为21.5万人、257.3万人、302.8万人（管理岗位64.4万人）、87.7万人、4.7万人、5.7万人。其中，专业技术人才和企业经营管理人才总量占全市人才总量比例超过80%。2008~2014年，社会工作人才队伍增长速度最快，年均增长率达到15.5%；其次是农村实用人才，年均增速为15.3%；企业经营管理人才、专业技术人才和高技能人才增速相当，年均增速分别为13.2%、

003

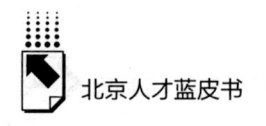

11.2%、12%；增速最低的是党政人才队伍，年均增速为0.6%。具体情况见表1。

表1 北京地区人才队伍发展情况

单位：万人、%

队伍类型	2008年	2011年	2012年	2013年	2014年	年均增速
党政人才	20.8	20.9	21.28	21.41	21.5	0.6
企业经营管理人才	122.5	243	247	249.4	257.3	13.2
专业技术人才	160.5	257	274	283.4	302.8	11.2
高技能人才	44.5	65.9	73.4	80	87.7	12.0
农村实用人才	2.0	3.8	4.3	4.6	4.7	15.3
社会工作人才	2.4	2.35	3.4	4.47	5.7	15.5

数据来源：2008年数据来自首都人才规划纲要制定的测算数据，2014年数据来自《北京地区人才资源统计报告（2014）》，其他年份人才数据来自《北京人才发展报告（2013~2014）》。

结合首都中长期人才发展规划纲要，各支人才队伍的发展情况呈现不同特征。

一是党政人才队伍规模稳定，数量适度。2014年底，党政人才总量比2008年增加了约3%，与2015年规划目标接近。随着政府职能转变，加之中央、国家机关非紧密型行政辅助功能有序疏解，党政人才队伍总规模将趋于平稳，队伍质量将稳步提升。

二是企业经营管理人才总量快速增长，结构趋于优化。2014年底，企业经营管理人才总量比2008年增加了1.1倍，达到257.3万人，提前实现2020年规划目标。随着京津冀协同发展不断深入，非首都功能有序疏解，部分低端产业将转出北京，预计相应的企业经营管理人才增速趋缓，高端经营管理人才增速相对加快。

三是专业技术人才总量快速增长，高端化趋势日渐明显。2014年底，专业技术人才总量比2008年增加了88.7%，达到302.8万人（管理岗位64.4万人）。随着一般性制造业、部分批发零售业等第三产业退出，专业技术人才队伍将在保持总量适度增长的同时，加快向高端化方向发展。

四是社会工作人才规模、结构和素质全面提升。2014年底,社会工作人才比2008年增加了1.38倍,在各支人才队伍中增速最快。考虑到首都人口压力较大,社会管理和服务任务繁重,对社会工作人才的需求还将不断增长。预计"十三五"时期,社会工作人才队伍规模还将加快增长,结构将逐步优化,素质将不断提高。

五是高技能人才总量快速增长,结构加速优化。2014年底,高技能人才总量、高技能人才占技能劳动者比例增长超预期。随着非首都功能的疏解和"高精尖"经济结构的打造,预计高技能人才队伍增长速度将趋缓,结构优化将进一步加速。

六是农村实用人才总量快速增长,面临结构性调整。2014年底,农村实用人才总量比2008年增加了1.35倍,增速仅次于社会工作人才。随着北京城乡一体化发展和都市型现代农业建设,农业发展重心向总部功能、休闲功能和生态功能转移,农村实用人才队伍将面临结构性调整。

2. 人才质量稳步提升

从业人员受教育程度。截至2014年底,北京地区接受过高等教育的从业人员比例达到了42.8%,同比提高2个百分点,比2008年提高了10个百分点。从20～59岁主要劳动年龄人口受过高等教育情况看,2014年受过高等教育的比例达到了45.4%,同比提高4.6个百分点,比2008年提高了18.4个百分点,已经提前实现规划制定的2015年目标。具体情况见图3。

高等院校毕业生。2014年,全市各类高等院校毕业生为49.59万人,是补充首都人才资源的主要来源。其中,研究生占15%,普通高校本专科生占30%,成人本专科生占19%,网络本专科生占36%。每年进入北京市工作的高校应届毕业生中,约30%来自京内高校。[①] 具体情况见图4。

留学生情况。2014年底,北京地区留学生在校总人数超过3.9万人,从2008年以来,在校生年均增长率保持在3.7%左右,详见表2。图5显示,授予留学生学位人数,2008年为2425人,2014年达到了近5000人,

---

① 该数据参照中关村的标准。

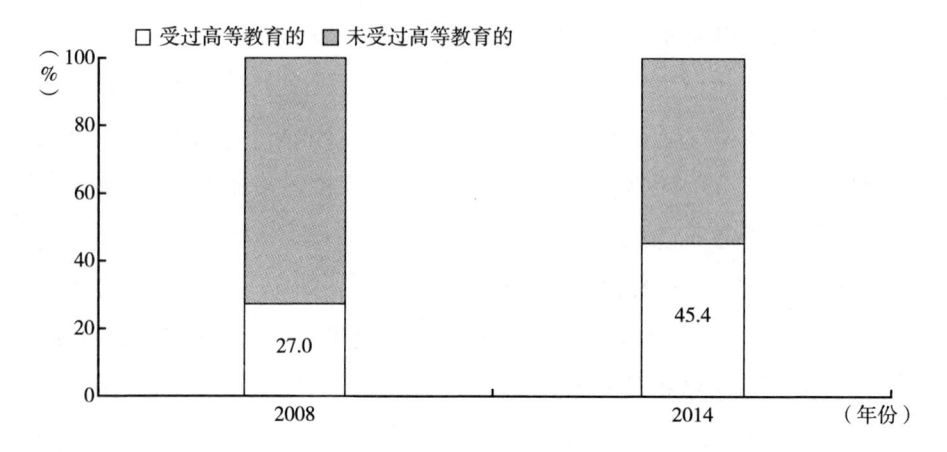

图3 主要劳动年龄人口受过高等教育比例

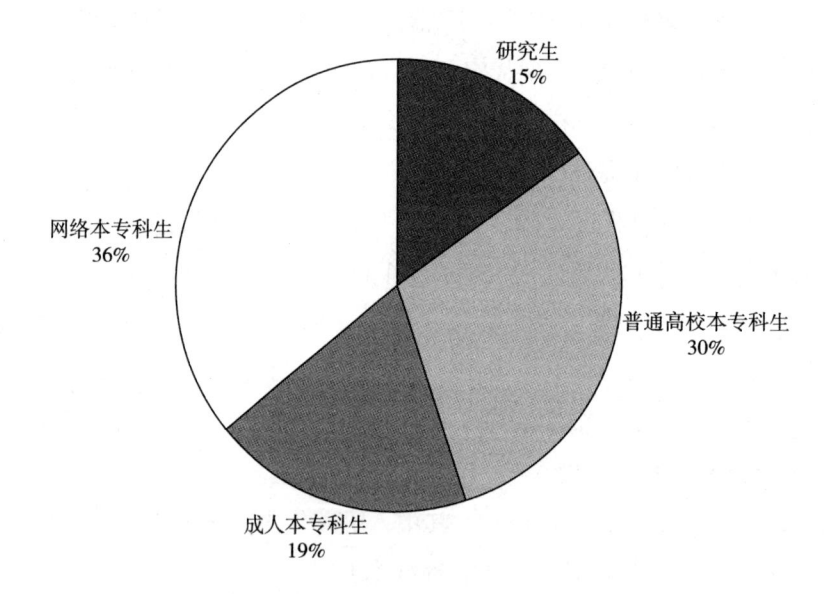

图4 2014年全市各类高等院校毕业生构成情况

年均增长率保持在12.6%。授予留学生学位人数占毕（结）业人数的比重逐年升高，从2008年的12.3%上升到2014年的19.8%。据统计，每年所招进的留学生中参加培训的占绝大部分，只有少部分学生攻读本科及以上学位。因此，留学生质量还有待进一步提升。

表 2 北京地区留学生变化情况

单位：人、%

年份	毕(结)业生数	授予学位人数	招生数	在校学生数	授予学位人数占毕(结)业生比例
2008	19646	2425	23872	31712	12.3
2009	18674	2802	21889	30766	15.0
2010	19471	3140	25413	33570	16.1
2011	23410	3539	29121	39141	15.1
2012	25570	4455	29165	40549	17.4
2013	26333	4720	29781	43180	17.9
2014	24950	4937	27690	39379	19.8
年均增长率	4.1	12.6	2.5	3.7	—

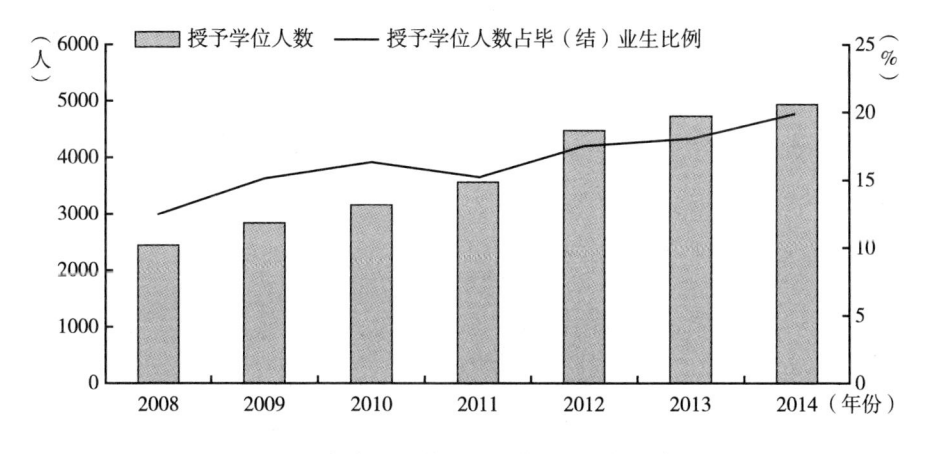

图 5 北京地区留学生授予学位人数变化情况

高层次人才。北京市高层次人才序列主要包括"两院"院士，入选中央"千人计划""万人计划"，北京市"海聚工程""高创计划"等各类人才工程的国内外高层次人才，还包括国家、北京市其他类别人才计划培养支持的各类人才。到目前为止，北京地区拥有 700 多名"两院"院士，入选中央"千人计划"的海外高层次人才有 1337 名，入选中央"万人计划"的国内高层次人才有 258 名，北京地区拥有的这三类人才分别占全国的 1/2、

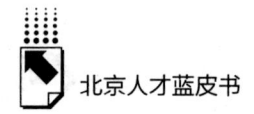

1/4、1/3，具体情况见图6。北京市"海聚工程"共认定759名海外高层次人才，其中192人入选了中央"千人计划"；国内高层次人才入选首批"高创计划"的有150名。先后两批共28名高层次人才获得"北京学者"称号。

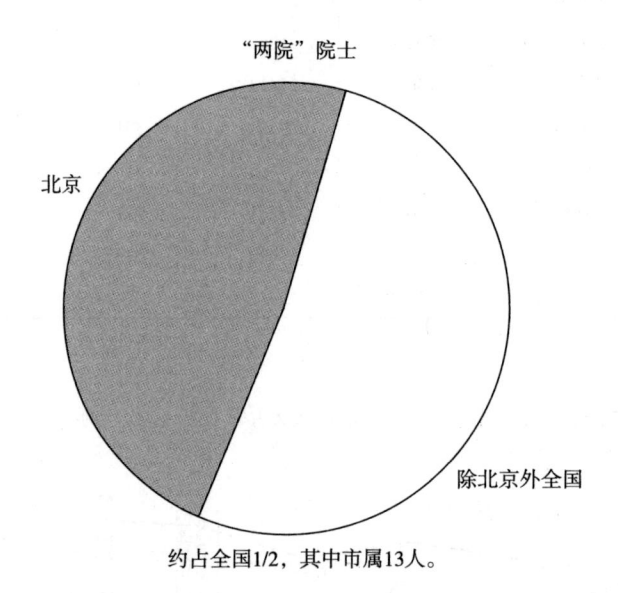

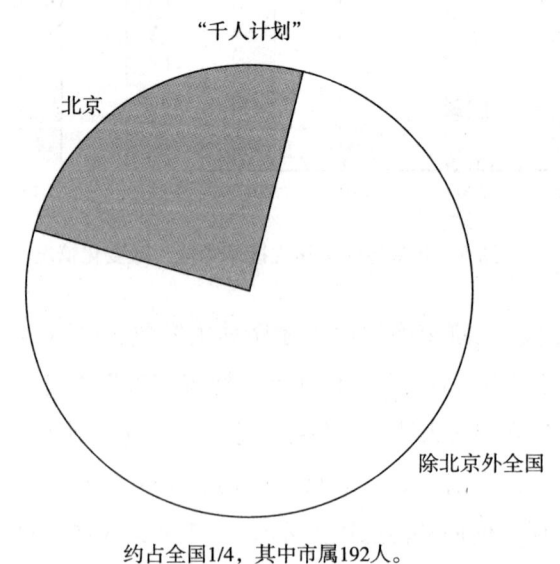

"两院"院士

北京

除北京外全国

约占全国1/2，其中市属13人。

"千人计划"

北京

除北京外全国

约占全国1/4，其中市属192人。

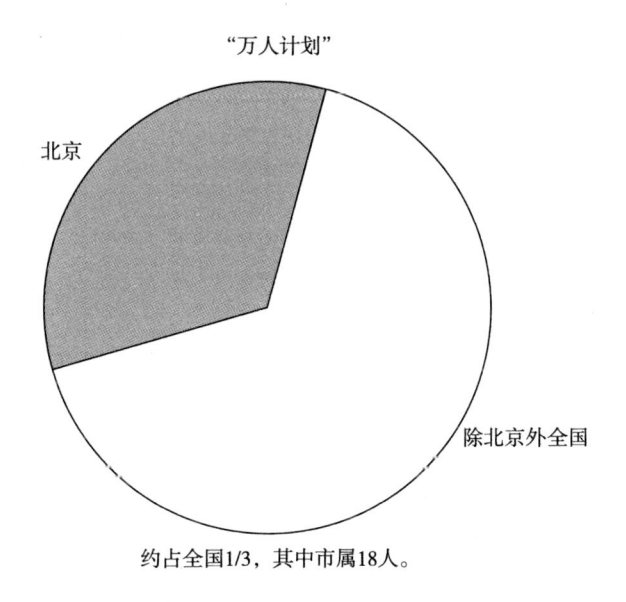

体制机制改革：开创首都人才工作新局面

"万人计划"

北京

除北京外全国

约占全国1/3，其中市属18人。

图6　北京地区高层次人才资源分布

中关村是北京高层次人才主要聚集之地。到2014年底共有200万名从业人员。其中，73%的劳动者受过高等教育，包括2万名博士、20万名硕士、100万名本科。集聚了海归人才近2万名、外籍从业人员近万人，先后引进了1091名国家"千人计划"入选者、424名北京"海聚工程"入选者，数量占北京地区海外高层次人才总量的70%以上。中关村已经成为全国高层次人才最为密集的区域。

3. 人才结构更趋合理

第三产业聚集人才能力不断增强。2014年，北京地区生产总值（GDP）达到2.13万亿元，同比增长7.3%。其中，第三产业占比为77.9%，对经济增长的拉动为5.7%，对经济增长的贡献率高达78.3%，详见表3。从业人员规模为894.4万人，占全部从业人员的比例为77.3%，与2008年相比，提高了4.9个百分点，详见图7。目前北京地区第三产业从业人员结构与经济结构匹配度较高，人才聚集效应明显，集聚人才能力进一步增强。

009

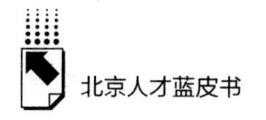

表3　北京地区三次产业对经济增长贡献率比较

单位：%

年份	产业贡献率			产业对经济增长的拉动			
	第一产业	第二产业	第三产业	经济增长率	第一产业	第二产业	第三产业
2008	0.1	2.4	97.5	9.1	—	0.2	8.9
2009	0.4	26.5	73.1	10.2	—	2.7	7.5
2010	-0.1	34.4	65.7	10.3	—	3.5	6.8
2011	0.1	19.7	80.2	8.1	—	1.6	6.5
2012	0.3	22.9	76.8	7.7	—	1.8	5.9
2013	0.3	24.9	74.8	7.7	—	1.9	5.8
2014	—	21.7	78.3	7.3	—	1.6	5.7

数据来源：《北京统计年鉴（2015）》。

核心产业人才快速增长。高技术、金融和文化创意产业是近年来北京地区重点发展的产业。2014年底，这三大产业从业人员比重为23.1%，比2008年提高了7.3个百分点。其中，高技术、金融和文化创意产业从业人员比重分别为2.5%、4.0%和16.6%，金融和文化创意产业从业人员占比分别比2008年增加了1.6个百分点和5.7个百分点，高技术产业从业人员比重与2008年基本持平，详细情况见表4。

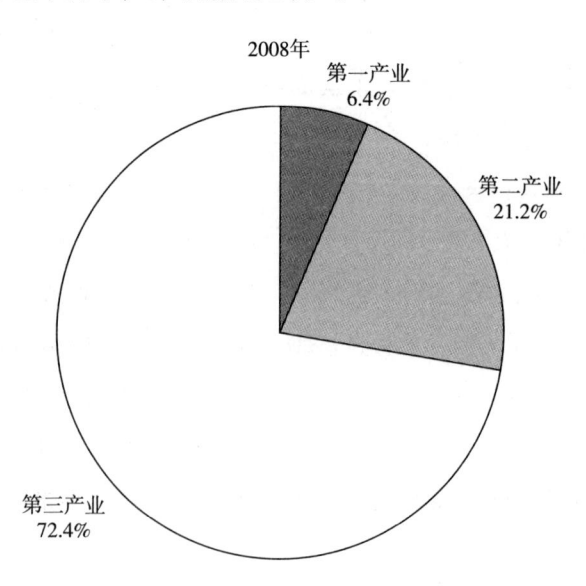

2008年
第一产业 6.4%
第二产业 21.2%
第三产业 72.4%

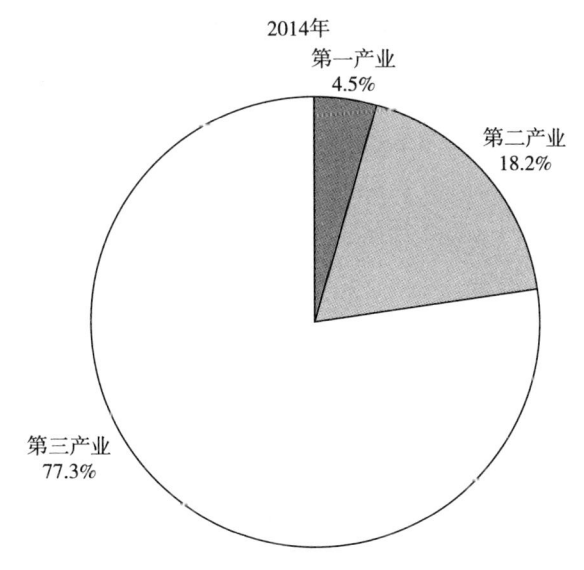

图7 北京地区从业人员产业结构情况

2014年
第一产业 4.5%
第二产业 18.2%
第三产业 77.3%

数据来源:《北京统计年鉴(2015)》。

表4 北京地区高技术、金融、文化创意产业从业人员比重

单位:%

产业人才类型	2008年	2012年	2013年	2014年
高技术产业从业人员比重	2.5	2.4	2.4	2.5
金融产业从业人员比重	2.4	3.6	3.6	4.0
文化创意产业从业人员比重	10.9	13.8	13.8	16.6
合计	15.8	19.8	19.8	23.1

数据来源:根据相应年份《中国高技术统计年鉴》《北京统计年鉴》数据测算得出。

4. 人才效能显著提高

经济效能持续提升。从人才经济产出看,2014年北京地区人均GDP、劳动生产率、人才对经济增长贡献率分别为10万元/人、18.4万元/人和45.7%,分别比2008年提高了56.3%、62.8%和10.7个百分点[①],详细情况见图8。以文

---

① 数据来源:人均GDP、劳动生产率数据来自《北京统计年鉴(2015)》;2008年人才对经济增长贡献率数据来自制定《首都中长期人才发展规划纲要(2010~2020年)》时的测算数据;2014年数据来自《北京地区人才资源统计报告(2014)》。

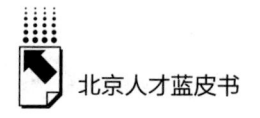

化创意、信息产业、生产性服务业、物流业等为代表的新兴产业持续增长。截至 2014 年底，文化创意产业实现增加值 2826.3 亿元，占 GDP 比重达到 13.2%，

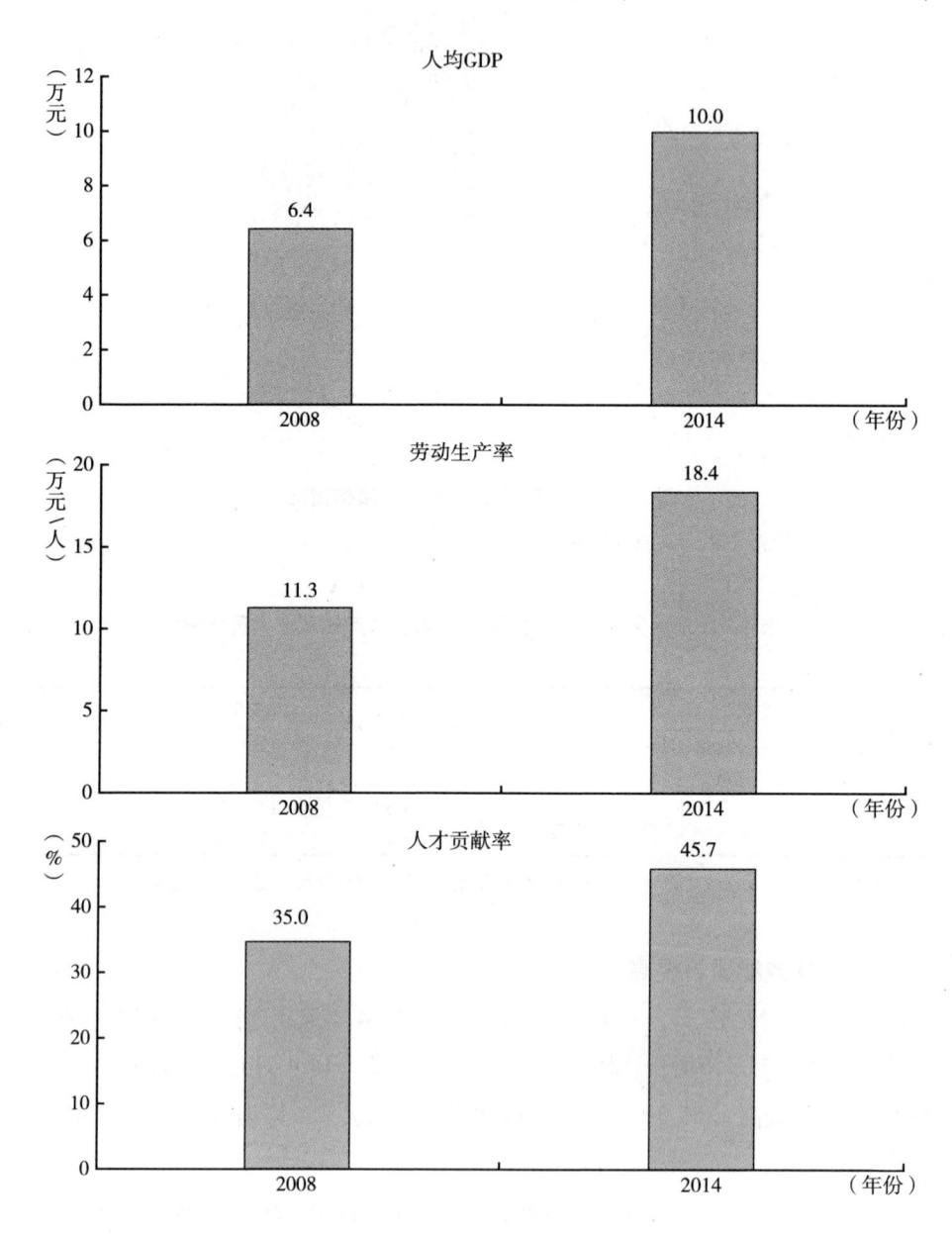

图 8　北京地区人才效能比较

比2008年提高了1.1个百分点;信息产业增加值达到3172.2亿元,占GDP比例达到14.9%,比2008年略有下降;生产性服务业增加值达到11196.1亿元,占GDP比例为52.5%,比2008年提高了4.3个百分点;物流业增加值达到790.2亿元,占GDP比例为3.7%,比2008年下降了0.1个百分点,详见表5。

表5 北京地区部分新兴产业增加值占GDP比例情况

单位:%

项目	2008年	2010年	2011年	2012年	2013年	2014年
文化创意产业	12.1	12.0	12.2	12.3	12.2	13.2
信息产业	15.8	14.1	14.6	14.3	14.4	14.9
生产性服务业	48.2	47.5	50.0	49.7	51.1	52.5
物流业	3.8	3.5	3.5	3.3	3.6	3.7

数据来源:2009~2015年的《北京统计年鉴》。

科技成果数量大幅增加。2014年底,北京地区科技成果登记数量达到1042项,比2008年增加26项;专利申请及授权量分别为13.8万件和7.5万件,专利授权率[1]比2008年提高了13个百分点。其中,最能代表科技创新水平的发明专利申请和授权量分别为7.8万件和2.3万件,分别是2008年的2.8倍和3.8倍。2014年,北京地区获得国家技术发明奖和国家科学技术进步奖的总数为64项,比2008年增加9项,详见表6。

表6 北京地区科技成果变化情况

科技成果	2008年	2014年
科技成果登记数(项)	1016	1042
专利申请量(万件)	4.4	13.8
其中:发明专利(万件)	2.8	7.8
专利授权量(万件)	1.8	7.5
其中:发明专利(万件)	0.6	2.3
国家技术发明奖、国家科学技术进步奖(项)	55	64

数据来源:《北京统计年鉴(2009)》《北京统计年鉴(2015)》。

---

[1] 专利授权率,指专利授权量占专利申请量的比例。

5. 人才发展指标符合预期

与首都中长期人才发展规划纲要战略目标相比，2014年人才资源总量、高技能人才占技能劳动者比例和主要劳动年龄人口受过高等教育比例均已超过2015年目标水平。与2020年相比，2014年人力资本投资占地区生产总值比例和人才贡献率接近目标水平的8成，人才资源总量和每万劳动力中研发人员超过目标水平的8成，高技能人才占技能劳动者比例接近目标水平，主要劳动年龄人口受过高等教育比例已超出目标水平。预计到2020年，六大人才发展指标均可实现预期目标，详细情况见表7。

表7 首都人才发展主要指标完成情况

指 标	2008年	2014年	规划目标 2015年	规划目标 2020年
人才资源总量(万人)	337	615	510	650
每万劳动力中研发人员(人年/万人)	204	212.1	240	260
高技能人才占技能劳动者比例(%)	21.8	29.3	26	30
主要劳动年龄人口受过高等教育比例(%)	27	45.4	35	42
人力资本投资占地区生产总值比例(%)	19	22.3	24	29
人才贡献率(%)	35	45.7	50	60

数据来源：2008年数据来自《首都中长期人才发展规划纲要（2010~2010年）》，2014年数据来自《北京地区人才资源统计报告（2014）》。

二 首都人才工作新进展

近年来，北京市认真坚持党管人才原则，紧紧围绕"聚天下英才而用之"的要求，聚焦问题，深入谋划，把握重点，扎实推进，着力抓好建体系、建机制、建队伍、建平台、建环境"五建"工作，使人才工作在服务大局中发挥作用，实现突破。

（一）进一步完善人才工作体系

1. 坚持党管人才原则，完善人才工作领导体系

党管人才就是要发挥党委（党组）在人才工作中的核心领导作用，明

确"党委统一领导,组织部门牵头抓总,职能部门密切配合、各司其职,社会力量广泛参与,用人单位发挥主体作用"的党管人才工作格局。北京市在长期实践的基础上,创造性地提出分类界定党委(党组)人才工作职责,具体为:在市委、市政府领导下,市级形成了包括32个成员单位的市人才工作领导小组,对全市人才工作进行统筹谋划、宏观指导、综合协调、督促检查。各区区委书记担任区人才工作领导小组组长,形成"一把手"亲自抓、分管领导具体抓、班子成员一起抓的领导体制。各级党委部门、政府职能部门、人民团体党委(党组),推动制定和实施人才引进、培养、激励等方面的人才政策,结合各部门的业务职责,履行人才队伍建设、人才工程策划实施职能。高等院校、科研机构、企业等用人单位的党委(党组)紧密结合单位发展需要,创造各种有利条件,大力整合内部资源,打造人才发展平台,充分发挥人才作用;同时,利用党委(党组)在思想政治工作中的优势,做好各类人才的政治引领和政治吸纳工作。基层党组织更多地承担联系人才、服务人才等人才工作职能,依托"两新"组织在人才吸引集聚中的组织优势、平台优势,及时传达党的各项方针政策,引导社会力量广泛参与人才工作。

2. 优化人才工作组织体系

市级层面成立了"一办一会一中心"的架构,具体推动人才工作落实。"一办"是市人才工作领导小组办公室,设在市委组织部,主要职责是落实市人才工作领导小组开展的各项人才业务工作。"一会"是北京专家联谊会,主要职责是加强市委、市政府与广大专家人才的联系沟通,组织专家人才为首都发展献计献策,团结服务专家人才。"一中心"是北京海外学人中心,是为留学人员来京创新创业专门设立的服务平台,专门受理留学人员提出的服务需求,协助办理有关手续,并提供全程代理服务。

3. 强化人才工作督促落实体系

一分部署,九分落实,人才工作也一样,需要把职责任务落实贯穿人才工作各个领域、各个环节。市人才工作领导小组建立了人才工作目标责任制,由市人才工作领导小组办公室统一制定工作方案,分解目标计划,通过自查、检查和年度考核相结合的方式,保证目标责任落到实处。对各成员单

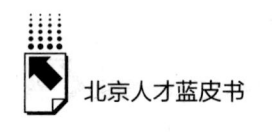

位采取定性考核、各区采取定量加定性考核的方式，督促各成员单位、各区的人才工作落到实处。

4. 健全人才工作保障体系

人才工作是一项长期的、系统性工作，建立健全高效的人才工作保障体系，对实现人才工作目标使命至关重要。北京市主要从人才队伍建设、资金投入等方面打造人才保障网络。建设一支高素质的人才工作队伍，是把人才工作各项任务落到实处的前提。近年来，市委组织部通过加强力量配备、组织培训，不断提高人才工作者能力素质，打造了一支"知全局、懂人才、干实事、善服务"的人才工作者队伍。比如2015年，北京联合天津、河北共同举办京津冀人才工作者培训，凝聚协同发展共识，在京津冀人才一体化发展的过程中，率先实现人才工作者的一体化。加大人才投入是实现人才工作目标的重要保障。2010~2014年，全市教育、科技、卫生事业公共财政支出保持较大幅度增长。2014年，人才公共财政总投入达到1347.1亿元，占GDP比例为6.3%，占地方财政支出比例为18.8%。其中，教育财政支出达742.1亿元，比2010年增加了64.8%；科技财政支出达282.7亿元，比2010年增加了69.2%；卫生财政支出达322.3亿元，比2010年增加了72.5%。

（二）不断改革人才发展体制机制

1. 创新人才培养开发方式

市人才工作领导小组按照分层分类的原则，统筹整合全市各职能部门开展人才自主培养开发工作。以北京高校人才培养为例，2012年市委教育工委就全面推进北京高等学校人才培养模式改革创新，提出了24条意见。其中一条就是实施专业群建设计划，目的是突破校际壁垒，推动高校间同类专业、高校内相近专业之间的合作建设，实现资源共享、优势互补，形成专业集群合力。2015年3月，市教委针对北京高等学校专门出台了高水平人才交叉培养计划，即市属高校和中央高校共同培养优秀学生的"双培计划"、市属高校和海（境）外名校共同培养优秀学生的"外培计划"和以提高学生实习实践和科研创新能力为目的的"实培计划"。其中，部分"双培

"外培"人员选拔，将列入北京市属高校高招计划，向北京各地区投放指标。为促进学校教育和社会实践锻炼紧密结合，市委教育工委实施了北京高校教师、博士、博士后到市机关单位、国有企事业单位挂职锻炼项目，同时，还建设了127个北京市级校外人才培养基地，累计投入达3700余万元。

2. 改革人才评价发现机制

从2011年起，市人力社保局就开始采用综合评价方法，既坚持职称、学历等统一的人才标准，又区分不同领域、不同行业、不同专业的人才评价特点，体现重能力、重业绩、重潜力的评价标准，面向中关村核心区实施了一系列特殊政策，纳入了年薪收入等市场化评价指标，联想、百度等一批知名企业从中受益，引入了大批特需人才。此外，还开展了留学人才评价指标体系研究，围绕用人单位、产业方向、市场评价、留学人才自身发展特点设置指标项，对拟引进的留学人才进行综合测评。职称评审方面，北京市努力探索一些新的方式方法，在推进重点领域人才评价制度创新方面取得一定成效。从2011年开始，启动实施了高端领军人才职称评审"直通车"试点，中关村、经济技术开发区、未来科技城等区域内的高层次人才申报专业技术职称时，可不受学历、职称、外语和计算机考试等条件限制，直接申报教授级高工。截至目前，已有5批共333名高端领军人才取得教授级高级工程师资格。2014年，将职称评审"直通车"制度推广到全市自然科学和社会科学研究系列，北京生命科学研究所邵峰等7人、大公国际董事长关建中分别获得首批自然科学、社会科学系列高端领军人才研究员资格。实施职称评审"直通车"制度，进一步推动优秀人才脱颖而出，极大地激发了人才创新创业活力。

3. 完善人才选拔任用机制

市教育部门制定了《2011～2015年北京市属高校领导班子建设规划》《北京市属高校领导班子后备干部队伍建设规划（2011～2020年）》，进一步完善了市属高校领导干部选拔任用机制，加大了高校竞争性选拔干部力度，在北京工业大学、首都师范大学等市属高校试行了副校级领导职位竞争选拔上岗制度，社会反响良好。市国资委大力实施高级经营管理人才培养工程，以企业各级领导班子建设为重点，建立了经营管理人才能力素质模型，

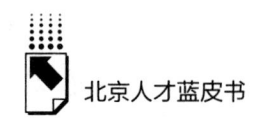

优化领导班子结构，强化后备干部培养，形成了体现国企特点的领导人员管理制度体系，加大经理层竞争性选拔和市场化选聘力度。市人才工作领导小组发布了《北京市面向海外高层次人才设立政府特聘岗位暂行办法》，提出在政府部门设置高级专业人才或高级管理人才特聘岗位，打破身份、级别限制，面向海外招聘选拔政府部门急需紧缺的海外高层次人才，取得了良好效果。

4. 健全人才流动配置机制

近几年，首都人才流动机制更趋灵活，特别是中关村国家人才管理改革试验区，很多创新做法促进了人才流动。比如，中关村很早就鼓励大学与企业人才双向流动，这实际上就在大学和企业之间开了一道"旋转门"，大学老师可以去企业兼职做研发、咨询活动，企业专业技术人员也可以去大学从事教研活动。近年来，清华大学、北京大学等高校与百度、中国普天等企业开展了27个人才互动项目，中关村从高科技企业遴选了50余名企业负责人和科研领军人才到高校担任兼职教授或研究生导师。此外，京津冀人才流动明显加快。2014年8月，北京、天津两市签署协议，决定在天津建设"滨海中关村科技园"，从中关村分流一部分移动互联网、文化创意、生物医药、高端制造等领域的高新企业到滨海新区。另外，以首钢搬迁曹妃甸为序幕，曹妃甸已成为迄今为止首都产业外迁最大承载地，超过20家北京企业落户曹妃甸。这些举措打破了地区壁垒，把北京包括人才在内的高端要素辐射到了整个京津冀区域，带动产业转移、功能疏解。

5. 改革人才激励保障机制

强化政策保障和人才激励机制建设，可以营造良好的人才成长环境，激发人才创新创业活力。中关村人才管理改革试验区建设之初提出的13项特殊政策，有多项涉及人才激励保障。比如，科技经费使用方面，承担国家民口科技专项的单位，可按最高13%的比例列支间接经费；资助方面，为入选"千人计划"、"海聚工程"的高层次人才提供100万元人民币的一次性奖励；股权激励方面，高校教师、科研院所研究人员到企业从事项目转化活动，享受股权激励政策；医疗方面，高层次人才享受医疗照顾人员待遇，由北京市卫生行政部门为其发放医疗证，到指定的医疗机构就医；住房方面，采取建设"人才公寓"等措施，为高层次人才提供1万套定向租赁住房。目前，这些政策都已一一落地，为中关村人才发展注入了强大活力，也为全国人才激励保障机制改革积累了经验。另外，为加快推进科技成果转化和产业化步伐，2014年北京市先后出台"京校十条"和"京科九条"，主要目的就是进一步创新机制，全面盘活人、财、物，加快科研机构成果转化和产业化。其中，明确规定科技成果转化70%的收益都可用于奖励科研人员。

（三）大力加强人才队伍建设

1. 加强海外人才引进工作

对接中央"千人计划"，2009年北京市正式启动实施地方引才专项计划"海聚工程"，大力引进、支持海外高层次人才来京创新创业。成立了由28家单位组成的海外学人工作联席会，先后组建香港、硅谷、伦敦、多伦多等11个海外人才联络机构，进一步拓宽了荐才引才渠道。绘制了全球重点领域外国专家分布地图，建立了高端外国专家人才推荐机制，加强与亚洲、北美、欧洲国家和地区在人才资源方面的联络与共享。同时，还因地制宜地制订实施区域特色引才计划，如朝阳区"凤凰计划"、海淀区"海英计划"、中关村"高聚工程"、经济技术开发区"新创工程"等，初步形成了以"海聚工程"为引领、以区域引才计划为补充的全市海外引才工作格局，增强了引才工作的整体合力。

2. 强化国内高层次人才队伍建设

对接国家"万人计划"，积极实施"高创计划"。2014年开始实施为期10年的高层次创新创业人才支持计划，总体思路是按照"三个层次、六类人才"统筹整合全市重点人才工程。第一层次是具有深厚的学术造诣，有重大发明创造或取得重要研究成果，具有成长为世界级的科学家、工程师和文化名家的潜力的杰出人才，计划支持75名。第二层次是北京市科技和产业发展急需紧缺的领军人才，包括科技创新与科技创业领军人才、哲学社会科学和文化艺术领军人才、教学名师、百千万工程领军人才，计划支持900名。第三层次是35岁以下具有较大发展潜力的青年拔尖人才，计划支持500名。"高创计划"由市人才工作领导小组办公室统筹实施，在相关部门

设立5个遴选平台负责具体工作。首批"高创计划"共评选出14名杰出人才、88名领军人才和48名青年拔尖人才。

3. 大力实施人才培养资助及表彰奖励项目

在人才培养资助方面，市人才工作领导小组每年对北京地区300名左右35岁以下的青年骨干给予10万元以内的资金支持，最近10年，该项目资助了4000余名青年人才，累计拨付经费达1.5亿元；对15家左右的单位给予人才工作创新资助。从2014年起，新增青年拔尖个人和青年拔尖团队项目，计划用10年时间，支持500名左右35岁以下、具有博士学位、专业潜力特别突出的青年人才；支持50个左右重点发展领域的青年团队，每个团队资助额度达到200万~300万元。在人才表彰奖励方面，共分三个层次。第一层次是"首都杰出人才奖"。该奖项设立于2003年，是北京市人才的最高奖项，每3年评选一批，每批5人左右。目前有张艺谋、柳传志等11人获奖。第二层次是"有突出贡献的人才"。该奖项设立于1984年，主要是表彰各领域骨干人才，分为"有突出贡献的科学、技术、管理人才""高技能人才"和"农村实用人才"三类。每3年评选一批，每批50人左右。截至目前，共表彰11批667人。第三层次是"北京市优秀青年人才"评选。该奖项设立于1992年，用于表彰35岁以下的北京市各行业优秀人才，每3年评选一批，每批60人。截至目前，共评选7批653人。

（四）积极搭建人才发展平台

1. 人才培养平台

市教委在双管高校、市属高校择优建设了一批首都拔尖人才培养基地。为服务北京全国科技创新中心建设及"高精尖"产业结构调整，实施"北京高等学校高精尖创新中心建设计划"，集中力量建设20个左右的高精尖中心，以5年为一个周期，每年每个中心给予5000万~1亿元的资金支持，在大学打造"创新特区"。目前，包括清华、北大、人大、北工大、首师大在内的首批13所高校"高精尖创新中心"已经挂牌。为加快推进职业教育平台建设，全市先后组建了7个职业教育集团，设立了高职综合改革试点项目专项资金,大力支持北京工业职业技术学院和北京电子科技职业学院开展综合改革试点项目,提高职业教育服务区域产业发展的能力。

2. 人才创新平台

争取了一批国家重大科研、工程项目落户北京。比如,落户中关村生命科学园的国家蛋白质科学基础设施北京基地,吸引了全球生命科学领域高端人才共聚北京开展高端前沿研究。建设了一批高水平的产学研用相结合的创新研发平台。目前,全市共培育科技创新平台达到近600个,其中市重点实验室330个、市工程技术研究中心252个,产学研协同共建的市重点实验室和工程技术研究中心102个。还构建了新一代移动通信、印刷电子、材料分析测试服务等十余家以龙头企业为主导的产业技术联盟。

(3)人才创业平台。目前,中关村科学城已成为首都知识创新基地,是全市高新技术信息交流中心,聚集了大批高新技术产业孵化器,通过构建产学研用相结合的体制机制,吸引了大批高端人才,推动重大新药创制、通用芯片等前沿科技成果产业化项目在此落地。另外,以中关村、金融街、CBD、经济技术开发区、临空经济区、奥林匹克中心区六大高端产业功能区为载体,积极打造政策优惠、机制灵活、格局开放的人才创业基地,吸引了大批创业人才。

(五)着力优化人才发展环境

环境是城市发展的软实力。北京市着眼于建设国际一流的和谐宜居之都,打造人才创新创业生态系统,不断优化人才发展环境,包括政策法规初具的法制环境,"鼓励创新、宽容失败"的社会文化环境,以及和谐宜居的自然环境。大大优化了引才聚才的地方品质。

1. 法制环境方面

2014年,市委组织部启动了人才立法研究工作,委托中国人事科学研究院对人才立法开展前期研究,希望通过研究,破解人才立法的一些基本问题,为出台人才发展促进条例、进一步营造首都人才工作法制环境奠定坚实基础。同时,各政府职能部门持续推进简政放权、放管结合、优化服务,加强知识产权保护,打造公平规范的市场环境。

2. 社会文化环境方面

北京的科技、教育、文化资源十分丰富，拥有独特的人才发展社会文化环境。比如，2014年6月中关村创业大街正式开街，汇集了车库咖啡、3W咖啡、36氪、天使汇等一大批创新型孵化器，承载和传播创业文化，带动了广大人才创业蔚然成风，当年诞生创业企业1.3万家。为更好地服务创新创业，北京市先后认定了34家"众创空间"，对"众创空间"提供了招收毕业年度内北京生源高校毕业生社会保险补贴等一系列支持政策，有效服务了企业及人才发展。目前，北京市又规划改造"中关村大街"为升级版的"中关村创业大街"，将为广大创业人才提供一个更具竞争活力的创业环境。比如，自2004年以来，每年举办一届以"文明的和谐和共同繁荣"为主题的"北京论坛"，邀请全球知名专家学者和首都各类人才参加，已经成为北京的一张学术名片。由北京市与北京大学共同创办的"国子监大讲堂"已连续举办了8年，为各类人才搭建了一个学习传统文化的平台。此外，北京市每年举办新年音乐会，各类人才可以到现场观看来自全球的著名音乐家和乐队演出，提升人才的生活品质。

3. 自然环境方面

北京市着眼于落实建设国际一流的和谐宜居之都的战略目标，大力推进"绿色北京"建设，实施平原地区百万亩造林工程，近3年新增万亩以上公园和集中绿地5800公顷，人均公共绿地面积由2004年的10平方米提高到2013年的15.7平方米。环保部门加大力度治理大气污染，积极落实压减燃煤、严格控车、关闭淘汰污染企业、六省区市大气污染联防联控等措施，取得了一定成效，北京市自然环境在一定程度上有所改善。

三 首都人才工作面临的新形势与新任务

（一）首都人才工作面临的新形势

当前世界多极化、经济全球化、文化多样化、社会信息化深入发展，科技进步日新月异，知识经济方兴未艾，人才在综合国力竞争中的基础性、战略性、决定性作用更加凸显，加快人才发展是在激烈的国际竞争中赢得主动的重大战略选择。党的十八届五中全会明确提出要树立"创新、协调、绿色、开放、共享"五大发展理念，加快建设人才强国，深入实施人才优先发展战略，推进人才发展体制机制改革和政策创新，形成具有国际竞争力的人才制度优势，描绘出"十三五"乃至更长时期人才发展的蓝图。新形势下，北京市要站在国家和民族大义的高度，增强人才工作的使命感、责任感和紧迫感，形成对北京人才工作的新认识。

1. 始终坚持全球视野和首都意识

明确北京"四个中心"的战略定位，强化首都作为全国政治中心、文化中心、国际交往中心、科技创新中心的核心功能，以建设国际一流的和谐宜居之都为战略目标。将战略定位和战略目标进行关联，在建设世界城市及以北京为核心的京津冀世界级城市群中强化首都功能。北京作为首都代表国家参与全球合作与国际竞争，关键在人才。通过创造条件、营造环境、深化改革、扩大开放，为各类人才提供国际一流的发展空间和成长平台，促使北京在全球人才竞争中占有一席之地。因此，人才工作的视野要着眼全球坐标，人才工作的对象要定位国际顶尖，人才工作的手段要促进市场主导。

2. 始终坚持深化改革和政策创新

建设全国科技创新中心，是在全球经济进入深度调整、技术革命和产业变革蓄势待发的新形势下，中央对北京实现发展动力转换、推动产业转型升级、引领创新驱动发展提出的明确要求，是"四个中心"定位中真正崭新的功能赋予。北京人才资源丰富、创新资源聚集，是全国的人才高地和创新驱动的排头兵。但与世界发达国家及地区相比，创新效率和人才效益仍然比较落后。原因既有人才数量质量的结构化问题，更有人才发展体制机制的制度性障碍。立足首都战略定位、发展阶段和资源优势，切实深化人才发展体制机制改革、厚植政策环境优势，让各项政策真正对准人才发力，通过政策集成和创新促进人才链、创新链、产业链、资本链融合，统筹发挥好政府有形之手、市场无形之手、人才创新之手的作用，强化市场主导和人才主体，让科技创新对接市场需求、创新人才分享成果收益，有效激发释放人才动力

活力，有力推进科技创新中心建设。

3. 始终坚持协同发展和人才一体

有序疏解北京非首都功能，推动京津冀协同发展，是首都发展的出路和区域发展的途径。产业一体化是其实体内容和关键支撑，人才一体化则是实现产业一体化和区域协同发展的基础和保障。没有协同发展就没有可持续发展，首都自然社会资源环境约束也从根本上制约了人才事业的长远发展；没有人才一体化发展也就没有科学发展，京津冀人才不合理的空间布局也在客观上限制了首都人才结构优化和非首都功能疏解、产业转移。人才工作要把握人才与产业、事业的互动关系，遵循市场规律和人才成长规律，破除行政壁垒、消除市场障碍、实现区域公共服务均等化，发挥人才积极性能动性，以衔接配套的政策资源确保人才敢流动、想流动，以人才智力的服务支撑确保产业能转移、真转移，立足错位发展、联动发展、协同发展，以产业布局调整实现人才资源合理配置，以经济结构转型升级实现人才队伍优化结构，推动形成优势互补、智力共享、创新协同的人才一体化发展格局，促进区域协调发展。

（二）首都人才工作面临的新任务

1. 集聚优势，深化首都人才发展体制机制改革

全面深化改革要把握改革的统筹性、系统性、协同性和突破性，真正形成"人才聚、事业兴"的发展环境和"近者悦、远者来"的体制机制。

一是统筹抓好改革意见的落实。《关于深化首都人才发展体制机制改革的实施意见》出台后，要统筹抓好各职能部门、各区研究细化落实工作，在人才立法、财政体制改革等方面选择好年度突破口，出台相关配套政策和实施细则，确保改革措施循序逐一落地。要抓住关键环节实现改革创新，围绕人才开发培养、评价激励和服务保障等关键环节，重点在完善国际化人才开发培养机制、建立市场化创新成果利益分配机制、营造生态化创新创业发展环境等方面实现政策创新。

二是持续推动先行先试改革试验。强化部市协调机制，支持中关村、未来科技城进行人才管理改革试点和政策创新，尤其是推动中关村加快外籍人

才管理政策创新，促进市级人才管理改革试验区建设，加大对以北京生命科学研究所、北京纳米能源与系统研究所等为代表的新型科研机构的服务保障力度，形成具有首都特色的人才政策环境和制度优势。

三是优化人才创新创业发展环境。持续推进政府职能部门简政放权、放管结合、优化服务，加强知识产权保护，打造公平规范的市场环境。发展市场化、专业化、集成化、网络化的"众创空间"，定期在京举办"大众创业、万众创新"活动。统筹抓好中关村创业大街建设，发挥好中关村创业大街的"领创"功能，推动中关村大街转型升级。畅通政府、高校、科研院所、企业之间人才流动渠道，做好人才医疗、教育、住房等配套政策的服务保障工作。

2. 广聚人才，提升首都人才国际化水平

围绕战略性新兴产业发展方向，构建首都"高精尖"经济结构，实施更具国际竞争力的引才政策，打造更具开放性的发展环境，是北京建设国际一流和谐宜居之都的应有之义。

一是做大增量、吸引高端。围绕首都城市战略定位和构建"高精尖"经济结构，依托中央"千人计划"、北京"海聚工程"等重大人才工程和中关村、未来科技城等事业发展平台，加大引才力度。实施"顶尖科学家及其创新团队引进计划"，加快开发一批"高精尖缺"国际顶尖人才及创新团队。依靠互联网思维和大数据技术等手段，摸清海外高端人才分布情况和合作意向，绘制海外高端人才地图，提高引才的针对性和有效性。发挥以香港联络处为纽带、其余联络处为节点的全球引才网络作用，整合全市各部门海外人才工作力量，与国际专业人才机构合作，强化引才质量和引才效能。建设一支高水平的海外人才顾问团队，发挥好咨政建言、以才引才的作用。

二是做强存量、提升效能。深化国家"万人计划"、北京"高创计划"等人才培养，鼓励人才"走出去"，实施科研人员因公出国（境）分类管理办法。支持有条件、有实力的在京研发机构、高层次人才及创新团队在全球性重大科技领域，参与国际科技合作与创新对话、国际大科学计划和有关援外计划。整合首都优势资源，加强与海外孵化器、加速器的联系合作，探索建设面向海外人才的国际人才孵化器和国际化人才发展战略研究院。加强国际组织

相关学科建设和岗位信息发布，积极主动做好国际组织人才培养和推送工作。

三是做活平台、扩大开放。推进"北京高等学校高精尖创新中心建设计划"，搭建高水平国际化创新平台，提升高校人才培养的国际化水平。以共建合作园区、互设人才基地、成立创业投资基金等多种方式，深化高校、科研院所、企业的人才国际化创新合作。鼓励和支持有条件的企业积极开拓海外布局，设立境外研发中心、离岸孵化器等，加大技术、知识产权、人才资源的交流与合作。发挥外事、侨务、外专、海外人才服务机构等工作渠道的作用，定期举办高规格、有影响的海外人才交流活动，支持中关村举办有国际影响力的创新创业大赛。

3. 凝聚共识，推动区域人才一体化发展

推进区域人才一体化发展，要深入贯彻落实《京津冀协同发展规划纲要》，遵循社会主义市场经济规律和区域人才发展规律，进一步凝聚共识，健全人才一体化发展顶层设计，推进区域人才发展体制机制创新，着力开展区域人才智力扶贫和生态涵养区人才管理改革试验区建设，推动区域人才一体化发展取得新成效。

一是强化顶层设计，实现人才工作无缝衔接。成立京津冀人才一体化发展部际协调小组，联合编制京津冀人才一体化发展规划纲要，统筹推进落实各种形式的合作协同，着力破除区域人才培养、人才评价、人才流动和服务保障等方面的障碍，建立统一开放的京津冀人才一体化工作体系，促进科技资源和成果开放共享，实现区域良性互动。

二是推动改革试点，实现人才资源有效连接。推动北京生态涵养区与河北省张家口、承德等市共同建设"北部生态涵养区人才管理改革试验区"，围绕《京津冀协同发展规划纲要》确立的生态保障、水源涵养、旅游休闲、绿色产品等功能，就区域内农村实用人才、休闲旅游业人才、新能源环保人才、绿色服务人才以及奥运人才等开展人才管理改革，实现区域内信息共享、优势互补、政策互通，为生态涵养区发展提供智力支持和人才保障。在"通武廊"地区探索建立区域人才管理改革示范区。

三是深化人才合作，实现人才智力精准对接。结合中央脱贫攻坚部署，会同天津围绕环京津贫困地区经济社会发展的实际需要，充分发挥人才智力优势，开展需求匹配、结对帮扶，研究智力扶贫的方式路径，增强智力扶贫的质量效益，实现精准扶贫、精准脱贫。总结"沧州行""邯郸行"等活动的经验做法，分析存在的不足及原因，制定从活动筹备、组织实施到效果反馈的工作机制，结合功能转移承接和产业转型升级，推进以短期交流为起点的长效合作，把智力支援落实到技术、项目、产业的对接合作上，提高人才服务企业和地方经济社会发展的针对性、实效性和科学性。

4. 汇聚力量，强化首都人才队伍建设和政治引领

首都人才工作要注重加强人才的思想引导、感情交流和服务保障，激发人才的爱国之情、报国之心和服务之志，在经济社会发展建设大潮中凝聚人心、锻炼队伍。

一是固化"院市合作"机制。会同中国科学院、中国工程院健全完善"院市合作"机制，加强"院市合作"与北京专家联谊会建设的融合，强化对院士和院士团队的服务保障，为他们发挥作用搭建平台、创建载体、提供服务，牵引市级人才梯队建设。以全市院士专家工作站和院士服务中心为载体，发挥用人单位主体作用，根据需要尝试院士"双聘""返聘"等，探索建立市场化、社会化的服务机制和创新网络。

二是深化专家联系制度。推进北京专家联谊会及青年分会建设，加大专家联系力度，做好专家政治关怀、身心关怀等工作，通过开展国情研修班、专家休假、津冀行、中西部行等各类专家活动，充分激发人才服务发展的热情，增强专家人才对党情、国情、社情、市情的了解，加强对专家人才的政治引领。加强人才工作与组织工作的互动、与统战工作的联动，精准推进专家人才政治吸纳，有效弘扬正能量。

三是强化人才宣传表彰。充分利用人才工作网、微信公众号、人才栏目、人才杂志等多种媒介和宣传手段，宣传一批勇于创新、敢于创业、甘于奉献的专家人才典型，营造爱才敬才氛围。扩大人才表彰奖励覆盖面和影响力，增强专家人才荣誉感和归属感，更好地将各领域各层次专家人才团结凝聚到党的事业周围。

行业篇

Report on Industries

B.2
首都金融人才引进需求结构研究

北京市金融工作局人事处

北京双高人才发展中心第一资源研究院[*]

摘　要： 为全面掌握首都金融人才引进需求结构，本报告对大型中央金融企业和一般在京金融企业的人才富余和紧缺情况进行了访谈和问卷调查。研究发现，大型中央金融企业中不存在可供再分配的优秀富余人才，而一般在京金融企业也不愿意接受内退人才。报告对紧缺金融人才在性别、年龄、学历、职

---

[*] 课题组成员：张幼林，北京市金融工作局党组成员、副局长，政治教育专业硕士，高级政工师、讲师；王璞，北京双高人才发展中心副主任，人力资源开发与管理专业硕士，讲师；李致敏，北京市金融工作局法规处处长，金融学专业硕士；张立铁，北京市金融工作局人事处处长，经济法专业硕士，高级经济师；王勇，北京双高人才发展中心第一资源研究院院长，创新创业与战略管理专业博士，副教授；任慧，北京双高人才发展中心第一资源研究院研究助理，人口学专业硕士，中级经济师；周冀，北京市金融工作局人事处干部，英语语言文学专业本科，助理翻译。

称、资格证书、海外背景和工作经验等方面的结构进行了分析，并发现公司业务发展需要、人才质量不高、行业人才不足是首都金融企业人才紧缺的主要原因。最后，针对企业反馈的解决紧缺人才问题的主要困难和建议，提出了相应的政策建议。

关键词： 金融人才　紧缺人才　富余人才　人才结构

一　绪论

2010年北京市金融业经受住了金融危机的严峻考验，随着市场产品与融资结构优化力度的加大，金融市场规模进一步拓展。根据《北京统计年鉴2013》显示，2013年北京市金融业产值占全市GDP的14.2%，同比增长12.7%，成为北京市的第一支柱产业。与此同时，金融人才市场也在快速成长，一方面它依赖整个金融行业的发展；另一方面，人才市场的逐步完善也为金融人才市场的规范、成熟创造了良好的条件。

北京市金融业实现可持续发展的关键是要解决人才紧缺问题，包括人才供给与产业发展需求在规模上的平衡，人才结构与产业结构相耦合，以及制定科学的人才规划。人才规划的前提是对人才需求进行有效预测，从而先要明确把握北京市金融人才的紧缺情况。2014年4~8月，本课题组开展了首都金融人才引进需求结构调研，深入了解北京市金融人才的需求结构情况，为北京市制定相应的金融人才引进政策提供依据。

（一）研究内容

本报告由四个主要部分组成。

1. 调查模型与调查说明

在文献研究、实地访谈的基础上，课题组构建了首都金融人才引进需求

结构调查模型，并以此设计了两套问卷：一套是针对北京市五大国有银行总行的问卷，主要了解企业内富余（内退①）高级人才的情况，探讨是否可以再次开发这些富余人才的价值；另一套是针对北京市内所有其他金融企业的问卷，主要了解这些金融企业的人才紧缺情况，问卷包括企业基本情况、企业人才紧缺需求以及开放式问题三个部分。

2. 首都金融企业人才富余情况分析

本部分将调研过程中关于北京市金融企业的人才富余情况进行了概括分析。

3. 首都金融企业人才紧缺情况分析

本部分是此次调研的主要研究成果，基于问卷共包括以下几方面的分析：①企业的基本属性，对金融企业的基本情况做了统计梳理；②紧缺人才的数量与类别，分析了首都金融企业的紧缺人才具体类别以及需求数量；③紧缺人才的具体要求，包括企业对人才的年龄、性别、受教育程度、专业、工作经验、海外背景等多种维度的具体要求；④人才紧缺的原因及解决办法；⑤问题与建议，对企业提出的当前紧缺人才问题以及相关建议进行了整理分析。

4. 政策建议

基于以上调查结果分析，提出相关政策建议。

（二）研究方法与技术路线

本次研究综合运用了文献研究、半结构化与结构化访谈、问卷调查等定量与定性结合的方法。课题组查阅和分析了大量国内外相关研究论文和著作，为确定研究思路和研究内容奠定理论基础。为完善调查模型并设计更贴近实际情况的问卷，课题组选取部分金融企业及金融领域专家进行访谈，使事实更为清楚和富于逻辑，并对模型以及问卷进行修正。问卷调查是一种最常用的定量研究方法，对问卷数据进行统计分析，从而全面描述事实和揭示

---

① 内退高级人才指企业内60周岁以下，不再担任实职的高级人才。

现象的本质。本课题为了解首都金融企业的人才富余与紧缺情况，设计了针对大型中央金融企业以及其他金融企业的两套问卷，对于问卷中的开放式问题，在对各填答信息进行重新整理编码之后再进行统计分析。为便于问卷的发放和回收，课题组采用了以电子邮件形式发送 Word 版问卷的网络调查方式。

研究技术路线如图 1 所示。

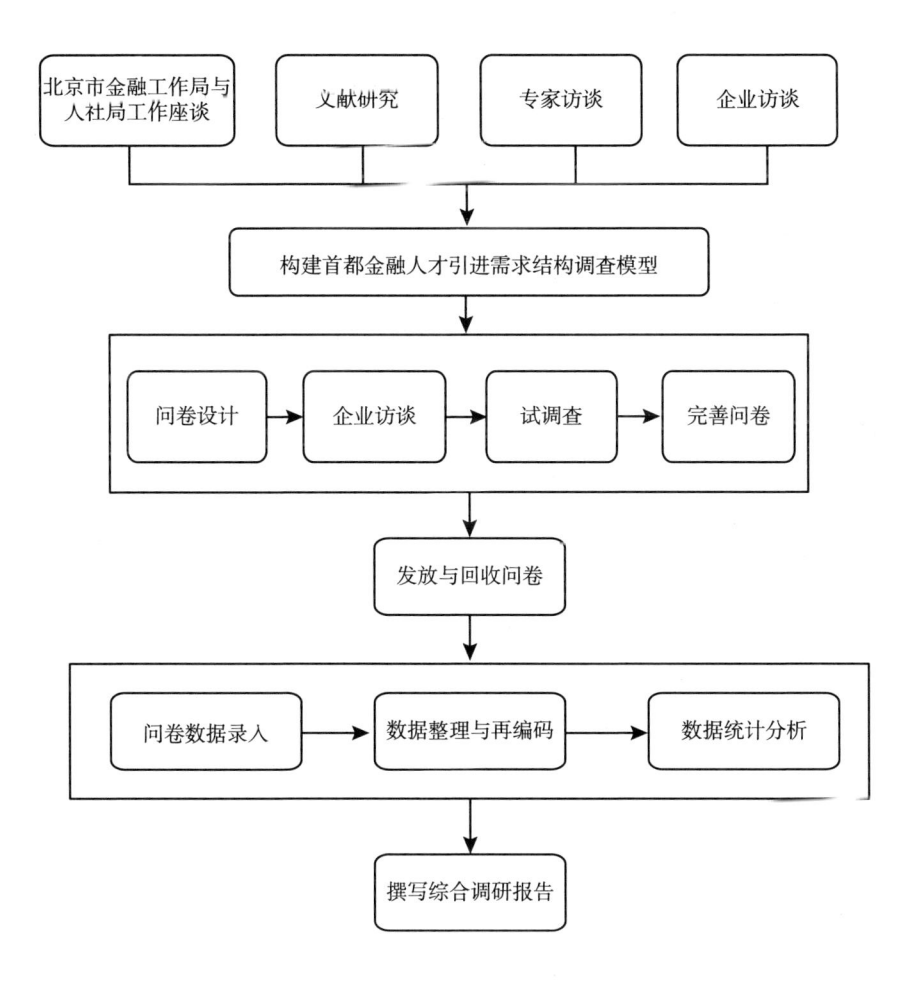

图 1　研究技术路线

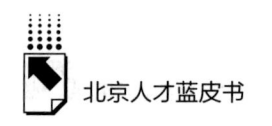

二 调查模型与调查说明

（一）调查模型

本次调研主要采用问卷调查的方式了解北京市金融企业的人才富余及紧缺情况，从而全面地掌握首都金融人才引进需求结构。课题组基于工作座谈、文献研究、专家访谈和企业访谈，构建了首都金融人才引进需求结构调查模型，见表1。

表1 首都金融人才引进需求结构调查模型

问卷类型	调查模块	维度	构成要素
大型中央金融企业问卷	基本情况	1. 企业基本信息	企业名称
	富余人才调查	1. 现有内退人员情况	人数、性别结构、年龄结构 最高学历、职称结构 再就业情况
		2. 已再就业的人员情况	人数 再就业单位类型 职位性质 年薪
		3. 开放调查	内退原因 再就业意愿
其他企业问卷	基本情况	1. 企业基本信息	企业名称、行业、性质
		2. 企业发展规模与速度	是否上市 在京职员总数 2013年职员新增数 资产总额 2013年资产增长率
	紧缺人才调查	1. 紧缺人才基本情况	职位 现有人数与紧缺人数 紧缺原因 预计提供年薪
		2. 紧缺人才具体要求	性别、年龄、专业、学历、职称、资格证书、海外背景、工作经验、素质要求等
		3. 开放调查	解决紧缺人才问题的方法 问题与建议

根据调查对象不同,分别设计了针对大型中央金融企业以及其他在京金融企业两套问卷,中央金融企业问卷包括基本情况及富余人才情况两个调查模块,其他在京金融企业问卷包括基本情况及紧缺人才情况两个调查模块,各模块又划分为若干个维度,各维度由不同的调查要素组成。

（二）调查说明

本次调查的总体为所有在京金融企业,问卷由各企业的人力部门负责人填答,根据调查模型分为大型中央金融企业和其他在京金融企业。前者主要通过北京 CFA 协会进行联系调查,后者由金融局提供首都金融行业人力资源经理联席会[1]（以下简称 HR 联席会）名单,共包括金融企业 249 家,在问卷设计阶段选取其中 3 家进行了访谈,而在正式下发问卷前又按行业挑选了 24 家企业进行了试调查,最终有效问卷回收率为 60.7%,详见表 2。

表 2 问卷发放与回收情况

企业类别	发放问卷	回收问卷	回收率(%)
银行	55	30	54.5
证券协会	35	25	71.4
保险协会	79	46	58.2
期货	17	15	88.2
信用担保协会	16	9	56.3
保险中介协会	16	5	31.3
小额贷款协会	19	13	68.4
产权交易所	5	4	80.0
合 计	242*	147	60.7

* 已排除 3 家已接受访谈的企业,以及明确表示不参与调查的 4 家企业。

2014 年 4~6 月,课题组进行企业访谈、专家访谈、完善模型与问卷等前期准备工作,并对中国建设银行总行进行了电话问卷填答。7 月初,针对其他在京金融企业,从银行、证券协会、保险协会、期货、信用担保协会、

---

[1] 首都金融行业人力资源经理联席会成立于 2013 年,是北京市金融工作局人事处搭建的为在京金融机构和行业协会人力资源进行工作交流的平台。

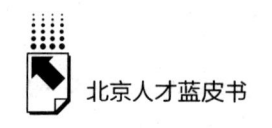

保险中介协会、小额贷款协会、产权交易所 8 类中各挑选了 3 家企业进行试调查，并于 7 月中旬正式下发问卷。问卷回收阶段，课题组每周都对回收数据进行整理，视情况通过邮件、电话或短信的方式对未填答问卷或填答有误的企业进行催答与沟通，调查周期为两个月。截至 8 月 8 日，共回收有效问卷 147 份，有效问卷回收率达 60.7%。

三 首都金融企业人才富余情况分析

课题研究初期，根据与有关部门的工作座谈，课题组构建了研究假设：大型中央金融企业中存在一些优秀的内退人才，如果能将他们引入北京市有相关人才需求的金融企业，一方面可以实现这些内退人才的再分配；另一方面，又可以降低北京市金融人才引进成本。那么这些大型中央金融企业中是否存在可盘活的内退人才，其他金融企业又是否愿意引入他们呢？针对这个问题，课题组对部分企业 HR 高管和领域专家进行了访谈。

课题组先后联系了有关中央金融企业的人力资源部进行问卷试填答，并对有关研究人员进行了访谈。对于上述试调查与访谈结果的情况，课题组整理如下。

（1）中央金融企业目前基本不存在内退高级人才的情况；有的金融企业有中层人才内退的制度，有能力的高级人才一般不会选择内退，即使在原企业缺少发展空间，他们也基本上会选择通过市场化的方式另谋他职。此外，技术类人才相对于管理人才更为"抢手"，如精算、金融数学、金融数量分析、衍生品设计与交易、外汇交易等方面的专业技术人才，即使退休后也容易自行再就业，但其具体情况原单位并不掌握。

（2）选择内退的人才并未办理退休手续，只是在原企业不再担任实职，若要到其他企业就职需先与原企业解约，因此内退人才属于不可流动资源，即使有在其他企业兼职的也属私人行为，原企业并不掌握具体情况。

（3）各受访企业都表示不愿意接受其他企业的内退人才，原因主要包括以下三点：一是金融行业本身是个新兴行业且工作强度较大，因此相比年纪较大的内退人才,金融企业更喜欢培养年轻人才;二是金融企业更倾向从企业内部选拔人才,因为从外部企业招聘来的内退人才融入本企业的成本和风险较高;三是有无户口对于高级金融人才入职而言并不是关键因素,企业也并不会因为户口指标障碍而选择接受内退人才。

从以上访谈结果来看,大型中央金融企业中并不存在可供再分配的优秀富余人才,而一般的金融企业也不愿意接受来自其他企业的内退人才,因此课题组在充分讨论沟通后,确定取消针对大型中央金融企业内退人才的相关调查,而将研究重点放在金融企业的人才紧缺情况上。

四 首都金融企业人才紧缺情况分析

各金融企业内部皆存在人才级别划分,本次调查重点关注北京市金融企业的紧缺高级人才,根据访谈结果,课题组初步确定了金融企业高级人才的范畴,如表3的定义。

表3 初步高级人才范畴

行业类别	级别	"高级人才"范畴
集团企业	总行,总公司	行长、副行长、董事、董事会秘书、监事等高管成员,部门总经理、部门副总经理以及技术系列中对等人员(如首席经济师、首席分析师、首席财务官、首席风险官等)
	北京分行,北京分公司	行长、副行长、总经理、副总经理
非集团企业		董事、监事、总经理、副总经理、董事会秘书、合伙人、总裁、总裁助理等高管成员,以及技术系列中对等人员(如首席经济师、首席分析师、首席财务官、首席风险官等)

但在访谈与试调查中发现,按上述定义,人力部门经理难以填答问卷,一是他们无法掌握高层领导们的动态以及紧缺与否,而且在实际工作中高级人才的紧缺数据通常需要经企业的决策层研究才能产生;二是对于外地金融企业的北京分公司而言,这些高级人才的人事权皆在京外的总公司,北京分公司的人力部门无法得到相关数据。另外,有专家提出不能单纯地用职位级

别来定义人才，应根据现代金融市场知识结构来判断是否属于高级人才，经验是最重要的，可同时考虑教育背景、工作业绩、收入和职位等。

因此，课题组不在问卷中对"高级人才"做明确的界定，而是请被调查者根据企业对人才的划分自行填写企业紧缺高级人才情况，问卷回收后，课题组再根据问卷填答情况，综合考虑工作经验、教育、收入和职位等因素对紧缺高级人才的概念范畴进行界定。

（一）企业的基本属性

本次调查共回收有效问卷 147 份，这些企业的基本情况如表 4 所示。

表 4 受调查首都金融企业的基本情况

企业基本情况分布	频次	占比（%）
所属行业		
银行业	29	19.7
证券业	12	8.2
基金公司	13	8.8
保险业机构	51	34.7
期货公司	15	10.2
小额贷款公司	13	8.8
担保公司	9	6.1
交易所	5	3.4
企业性质		
国有独资企业	8	5.4
国有控股企业	76	51.7
外资控股企业	24	16.3
公司制私营企业	38	25.9
合伙制私营企业	1	0.7
是否上市		
是	27	18.4
否	120	81.6
企业资产总额		
1 亿元以下	20	15.9
1 亿~10 亿元（不含 10 亿）	39	31.0
10 亿~100 亿元（不含 100 亿）	42	33.3
100 亿~1000 亿元（不含 1000 亿）	17	13.5
1000 亿元及以上	8	6.3

从企业所属细分行业来看,保险业是比重最大的金融行业,约占所有金融企业的1/3（34.7%）；其次为银行,约占1/5（19.7%）；期货、基金、证券、小额贷款等几个行业的金融企业占比相差不多,在8.2%~10.2%；担保公司与交易所占比最小。

从企业性质来看,超过一半的金融企业（51.7%）都是国有控股企业；其次为公司制私营企业,占总数的25.9%；再次为外资控股企业,占16.3%；而国有独资企业与合伙制私营企业在北京市的金融企业中占比较少。另外,在84家国有企业中,有19家为北京市属国有企业,占本次调查企业总数的12.9%。

在接受调查的金融企业中,18.4%的企业已经上市,而绝大多数企业并未上市。

从企业的资产总额来看,北京市金融企业的资产总额以1亿~10亿元（不含10亿）及10亿~100亿元（不含100亿）两个层次为主,二者都约占总数的1/3；其次为资产总额在1亿元以下及100亿~1000亿元（不含1000亿）的企业,分别占总数的15.9%、13.5%；而资产总额超过1000亿元的金融企业较少,仅有6.3%。

如表5所示,受调查的北京金融企业当前的发展情况参差不齐。从2013年职员增长率来看,职员增长最慢的为负增长,职员总数降低44.6%,而增长最快的企业在2013年一年中在京职员总数增长1.65倍,138家企业的平均职员增长率为25.6%。从2013年资产增长率来看,资产增长最慢的企业为负增长,资产总额降低50%,而增长最快的企业则在一年中增长近5倍,增长率为473%,95家填答该题目的企业平均资产增长21.3%。由此可见,2013年北京市金融企业的平均发展速度还是比较快的,但增长速度相差较大。

表5 首都金融企业发展情况

	N	极小值	极大值	均值	标准差
2013年职员增长率(%)	138	-44.6	165.2	25.6	27.16
2013年资产增长率(%)	95	-50	473	21.3	57.04

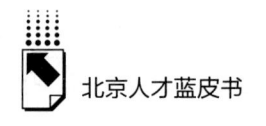

由于各企业的发展速度方差较大，表6分组统计了企业的发展速度，以更清晰地看到各企业间的差别。

如表6所示，21.1%的金融企业2013年资产增长率为负增长，超过1/5，7.4%的企业在2013年资产总额停滞不前，超过1/3（37.9%）的企业资产增长率在0~20%，约18%的企业资产增长率在20%~40%，超过40%的企业共占15.8%，其中资产总额翻番的企业不足5%，可见绝大多数企业的年资产增长率在0~40%，而同时负增长的企业比重也较大，超过了1/5。2013年北京市金融企业的职员为负增长的较少，仅占2.2%，未增加的有6.5%，二者合计不足10%，其余91.4%的金融企业在2013年都有人员增加，整体发展较好。超过一半的企业职员增长率在10%~30%，14.5%的企业职员增长率为0~10%（含10%），约1/4的企业超过30%。

分行业分析发现，各细分金融行业的企业资产增长情况无显著差别，如表7所示，5类金融企业中，资产负增长或零增长的企业所占百分比皆为23.5%~33.3%。

表6 首都金融企业2013年资产及职员增长情况

企业发展情况	频次	占比(%)
2013年资产增长率		
<0	20	21.1
=0	7	7.4
0~20%（含20%）	36	37.9
20%~40%（含40%）	17	17.9
40%~100%（不含100%）	11	11.6
>=100%	4	4.2
2013年职员增长率		
<0	3	2.2
=0	9	6.5
0~10%（含10%）	20	14.5
10%~20%（含20%）	43	31.2
20%~30%（含30%）	28	20.3
30%~40%（含40%）	15	10.9
40%~100%（不含100%）	16	11.6
>=100%	4	2.9

表7 分行业的金融企业2013年资产增长率分布

单位：%

	银行	证券	保险	期货	其他	合计
<＝0	27.8	23.5	30.0	33.3	28.6	28.4
0~20%（含20%）	27.8	52.9	33.3	33.3	42.9	37.9
20%~40%（含40%）	27.8	5.9	13.3	22.2	23.8	17.9
40%~100%（不含100%）	16.7	17.6	13.3	11.1	0.0	11.6
＞＝100%	0.0	0.0	10.0	0.0	4.8	4.2
合计	100	100	100	100	100	100

（二）紧缺人才数量与类别

受调查企业在问卷中填写了企业的紧缺高级人才情况，课题组分别统计了各企业的紧缺职位数量。

如表8所示，有37家（25.17%）金融企业反馈无紧缺人才需求，多数企业有1~3类紧缺人才的需求，仅约有10%的金融企业有超过3类的紧缺人才需求。另外，经卡方检验显示，是否有紧缺人才以及紧缺职位的数量与企业的行业、性质、职员总数等基本属性无关，但与企业资产总额正相关，即企业的资产规模越大，其人才紧缺的职位越多。

表8 首都金融企业紧缺职位数量分布

紧缺职位类别数量	频次	占比（%）
0	37	25.17
1	31	21.09
2	30	20.41
3	34	23.13
4	9	6.12
5	5	3.4
6	1	0.68
合计	147	100

本次调查中，先由各金融企业根据自己对于高级人才范畴的界定填写了企业对高级人才的引进需求，然后课题组综合考虑职位年薪、工作经验要求

以及职位名称等因素，将各紧缺职位进行了分类。根据企业填答的情况，紧缺职位可划分为三大类六小类：管理岗（高级管理、中级管理），技术岗（高级技术、普通技术），业务岗（高级业务、普通业务）。高级管理人才主要包括企业的高管级人员，如总经理、分行行长等；中级管理人才主要指支行行长、部门经理、总监级别的管理者；高级技术人才指企业的首席经济师、首席分析师等；普通技术人才指其他层次较低的技术类人员；高级业务人才指对企业的业务扩展起重要作用的人员，如年薪 50 万元以上的高级基金经理等；普通业务人员包括所有其他普通职位的人员。按照这样的分类，所有企业所填写的紧缺职位分布如表 9 所示，可以发现，尽管课题组要求企业只填写紧缺的高级人才，但很多金融企业认为的"紧缺高级人才"包括普通的业务和技术人员。

表 9 　首都金融企业紧缺职位类型分布

紧缺职位类别	紧缺数量	占比(%)
高级管理	8	3.0
中级管理	46	17.5
高级技术	8	3.0
普通技术	31	11.8
高级业务	65	24.7
普通业务	105	39.9
合　计	263	100.0

由表 9 可见，北京市金融企业紧缺的人才以业务人才为最多，占总数的 64.6%，尤其是普通业务人才，约占 40%。但本次调查重点关注层次较高的金融人才，因此我们将重点研究高级管理、中级管理、高级技术及高级业务 4 个类别的紧缺岗位，共 127 个，约占 48.2%。北京市金融企业对高级管理及高级技术人才的需求不高，各只有 3%，而高级业务（24.7%）及中级管理（17.5%）两类人才占比更高，相对更为紧缺。

不同行业之间的紧缺职位数量与类型分布差距较大，如图 2 及表 10 所示。

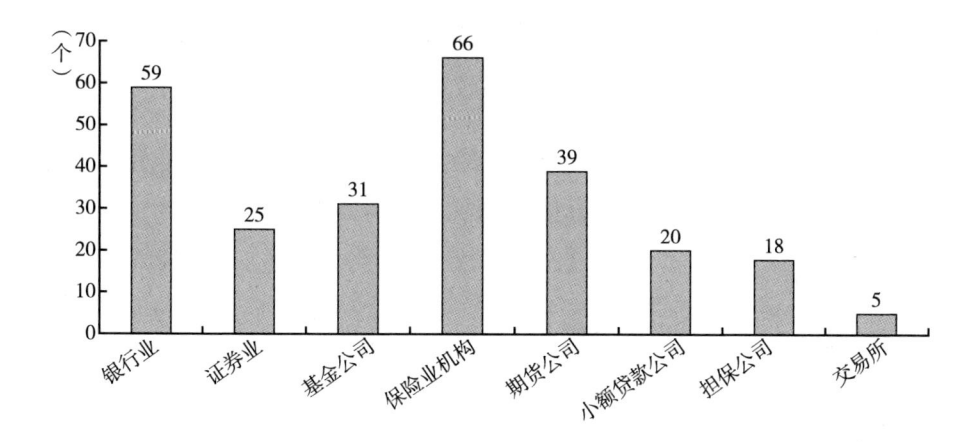

图 2　分行业紧缺职位数量

如图 2 所示，北京市金融企业以保险业及银行业的紧缺职位最多，其次为期货和基金公司，交易所行业较小，紧缺人才的数量也不多。

表 10　分行业紧缺职位类型分布

单位：%

	高级管理	中级管理	高级技术	普通技术	高级业务	普通业务	合计
银行业	1.7	25.4	1.7	3.4	27.1	40.7	100.0
证券业	0.0	24.0	4.0	8.0	24.0	40.0	100.0
基金公司	0.0	0.0	6.5	19.4	29.0	45.2	100.0
保险业机构	6.1	18.2	0.0	4.5	30.3	40.9	100.0
期货公司	0.0	15.4	5.1	35.9	12.8	30.8	100.0
小额贷款公司	10.0	20.0	0.0	5.0	25.0	40.0	100.0
担保公司	0.0	16.7	11.1	16.7	11.1	44.4	100.0
交易所	20.0	0.0	0.0	0.0	40.0	40.0	100.0
合　计	3.0	17.5	3.0	11.8	24.7	39.9	100.0

如表 10 所示，除期货公司外，普通业务职位对于其他各行业而言都是占比最高的紧缺职位类型。从中、高级管理，高级技术及高级业务等几个较高层次职位类型来看，与总体分布一致，多数行业的较高层次职位集中于高

级业务职位与中级管理职位，但略有差别，小额贷款公司与交易所的紧缺高级管理职位相比其他几个行业占比明显较高，担保公司在高级技术职位中相比其他行业占比最高。

（三）紧缺高级人才的具体要求

1. 年龄要求

在问卷中，接受调查的金融企业填写了它们对各自紧缺高级人才的年龄要求，课题组将年龄要求划分为年龄上限及年龄下限，并分别计算了各类型人才的平均年龄上限及平均年龄下限要求，如表11所示。

表11 企业对紧缺高级人才的年龄要求

单位：周岁

	高级管理	中级管理	高级技术	高级业务	合计
平均年龄上限	33.3	28.7	28.3	27.9	28.6
平均年龄下限	44.2	40.8	37.5	36.9	39.0

从问卷数据整体来看，在接受调查的金融企业中，约占39%的紧缺高级人才职位有明确的年龄要求。在有年龄要求的紧缺高级人才职位中，平均年龄要求为28.6~39周岁，属于青年段，可见金融企业普遍倾向于较年轻的金融人才。从职位类型看，高级管理人才的平均年龄要求为33.3~44.2周岁，为年龄最大的一组；其次为中级管理人才，年龄要求为28.7~40.8周岁；高级业务人才的年龄最小，平均要求为27.9~36.9周岁。相对来说，北京市金融企业对管理人才的年龄要求要略高于业务类人才。

2. 性别要求

如图3所示，金融企业对于高级人才的需求有一定的男性倾向，约22%的职位要求为男性，其余无性别限制，性别倾向在高级管理人才与高级技术人才中尤为明显，37.5%的紧缺高级管理及技术人才都被要求为男性。

3. 专业要求

金融企业对紧缺的高级人才通常有明确的专业要求，以更好地匹配该职

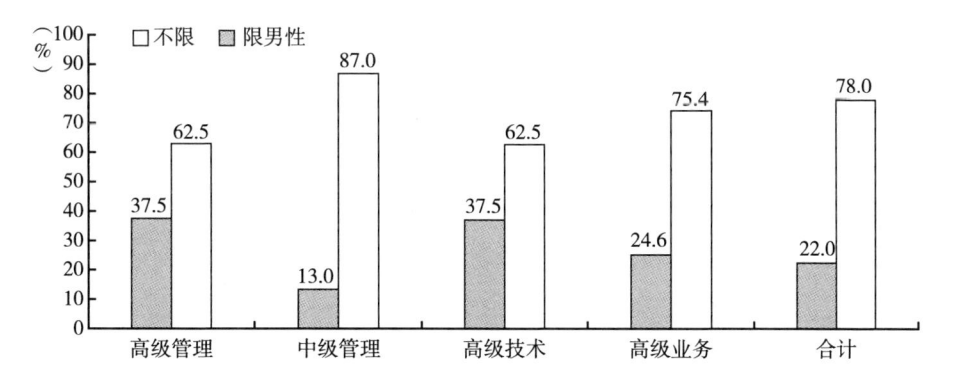

图 3 分职位类型的紧缺高级人才性别要求

位。为方便统计且更直观地对比企业对不同类型人才的专业要求，课题组将这些专业要求重新进行了归纳分类，如表 12 所示。

表 12 金融企业对紧缺高级人才的专业要求

单位：个

	高级管理	中级管理	高级技术	高级业务	合计
不限	0	15	0	14	29
金融	2	1	3	11	17
保险	3	2	0	3	8
金融或保险	1	5	0	4	10
金融相关专业	2	21	4	27	54
法律	0	2	0	3	5
数学或计算机类	0	0	0	1	1
理工科背景	0	0	1	2	3
合　计	8	46	8	65	127

北京市金融企业对紧缺高级人才的专业要求大致可以分为不限专业、金融、保险、金融或保险、金融相关专业、法律、数学或计算机类、理工科背景几类。127 个紧缺职位中有 29 个没有特定专业要求，占比 22.8%，42.5% 只要求与金融相关的专业，金融专业占 13.4%，此后是金融或保险专业、保险专业，而要求法律专业、数学或计算机类专业、理工科背景的较少。可见，北京市金融企业对所需人才的专业要求并不严格，多数职位只要

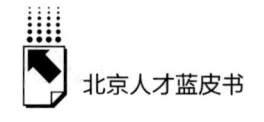

具有与金融相关的专业背景即可。

4. 学历要求

如图4所示，70.9%的职位要求为本科及以上学历，19.7%的职位要求为硕士及以上学历，要求仅为大专或博士的职位较少。分职位类型看，企业对高级技术人才的学历要求最高，皆为本科及以上学历，而要求硕士及以上学历的职位占87.5%；其次为高级管理人才，皆要求本科以上学历；金融企业对高级业务人才的学历要求也较高，本科及以上学历要求的职位占90.8%，硕士及以上学历要求的占23.1%；中级管理人才的学历要求最低，硕士及以上学历要求的职位只有6.5%。

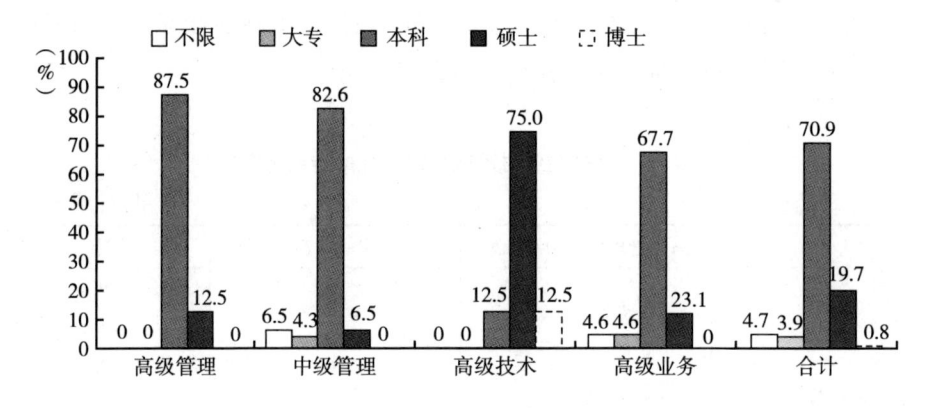

图4 分职位类型的紧缺高级人才学历要求

5. 职称要求

如图5所示，整体来看，绝大多数（81.1%）的紧缺职位对职称都没有限制，要求具备高级职称的职位仅占4.7%。不同类型的紧缺职位对职称的要求略有不同，其中高级管理人才相比其他类型的职位更倾向于要求中高级职称，要求中级职称及高级职称的职位共占62.5%，其次是中级管理人才，而企业对高级业务人才与高级技术人才的职称要求较低，都是约有88%的职位没有职称限制。

6. 资格证要求

如表13所示，在127个紧缺职位中，有41.7%明确要求需具备某种资

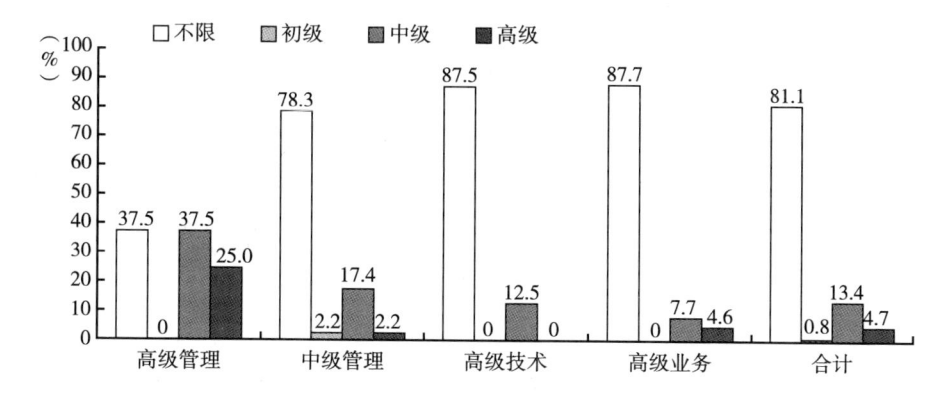

图 5　分职位类型的紧缺高级人才职称要求

格证书，主要包括证券/基金/期货等从业资格证、CPA、CFA/FRM、外语类、司法考试、企业管理、保荐人等几类，其中绝大多数仅要求具备证券、基金、期货等细分金融行业的从业资格证，其次为 CFA/FRM 等金融分析师证书，而要求有其他资格证书的职位较少。不同类型的职位对资格证的要求并没有显著差异。

表 13　分职位类型的紧缺高级人才资格证要求

单位：个

	高级管理	中级管理	高级技术	高级业务	合计
不限	6	33	3	32	74
证券、基金、期货等从业资格证	1	12	4	22	39
CPA	0	0	1	0	1
CFA、FRM	1	0	0	7	8
外语类	0	1	0	0	1
司法考试	0	0	0	1	1
企业管理	0	0	0	1	1
保荐人	0	0	0	2	2
合　计	8	46	8	65	127

7. 海外背景要求

北京市金融企业对紧缺人才的海外背景要求包括海外留学经历和海

外工作经历两方面，如图6所示，企业对人才的两方面要求基本一致。整体而言，仅8.7%的紧缺职位要求具备海外留学经历，进一步分析发现，多数要求具备海外留学经历的企业要求的是国外名校留学背景，普通的海外留学经历相比国内高校教育，对于北京市金融企业的吸引力并不具有优势。同样，有8.7%的紧缺职位要求具有海外工作经历。不同类型职位的海外背景要求相差较大，企业对管理人才的海外背景要求较小，尤其是高级管理人才，所有职位均不需拥有海外背景；而对高级技术人才的海外背景要求最大，1/4的高级技术人才都被要求具备海外留学经历和海外工作经历。

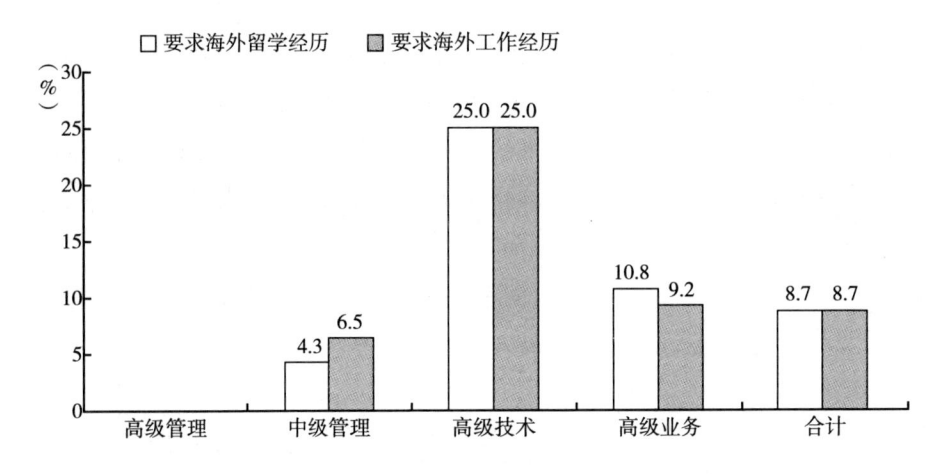

图6 分职位类型的紧缺高级人才海外经历要求

8. 相关工作经验年数要求

受访企业对企业所需紧缺高级人才的工作经验做了明确的要求，为能够进行直接的定量统计，课题组将其统一归纳整理为相关工作经验年数要求。

如表14所示，北京市金融企业对紧缺高级人才的相关工作经验年数要求为1~10年，其中56.7%的职位要求有5年及以上的相关工作经验。分行业来看，企业对中高级管理人才的相关工作经验要求更高，而对高级技术人才与高级业务人才的工作经验要求较低，分别有37.5%、50.9%的职位要求具备5年及以上的相关工作经验。

表 14　分职位类型的紧缺高级人才的工作经验要求

相关工作经验年数	高级管理	中级管理	高级技术	高级业务	合计
1	1	0	0	6	7
2	0	3	2	5	10
3	3	8	3	14	28
4	0	0	0	0	0
5	0	17	2	20	39
6	0	0	0	1	1
7	0	0	0	0	0
8	0	7	0	5	12
9	0	0	0	0	0
10	3	3	1	0	7
合　计	7	38	8	51	104

综合以上企业对紧缺高级人才各方面的具体要求的分析，总结为以下几点。

（1）北京市金融企业的紧缺高级人才职位中约39%有明确的年龄要求，平均年龄要求为28.6~39周岁，金融企业普遍倾向于引进较年轻的金融人才，相对业务类人才，企业对管理人才的年龄要求更高。

（2）北京市金融企业对于高级人才的需求有一定的男性倾向，性别倾向在高级管理人才与高级技术人才中尤为明显，37.5%的紧缺高级管理及技术人才都被要求为男性。

（3）多数企业的紧缺高级人才职位只要有与金融相关的专业背景即可。

（4）70.9%的职位要求为本科及以上学历，19.7%的职位要求为硕士及以上学历。企业对高级技术人才的学历要求最高，87.5%的职位要求硕士及以上学历。

（5）北京市金融企业对绝大多数紧缺职位都没有职称要求，13.4%的职位要求具备中级职称，要求具备高级职称的职位仅为4.7%。不同类型的紧缺职位对职称的要求略有不同，高级管理人才的职称相比其他类型的职位

更倾向于要求中高级职称。

（6）仅41.7%的职位明确要求需具备某种资格证书，其中绝大多数仅要求具备证券、基金、期货等细分金融行业的从业资格证，其次为CFA/FRM等金融分析师证书，不同类型的职位对资格证的要求并没有显著差异。

（7）北京市金融企业对紧缺人才的海外留学经历和海外工作经历要求基本一致，仅8.7%的紧缺高级人才职位要求具备海外留学经历和海外工作经历，普通的海外留学经历对于北京市金融企业而言并不具有太大的吸引力。企业对管理人才的海外背景要求较低，而对高级技术人才的海外背景要求最高，1/4的高级技术人才都被要求具备海外留学经历和海外工作经历。

（8）56.7%的紧缺高级人才要求有5年及以上的相关工作经验，企业对中高级管理人才的相关工作经验要求更高，而对高级技术人才与高级业务人才的工作经验要求较低。

（四）人才紧缺的原因

为了解北京金融企业人才紧缺的原因，以对症下药，解决人才紧缺问题，在本次调查问卷中，我们设置了关于每一类紧缺人才的紧缺原因的开放式题目。在回收问卷后，将所有紧缺原因进行了归纳统计，大致可以归纳为如下几点：①公司业务发展需要；②行业人才不足，指整个行业的人才供应不足；③人员流动；④人才质量不高，主要是人才综合素质无法达到企业的要求；⑤原职员退休；⑥对公司认可度较低，指企业本身对人才的吸引力不够；⑦人才成本高，指企业无法满足高级人才对薪酬的要求。

如图7所示，整体来看，公司业务发展需要、人才质量不高、行业人才不足是首都金融企业最主要的人才紧缺原因，分别占39.7%、29.3%及23.3%，其余原因皆不足5%。分职位类别来看，高级业务人才的紧缺原因分布与整体相差不多；而中级管理人才与高级技术人才的紧缺原因分布也具有较高的一致性，公司业务发展需要成为占绝对优势的紧缺原因，占比超过

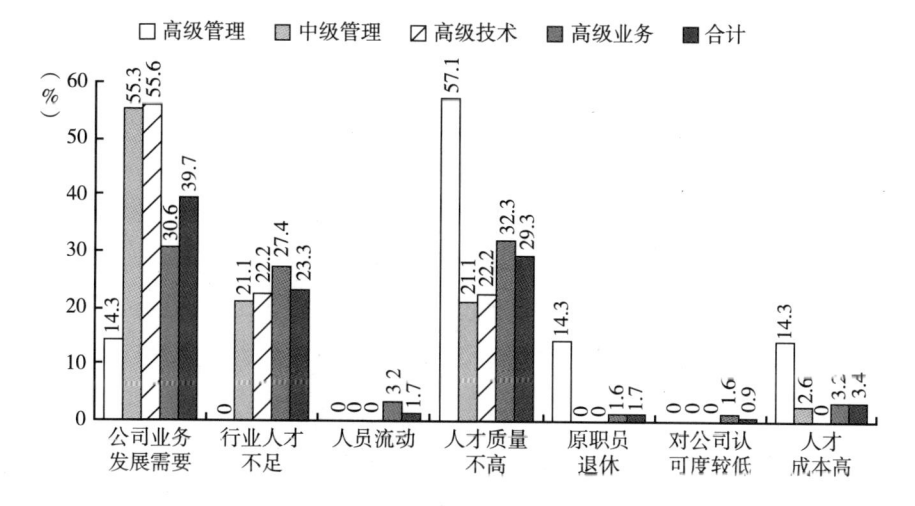

图7 首都金融企业紧缺人才的紧缺原因

一半,其次为人才质量不高与行业人才不足,皆超过1/5;高级管理人才的紧缺原因分布与其他三项显著不同,人才质量不高是导致高级管理人才紧缺的最重要原因,占所有原因的57.1%。

由以上分析,北京市金融企业的业务发展较快,与此同时,行业供应人才的数量与质量皆有不足,最终导致企业的各类人才紧缺。对于金融企业来说,不同类型人才的紧缺原因也略有差异,如引进高级管理人才时遇到的主要问题是人才的整体素质不高,而对于中级管理人才和高级技术人才来说,则主要是在数量上不能满足业务发展的需要。

(五)解决紧缺人才的途径

本次问卷调查中,我们向受调查金融企业询问了企业解决人才紧缺问题的办法,并将各解决办法归纳整理为内部调整或选聘、内部培养、内部推荐、提高福利待遇、同行推荐、外部招聘、猎头七种途径,分布如下。

如图8所示,外部招聘是北京市金融企业解决企业自身人才紧缺问题的最主要途径,占所有解决办法的42%,主要包括通过行业协会网站、

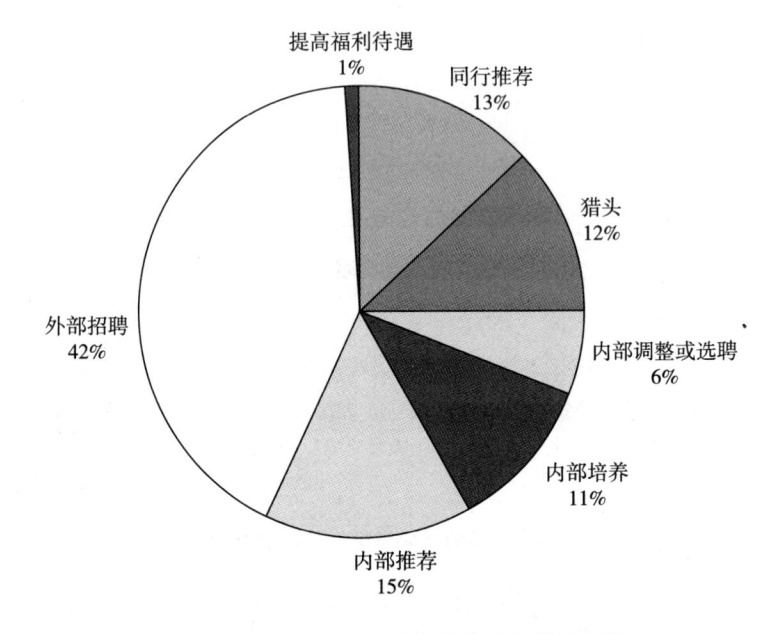

图8 首都金融企业解决人才紧缺问题的途径

招聘网站、人才市场、校招、社交平台（如LinkedIn）、微信等多种平台的公开招聘；其次为内部推荐、同行推荐，分别占15%、13%；通过猎头寻找人才的占12%；而通过内部培养、调整或选聘等依靠企业自身人才资源的方式共占17%；另外有1%的企业会通过提高员工福利待遇的方式来留住企业的优秀人才。由此可见，北京市的金融企业在面对人才紧缺问题时，首要想到的解决办法是从外部引进人才，包括外部招聘、内部员工推荐、同行推荐以及猎头公司，而通过内部培养、选拔等方式解决人才问题的较少，这也说明北京市的金融企业对从外部引进高级人才的需求很大。

（六）问题与建议

问卷的最后，企业填写了"解决紧缺人才问题的主要困难"以及"对政府在帮助企业引进或培养紧缺人才方面的建议"，课题组将所有困难与建议进行了归纳整理，统计结果如下。

1. 企业解决紧缺人才问题的困难

如表15所示，企业解决紧缺人才问题的最主要困难主要集中于行业人才短缺、竞争激烈，人才质量不高，专业型人才稀缺，人才成本较高，招聘渠道不通畅，户口、居住证的办理六个方面的问题。其中排在第一位的是行业人才短缺、竞争激烈，约占1/5，这既包括了整个金融行业的人才不足，也包括了金融细分行业的人才供应不足；排第二位的是人才质量不高，占19.3%，与行业人才短缺不同，这一点主要是指金融人才的能力达不到企业的需求，人才的综合素质不高，企业难以找到需要的金融人才；排第三位的是专业型人才稀缺，占比15.8%，主要指具备某种专业能力的金融人才较少，这是金融人才市场的结构性缺失；人才成本较高排在第四位，占11.4%，指企业无法提供有竞争性的薪酬而导致缺乏对人才的吸引力；招聘渠道不通畅排在第五位，占10.5%，包括企业招聘人才的渠道单一、缺乏有效的招聘渠道等问题；约8%的企业在引进紧缺人才时面临的最主要困难是人才的户口、居住证的办理，无法让外地人才在北京落户，导致人才流失严重。另外，部分企业提到了雇主品牌未建立、人才流动大、行业认可度较低、无法确认人才信息的真实性、海外引才困难、人才培养滞后于新兴行业发展、政府对行业的扶持力度不够等问题。

表15 企业解决紧缺人才问题的最主要困难

最主要的困难	频次	占比（%）
行业人才短缺、竞争激烈	23	20.2
人才质量不高	22	19.3
专业型人才稀缺	18	15.8
人才成本较高	13	11.4
招聘渠道不通畅	12	10.5
户口、居住证的办理	9	7.9
雇主品牌未建立	4	3.5
人才流动大	4	3.5
行业认可度较低	4	3.5

续表

最主要的困难	频次	占比(%)
无法确认人才信息的真实性	2	1.8
海外引才困难	1	0.9
人才培养滞后于新兴行业发展	1	0.9
政府对行业的扶持力度不够	1	0.9
合　计	114	100

如表16所示,综合受调查的金融企业所填写的所有困难,与最主要困难相差不大,但排序略有差异。排在第一位的是人才成本较高,占14.5%;排在第二位的是行业人才短缺、竞争激烈,占12.6%;人才质量不高、专业型人才稀缺、招聘渠道不通畅、户口居住证的办理等依然是排在前面的主要困难。对于中小型金融企业,雇主品牌尚未建立、社会对其的不了解导致引才困难,该困难占5.8%;对于小额贷款等新兴行业而言,社会对其的认可度较低也是影响企业引进紧缺人才的很重要的原因。另外,部分企业提到了内部培养人才困难,主要包括内部培养人才周期长、成本高、风险高。而人才流动大、人才频繁跳槽到薪酬更高的企业也是企业解决紧缺人才问题时较为突出的困难。少数企业提到了海外引才困难、缺少配套优惠政策、人才不认可企业文化、招聘成本高、配套生活服务不足、人才信息的真实性难以确认、北京房价高、高级人才流动小、海归人才的适应性差、人才测评困难等方面的问题。

表16　企业解决紧缺人才问题的困难

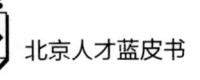

困难	频次	占比(%)
人才成本较高	30	14.5
行业人才短缺、竞争激烈	26	12.6
人才质量不高	24	11.6
专业型人才稀缺	22	10.6
招聘渠道不通畅	20	9.7
户口、居住证的办理	19	9.2

续表

困难	频次	占比(%)
雇主品牌未建立	12	5.8
内部培养困难	10	4.8
人才流动大	9	4.3
社会不认可行业	8	3.9
其他	27	13.0
合　计	207	100

不同细分行业的金融企业在引进人才方面存在的困难有所不同，为保证各行业的企业数足够用以分析，我们将部分行业进行了合并，如表17所示。

表17　受调查企业的行业分类

行业	频次	占比(%)
银行	29	19.73
证券(证券业、基金公司)	25	17.01
保险	51	34.69
期货	15	10.2
其他(小额贷款、担保公司、交易所)	27	18.37
合　计	147	100

表18呈现了各行业企业提出较多（超过4.5%）的困难。银行业企业在解决紧缺人才问题时遇到最多的困难是行业人才短缺、竞争激烈，22.5%的银行都提到了该问题；其次为户口、居住证的办理（12.5%）；其他提出较多的困难依次为：用人部门要求限制（10.0%）、人才成本较高（7.5%）、雇主品牌未建立（7.5%）、配套生活服务欠缺（5.0%）、人才引进政策不完善（5.0%）、专业型人才稀缺（5.0%）、招聘渠道不通畅（5.0%）。证券类企业在解决紧缺人才问题时遇到最多的困难也是行业人才短缺、竞争激烈，23.8%的证券企业都提到了该问题；其次为户口、居住证的办理（14.3%）；其他提出较多的困难依次为：人才成本较高（9.5%）、人才流动大（7.1%）、缺少配套优惠政策（7.1%）、雇主品牌

未建立（4.8%）、人才质量不高（4.8%）、内部培养困难（4.8%）。保险类企业在解决紧缺人才问题时遇到最多的困难是招聘渠道不通畅，占17.2%；其次为行业人才短缺、竞争激烈（14.1%）；其他较多的困难依次为：专业型人才稀缺（12.5%），用人部门要求限制（10.9%），人才流动大（6.3%），人才质量不高（6.3%）、户口、居住证的办理（4.7%）。期货类金融企业在解决紧缺人才问题时遇到最多的困难是专业型人才稀缺，占20.7%；其次为行业人才短缺、竞争激烈和招聘渠道不通畅，各有13.8%的期货类企业提到；其他提出较多的困难依次为：人才质量不高（10.3%）、行业发展不力（10.3%）、雇主品牌未建立（6.9%）、招聘成本高（6.9%）。其他类金融企业在解决紧缺人才问题时遇到最多的困难主要有行业人才短缺、人才成本高、招聘渠道不通畅、行业发展不力等几个方面，各有12.5%的企业提到，其次为专业型人才稀缺和缺少配套优惠政策，各有9.4%的企业提到。

表18　各行业企业解决紧缺人才问题的困难

单位：%

	银行	证券	保险	期货	其他
行业人才短缺、竞争激烈	22.5	23.8	14.1	13.8	12.5
户口、居住证的办理	12.5	14.3	4.7		
人才成本较高	7.5	9.5			12.5
雇主品牌未建立	7.5	4.8		6.9	6.3
用人部门要求限制	10.0		10.9		
配套生活服务欠缺	5.0				
人才引进政策不完善	5.0				
专业型人才稀缺	5.0		12.5	20.7	9.4
招聘渠道不通畅	5.0		17.2	13.8	12.5
人才流动大		7.1	6.3		
缺少配套优惠政策		7.1			9.4
人才质量不高		4.8	6.3	10.3	6.3
内部培养困难		4.8			
行业发展不力				10.3	12.5
招聘成本高				6.9	

2. 企业对政府帮助引进或培养紧缺人才方面提出的建议

如表 19 所示，企业对政府帮助引进或培养紧缺人才所提出的最重要的建议比较集中，主要是提供人才储备库及信息交流平台、为人才提供配套优惠政策，这两点分别占所有建议的 40%、28%。由政府提供人才储备库及信息交流平台是企业最希望政府层面帮助解决人才问题的方式，这是解决企业和人才之间、企业和企业之间信息不对称的有效途径；28% 的企业认为政府的当务之急是为人才提供配套优惠政策，如户口、居住证、子女上学、税收减免等；9% 的企业最希望政府能举办专场招聘会，针对企业所紧缺的高级人才搭建直接的交流平台；6% 的企业最希望政府能加大对高校教育的投入，这主要是指高校教育应该更有针对性、更贴近人才市场的需求。另外，部分企业提到了加大对行业的扶持与宣传力度，出台海外引才的优惠政策，举办企业引才培训会，落实北京市各项金融行业发展政策，创造有利于人才公平竞争的市场环境，健全以政府奖励为导向、用人单位和社会组织奖励为主体的人才奖励体系，深化金融中心建设等建议。

表19 企业对政府帮助引进或培养紧缺人才方面提出的最重要建议

最重要建议	频次	占比（%）
提供人才储备库及信息交流平台	40	40.0
为人才提供配套优惠政策	28	28.0
举办专场招聘会	9	9.0
加大对高校教育的投入	6	6.0
加大对行业的扶持与宣传力度	4	4.0
出台海外引才的优惠政策	3	3.0
举办企业引才培训会	3	3.0
落实北京市各项金融行业发展政策	2	2.0
创造有利于人才公平竞争的市场环境	2	2.0
健全以政府奖励为导向、用人单位和社会组织奖励为主体的人才奖励体系	1	1.0
深化金融中心建设,形成人才高地	1	1.0
重视并加大工作力度	1	1.0
合　计	100	100

如表20所示,企业对政府帮助引进或培养紧缺人才所提出的所有建议与最重要建议基本一致,同样集中于为人才提供配套优惠政策和提供人才储备库及信息交流平台两点,分别占比35.9%和29.4%;排在其后的是举办专场招聘会、加大对教育的投入,分别占比7.1%、5.9%;鼓励并帮助企业进行人才培养也是较多企业提出的建议,北京市金融企业希望政府能够举办一些行业人才培训会、制订行业人才培训计划,以帮助金融行业人才的能力提升,从而满足企业的发展需要;部分企业提出希望政府能够帮助企业和高校建立"点对点"的合作机会,使企业能够有直接的金融人才储备;北京市金融企业认为目前政府的海外引才政策力度不够,应加大对海外金融人才的优惠政策,减少海外人才归国工作的阻碍;有4家企业提到希望政府能够举办面向企业的引才培训会,帮助企业找到解决紧缺人才问题的办法。另外,少数企业提出政府应加强对网络招聘渠道的维护、创造利于人才公平竞争的市场环境、扶持外资银行发展、改善人才发展环境、鼓励人才创办企业、深化金融中心建设、营造优越的社会及生活环境等方面的建议。

表20 企业对政府帮助引进或培养紧缺人才方面提出的建议(前10项)

建议	频次	占比(%)
为人才提供配套优惠政策	61	35.9
提供人才储备库及信息交流平台	50	29.4
举办专场招聘会	12	7.1
加大对教育的投入	10	5.9
鼓励并帮助企业进行人才培养	8	4.7
帮助企业和高校建立"点对点"的合作机会	6	3.5
出台海外引才的优惠政策	6	3.5
举办企业引才培训会	4	2.4
落实北京市各项金融行业发展政策	2	1.2
健全以政府奖励为导向、用人单位和社会组织奖励为主体的人才奖励体系	2	1.2
……	……	……
合 计	170	100

不同行业的金融企业对政府帮助引进或培养紧缺人才方面提出的建议略有不同，如表21所示。尽管各行业金融企业所提出的建议都以提供人才储备库及信息交流平台和为人才提供配套优惠政策两个方面最为突出，但二者所占的比例存在显著的差异。银行类企业的建议中有38.9%是为人才提供配套优惠政策，排在第一位，其次是提供人才储备库及信息交流平台，占所有建议的22.2%，而其余建议皆不足6%；证券类企业所提建议与银行类似，最多的是为人才提供配套优惠政策，占42.9%，其次为提供人才储备库及信息交流平台，占所有建议的16.7%，其余较多的为举办招聘会，加大对教育的投入，深化金融中心建设、形成人才高地等建议，各占9.5%，其余皆不足5%；保险类企业的建议中最多的是提供人才储备库及信息交流平台，占所有建议的28.8%，其次是为人才提供配套优惠政策，占25%，与银行与证券企业不同的是，保险类企业对于举办招聘会的需求较大，占全部建议的21.2%；期货类企业所提建议中提供人才储备库及信息交流平台占绝对优势，占39.1%，其次是为人才提供配套优惠政策，占21.7%，其余较多的是加大对教育的投入和加大对行业的扶持与宣传力度，各占13%；其他类企业所提建议中最多的同样是提供人才储备库及信息交流平台和为人才提供配套优惠政策，各占24%，其次为举办招聘会与加大对教育的投入，各占12%。

表21　各行业企业对政府帮助引进或培养紧缺人才方面提出的建议

单位：%

	银行	证券	保险	期货	其他
提供人才储备库及信息交流平台	22.2	16.7	28.8	39.1	24.0
为人才提供配套优惠政策	38.9	42.9	25.0	21.7	24.0
举办招聘会	5.6	9.5	21.2	8.7	12.0
加大对教育的投入	5.6	9.5	5.8	13.0	12.0
加大对行业的扶持与宣传力度	5.6		5.8	13.0	8.0
出台海外引才的优惠政策	5.6	4.8			4.0
举办企业引才培训会	2.8		7.7		4.0
落实北京市各项金融行业发展政策		2.4			4.0
创造有利于人才公平竞争的市场环境	5.6		3.8		8.0

续表

	银行	证券	保险	期货	其他
健全以政府奖励为导向、用人单位和社会组织奖励为主体的人才奖励体系	2.8		1.9		
深化金融中心建设、形成人才高地	2.8	9.5			
重视并加大工作力度	2.8	4.8		4.3	

五　政策建议

基于本次首都金融人才引进需求结构调研结果，并参考现阶段北京市的整体人才政策环境情况，课题组提出以下几点建议。

1. 在政策制定过程中加大对中级管理人才和高级业务人才的支持力度

根据调查分析，中级管理人才（主要指支行行长、部门经理、总监级别的管理者）和高级业务人才（主要指对企业的业务扩展起重要作用的人员，如年薪50万元以上的高级基金经理等）是北京市金融行业发展最紧缺的人才，他们的能力是现代金融企业竞争力的集中体现。而现行的人才政策往往更偏重于高级管理和高级技术人才，应重视并有针对性地制定中级管理人才和高级业务人才的相关政策，加大中级管理人才和高级业务人才培养的政策支持力度，帮助金融企业解决这两类人才引入和使用中存在的问题。

2. 针对不同类型人才的紧缺原因调整人才政策执行的策略

调查表明，"业务发展需要"是首都金融企业中级管理人才和高级技术人才紧缺的最主要原因，同时也是高级业务人才紧缺的重要原因，因此，在引进上述人才时，应将企业的业务发展情况作为申请相关人才扶持政策（如户口、居住证办理等）的重要参照条件，将人才、企业发展需求、人才与企业发展需求的适配性综合起来进行评估，使政策资源的分配更合理，更有利于北京市金融行业健康、有序发展。

"人才质量不高"是首都金融企业高级管理人才紧缺的最主要原因，政府可委托相关专业机构针对高级管理人才的选拔、聘用、考评、激励和培训环节进行深入、系统化的研究，通过政策设计，引导金融企业变革和完善高级管理人才的选拔、聘用、考评与激励机制，并组织金融企业与专业培训机构合作，进行具有针对性的培训课程设计、过程实施和效果评价，以切实提升高级管理人才的能力水平。

3. 充分发挥行业协会和专业服务机构的作用，整合建立金融人才数据库及信息交流平台

调查表明，市金融企业在人才招聘时没有一个系统的、定向化的人才寻访渠道可供利用，"提供人才储备库及信息交流平台"在金融企业向政府提出的最重要的建议中排在第一位。政府应充分发挥相关行业协会的作用，组织、引导它们合作建立金融人才数据库，并将海内外的高等教育、人才培训与招聘等专业服务机构整合进来，共同搭建、运营一个开放的、分层次的、可信的金融系统信息交流平台。基于该平台，一方面，有利于加强金融企业之间、金融企业与金融人才、金融企业与专业服务机构的沟通，从而激发或促成高效率、高价值的合作；另一方面，可即时为金融企业与金融人才的定向搜寻提供数据库服务，帮助企业与人才解决供需信息不对称和供需信息错位的问题，做出适合的双向选择，也有利于帮助专业服务机构推出有针对性的、深入的、能够满足金融企业和金融人才成长需求的产品和服务，从而从整体上实现北京市金融领域的有效互动、有序流动和产业生态平衡。

参考文献

[1] 张恩施、曾妙华、刘慧霞：《金融从业人员胜任力模型研究综述》，《人力资源》2012年第5期。

[2] 肖凌、聂鹰、梁建春：《国有银行中层管理人员胜任特征模型》，《经济科学》2006年第6期。

[3] 张佩、胡霆、彭波：《商业银行中层管理者胜任力模型研究》，《河南工程学院学报（社会科学版）》2009年第12期。

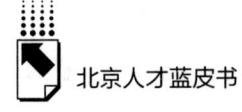

［4］贺瑛、马欣、殷林森、刘晓明：《国际金融中心建设背景下的上海市金融行业人才需求研究》，《征信》2011年第5期。

［5］王太：《天津市金融行业人才现状分析与需求预测》，《南开管理评论》2009年第2期。

［6］张俊瑞、刘东霖：《我国人才市场对财经类人才需求状况的调查分析》，《会计研究》2005年第9期。

科技人才工作体制机制改革研究

武霏霏 王峥 朱晓宇 黄峥*

摘　要： 北京地区高校院所众多，大量高水平科技人才集聚。为了继续释放人才的创新创业活力与热情。本报告通过实地调研、小组座谈、案例研究等方法，研究了高校院所在人才工作体制机制改革方面的现状，讨论了人才引进、培养、评价、激励、流动配置、创新创业等方面的机制，总结了优秀经验，梳理了典型问题。最后，主要从释放科研单位自主性和能动性，促进政府内外创新资源的流动，推广已有改革经验并不断深化改革、增强已有改革措施的可操作性等多个角度，提出了深化科技人才工作体制机制改革的建议。

关键词： 科技人才　人才工作　体制机制改革　高校院所

为响应北京市人才工作体制机制改革的要求，也为新时期科技人才规划的编制提供参考，北京市科委于2015年5~6月针对在京高校和科研院所组织了调研，分类了解基层单位在人才引进和培养、使用和管理、评价和激励等方面的工作经验，摸清改革进程中的主要问题，为首都人才发展体制机制改革举措的完善提供思路。调研显示，目前全市已经在人才的引进、评价与

---

* 武霏霏，北京决策咨询中心项目主管，科技政策与管理专业硕士，助理研究员；王峥，北京决策咨询中心副主任，科技政策与管理专业硕士，副研究员；朱晓宇，北京市科学技术委员会人事教育处处长，人力资源专业本科，高级政工师；黄峥，北京市科学技术委员会人事教育处干部，人力资源专业本科，助理研究员。

激励、流动配置、开发培养、创新创业支持、人才工作领导机制改革等多个方面开展了一系列工作，许多改革举措产生了良好成效。但基层单位在推进各方面工作过程中，仍有不少问题，面临一些困难，特别是市属单位，突出表现在人才工作各个环节上级部门管控过死、管控方式不合理等方面，基层单位有许多好的想法难以实现，人才管理还没有完全匹配创新创业形势要求，需要进一步深化人才工作体制机制改革。

一 人才引进及国际化发展问题

本部分重点调研在京高校院所等单位在国际顶尖科技人才引进方面的经验，以及科研人员开展国际合作的成效、经验和问题，建议做出相应的改革和调整。

（一）人才引进力度高，取得一定成效

1. 北京地区外籍人才引进力度大

2014年以来发布的若干改革性文件，都重视和强调高层次人才的引进和聘用，部分在京园区也积极开展人才引进工作，人才队伍建设取得实效。如2012年以来，北京纳米产业园和专业孵化器先后引进了中科院院士范守善，中组部"顶尖千人计划"入选者、欧洲科学院院士王中林，美国工程院院士周郁，南非科学院院士孙博华等一批享誉中外的顶尖人才。各个在京高校也大力开展外籍顶尖人才引进工作，北京航空航天大学先后成立HEEGER北京研究院、费尔北京研究院，吸引多位目前仍活跃在科研创新第一线的诺贝尔奖得主来华参与项目，外籍顶尖人才在凝练重大研究需求、推广成果、带领和培养团队等方面发挥了重要作用，合作成果正在不断产生。

2. 高校院所探索外籍人才管理创新，成效良好

为有效管理兼职来华的外籍顶尖专家，许多单位推行"以事管人"的方针，引进人才之初就以项目或任务的形式签订合约，将项目或任务的完成

作为硬指标，保证引进的人才必须将一部分精力用于本单位的创新研发活动，以完成项目考核要求。为更好贯彻这一方针，一些单位还为顶尖专家配备了专门的学术联络人和科研辅助联络人，协助推进项目，全力保障外籍专家在华工作和生活的便利。从结果看，许多顶级外籍专家为单位的科研工作做出了很大贡献。

（二）人才工作国际化还存在多方面问题

1. 引进海外人才的方向仍需聚焦

部分基层单位希望借助外来人才吸引更多国家优惠政策和经费，引进人才工作存在盲目性。由于目前对科研机构的评价中，引进海外人才数量可以作为"加分项"，部分单位重量不重质，脱离实际需求，过分强调引进人才的量化指标，而忽视了对于人才所在学科领域、工作质量的要求，引进人才难以满足本单位研究需要，对基层单位而言是明显的资源浪费。配合下文将要提到的管理与退出机制不完善问题，给单位造成了长期的影响。

2. 引进海外人才的管理相对松散

这方面的问题，主要体现在对引进人才的工作时长和科研质量要求过低。基层单位要求聘请的海外学者在国内至少工作三个月，但有的大牌学者任教课时不多，不仅没有达到学术交流的目的，还浪费了国家资源。特别是那些在国外大学担任全职同时在中国短期任教的学者，往往因分身乏术而不能履行职责，常常"两边吃""钻空子"。此外，我国高校院所的人事管理部门往往缺乏市场交易行为的经验，法律知识不完备，同外籍和企业兼职人才签订的合同存在漏洞，约束力不足。

3. 服务海外人才的配套措施有待完善

很多单位十分重视高层次人才前期的引进工作，往往投入巨大的资源，通过各种渠道引进高端人才，但忽略了人才引进后的一系列相关工作。在引进前期承诺很多优厚待遇，但引进之后，没有做好相应的配套服务，给引进人才工作带来严重阻碍。特别是外籍引进人才，目前面临的主要问题就是在京身份及签证问题。首先，目前外国人办理签证和居留的时限一般以两年以

下为主，而快速审发签证、长期居留和永久居留许可的绿色通道极少，外籍人员来京之后的身份问题难以解决，这给其后续的缴纳保险、买车、购房等方面造成了很大的困难，同时，外籍人才的配偶和子女的问题也难以解决。其次，目前法律规定外籍人员不得担任我国企业法人，那么对一些掌握技术成果的外籍人才而言，就无法通过创办企业来推动成果转化、获得应得的回报。

4. 引进海外人才应当建立退出机制

目前，很多单位在人才引进方面，缺乏退出机制，片面地追求数量，忽视质量。对于不能正常履约、学术不端、"水土不服"的人才，没有退出机制进行约束。即使考核不合格，也不能强制引进的人才离开单位；又由于其他方面的问题，如引进人才数量代表单位工作水平、签约时存在法律漏洞等，使表现不佳的引进人才无法被淘汰。

5. 体制内科研人员进行国际交流仍受限制

目前针对有科研学术交流需要的出国访问，仍然依照行政出访的规定进行严格管理。例如，要求提前半年甚至一年提供详细的出访计划、限制出访时间、禁止出访期间调整行程，使科研人员丧失许多"顺道拜访"性的交流机会，有些人甚至只能会议参加一半就必须打道回府。由于有学术交流需要的出国经费也被划到"三公"经费中，而近年来对"三公"经费总量的控制更加严格，许多国际交流和合作的机会随之丧失。

（三）建议进一步完善引进人才工作机制，鼓励高水平国际合作

1. 加强外籍人才引进的顶层规划设计

应配合人才计划的梳理和改革，对全市现有各级各类海外人才引进计划做全面梳理和整合，建立多层次的人才引进方针。如在国家层面，应围绕大科学合作、前沿技术、基础性公共研究，确定高层次人才引进方针；在区域层面，应围绕影响城市区域发展的关键问题，针对性引进重点领域人才；在基层单位层面，应结合单位能力、基础资源、现有的优势方向，选择性地引进能够为单位发挥最大作用的人才。

2. 完善外籍引进人才的配套政策

在引进人才跟踪和服务机制上，建议通过网络信息管理平台、发放调研问卷和组织座谈会等方式，长期跟踪和了解引进人才创新创业开展情况、工作和生活中遇到的困难及进一步需求等，不断摸索和调整适合海外高层次人才在华生活和开展科研工作的环境、制度和政策体系。应建立与国际规则接轨的高层次人才招聘、薪酬、考核、科研管理、社会保障等制度，简化外籍高层次人才居留证件、人才签证和外国专家证办理程序。对长期在京工作的外籍高层次人才建议优先办理2～5年有效期的外国专家证。应建立外国人就业证和外国专家证一站式受理窗口，对符合条件的人才优先办理外国专家证，放宽年龄限制。在引进人才后续安排上，应统筹考虑外籍人员的签证及海外人才的身份问题，确保外籍高层次人才享有相应的出入境和居留优惠政策，解决好引进人才的住房、医保和家属就业、子女上学等问题。要优化海外人才医疗环境，鼓励支持具备条件的医院加强与国内外保险公司合作，鼓励医院与商业医疗保险直接结算。建议支持国内社会组织兴办外籍人员子女学校。

3. 严格评审和管理，设计引进人才退出机制

针对目前海外人才引进后的工作表现良莠不齐、挤占本土优秀人才生存空间的问题，要允许各高校院所根据实际情况开展定期的内部评审，以完成成果的质量为核心标准，借鉴已有经验，"以事管人"，对多次考核不合格的引进人才，要建立相应的退出机制。高校院所要杜绝通过引进人才来"装点门面"，搞"形象工程"，不能片面追求引进数量，忽视人才工作质量和对单位的实质性贡献。

4. 建立科研学术活动的专门性国际交流通道

应将有科研学术需要的因公出国同一般行政因公出国区分开，建立专门的学术国际交流通道，对技术和管理人员参与国际创新合作交流活动，实行有别于领导干部、机关工作人员的出国审批制度。具体包括：在计划审批阶段不严格限定必须提前若干时间申报，出访期间允许确有学术需要的行程调整，放宽对有行政职务的"双肩挑"科研人员出国限制，取消科研人员出

国的次数和长度规定。相应的，可以采取公开出访流程、公开学术交流计划等举措，加强业内监督。

二 人才评价与激励机制问题

本部分主要调研了解在京科研单位对不同岗位、不同职责、不同层次的科技人才推行分类评价和激励的经验做法，了解目前影响分类评价具体落实的主要问题。调研指出，要提升评价的科学性和有效性，应进一步赋予高校院所等基层科研单位自主权。

（一）各单位推行分类评价改革，运行效果良好

1. 高校院所根据人事聘任岗位设计分类考核机制

目前，高校院所对人才的考核指标，与签订人事合同时聘任的岗位密切相关，不同的学科具有不同的考核标准。就高校而言，聘任为教学岗位要按照教学岗位考核办法规定的方式进行评价，如学生对教学水平的问卷、课堂教学打分等；聘任为教学科研岗位和纯科研岗位，则另有独立的评价标准。高校院所对科研人员的分类评价基本由单位自主展开，与各机构主攻方向相关，较好地引导了科研人员的评价导向。

2. 评价方式改革试点提高了人才创新积极性

部分高校引进了与国际接轨的考核机制，在激励科研人员开展创新方面取得良好效果。如北京大学对青年采用"3+3"的考核机制，即大学给予青年人员必备的基础科研条件，3年之后对他们进行国际匿名同行评议，对这些人才3年内各方面科研成绩进行综合定性评估，主要考察科研人才积聚科研基础的准备情况；3年之后，再次用同样方法对青年人员的工作成绩进行评估，重点考察科研人员是否通过长期积累取得了足够匹配北大教职的成果。如果两次考核都不合格，就必须离开科研岗位或离开学校。北京市农科院则对基础研究人员和应用研究人员进行分类评价，指标"多选一"，即有一项高水平的突出成果，则其他成果可以不满足考核指标定量的要求。这种

做法，一是能够选到合适的、对科研人员的工作有充分了解的评价者；二是杜绝各个基础研究和应用研究学科使用同一套以论文、专利为主的评价标准导致的横向不公平问题；三是有助于准确选拔和奖励那些确有突出贡献的人员。

3. 中关村示范区科技人才职称评定方面取得改革突破

2015年5月发布的《中关村国家自主创新示范区高端领军人才专业技术资格评价工作试行办法》突破了传统的职称评审程序，开通了高端领军人才职称评审的"直通车"。按照规定，凡在试点区域内企业中从事工程技术研发生产，且科技成果获得国家级科技奖项，获国家级人才表彰奖励，担任国家级重大科技项目负责人，或在自主创新和科技成果转化过程中取得突出成绩的高端领军人才，具备上述条件之一，不需取得相关级别职称、任职年限及参加外语和计算机应用能力考试，均可直接申报北京市高级工程师（教授级）职称评审。此外，新的职称评审晋升制度，还以业绩陈述取代论文答辩，突出对申报人选的业绩、能力及成果转化、创新能力的考核，其中技术创新、工作业绩、技术水平所占权重高达80%。园区中的科研单位已有部分人才参与到试点工作中，成效很好。

（二）人才评价与激励工作仍有不足，影响创新积极性

1. 人才评价的过程仍受行政介入

行政介入对人才评价工作的影响反映在许多方面。例如，高校院所如何评价科研人员，同上级部门如何评价这些机构本身有直接的关系。假如高校院所的年度考核主要指标是单位发表科研论文总数、引用数、获得项目数等，它们自然会对科研人才队伍做出同样的评价要求。因此，尽管部分高校院所已经开始尝试多样化的人才评价方式，但许多基本的评价指标始终不能调整，客观上不利于各个基层单位根据本单位、本学科、不同岗位的实际情况来安排考核。

又如，目前对科技人才的评价，人事部门仍占相当重要的地位，而人事部门事实上不可能对科技人才工作的专业价值做出合理判断，导致人才评价

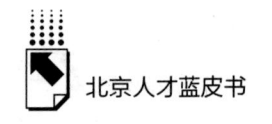

只能选择一些硬性的定量指标，如论文、专利、项目等。"用人的不评人，评人的不用人"，人才评价存在导向性偏差。

再如，目前职称的评审，仍以政府行政命令展开和组织。以高校评审委员会为代表的一些行政性的组织很容易遭到行政权力介入，造成不公平、不公开的评审黑洞，近期也有一些典型案例出现。高校院所科研人才的评审和评价，应不应当由行政部门进行最终确认，仍待进一步讨论。

2. 人才评价的标准还需加强对实用型人才的重视

目前市属高校院所的高级别职称评价都要经过北京市相关管理部门组织专家进行认定，由于北京地区集聚了大量高水平国家级研究机构，许多评审专家都来自中央单位，特别是中央基础性研究单位。他们很难站在北京区域发展需求的角度看待人才所做的工作，特别是应用型人才从事的具体技术开发工作，技术转移人才的工作更难得到认同。同样的情况，在北京市各种科技人才奖励中也普遍存在。总体上，人才评价，特别是职称评价，还应当进一步调整指标和方式，划出特殊门类，向应用型人才倾斜。

3. 科研事业单位对优秀人才的激励受到体制机制束缚

在青年人才激励方面，北京市属高校院所都要受到专业技术人才职称总数的限制，优秀的青年人才工作3～5年后，能力和经验大大提高，却受限于单位职称总数，不能晋升到高级职称，由此而来的是申请项目受限，进而在各种评价体系中处于不利地位。因此，许多市属高校院所普遍反映，"掐尖"现象广泛存在，优秀人才成熟后就转去相对自由灵活的中央在京同类研究机构或体制外企业，单位人才队伍整体水平难以提高。

在高层次科研骨干激励方面，现有规定将科研事业单位同行政事业单位乃至行政机关相混淆，忽视了科研工作的特点，不利于发挥人才创新活力。例如，科研事业单位的管理者很少是单纯的行政管理者，更多的是科研行政"双肩挑"型人才，而且往往是"研而优则仕"的核心专家。这些人才自己也带领团队、组织项目、开发成果，而他们拿到自己的成果后，却由于行政级别和身份的限制不能参与技术入股或在岗兼职，直接影响这部分顶尖人才开展创新活动的积极性。

在成绩特别突出的杰出人才激励方面，除少数试点单位外，大部分市属高校院所受到事业单位工资总额的限制，很难调整，对优秀人才的奖励也要被计算进"工资帽"；其结果是，单位若想奖励优秀人才，只能压缩其他人的薪酬空间，在实际工作中很难实现。

（三）进一步赋予科研单位评价自主权，完善人才评价与激励机制

1. 建立完备的同行评议制度，开展对专业技术人才的评价

首要任务是应明确将人才评价的权力下放到科研单位，包括职称、年度考核、评奖评优在内，避免"外行评价内行"，而由"内行评价内行"。将评价权力下放给各单位，还能进一步提高人才评价的导向性，由各单位根据本机构具体业务需要和发展方向来调整评价指标和评价方式，例如基础研究类科研机构以科学成果和研究创新性来评价人才，应用研究类科研机构则以项目成果的实际应用价值来评价人才，中央属和地方属科研院所也可形成差异化的评价重点。

2. 结合试点经验，推广新型评价方式

应加大力度推广匿名同行评议，确保评议过程的公正透明。让专业领域相近的小同行对科研人员的实际工作和代表性成果进行评估，也就解决了只能采用硬性指标进行定量评价的过程中不可避免会出现的一系列问题。有条件的高校可以参考北大等先行者，试点实行定期评审、不合格解雇的高度竞争评价方式，以及成果"代表作"评价方式，等等。

3. 允许高校院所在杰出人才激励方面进行试点突破

在目前高校和科研院所人事制度框架下，应以新进人员的聘用作为突破口，探索研究体现优秀科研人员劳动价值的收入分配制度。建议为每个单位分配若干不受工资总额限制的岗位，允许单位采用年薪制等灵活薪酬制度聘用高层次带头人，充分开发高层次核心骨干的创新积极性。对优秀团队，增加高级专业技术岗位职数。

4. 精神与物质激励并行互补，提高科研人员专业认同感

既要重视科研人员的物质激励，也要注重培养积极向上的科研文化，以

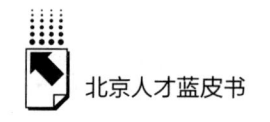

同行认可和科学界荣誉等方式，鼓励科研人员精益求精、不断探索。具体来说，应建立和完善科研单位与政府、新闻媒体、社会组织的互动机制，通过报刊、会议、网络等宣传媒介，对贡献突出的科研人员进行表扬，激发科研人员的职业荣誉感、自豪感和创造力，形成一种积极向上、你追我赶的良好氛围。

三 人才流动配置机制问题

本部分主要总结在高校院所、企业等产学研主体间创新创业人才流动的现状和问题，分析如何进一步推动各类主体间的人才流动，以加快区域创新系统发育。

（一）产学研主体间科研人才流动规模不断扩大

1. 以中关村园区为核心，为人才流动创造了良好环境

从政策角度看，目前各项人才创新创业流动试点主要以中关村园区为代表。相关规定包括：鼓励高等学校拥有科技成果的科技人才，依据中关村示范区股权激励试点政策和以现金出资方式，在中关村示范区创办科技型企业，并持有企业股权，创办的企业可按照科技人员现金出资额度的20%申请政府股权投资配套支持；高等学校科技人员经所在学校同意，可在校际间或中关村示范区科技企业兼职，从事兼职所获得的收入按有关规定进行分配；科技人才在兼职中进行的科技成果研发和转化工作，可作为其职称评定的依据之一。此外，相关政策还支持高等学校拥有科技成果的科技人员离岗创业，在一定期限内保留其原有身份和职称。

2. 科研院所骨干力量向企业流动的速度正在加快

调研反映，目前科研院所的一部分年轻有为的骨干力量正加快向企业流动。许多受调研单位表示，由于院所能提供给人才的薪酬待遇比不过企业，专业技术职称等方面也受到一定限制，科研人员技术成果入股的规定也不完善，近两年，人才流动到企业的速度正在加快。特别是一批35岁左右、具有较好工作能力和经验的业务骨干，他们的技术成果可以相对容易地吸引到风险投资，自身也有创业的欲望和精力，因此科研人员离职创业的规模逐渐扩大。

（二）体制内外人才双向流动仍有障碍

1. 科研事业单位内部优胜劣汰的流动机制有待建立

在现行的人事管理制度下，除少数试点机构外，大部分高校院所等科研事业单位内部还没有形成优胜劣汰的良性循环机制。能力出众、对单位贡献大的人才想要晋升到更高职位，面临职称职数限制；能力一般的人员，又缺乏相应的考核、淘汰、退出机制，客观上造成"优才难流动、庸才难退出"的局面。

2. 体制内外科技人才自由流动受到社保接续的限制

由于体制内外沿用二元社保体系，目前来看，科技人才在体制内外的流动大多数是单向的，即从机关流向事业单位、流向企业；高校院所科研人员往往放弃体制内的福利流向体制外，而企业人员被体制内单位以全职形式聘用的不多。长此以往，优秀人才不断从公共研究机构向企业单向流动，高校院所的研究团队如何培养、研究连贯性如何保持，都是需要考虑的问题。

（三）应继续去除科研人员在单位之间、体制内外双向流动的障碍

1. 建立和完善高校院所内部良性循环的人才流动机制

针对科研事业单位，改革人事管理制度，强化绩效考核的实际作用。对连续考核不合格的人员，要求其调动岗位或离职；对多次考核成绩优秀的人员，要采取竞争上岗、聘任制等灵活方式，为其设计合理的成长路径，实现单位内部人员上升和淘汰的良性循环。

2. 继续探索体制内外各种保障的衔接

应继续推进事业单位分类改革，确保体制内外二元社保体系逐步实现衔接。按照分类改革要求，完善科研事业单位及其工作人员参加基本养老、基本医疗、失业、工伤等社会保险政策，逐步建立起独立于单位之外、资金来

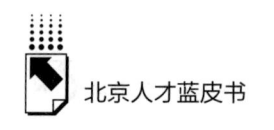

源多渠道、保障方式多层次、管理服务社会化的社会保险体系，保障优秀人才能够自由地在体制内外双向流动。

四 人才开发培养机制问题

本部分围绕青年科技人才、核心技术研发人才与团队、高层次创新人才的培养，了解基层单位工作现状与主要成绩，指出目前在人才开发培养方面，政府各部门的顶层设计还需要进一步发挥协调作用，而具体的培养工作和激励权则应继续放活，由科研单位自主开展。

（一）人才培养的投入很大，成效较好

1. 政府人才计划项目投入不断增加

通过实施"雏鹰计划""翱翔计划"和"北京市科技新星计划"等科技人才培养项目，并配合自然科学基金项目对青年创新人才的倾斜，初步构建了青年创新人才培训链条。截至2014年6月，"翱翔计划"已培养了1293名学员，全市近200所高中学校的750位学科教师、209家科研实践基地的416位专家为"翱翔学员"开设了500门课程。"北京市科技新星计划"实施20年来，青年科技人才快速成长，科技创新领军人才不断涌现。截至2013年底，共有21批1820人入选并获得"新星计划"2.6亿元的市财政支持，入选"新星计划"的人才中，获得正高级、副高级职称的科研人员平均年龄比北京市平均年龄低3~4岁。北京市自然科学基金在同等条件下优先资助35岁以下青年项目申请人，2013年，基金试行增设青年科学基金，资助35岁以下的青年科技人才开展科学研究，与"北京市科技新星计划"形成了良好的衔接，并与"雏鹰计划""翱翔计划""北京市科技新星计划"共同成为首都青年科技人才培养体系的重要组成部分。

以应用为导向，发挥领军人才和创新团队在地方发展中的作用。从2002年起，北京市开始实施重大科技项目工程，在重大科技项目的实施过程中，培养造就了一批科技领军人才。领军人才率领的团队，为北京地区经

济产业、社会民生的发展和改善做出了重要贡献。同时，通过应用型项目的锻炼，围绕领军人才形成了许多核心创新团队，有效带动了各层次人才的成长。

2. 高校院所与企业共同开展人才培养工作的力度不断增强

通过开展联合攻关科研任务、推动人才交流等形式，推进企业和高校院所在优秀人才培养方面的深度合作。一方面，高校普遍积极同企业进行合作，以招聘企业家担任兼职教授、合作共建试验基地等形式，利用企业项目资源为青年学生提供实践机会。而企业也通过与高校的联合，寻找发现优秀青年学生，培养科研团队。另一方面，政府有关部门也为推进企校协作做了大量工作。如2011年市科委联合市教委共同启动"G20工程应用型人才培养计划"，建立了固定合作模式和长效合作机制，推动校企共建实习基地，累计向G20企业提供了400余名应用型人才。

（二）人才培养计划重复设置，青年人才培养路径不明确

1. 人才培养项目重复布局

目前，国家及北京市对科技人才的培养计划较多、重复布局，许多项目主题相似、经费很少，迫使科研人员不得不用类似的研究内容多头申请项目。这种做法浪费了许多时间在项目申报评审材料的准备上，对实质性的研究推进没有太多帮助，造成科研人员队伍的浮躁氛围严重，反而影响了人才培养效率，不利于人才成长。

2. 对青年科技人才职业发展的持续关注不足

科研人员职业生涯的开始需要进行系统的科研职业培训，美国等科技强国都建立了针对学术生涯早期系统的职业培训资助计划。虽然我国国家自然科学基金设立了青年科学基金资助项目类别，教育部设立了博士后基金，北京市科委也设置了"科技新星"计划，但人才计划总体上仍然过分偏向已经有一定成绩的成熟人才，远远不能满足青年人才成长的现实需求。这种情况导致年轻科研人才对学术带头人过分依赖，抑制了年轻科研人才在最富有创造思维、魄力和朝气时期的发展。

（三）应调整政府定位，提高人才培养效率

1. 整合人才培养计划，增强计划之间的衔接

目前国家和北京市层面科技人才计划项目繁多，应由科技和人事主管部门牵头对人才计划项目进行修剪和整合。改变部门各自分钱分物的管理办法，建立跨部门的人才培养计划项目统筹决策和联动管理制度，综合协调政府各部门人才培养专项资金，建立人才计划项目投入管理和信息公开平台，将各部门、各层次人才计划项目纳入统一规范管理，杜绝多头申报现象。其他专业管理部门若要设立科技人才计划项目，科技主管部门应当参与并给出建议。

2. 探索多种模式的青年人才培养机制

应参考借鉴国外成熟经验，针对青年人才的成长需求和特点，安排指向明确的青年资助项目，将这类项目的评审、管理和评价同一般人才项目区分开，赋予青年项目承担人更大的调整权。应在统筹安排政府人才培养计划的过程中，特别注重各阶段青年人才项目的衔接，解决青年人才承担的起步项目完成后，由于成果发表和跟踪研究形成成果需要时间，造成的资助"断档"、无法保持研究方向的问题。

五 人才创新创业支持机制问题

本部分结合人才创新创业支持机制运行现状，探讨改进创新研发组织的管理模式、调整高校科研院所科研人员评价机制、深化政府财政科技项目经费管理等问题，进一步完善科技金融体系等支撑环境，推动形成大众创业、万众创新的局面。

（一）促进人才创新创业的改革举措已取得一定效果

1. 以北京生命科学研究所为代表的新型科研机构试点改革成效良好

生命所在体制机制方面开展了一系列改革探索，具体在以下若干方面实

现了突破。

(1) 确立了与国际接轨的聘任制度。

生命所领军人王晓东，从26个候选者中脱颖而出。从成立之初，生命所在选拔人才上就坚持公开、竞争的机制，聘请全球顶尖专家组成评选委员会，打破条框，先后多次面向全球招聘优秀人才。16个实验室主任中，有1/3具有国际一流水平，还有一部分是具有培养潜力的科技人才。同时，生命所采用了国际同行的评价标准，由科学指导委员会每5年对实验室主任进行一次评审，标准只有一条：国际一流水平，达不到这一标准者将被解雇。而且，生命所结合其研究工作的前景、对研究所的综合贡献和未来发展的需要来决定其是否进入下一期聘任。

(2) 形成了优秀的行政管理机制。

生命所虽然依托于北京市政府和科技部，并得到中国科学院等8个国家机构的支持，但是，生命所不受行政干预，实行所长负责制，所长直接向理事会负责。根据工作需要，生命所自主确定聘用研究人员的数量与职称。在生命所，大到实验室的建设、设备的采购，小到科研人员的吃住，行政部门都尽可能按照需求做到最好，一切行政活动均以科研活动为中心，以让科研人员满意为评估考核标准，而行政人员的业绩考核由科研人员最后反馈的意见为依据。

(3) 实行特定的拨款制度，经费长期稳定。

从建设初期，有关部门就采取了长期稳定支持的政策和科研经费保障制度，研究经费主要由科技部按相关科技计划程序拨付，管理经费由北京市政府拨付。2005年8月，科技部和北京市政府联合发文，确定从2006年起每个研究室每年支持240万元，2009年提高到250万元，目前提高到260万元。生命所是改革开放以来国内第一个按整体拨付研究经费的研究所。长期稳定的经费支持方式，不仅大大减少研究人员申请经费的时间，更重要的是有利于招聘尖子人才。

(4) 实行全员合同制和年薪制，年度考核不与工资、资金挂钩。

生命所实行全员合同制，包括所长王晓东院士在内，全体人员都实行合

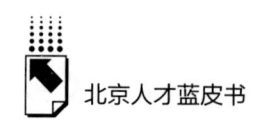

同制。研究人员每5年进行一次考评，考评未通过者将解除聘用合同。所长由理事会组织考评，研究室主任、辅助中心主任均由所长组织国际同行专家进行评审，研究室内部人员则由室主任进行考评。同时，生命所实行5年合同固定年薪制，除工资以外，不设任何奖金与补贴。年度业务考评不与工资、奖金挂钩。

（5）创新内部管理，实行制度化、层次化、模块化管理。

生命所目前只有所长和副所长，没有处长、科长等行政级别，管理者的任务是协调和为研究人员提供服务。其主要做法：一是制度化管理。按制度办事，减少人为因素，简化程序，减少矛盾。二是层次化管理。明确分工，各负其责，人人有权力，个个有责任。由所长负责推荐副所长、招聘实验室主任，副所长负责日常管理工作，实验室主任自主确定研究方向，聘用其他科研人员。三是模块化管理。按照技术模块成立辅助中心为研究人员提供技术服务，行政管理围绕科研工作进行，着力解决科研人员后顾之忧，大型仪器设备统一购买、集中管理、共享共用。由于采用新的管理模式，大幅度减少了管理环节和管理人员，提高了管理效率。

2. 政府财政科技项目经费管理进一步放活

政府财政科技项目的经费管理改革，最具代表性的举措就是2015年市科委、市财政联合修订的《北京市科技计划项目（课题）经费管理办法》（以下简称《管理办法》）。该办法从若干方面做了调整，进一步优化经费使用、管理和监督方式，若能很好落实和进一步推广，将提高全市高校院所和企事业单位的创新活力。

（1）增加了科技经费使用的自主权和灵活性。

一是科技经费实行"一主多辅"的分类管理模式，以更好地适应各类专项的特点，最大限度发挥财政经费的效能。一个主办法，即《管理办法》，作为科技经费的主体管理办法；多个辅助办法，即不同的专项可以根据专项特点及绩效目标，制定相应的经费管理办法。

二是增加经费调整权限，并下放至承担单位。《管理办法》规定：材料费、测试化验加工费、燃料动力费、出版/文献/信息传播/知识产权事务费、其他支出的预算如需调整，项目组和项目负责人根据实施过程中科研活动的实际需要提出申请，由项目承担单位审批，市科委或相关主管部门在中期财务检查或财务验收时予以审核。差旅费、会议费、国际合作与交流费三项之间可调剂使用，但不得突破三项支出预算总额，总额若调减可按上述程序调剂用于项目其他方面的支出。设备费、劳务费、咨询费预算原则上一般不予调增，如需调减可按上述程序调剂用于项目其他方面的支出。

（2）扩大了劳务费支出范围。

一是扩大劳务费可列支的人员范围。除财政供养人员外，项目组成员可以列支劳务费。

二是扩大劳务费可列支的内容。临时聘用人员的有关社会保险补助可以在劳务费中列支。

（3）优化了间接费用管理。

一是间接费用仅限定支出范围，不再细化科目。1842号文中间接费用下设5个二级科目：科研条件支撑费、协调管理费、监督检查费、科研人员激励费、其他间接费用。《管理办法》仅限定了间接费用支出范围，不再细化科目。

二是间接费用比例由"三类"调整为"两类"，提高了全部补助单位间接费用的比例。《管理办法》规定：间接费用以直接费用扣除设备费为基数，财政补助事业单位不超过15%，经费自理事业单位、企业等不超过20%。修改理由：间接费用依据承担单位性质设定比例，是因为财政补助单位有一部分科研支撑方面的费用已经由财政负担。

三是间接费用由承担单位财务统一管理，统筹安排使用。

3. 支持人才创新创业的科技金融等相关体系正在建立

在技术转移方面，北京市已率先将技术转移服务规范上升为地方标准，成立了技术转移人才培养基地，并尝试建立了与外省市合作的工作体系。早在2011年，北京就在全国范围内率先将技术转移服务规范由行业标准上升为地方标准，填补了北京市技术转移服务标准的空白。自2008年起，北京市技术市场办开展了技术专业人才培养基地课题研究，并先后在北京大学、北京工业大学等6家单位建立了技术专业人才培训基地，现已形成"6+2"

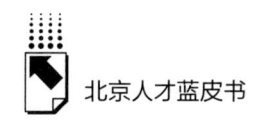

的培训基地格局。截至2014年底，共开展各类技术转移培训百余场，培训技术转移人才近万人；其中，与北京工业大学共同开办四届"技术转移方面工程硕士班"，先后招收全日制硕士160余名，培养技术经纪人1700多名。此外，为提高北京技术转移人才培养成效的外省市辐射效应，市技术市场办还积极建立了与外省市合作的工作体系，先后推动了环渤海技术转移联盟、京津冀合作中各项相关工作的开展。

在鼓励人才创新创业的商事制度方面，目前股权激励、技术入股等工作正在蓬勃开展。"京科九条"已经规定，科研机构可提取70%及以上的转化所得收益，划归科技成果完成人及对科技成果转化做出重要贡献的人才所有。这大大突破了过去不超过20%的比例限制，是政策鼓励和支持科研机构自行转化科研成果的信号。在更早开展股权激励试点的中关村园区，截至2014年底，示范区股权和分红激励试点共有104项试点方案获得批复，其中，中央单位试点方案41项，北京市属单位试点方案63项。在获得批复的104项试点方案中，37项来自国有企业，67项来自高校和科研机构。其中，通过股权奖励、股权出售和科技成果入股等激励方式，共有404名科研人员和管理人员获得股权，总额约2.17亿元，平均激励额度为53.6万元。

（二）人才创新创业支持机制各方面仍有较突出的问题

1. 新型科研机构改革需要更高层次体制突破

生命所的成长，是在中央、国务院领导同志的关怀与指导下，在中组部的直接领导下，由科技部、北京市政府会同教育部、卫生部、中国科学院、国家自然科学基金委等部门共同推进的。全面实行所长负责制、允许外国护照持有人担任研究所法人、按照整体拨付科研经费、突破现行工资标准、不定编制等做法，都不是一个部门能够决定和独立完成的。没有举国体制，就不可能办成、办好生命所。这种特定时期、特定对象的做法，能否复制、怎样复制到其他科研单位，目前看来仍然需要在多方面管理制度上做出突破。

2. 财政科技经费管理改革仍需深化

"重物不重人"的趋势仍需进一步扭转。许多科技项目经费使用的争议，实际上是由于项目经费比例限制不合理造成的，使科研人员无法最有效率地使用科研经费，只能四处竞争不同类型、同样主题的项目，想办法抽出经费来保障正常的生活和研究。结果往往超载承担项目，造成浮躁的心态，影响了成果的水平，不利于创新活动的开展。

3. 促进创新创业的支撑环境有待完善

从技术转移角度看，基层单位缺乏专门的技术转移人员聘用制度，导致高端专业技术经纪人缺乏。一个优秀的技术经纪人，不仅要懂技术，还要会管理、善协调，是一个同时具备技术专家、企业家、社会活动家素质和能力的复合型人才。而目前无论高校还是院所，基层单位中从事技术转移工作的大多是工科背景浓厚的经验型人才，并不具备复合型人才应有的条件。高端技术转移人才的匮乏，对各单位技术转移工作的不利影响越来越突出。另外，技术转移人员缺乏专门的评价指标和职称序列，很难受到各种项目资助，不利于人才队伍培养建设。

从技术入股等商事制度改革进程看，一些股权激励的措施存在落实难的问题。目前出台的一些关于刺激科研人才创新活力的政策，普遍提高了科技成果转化收益反馈科研机构和个人的比例。但在这些政策的实际执行过程中，一是技术类无形资产入股前要评估，一经评估就是国有资产，根据目前的政策，难以将地方规定的70%的比例落实到个人，实际上只能由单位持股，缺乏对个人的直接激励作用。而单位要奖励个人，又受到包括工资基数等规定的限制，也无法具体落实。二是成果收益难以估价，有些直接以产品形式卖给企业的相对容易估价，但更多技术服务、技术转让的收益，谁来估、怎么估，都还需要进一步落实。院所反映，因为目前缺乏相关的规定，而对单位的审计又比较严格，现有的科技成果转化大多数是"产品"的转化，技术转化很少。

（三）要进一步探索完善人才创新创业支持机制

1. 继续扩大新型科研机构试点

完善国有资产出资人制度。我国现有大多数公益类科研院所是由政府直

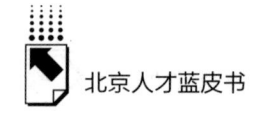

接投资的，国有资产所有权是通过各级人大、政府及其所属部门的层层授权与委托实现的，这带来了院所对国有和地方科技战略需求反应慢、资源配置效率低下等问题。建议在国家和地方层面分级设立"独立化、专业化和责任化"的科研事业单位国有资产出资人机构，履行出资人职责，隶属于中央和地方政府两级，代表国家统一、集中行使所有者职能。

落实科研机构管办分离。首先，探索以本院所以外人员为多数的理事会，形成"官""研"分离、权责明确、共同治理的运行机制，明确政府出资人代表只以股东身份参与科研院所的重大事项统一决策和监督，减少政府官员对院所内部决策与运行的干预，赋予科研院所实际的权益和责任。其次，管理层要按照理事会决议履行日常业务管理、财务管理等职责，要执行公开招聘、浮动薪酬激励和末位淘汰等竞争机制，营造网罗海内外优秀创新人才向院所聚集的制度优势。

促进创新的开放合作。首先，创新研发组织方式，根据科技创新方向和焦点的新变化、新需求，快速做出研发组织建立、变更、重组、合并或撤销的判断，确保院所的创新活动紧跟世界科学技术发展的前沿。其次，创新项目运作方式，改变计划单一的政府资助方式，构建以需求为本的项目立项生成机制和开放运行机制。财政经费应根据预期成果性质、社会各界参与程度等给予差异化资助，以吸引海内外高校、院所、企业等利益相关群体通过会员制、赞助、投资等多渠道方式参与到科研院所的研发活动中。最后，创新科研信息和科研成果共享方式，构建以利益交换为前提，通过权益（包括信息、成果、专利、标准）让渡而形成的多阶段、多层次、多渠道的开放与共享网络，形成科研成果快速转移、转化的利益共享格局。

2. 增强基层单位的科研经费使用自主权

增强经费使用自主权，更好地适应科研活动的规律和实际需求。由于科研工作有很大的不确定性和不可预测性，科研活动和技术方案可能需要因时因地制宜、随机应变，为此预算不宜过细，也不应强求必须按照原先提交的预算表来执行。建议科研项目的支出应设立一套评审制度，由专家来评议项目经费预算安排是否合理，改财务评审"白名单"为"黑名单"，即凡属合理且不违反现有财务规定的,都予通过,而不是凡支出科目没有法规明确指出可行的,都予申减。

基层单位获得科研经费使用自主权后,可将经费合理分配给不同角色和岗位的人员,取消财政科目的比例限制,按科研活动实际需要进行支出。在科研人员基本工资之外,按照人才对项目的实际贡献设计绩效工资的分配,真正将"考核"与"激励"联系起来,提高科研工作效率。

3. 聚焦重点,建设鼓励和支持创新的环境与机制

加快技术转移高端专业人才的培养。一是建立技术转移方向的高学历教育体系。按照技术转移工作的内在需求,科学设置课程和培养方案,加强技术转移方向的研究生教育,培养具有技术创新管理精神和能力、国际化、复合型、高层次的技术转移专门人才;二是积极组织各种技术转移研修班,作为非学历教育以补充技术转移人才的缺乏;三是建立和完善技术转移相关的职业和岗位资质认证制度,鼓励相关单位和部门开展技术经纪人资源的管理;四是对技术转移专业人员制定专门评价标准,强化实践能力评价,调整不恰当的论文要求。

在技术入股方面,探索科技成果转化收益奖励科研人员的具体措施。首先,规定科技人员(包括技术转移转化服务直接相关人员)拥有成果转化的收益分享权而不仅仅是受奖励权,使一部分权利(报酬权)在科技人员离开单位后,其本人仍能够享有;其次,明确推动科技成果应用转化主体和管理主体收益分享权的相关规定;最后,应赋予科技人员"选择"收益分享形式的权利,而不能由单位单方面决定分配形式。同时,尊重单位与科技人员的意愿自治,采取单位规章制度规定、单位与科技人员约定和法定标准相结合的奖酬模式,上级行政单位不做过多干预。建议把各种成果收益的评估权限下放到单位财务部门,由财务部门核定确认,即可按比例发放奖励。

六 人才工作领导体制与工作机制问题

主要调研了解人才工作依法行政、"三评"简政放权等方面情况,梳理

高校院所党管人才的优秀案例。调研建议，科研事业单位应在党组织的领导下继续推进人才工作体制机制改革。

（一）人才工作领导机制调整持续推进，党组织作用凸显

1. 推进"三评"，节约科研人员申报评审的精力和成本

截至目前，北京市涉及"三评"的评审项目已有一定幅度的精简。据统计，各单位共梳理取消各类评审项目37项，合并净减少41项，下放20项，总体精简了29%。精简原则包括：将内容相近、定位重复的评审项目予以合并；将适于地方或下级机构承担的评审项目予以下放；将不能适应形势发展或没有实际支持、失去激励功能的评审项目予以取消。

同时，"三评"评审机制得到了进一步的规范，各单位坚持立行立改，提出了一系列规范评审机制的具体措施。例如，在优化评审流程上，已经探索建立部门和地方联合评审或评审结构互认机制，一定程度上避免了层层评审。

2. 高校院所充分发挥基层党组织的作用，帮助人才成长

调研反映，一些高校院所的基层党组织积极参与人才工作，协助优秀人才申报组织部门的各种人才资助项目和奖励，为人才成长和激励提供了帮助。例如，首都师范大学组织部承担起了人才项目申报、评审的管理协调工作，向上级党委申请经费资助和成果表彰，丰富了人才获得资助的渠道和方式，将杰出科研人员紧密团结在党组织周围。

（二）人才工作领导体制与工作机制问题

1. 对科研事业单位人才队伍的专门性管理机制尚待建立

调研中遇到的许多问题，实际上都是由于将科研事业单位混同为一般行政事业单位造成的，特别是在科研人员管理、评价和激励方面问题突出。科研行政双肩挑的干部没有对应的管理和激励标准，各种"工资帽"限制影响了成果转化的激励，杰出人才很难直接奖励，而绩效平庸的人员也不能及时调整岗位，许多科研人员反映强烈的问题都源于还没有建立起一套区别于

行政事业单位的科研事业单位管理机制,使许多管理规定不适应创新活动和科技人才成长的规律。

2. 部分改革意见可操作性不足,基层难以执行

一些人事工作的规定模棱两可,难以落实,各单位按照自己的理解进行日常工作,一旦出现矛盾和纠纷,缺乏依据和保障。例如,科研行政"双肩挑"的干部管理问题,各单位相关处室对法规的理解不一致,浪费大量精力用于反复沟通。特别是近期,发展改革部门、科技管理部门、教育主管部门连续出台许多改革性的文件和意见,部分具体执行措施"按相关规定执行""参照其他规定执行"等,给基层单位的工作造成困难。

3. 一些文件和法规之间存在冲突,不利于改革的落实

例如,教育部2014年10月颁布的《关于建立健全高校师德建设长效机制的意见》中划出对高校教师具有警示教育意义的师德禁止行为"红七条",其中明文禁止教师的"影响正常教育教学工作的兼职兼薪行为",这就与高校在职教师和科研人员进行兼职创业、兼职取酬甚至是技术入股发生了矛盾。

又如,《中华人民共和国高等教育法》规定,高等学校的教师资格只能授予中国公民,使高校在落实《关于进一步创新体制机制加快全国科技创新中心建设的意见》过程中左右为难。此外,《中华人民共和国高等教育法》还规定高等院校拥有"自主确定教学、科学研究、行政职能部门等内部组织机构的设置和人员配备;按照国家有关规定,评聘教师和其他专业技术人员的职务,调整津贴及工资分配"等权力,目前在各校的执行情况也并不相同。

(三)应着力调整完善人才工作领导机制

1. 加强党组织对人才工作的方向把控

建议各单位党组织继续积极参与到人才工作规划的制定上,把控整个单位人才工作顶层设计的方向。党组织人才工作的核心是抓规划、抓管理、抓服务,利用各级党委的联络关系,统筹全局、协调各方,为基层人才管理工

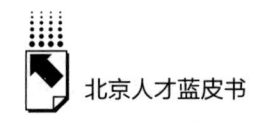

作去除障碍。由于党务部门缺乏专业背景，他们若要参与到人才的评审、评价、评奖等工作中，客观上还是需要请具体技术专家提供意见，没有必要过多参与到人才工作的实务管理中。

2. 建议针对科研事业单位特点，统筹各部门有关管理规定

科研事业单位人员编制管理、薪酬管理、岗位管理、评价考核与激励制度等问题有其特殊性，建议在事业单位管理法规中明确写出，针对科研事业单位的其他执行文件有更细致规定的，按其他办法执行。例如，目前大量涌现的各类科研人员创新成果转化、入股、交易、奖励等收入是否应计入工资总额基数，许多文件都做出了不同规定，不乏规定之间不一致之处，基层单位感到难以执行。建议在事业单位人事管理条例中注明，凡有其他专门领域、专门用途文件规定科研人员奖励的，均不计入科研事业单位的工资总额基数。这样操作，不必在同一个文件中预测到全部情况并做详细规定，为后续各种制度改革留下空间。

参考文献

[1] 封铁英：《科技人才评价现状与评价方法的选择和创新》，《科研管理》2007年第3期。

[2] 郭一敏：《新形势下科研院所加强青年人才工作探究》，《人才资源开发》2015年第1期。

[3] 贺德方：《基于知识网络的科技人才动态评价模式研究》，《中国软科学》2005年第6期。

[4] 金方增：《产学研一体化人才培养战略探析》，《中国高校科技》2015年第7期。

[5] 李艳波、刘松先：《基于卓越应用人才培养计划的创新创业教育模式探讨》，《高等财经教育研究》2013年第1期。

[6] 卢宗曦、汪强：《国有科研院所人才引进工作探讨》，《中国水运》2010年第10期。

[7] 吕鹏纲：《中科院西部科研院科技人才激励机制研究》，兰州大学硕士学位论文，2013。

［8］萧鸣政：《人才评价机制问题探析》，《北京大学学报（哲学社会科学版）》，2009年第3期。
［9］姚哲晖、胡汉辉：《国有应用开发类科研机构转型过程中人力资源管理对策之研究》，《电子科技大学学报（社科版）》2009年第1期。
［10］张展涛：《技术开发性科研院所人力资源管理的研究》，西北农林科技大学硕士学位论文，2013。
［11］曾培芳等：《中美知识产权人才培养模式比较研究》，《科技进步与对策》2008年第12期。

B.4
旅游文化休闲产业人才发展现状研究

门头沟区委组织部课题组*

摘　要：	按照北京市对门头沟区的功能定位要求，门头沟区将旅游文化休闲产业作为地区主导产业。因此，加强相关人才队伍建设，对促进地区经济社会发展转型尤为重要。本报告结合地区发展的阶段性特征和人才成长规律，重点分析了人才队伍建设在旅游文化休闲产业中的作用以及当前地区相关人才建设的优势和不足，并提出了加强旅游文化休闲产业人才工作的建议与措施，对创新地区人才工作体制机制、优化人才发展环境、促进旅游文化休闲产业健康有序发展具有重要的现实意义。研究成果对推动其他各支人才队伍建设也具有积极的示范和借鉴效应。
关键词：	旅游文化休闲产业　人才队伍建设　门头沟区

一　人才队伍建设在旅游文化休闲产业中的作用

旅游文化休闲产业作为国民经济的战略性支柱产业，产业带动系数大，就业机会多，资源消耗低，综合效益好，对经济建设和社会发展具有重要的

---

* 执笔人：丁勇，北京市门头沟区委常委、组织部部长、统战部部长、第十二届北京市政协委员，经济学硕士，助理研究员，主要研究方向为人力资源开发与管理、干部人事制度改革、基层党组织建设等。

战略意义，已成为新的增长点。

党和国家对旅游文化休闲产业高度重视，制定了一系列政策，并加大人才建设工作力度，着力培养造就一支规模宏大、素质优良的队伍。习近平总书记明确指出，实现中华民族伟大复兴，人才越多越好，本事越大越好；创新的事业呼唤创新的人才，人才就是未来。人才资源作为现代服务业"第一资源"的地位日益凸显，而旅游文化休闲产业作为现代服务业的重要组成部分和创新型产业，无论从战略发展高度还是当前发展的需求，都依赖一大批德才兼备的优秀人才。因此，人才队伍建设在旅游文化休闲产业发展中，具有坚实的支撑和保障作用。

旅游文化休闲产业人才队伍的素质决定产业发展及方式，甚至影响地区生态环境保护与建设。高素质的人才队伍能以旅游文化休闲产业可持续健康发展为原则，以保护地区生态环境和文化环境为己任，力求确保地区经济发展与生态、文化环境的可持续发展相一致。

旅游文化休闲产业对外开放早、市场化程度高，产业人才队伍类型多、增长快、规模大，成为促进人才发展的重要领域。旅游文化休闲产业作为门头沟区经济发展转型、产业结构调整的重要标志，将成为区域发展的重要支柱产业，加强其人才队伍建设则是发展的重中之重。

二 旅游文化休闲产业人才建设的优势

（一）人才环境良好

门头沟区根据《北京市国民经济和社会发展第十二个五年规划纲要》《首都中长期人才发展规划纲要（2010－2020年)》《北京市"十二五"时期旅游业发展规划》和《北京旅游业人才发展计划》，从现实出发，着眼未来发展，制定了《门头沟区国民经济和社会发展第十二个五年规划纲要》《门头沟新城规划（2005－2020年）》和《门头沟区旅游文化休闲产业发展战略规划》，有力地推动了门头沟旅游文化休闲产业的快速发展。

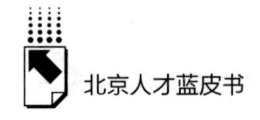

永定河绿色生态发展带、棚户区改造、长安街西延、轻轨 S1 线等一批国家级、市级重大建设项目接连落地，标志着门头沟区的经济建设进入重要发展期。

门头沟区在 2010 年开始重点打造京西人才生态圈，充分发挥政府在人才引进、培养、使用中的引导作用。在浅山区配建人才公寓，对引进高新技术领军人才，或吸纳就业、纳税额度达到一定规模的优势企业，给予一定比例和数额的职工住房补助。此外，门头沟区进一步完善了以政府奖励为主导、以用人单位和社会力量奖励为主体的人才奖励体系，制定了各项奖励资助制度，加大对创新型人才和高层次人才的奖励、资助力度。2010 年，区委制定下发了《"门头沟区优秀人才奖"、"门头沟区青年人才奖"评选办法》，表彰对门头沟区经济建设和社会发展做出突出贡献的人才。

（二）产业定位科学

《北京市国民经济和社会发展第十二个五年规划纲要》指出，深度推进产业升级，完善门头沟、房山等交通条件和旅游设施，使西部地区与北部山区一样成为市民旅游休闲集中地，加快建设门头沟生态涵养区新城。《北京城市总体规划（2004-2020）》提出在北京市区域内构建两轴、两带、多中心的城市空间结构，门头沟区主要发展休闲产业、文化娱乐和旅游服务。

北京市委、市政府相关政策、规划的制定，为门头沟区的发展明确了产业战略发展重点，将其定位为北京市旅游文化休闲产业示范区，为门头沟区旅游文化休闲产业发展营造了良好环境。门头沟区开展了旅游文化休闲产业配套改革试点工作，带动区域协调发展，促进了旅游休闲与文化产业、农业的融合发展。"十二五"时期，旅游文化休闲产业作为门头沟区的主导产业，已经初具规模。

根据表 1 统计数据分析，旅游业在 GDP 的所占比例不断增加，三次产业结构不断调整变化，第一、二产业比例下降，第三产业所占比例呈不断上升趋势，这与门头沟区产业结构发展与定位要求一致。

表1 门头沟区2010~2014年旅游收入统计相关信息

单位：亿元，%

年度	生产总值	同比增长	旅游收入	占GDP比例	三次产业比重
2010	86.4	15.6	5.5	6.4	1.6∶51.4∶46.9
2011	103.7	19.9	14.6	14.0	1.76∶51.57∶46.67
2012	116.4	12.3	16.8	14.4	1.67∶50.94∶47.39
2013	124.2	8.7	19.2	15.5	1.6∶50∶48.4
2014	133.8	10.0	20.25	15.14	0.9∶50.9∶48.18

资料来源：2010~2014年门头沟统计年鉴。

《门头沟新城规划（2005-2020年）》提出，规划期内要进一步加快转变经济增长方式，完善以生态休闲旅游为支柱产业的绿色产业体系，大力发展旅游产业、现代服务产业、现代农业等生态友好型产业，增大旅游业收入在GDP中所占的比重。门头沟区作为北京市旅游文化休闲产业示范区，在以旅游产业带动区域协调发展、促进休闲文化产业和农业的融合中，已发挥明显的引领、带动作用。

（三）资源优势明显

门头沟区正处于发展旅游文化休闲产业的重大战略机遇期：一方面，处于北京国际大都市圈，受到都市人群休闲、享受型消费的巨大辐射；另一方面，地处郊区生态涵养区，肩负旅游文化休闲产业驱动经济发展的使命。门头沟区委、区政府抓住机遇，抢占先机，因势利导，积极推动旅游文化休闲产业与农业、林业等产业对接融合，联动发展，提升发展质量，充分利用以下优势。

1. 区位优势

门头沟区处于北京大都市圈，距离市中心25公里，长安街的西延提高了与中心城区的交通便利度，有利于门头沟打造集旅游、文化、休闲、娱乐、餐饮、购物、居住于一体的多功能、现代化新城。

在京津冀经济一体化建设中，门头沟区位条件得天独厚，是进入北京的

西北重要通道，北与河北省怀来县为邻，西与河北省涿鹿县、涞水县交界，是"北京—河北"经济圈的"桥头堡"。

2. 环境优势

门头沟区作为京西生态屏障，拥有永定河生态廊道、西山生态屏障等珍稀山水生态资源，是距离中心城区最近的生态涵养发展区，承担着涵养水源、防风固沙、保持水土、维护生物多样性等多种生态功能。全区通过开展多项重点生态建设工程，促进了土地资源的可持续利用，改善了生态环境，为门头沟区体现北京历史文化名城和宜居城市的功能内涵，加快推进经济、社会发展和城市转型奠定了良好的基础。

门头沟区物产丰饶，风景宜人，形成了发展旅游文化休闲产业理想的生态环境氛围。作为国家战略重点规划区域，门头沟区紧抓长安街西延线、S1线磁悬浮轻轨建设和首钢搬迁等机遇，重点发展现代服务业，积极打造区域优势，形成最具经济活力、市场竞争力和产业辐射力的新增长极。

《门头沟区国民经济和社会发展第十二个五年规划纲要》指出，到2020年，门头沟区将形成以旅游文化休闲产业为主导的绿色生态产业体系，城市综合服务功能更加完备，生态环境质量明显提升，人民生活水平普遍提高，覆盖城乡的社会公共服务体系更加完善。

3. 文化优势

门头沟区文化渊源深厚，是北京市历史文化资源最为丰富的区县之一。它拥有历史悠久的永定河、古村落、古道、宗教、民俗、红色文化等多种文化资源，其中以潭柘寺、戒台寺为代表的宗教文化，以爨柏为代表的古村落文化，在北京乃至全国具有较高的文化价值。古村落文化资源尤为丰富，集中分布在永定河、清水河和京西古道沿线，据初步统计，全区古村落达到50个，约占北京市现存古村落的70%。

门头沟区独特的区域位置、良好的环境、丰富悠久的历史文化等资源优势，为旅游文化休闲产业的发展和吸引人才、引进人才提供了得天独厚的基础条件和竞争优势，也为旅游文化休闲产业人才的发展，提供了良好的工作空间和生活空间。

三 门头沟区旅游文化休闲产业人才建设存在的问题

《门头沟区旅游文化休闲产业发展战略规划》提出，构建"门头沟发展模式"，确定"文化引领，生态支撑，旅游驱动，多业联动"的产业发展策略。目前，门头沟区旅游文化休闲产业处于相互融合和提升的阶段，市场主体日益壮大，新兴业态迅猛成长，已迎来快速发展的重要战略机遇期。门头沟区旅游文化休闲产业除包括传统旅游业态外，还涉及娱乐业、文化艺术业、农业、制造业、零售业、运输业、互联网相关服务业等国民经济行业。从产业链纵向关联角度分析，旅游文化休闲产业已形成上游环节的资源规划与开发、中游环节的产品与服务运营以及下游环节的品牌包装与营销。

《门头沟区旅游文化休闲产业发展战略规划》构建了"门头沟区产业—空间战略框架"，根据9镇4街不同产业基础与资源禀赋，形成了"25大引擎项目，83大支撑项目"的产品体系。但是，目前83大支撑项目中，仅有21项已经完成，3项尚在进行，进展情况不容乐观，因此，产业规划的执行力亟待加强是门头沟区人才建设工作需密切关注的重要问题。从执行主体的角度而言，执行力主要包括个人执行力、团队执行力；从执行力的实现过程看，主要是4个要素起关键性作用，即制度保障、沟通协调、素质能力、公共环境。

本研究主要以《门头沟区旅游文化休闲产业发展战略规划》（以下简称"产业规划"）的执行落实为抓手，从管理主体的责任认知、沟通协调、从业人员与团队的素质能力、公共人力资源利用四个方面，剖析门头沟人才建设工作存在的问题。

（一）产业规划执行主体责任不明确，主体认知欠缺

产业融合是旅游文化休闲产业的明显特征，是产业创新与持续发展的基础，因此，产业规划中涉及项目集群、引擎项目、子项目和支撑项目，很难由单一部门或机构独立完成。以正在进行的"妙峰金顶民俗文化区"引擎

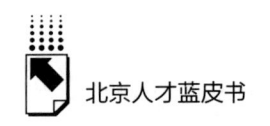

项目为例，它包括三个子项目（妙峰山金顶寺庙群、妙峰山民俗文化博物馆、妙峰山民俗文化村），两个支撑项目（妙峰山民俗会所群、妙峰山民俗文化村），其中民俗文化村项目已经完成，但就整个民俗文化区的建设而言，会涉及宗教、景区、森林公园、博物馆、村落、商品等管理工作，涉及镇政府或办事处、旅游委、文委、国资委、农委、环保局等单位职能，主体责任归结于哪个部门，目前尚不明确。对规划中的项目执行一般的程序是：动员、分工、绩效、验收。由于责任主体不明，绩效管理的内容也不会明确。

门头沟文化旅游休闲产业规划项目主体责任认知缺位的根结在于：①项目多，没有按照时间合理设置进度节点和重点项目；②项目体系清晰，但没有制订落实合理的可行性方案，尤其是缺乏跨行政区（9镇4街）项目的建议方案；③产业规划战略没有宣传到位，任务没有落实到位。

以上问题解决的途径是：①成立门头沟区旅游文化休闲产业工作领导小组，落实产业规划中提出的集中式组织管理构架；②确定主体责任单位，形成合力和明确责任目标；③建立专家智库，对重点项目进行筛选，根据市场需求和可行性科学安排计划进度。

（二）部分部门产业认识偏颇，沟通不畅

在部分行政职能部门中，存在对旅游文化休闲产业认识模糊、不明确，管理沟通协调不畅问题。

1. 部分职能部门存在产业认识偏颇

旅游文化休闲产业突破了传统旅游产业的框架，需要的是全局观念和部门或单位之间的联合。在产业化过程中，很多内容超越了政府"旅游行政管理系统"的管辖，非一力能为。调研过程中，应邀参加三轮座谈会的近20家行政单位代表，有90%对旅游文化休闲产业的战略规划内容和整体布局情况不清楚。其中环保局、科委等六个与传统旅游产业关联度弱的职能单位认为，本单位开展的年度重点工作与旅游文化休闲产业之间相关性很小。旅游文化休闲产业作为门头沟区的支柱产业，各单位除日常管理工作外，应围绕区旅游文化休闲产业布局和做出重要决策，将产业发展内化于本部门相

应的工作目标，否则会感受不到相关政策引导，形成不了旅游文化休闲产业发展的合力。

2. 管理部门与运营单位沟通尚待加强

政策的优越性是通过管理部门指导企业实践显现的，但是，如果不能把区委、区政府的有关倾斜政策贯彻到实际运营环节中，旅游文化休闲企业的活力就会不足。同时，企业提不出合理的政策需求也会造成管理沟通障碍。

以爨柏景区管理为例，景区包括几个自然行政村落，虽然在企业运营中将其划归整体管理，但行政审批和拨款还是以行政村为对象，使景区的整体发展受到制约，主导产业发展遇到了政策瓶颈与阻碍。

因旅游文化休闲产业综合性强，涉及传统的旅游产业，在进行旅游企业的座谈中，企业代表对区里的现有产业政策没有更多关注。但他们通过以往工作经验提出，因为工作环境、工作待遇、家庭生活和子女教育等问题，人才不断离职，很难留在门头沟长期发展，希望在人才引进政策保障中，为留住人才提供切实有效的相关措施。

（三）从业人员及团队的素质能力有待提高

从业人员及团队主要包括管理人员和行业人员，主要是管理能力、创新素质、专业水平三个方面存在局限性。

1. 管理人员专业结构待完善

旅游文化休闲产业的核心专业背景包括工商管理、人力资源与管理、旅游管理、酒店管理、会展经济与管理、市场营销、电子商务、地理学、运动休闲、传播学、数字艺术等，相关专业包括计算机科学与技术、环境科学、食品科学等。相关专业必须建立在核心专业的基础上才能在产业发展中发挥重要作用。目前，门头沟区政府职能部门行政管理者中，具有从事旅游文化休闲产业工作经历和核心专业背景的人员较少，以与产业相关度较高的职能部门为例（见图1）。

由图1可知，行政管理人员专业结构有待完善，有效途径是进行高质量的专题培训或参加学历教育。

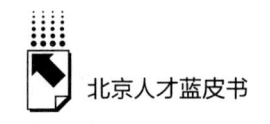

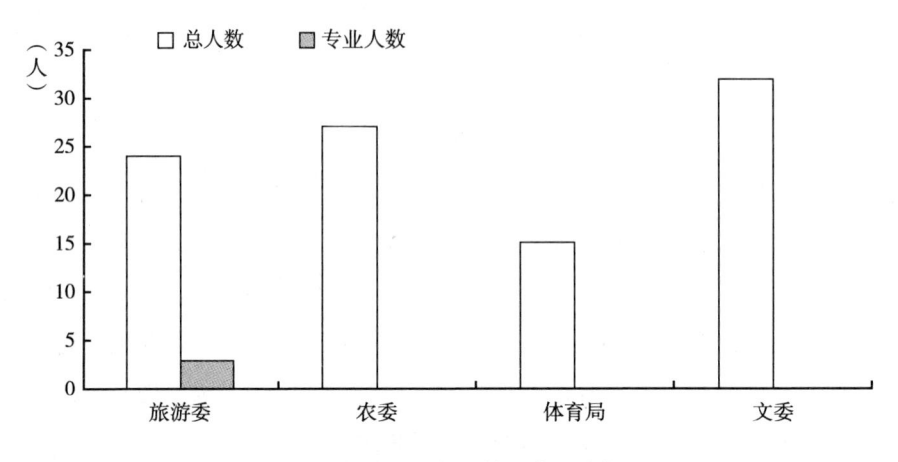

图1 部分行政部门核心专业人数

2. 高端人才服务管理缺乏

门头沟区旅游文化休闲产业辐射、带动作用尚未充分发挥,原因之一是其产品涉及的产业链条还没有全面延伸到各个领域,而高质量的产品设计离不开高端人才及团队的智慧与引领。高端人才短缺主要有下列两个原因。

(1) 缺乏吸引高端人才的事业平台。

门头沟区的资源优势和旅游文化休闲产业战略给予了高端人才发展的基本条件,但产业高端人才除个人待遇外,更重视事业平台和团队构建。事业平台并非简单的项目平台,项目可以结束,但事业要具有持续性、延展性。事业往往依靠经济实体来实现,目前,门头沟区尚未建立具有战略地位的产业园区和成果转化的孵化基地,旅游文化休闲产业相关行业收入在北京远郊十区中排名较靠后(见图2)。

(2) 缺乏科学的高端人才服务管理制度。

旅游文化休闲产业缺乏科学稳定的高端人才管理服务制度。高端人才能够最大范围地与外界接触,捕捉大量信息,具有活跃的思维和开阔的眼界,但也会面对更多的职业诱惑,受客观因素的影响较大,增加了从业人员心理的不稳定。因此,高端人才的引进与重点培养工作是迫在眉睫的重要任务。目前,门头沟区旅游文化休闲企业员工的流失率高达20%以上,而且资质越高的人才流失率越高。据调研,门头沟区尚未建立一个多途径、网络化的

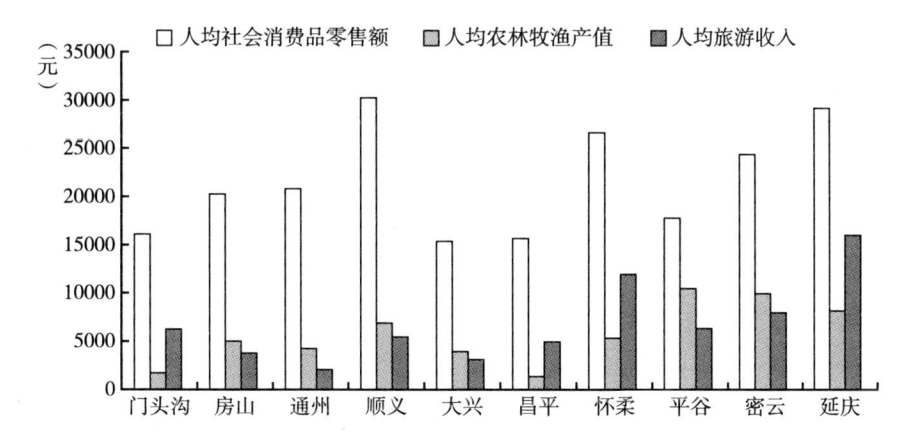

图 2　门头沟区部分经济指标

旅游文化休闲产业人才供求体系，人才供给与需求信息不对称，没有形成针对高端人才较完善的服务管理制度。

高端人才的服务管理机制除包括各项规章制度、引进优惠政策外，还体现在对现有人才的培养、培训、交流等管理方面。高端人才来源一般有两个途径，一是外部引进，二是内部培养。

根据调研，2013~2014 年，区旅游委、农委、总工会、人保局等单位的培训投入超过百万元，对象涉及民俗旅游从业者、A 级景区讲解员、镇村级京郊旅游管理者、农民专业合作社骨干人员、乡村旅游服务员等基层工作人员。但培训工作的目标还停留在应用技术和应用服务上，与高端人才培养的知识体系与视野要求还有一定差距。此外，全区对旅游文化休闲产业人力资源发展没有单独设立预算和工作任务，易造成人才培养缺乏计划与体系，目标分散，领军人才培养工作难以实现，青年后备人才梯队建设困难。

高端人才服务管理机制不够完善，企业无法留住高水平的人才整合资源和创造产品，导致企业运行低效。高端人才是旅游文化休闲产业人力资源市场的稀缺资源，在双向选择的就业中，此类人才对自身职场竞争力具有充分掌控权。那些拥有著名品牌、待遇优厚、管理规范的外企、国企和发展到一定规模的大型民企，是此类人才的主要去向，而发展中的一些企业，高端人才对其缺乏信任感、归宿感。因此，对高端人才的优惠政策是完善服务管理的重要手段。

3. 乡镇产业创新人才匮乏

乡镇政府和企业是落实旅游文化休闲产业规划的执行单位，在门头沟区产业结构调整基本结束、进入产业转型升级的发展阶段，应把握市场机遇，充分发挥创新能力，提升品质，扩大影响。然而，在门头沟区旅游文化休闲产业发展实践中，大多数乡镇管理部门和企业遇到了一系列问题，例如：怎样创新经营管理理念，突出区域和企业特色发展，怎样开发新产品和服务，如何满足消费者在旅游、文化和休闲方面的新需求等。解决这些问题需要依靠大批的创新人才，但目前乡镇产业创新人才匮乏，主要表现如下。

（1）从业人员对产业创新认识不明确。

门头沟区的部分乡镇行政管理者、企业管理者和民俗接待户对于产业创新认识不足。行政管理者在产业创新过程中，对于自身的职能还着眼于"行业的领导者、政策的制定者、政策执行的监督者"等传统定位，忽视政府在产业转型发展中的积极促进作用，无法实现政策创新。

企业管理者面对市场激烈的竞争，主要依靠门头沟区的现有资源进行初级加工开发，产品以旅游景区、乡村旅游、度假村、农业观光园、森林公园等传统类型为主，旅游产品的利润来源单一，以景区为例，近60%的收入来自门票（见图3、图4）。

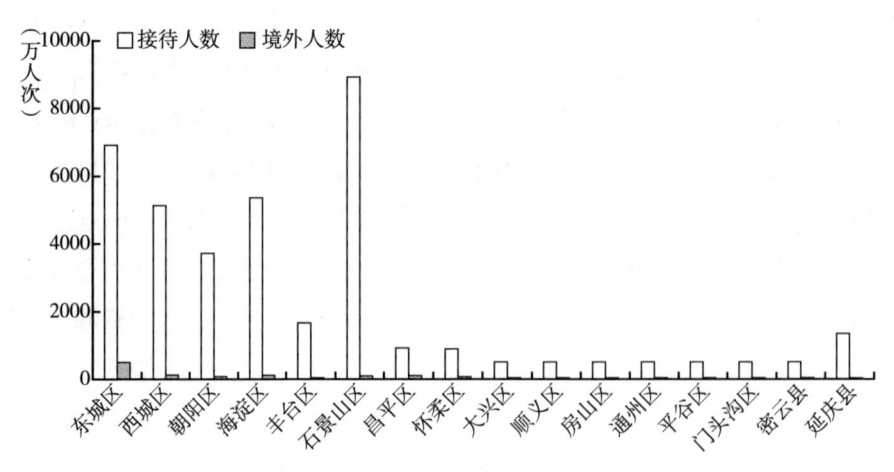

图3 2013年各区县A级旅游景区接待人数

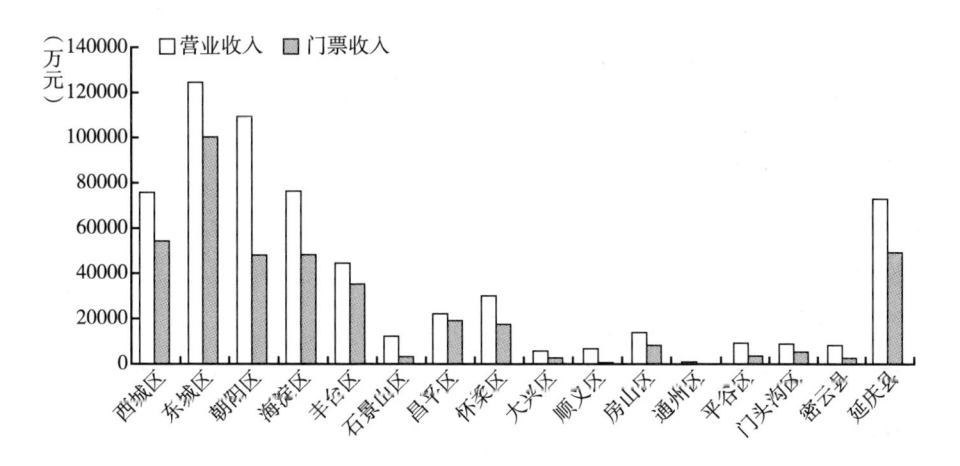

图4 2013年各区县A级旅游景区营业收入与门票收入

门头沟的资源禀赋优势大，但是在产业发展中没有体现优势，产品附加值较低。企业管理者应转变观念，从新业态、新技术的角度，从市场与产品本身找差距，拓宽视野，解放思想，将"互联网+"技术运用到经营中，提高服务水平，增强吸引力。

目前，民俗接待户接受的专业培训分为两个方面：一方面是农业技能，另一方面是集体性的旅游服务培训。对民俗旅游接待人员而言，还没有创新服务的意识，市级民俗村（户）在食宿接待标准上符合相关规定，但是体验农家乐的内容比较单一，如农业知识体验设计等内容涉及较少。民俗接待户"愿意用真诚与服务接待客人，但是没有办法把农业教育传递给客人"，因接待内容雷同，抢客源、打价格战的情况时有发生，形成民俗旅游中的症结。

（2）从业人员缺乏创新能力。

从业人员的创新能力与其受到的教育水平有重要的关联，教育水平可以决定思考问题的方式和专业视野。以"农家乐"从业人员为例，2013年1~4季度门头沟旅游从业人数为6295人，"农家乐"从业人员有2781人，从业人员受教育程度普遍偏低，高中学历以下从业人员占样本总数的94.41%。

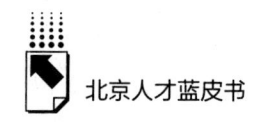

北京市旅游发展委员会对旅游文化休闲产业相关业态制定的行业标准比较全面,"标准"实际上也是工作途径。与门头沟区产业发展相关的北京市标准有:《乡村旅游特色业态标准及评定》《汽车旅游营地建设规范》《北京智慧旅游乡村建设规范(试行)》《北京智慧景区建设规范(试行)》《工业旅游景点服务质量标准》《北京市生态休闲旅游区评定规范》。新业态的规范管理考验了从业人员的创新能力,从目前情况看,门头沟区还没有建成这些新业态的市级示范区,创新能力的显示度不够。

培养具有创新意识、创新理念、创新能力的人才需要一个长期的过程,培育乡镇旅游文化休闲产业的创新人才急需一个完善、持续、有效的创新能力培训体系。

4. 村级专业人才缺失

农村基层干部是贯彻执行门头沟区政府在农村各项方针政策的骨干,是团结带领广大农民群众转变观念、投身产业变革、脱贫致富、建设社会主义新农村的带头人。在实践中,他们对于本区在旅游文化休闲产业战略发展的地位和作用的理解与实践,直接影响各自区域的发展水平。

推动旅游文化休闲产业的发展,行政村是基础组织结构,需要专业化人才,但是部分村干部受视野、资金、自身素质等条件限制,难以适应门头沟区旅游文化休闲产业发展的专业化需要。此外,村干部中,高中以下文化程度的仍占相当大的比重,且年龄偏大,还有一半以上未接受过初中教育,具有大中专以上文化程度的极少。由于文化程度不高,部分村干部分析解决问题不能结合乡镇、区政府的规划,解释政策不透,发展动力不强,难以胜任带领大家致富的"带头人"。

乡村旅游文化休闲产业专业化人才缺失的主要原因是:第一,可选人员缺少。随着市场经济的发展和城市化进程的加快,农村富余劳动力大量向城镇转移,造成农村优秀青年人才外流,甚至出现以"老、少、病、残"为主的村庄,使村里选人用人工作出现困难,专业人才更是无人可选。第二,考核激励机制不健全。考核指标未能与村旅游文化休闲产业发展目标挂钩,很难调动村干部的积极性。第三,针对性培训较少。例如:缺乏对旅游文化休闲产业发展、对旅游新业态和新常态的认知及相关内容、专业知识、技能的针对性入户培训。

大学生村官为农村基层干部队伍增添了新鲜血液，促进了农村人才的合理配置。然而，村官任职有一定年限规定，等他们了解了情况、有了想法、准备实施时，服务期将满，就业成了他们的首要任务，无法安心工作，尤其是外地大学生，落不了京籍户口，农村就不会对他们产生吸引力。因此，大学生村官对农村基层干部队伍建设非常关键，应该想办法、出政策留住部分优秀村官。

（四）公共人力资源利用有待提高

公共资源包括：自然资源、文化资源、基础设施、信息、文化产品、科技成果推广、人力资源等。在人才建设工作中公共资源主要指人力资源。

门头沟区地处北京，高校、研究所、各类企业人才云集，充分体现了"文化之都、科技之都"的地位，人力资源优势是其他城市不能比拟的。门头沟区的旅游文化休闲产业战略规划中，很多项目难以靠现有人员完成。以战略规划中的"三区十五集群"空间规划为例，目前只完成了一个集群的支撑项目之一——妙峰金顶民俗文化区。当然，战略规划中的项目有完成时间先后，也有项目重要性的排序，但通过调研访谈，一些核心部门，如旅游委、农委、人保局等并没有对这些项目的建设进行动员或制订方案。项目体系完成要靠人，因此借助"外脑"是比较实用的路径。公共资源利用主要包括两个方法：一是直接利用。采用"项目外包"的方式，将目标布置清楚以完成工作任务。二是间接利用。采用合作的方式，短期聘任。从前期规划执行情况来看，由于受资金的限制，同时，项目直接外包不能带动门头沟区现有人员的积极性，学习不到先进的经验与做法，对人才建设工作益处少。间接利用方式主要以签订合作协议为前提，如"政产学研用"基地建设等，来实现产业规划与人才培养工作。但这种方式目前在门头沟区实现产业战略的工作中被采用的为数不多。

综上，随着门头沟区对旅游文化休闲产业发展战略实施的深入，管理主

体的责任认知、沟通协调、从业人员及团队的素质能力及公共人力资源利用方面存在的问题如何解决，愈加显得重要和紧迫。这些可以通过智库建设、人才引进、实用人才培训来解决，也可以通过完善人才优惠政策来保障人才工作的实施。

四 门头沟区旅游文化休闲产业人才工作建议与措施

（一）建立产业专家智库，发挥战略指导作用

立足当今、着眼未来，鉴于门头沟区旅游文化休闲产业发展的整体战略规划能力和产业高级人才吸引能力不足，通过三年时间，逐步建成"门头沟区旅游文化休闲产业专家库"（以下简称"专家库"）。专家库为非营利性、非专职战略研究咨询机构，主要职能为咨政建言、管理创新、舆论引导和社会服务，通过发挥决策智囊作用，提升门头沟区旅游文化休闲产业战略决策水平和行业领先水平。

专家库以门头沟区旅游文化休闲产业战略问题和公共政策为主要研究对象，以服务科学、依法决策为宗旨，由两方面专家构成：一是战略层面智库，包括国家和市级政府部门，尤其是制定、颁布、解读政策的专家；二是业态智库，包括旅游文化休闲产业涉及的业态专家，涉及酒店业、景区业、会展业、户外休闲制造业、市场营销、乡村旅游、培训等领域。

以智库专家为顾问，由战略规划项目责任单位牵头，建立项目联席会议制度，协商明确任务，强化责任意识，促进行政部门之间、行政与行业单位之间的沟通，提高行政指导能力。

（二）制定引进人才目录，实施人才优惠政策

围绕门头沟区旅游文化休闲产业发展战略规划需求，制定门头沟区旅游文化休闲产业高素质、紧缺、急需人才引进目录，引进一批当前紧缺、长远必需的优秀人才。

在运行机制方面，发挥用人单位引进人才、聚集人才、使用人才的主体作用，由用人单位提出人才需求计划，创设事业平台，安排岗位职务，落实配套服务。按照公开、竞争、择优原则，优化人才资源配置，用人单位和优秀人才之间实行双向选择。

研究制定人才优惠政策，针对现状问题，加大政策鼓励力度，对人才创业、创新实施奖励，采取政治激励、物质激励和精神激励多举并重，全面促进旅游文化休闲产业创新成果在门头沟区转化。

（三）选聘专业创新团队，整合资源，委托管理

针对门头沟区旅游文化休闲产业战略规划落实情况及涉及项目的进展与要求，面向北京乃至全国，公开招收、选聘一批德才兼备、责任心强、专业管理经验丰富的创新团队，实施项目委托管理。

创新团队重在经验引进和人才培养，关键环节实施绩效管理。以科学规范、公正公开、分级分类、绩效相关为基本原则，分阶段对旅游文化休闲产业项目任务完成情况、项目管理情况、资金管理情况、效益情况进行评价。通过整合资源项目托管和绩效监督，达到资源优化配置，获得合理的经济回报。促进创新团队采用有效的经营机制、科学的管理手段，较好地完成任务。

（四）制订人才培训计划，提高实用人才专业能力

实用人才是指目前在职在岗的行政管理和行业从业人员，主要分为：行政职能部门管理人员、经营管理人员、专业技能人员三类。

针对门头沟区人力资源现状与旅游文化休闲产业需求，设计、制订面向全行业的分类、分层培训计划。通过实施培训目标、内容、形式和教学效果差异化的培养方案，针对性地开展培训工作。

1. 行政管理人员培训

围绕"行政管理层领导力、执行力的提升"，设计培训方案、培训计划，进行党和国家方针、政策和法律、法规的学习，加强旅游文化休闲产业的新理论、新知识的系统学习、研讨，提高专业理论水平，提升专业认知，

提升管理人员的综合素质。

2. 经营管理人员培训

以提高旅游文化休闲企业经营管理水平和市场竞争力为核心，以企业中高层经营管理人才为重点，着重提升企业高层管理人才的战略规划能力、经营决策能力、市场驾驭能力；提高中层管理人才的市场开拓能力、团队建设能力和执行能力；培养造就一支职业化、市场化、专业化和国际化的职业经理人才队伍。

3. 专业技能人员培训

主要包括新技能和传统技能培训。着力培养适应旅游文化休闲产业发展新趋势、新业态的一线技能人才。除了加大力度培训传统服务技能外，着重加强对旅游文化休闲产业营销、服务、产品策划、商品设计、能工巧匠技能传承、新型业态的运营等方面的人才培养，着力打造一支服务乡村旅游、适应城乡现代化旅游文化休闲产业发展的专业化人才队伍。

此外，健全多渠道、多层次、多形式的旅游文化休闲产业培训体系，建立一批专业示范基地，探索建立技能人才岗位规范，更好地为门头沟区旅游文化休闲产业发展服务。

B.5 影视文化产业人才聚集探索与实践研究

怀柔区文化产业发展促进中心课题组[*]

摘　要： 人才是影视文化产业健康发展的核心资源。怀柔区作为全国唯一的影视产业示范区，如何抢抓京津冀协同发展机遇，加快影视文化人才聚集，推进影视文化产业集群化发展，为北京打造全国文化中心贡献力量是当前怀柔区人才工作亟须破解的课题。本报告以中国（怀柔）影视产业示范区为例，深入研究了区域影视文化人才队伍建设情况，梳理总结出产业基地聚才、重大活动聚才、柔性引智聚才、专业院校聚才和优化环境聚才5项影视文化人才聚集机制，综合分析了京津冀协同发展背景下影视文化人才队伍建设存在的问题和面临的机遇，重点提出了11项对策建议。

关键词： 影视文化产业　人才聚集　人才队伍建设

当前，京津冀协同发展战略正在加速推进。《京津冀协同发展规划纲要》将北京定位为全国政治中心、文化中心、国际交往中心、科技创新中心。怀柔区作为全国唯一的影视产业示范区，如何抢抓京津冀协同发展重大机遇，加快影视文化人才聚集，推进影视文化产业集群化发展，为把北京打造成为全国文化中心贡献力量是当前怀柔区人才工作亟须破解的课题。为深

---

[*] 课题组组长：吕晓国，怀柔区文化产业发展促进中心主任兼国家影视产业示范区管理办公室主任，长期从事宣传和影视文化产业发展工作。

入了解全区影视文化人才队伍建设的现状和存在的问题，进一步加快影视文化人才聚集，作者采取实地调研、座谈交流、个别访谈、案例分析、参阅文献和问卷调查等形式，深入分析研究区域影视文化人才队伍建设情况，形成了进一步加快影视文化人才聚集机制的一些认识和思考。

一 主要做法

在全国上千家影视基地中，怀柔区是以后期制作为主，包括外景拍摄、摄影棚拍摄的影视制作基地，而浙江横店、海宁、西安曲江、上海松江和宁夏西北影视城以及河北涿州等主要是外景拍摄地；大兴区是电视节目的制作基地。怀柔影视产业起步于1995年落户杨宋镇的飞腾影视城。2008年投用的国家中影数字制作基地使怀柔区有了引领全国影视产业发展的核心资源。2006年被认定为北京市首批10个文化创意产业集聚区之一。2011年被北京市委十届十次全会确定为北京市重点建设的文化产业集聚区，2014年被国家新闻出版广电总局设为中国（怀柔）影视产业示范区，成为全国唯一的国家级影视产业示范区。在推进中国（怀柔）影视产业示范区建设过程中，主要采取以下五项措施聚集人才。

（1）产业基地聚才。发挥人才政策导向作用，将招商引资和招才引智工作结合起来，加强怀柔影视产业功能区建设，搭建人才事业平台，引进高端领军人才和优秀人才团队。截至目前，已经集聚中影、星美等影视企业450多家，影视人才1500多人，拍摄或制作影视作品1800多部，近年来国产电影票房过亿元大片半数出自怀柔。2015年年度票房大戏《捉妖计》《智取威虎山》《狼图腾》等均出自怀柔，2015年下半年《抗美援朝》《卧虎藏龙2》《功夫瑜伽》等国产巨作团队也将来怀柔拍摄制作。

（2）重大活动聚才。通过举办各类重大影视文化活动，提升怀柔知名度和影响力，吸引高端领军人才和优秀人才团队来怀柔创新创业。近年来，先后承办了北京文博会、北京电视节目交易会、北京国际电影节电影嘉年华，协办了北京青少年公益电影节、怀柔国际青年微电影季等活动。尤其是

2015年承办了第五届北京国际电影节,来自世界各地的国际知名电影节主席、驻华使节、电影人、电影制片机构代表等1500名嘉宾齐聚雁栖湖畔,见证这场光影盛典。继APEC后,怀柔借助第五届北京国际电影节再次成为世界关注的焦点。

(3) 柔性引智聚才。与国奥文化投资公司共同邀请影视文化界资深人士组成"中国影都"专家顾问团,服务怀柔影视产业示范区开发建设。首批26位顾问团成员由影视企业界、影视艺术界、文教法律界、新闻媒体界人才组成,目前已组织开展了"如何更好更快地推进怀柔影视产业示范区开发建设""挖掘特色文化建设美丽乡居"等3期"影都·沙龙"论坛,成为怀柔区借助外力服务影视文化产业发展的智库。

(4) 专业院校聚才。依托中影华龙数字艺术学院、百汇演艺学校、北电中视影视舞蹈模特艺术学校、北京京北职业技术学院等院校培养各类基础型、专业型和技术型人才。中影华龙数字艺术学院重点培养影视后期制作、影视三维动画与特效、MAYA动画电影、2D商业数字动画、Houdini特效等技术人才。百汇演艺学校重点培养影视表演、动漫制作、影视戏剧美术设计类人才。北电中视影视舞蹈模特艺术学校重点培养影视表演、影视化妆、动漫制作类人才。中视腾飞影视培训学校重点培养影视武打演员、策划拍摄等专业人才。

(5) 优化环境聚才。通过实施影视文化人才引进关爱方面优惠政策,营造良好的人才发展环境,吸引聚集影视文化人才。针对人才比较关心的住房问题,实施了人才安居工程,5个人才公租房项目将提供3000套左右的人才公租房。针对人才比较关心的子女上学问题,北京市101中学怀柔分校和第四幼儿园已建成招生,北京实验二小怀柔分校已开工建设,与光明小学等50多所学校实现合作共建,办学条件和教育质量不断提升。针对人才关心的就医问题,新建怀柔医院已正式运营,医疗条件和服务水平得到了较大改善。针对人才关心的组织关心问题,每年组织开展优秀人才健康体检、外出休养、走访慰问等关爱人才活动,定期开展杰出人才、优秀青年英才和聚才爱才先进单位评选等活动。针对人才关心的培养成长问题,出台优秀人才培养资助办法,支持影视文化人才开展科研项目研究,鼓励影视文化公司开展人才工作集体项目研究,促进全区影视文化人才队伍建设。

二 存在问题

(1)影视文化人才总量少,人才吸纳聚集能力不强。截至目前,全区共有450多家影视及关联企业,从业人员1500多人,影视及相关配套服务企业在怀柔实地经营数量不足10%。全区5200多家文化企业中,注册资金1000万元以上的不足6%,仅有303家;注册资金300万元以下的有4374家,约占83%。这些企业中,规模以上企业仅有50多家,就业人员5500人。企业总量不足且规模较小,人才总量还比较小,人才吸纳聚集能力还不够强,不能满足产业发展需要。

(2)影视文化领军人才少,人才结构欠合理。在文化产业里,人才的引领作用相当重要,往往是一个人、一群人在引领、带动整个产业的发展。从目前实体项目和知名企业聚集情况来看,规模以上的影视文化企业仅有中国电影股份有限公司、中影电影数字制作基地有限公司、上造影视文化有限公司、经纬星影视文化传媒有限公司、长城沃美电影院线有限公司和星美今晟影视城管理有限公司6家,聚集度不高,高端原创人才、复合型人才、高级管理人才和专业技术人才等高端领军人才还比较少,对产业引领乏力。从目前从业人员结构来看,一般性人才在总量中占比较大,专业技术人才和高级管理人才数量不及影视从业人数的1/3。

(3)影视文化人才政策吸引力不强,比较优势不明显。近年来,虽然相继出台了一系列鼓励影视文化人才发展的政策措施,但与浙江横店、上海松江、西安曲江等外埠影视产业园区相比,人才政策针对性不强,力度不够,比较优势不明显。尤其是针对高端紧缺人才缺乏一些特殊的政策,在创新创业、教育医疗、住房交通、个人待遇等扶持服务方面对这些人才缺乏吸引力。

(4)区位优势不明显,公共服务能力和水平需进一步提升。文化产业人才对生活工作环境尤为重视，良好的自然环境和公共服务水平是此类人群选择是否在这个区域生活工作的关键因素。"十二五"期间教育、卫生、住房、交通、商务等公共服务能力都有了较大提升，但怀柔毕竟属于首都的远郊区县，区位优势不明显，居住出行、娱乐购物、看病就医、孩子上学等条件与城区乃至近郊相比还有一定差距，对文化创意人才吸引力还不强，有时甚至成为招才引智的制约因素之一。

三　面临机遇

（1）京津冀协同发展战略的实施，为影视文化人才聚集带来了新机遇。随着京津冀协同发展战略的实施，北京的城市功能战略定位、空间布局、产业结构、公共服务都将发生重大调整，为怀柔区影视文化人才聚集带来了新机遇。从拓宽影视文化人才发展空间角度来看，通过疏解一般性制造业人才，为怀柔区聚集影视文化人才腾出了空间，解决了发展空间不足的问题。同时，随着全市产业疏解方案的实施，承接城六区的一些符合怀柔区功能定位的影视文化产业，必将促进怀柔区聚集一批影视文化人才。从提升教育医疗等公共服务能力来看，一批教育、医疗、文化等公共服务功能将有序疏解，市里正在分领域制订教育、医疗、行政事业单位的疏解方案，对弥补怀柔区公共服务能力不足的短板必将是重大"利好"。

（2）中国（怀柔）影视产业示范区的设立，为影视文化人才聚集搭建了新平台。随着中国（怀柔）影视产业示范区获批，怀柔区影视文化产业发展定位、聚集能力、发展机会和城市形象实现了质的飞跃，为怀柔区加快影视文化产业发展和人才聚集搭建了平台。截至目前，已成立了中国（怀柔）影视产业示范区建设管理领导小组，建立了市区两级联系会议机制进行决策部署。由北京市国有文化资产监督管理办公室和怀柔区政府共同出资成立了影都文化投资发展有限公司，组建了示范区建设市场化运作主体。

（3）文化科技高端产业新区的功能定位和城市形象，为影视文化人才聚集增添了新动力。怀柔区的功能定位与首都城市战略定位高度契合，中国

（怀柔）影视产业示范区、雁栖湖生态发展示范区、中科院科教产业园和北京纳米科技产业园等国家级产业功能区完全符合首都文化中心、科技创新中心和国际交往中心定位。尤其是北京国际电影节和APEC会议的召开，进一步提升了怀柔区的城市形象。未来5年，影视文化、会议会展、科技创新等高端要素的集聚将凸显出显著的品牌效应，进一步吸引更多高端影视文化人才聚集，有利于影视文化产业集群的形成。

四 对策建议

针对怀柔区影视文化人才总量少、人才结构不合理、高精尖领军人才紧缺、影视文化人才政策吸引力不强、教育医疗等公共服务领域领军人才缺乏等问题，计划重点从以下方面破题。

（1）实施高端创业领军人才引进计划。针对高端领军人才少的问题，实施影视文化高端创业领军人才引进计划，重点围绕中国（怀柔）影视产业示范区建设，集中全区优势资源，利用5年时间，引进一批带项目和资金、比较成熟的国内外顶尖创业型人才团队，抢占影视产业制高点，实现"引进一个人才、壮大一个企业、带动一个行业、引领怀柔发展"的目的。在支持方向上，用资源换增量，拿出专项资金、落户指标、子女入学、医疗服务等资源，对引进的顶尖创业人才团队和项目进行支持。在支持内容上，突出需求，通过税收优惠、办公用房租金补贴、股权投资、金融支持、人才引进指标、解决子女入学等给予支持。

（2）完善影视文化人才综合政策体系。针对人才政策吸引力不强，比较优势不明显，结合现行影视文化人才政策，争取市级支持，研究制定《关于加强中国（怀柔）影视产业示范区影视文化人才队伍建设实施办法》，设立市区两级专项资金，针对电影全产业链各个环节上的人才，涵盖人才引进、创新创业扶持、培养、激励、关爱、使用等各个环节。其中有两个政策难点区级层面解决不了，需争取中央部委和市级支持，将影视文化企业所得税率由25%下调到15%，享受高新技术企业待遇。工业用地简化程序变成文化娱乐和多功能用地，促进闲置工业用地盘活。2014年上海市出台的《关于促进上海电影发展的若干政策》对这两条限制政策已经放开。

（3）搭建影视文化人才创业孵化平台。针对人才聚集能力不强的问题，制定落实优秀人才创业孵化扶持政策，加快影人酒店二期和制片人总部基地建设，搭建优秀人才创业孵化平台，吸引有发展潜力的种子型人才创业团队来怀柔孵化发展。影人酒店二期孵化平台建筑面积1.7万平方米、地上17层、地下2层，提供低价或免费的办公用房和物业保障，设置会议室、接待室、文书室、影视专业用房和展示区等公共服务区域。制片人总部基地建筑面积31万平方米，包括交流中心、拍摄中心、展览中心、制作中心、培训中心、版权交易中心、办公公寓、商业酒店和影人俱乐部等功能区，其中20万平方米为影人工作室，可根据人才创业需求量身定制。

（4）提供影视文化人才创业一站式服务。建立影视文化人才创业服务平台，为影视文化人才创业提供一站式服务。一是提供业务服务。提供工商、税务、行业审批手续等咨询及办理业务，指导申报国家、市、区级专项资金。二是提供中介服务。提供财务、法律、人力资源等中介服务资源；吸引影视行业协会入驻，举办影视论坛、沙龙等交流活动，搭建创意交流平台。三是提供生活服务。包括居留证、外国专家证、出入境、落户、子女入学、社保医疗、住房等服务。四是提供金融服务。采取"政府引导+社会参与+银行管理"的方式，充分利用无形资产多方募集资金，专项用于支持影视文化人才项目。加强与风投（创投）、产业基金、专业担保公司等在内的社会资本合作，提供立体式金融服务。五是提供技术服务。建立科技创新信息资源导航服务平台、大型科学仪器设备协作共用平台、软件产业科技创新服务平台和物联网科技创新服务平台等。

（5）打造影视文化人才活动品牌。开展影视文化人才活动，注重品牌营销，实施全球化品牌传播战略。在成功举办北京电视节目交易会、北京国际电影节及嘉年华等活动的基础上，打造系列人才品牌活动。国际青年数字电影节定位人群为青年人才，重在挖掘产业发展新生力量；评审电影作品主要为国内外大片、合拍片，突出国际化特色，采用特色化、现代化、专业化电影节模式，以小而精的思路打造有特色、高质量的电影节。在怀柔建立大学生影视基地，设立大学生影视基金，鼓励大学生制作小成本电影，举办全国大学生新媒体短片大赛，推动大学生影视作品上市。举办影视沙龙及影视名人讲座，开展研讨影视沙龙或论坛，为业界提供话语交流平台，为影视专业人士交流合作搭建平台，为产业发展提供风向标。实施青年导演创作扶持计划，以全国大学生新媒体短片大赛和类似活动为基础，成立青年导演储备库。设立青年导演创作扶持基金和评审团，每年定期召开评审会，从入围者中选出种子选手，进行资金扶持和风投，并与其签订长期合作协议。实施青少年影视梦计划，以假期夏令营、创意成果孵化基地的方式组织相关活动，让有影视创作梦想的青少年培养对影视的兴趣，采取教育补贴等形式，加大文化创意人才教育培训力度。

（6）实施影视文化人才激励计划。鼓励参与具有一定影响力的影视文化类奖项的评选活动，对获得国际、国家级及北京市级奖项或称号的人才或项目给予支持。鼓励与国内外创意、制作、经纪、营销机构合作，开展品牌化影视文化活动，生产制作产品和提供服务；支持开展品牌国际营销，提高品牌知名度及影响力。鼓励实施"走出去"战略，开展对外交流与合作，开拓国外影视文化市场，对参加国内外合作的人才和项目实施经济补助。设立"中国影视精品奖"，鼓励精品创作。设立"上市奖"，鼓励企业加快上市步伐。评选"示范区杰出人才"等活动，推出一批优秀人才进行广泛宣传，在购房、建房、家属就业、子女入托入学等方面予以重点照顾。

（7）提升教育医疗等公共服务能力。针对以教育医疗为核心的公共服务能力低的问题，实施名师名校长、名医名院长引进培育工程。直接引进名校名院。利用非首都功能疏解契机，采取部分搬迁、办分校分院、联合办学办医或者完全托管等方式，积极对接知名中小学和三甲医院，直接引入教育医疗优秀人才团队，全面提升怀柔区教育医疗水平。直接引进名医名院长和名师名校长。用好"京郊十条"人才引进专项计划和特聘岗位倾斜政策，开阔思路，拓宽渠道，主动走出去，直接从外埠引进名医名院长、名师名校长。自己培养名医名院长、名师名校长。推进城乡一体化学校和市区两级医联体建设,采取名师带徒、外派挂职等方式,将现有人才培养为名医名院长、名师名校长。返聘名医名院长、名师名校长。建立名医名院长和名师名校长返聘基金,每年面向全市聘请一批经验丰富、技术过硬的退休名医名院长和名师名校长。

(8)加强优秀人才生活服务保障。强化住房服务能力。密切关注人才公租房实际需求,继续扩大人才公租房建设规模,加强人才公租房监督、管理,满足影视文化人才住房需求。提升医疗服务水平。为优秀影视文化人才在怀柔医院建立"急诊就医绿色通道",解决急症转诊需求,积极协调市级对口医院,完成转院、救治等工作。强化教育服务工作。依据实际需求,为优秀影视文化人才解决义务教育阶段在怀柔子女入学问题,尽全力满足企业高管及高级技术人才在怀柔子女入园需求。优化交通出行服务。优化市区之间公交线路,为企业人才提供便捷、高效的出行服务。

(9)抓实优秀人才团结凝聚和联系服务工作。组织区级领导联系有突出贡献的影视文化领军人才,通过走访慰问、座谈交流等形式,加强对人才的政治引领,体现区委对各类优秀人才的关爱,把影视文化领军人才团结凝聚在党的周围。区影视文化产业领导小组成员单位领导加强对高层次人才和高潜力人才的日常联系服务,了解人才所想所需,广泛听取人才意见,帮助解决具体困难,定期做好优秀人才健康体检、外出休养、走访慰问等工作。

(10)加大影视文化人才引进力度。充分发挥产业和项目的人才吸附效应,以产业链打造人才链,以产业集群催生高层次人才集聚。加快"08街区"开发,充分利用制片人总部基地、影人酒店二期、中影二期、博纳东方影城、歌华新媒体园项目建设,积极引进重点项目和知名企业,以实体项目为载体,促进人才集聚,如博纳东方影视城董事长于冬就是通过建立制作人工作室,引进著名导演徐克、尔冬升等;又如卡梅隆裸眼3D项目如能来怀柔落户,那么这个制作出世界上第一部3D电影《阿凡达》的大导演和他的团队就会入驻怀柔。

(11)推进校企合作,培养专业人才。整合区内资源,加强校企、内外联动,培养专业人才。目前,怀柔区已有多家教学机构设立开办文化影视类

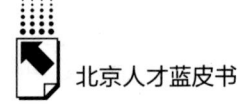

专业，能够培养一批基础专业知识扎实、具备一定文化素质的人才，但关键是加强企业与教育院校间的联动机制，既能解决这些学校的具有实践经验的师资问题，还便利毕业生就业，使人才、学校、企业实现互利共赢。同时，还应借助"影都优势"和现有教育资源，引进具有实力强的教育机构，实现专业培训向高等教育的转变，培养高端实用人才。

B.6 北京农村实用人才发展研究

中共北京市委农村工作委员会[*]

摘　要：	农村实用人才是我国人才队伍的重要组成部分。目前，北京市基本形成了完善的农村实用人才开发培养体系，人才规模日益扩大，人才结构不断优化，人才质量稳步提升，为北京城市建设、都市农业发展、城乡统筹推进提供了有力支撑。本报告分析了2014年农村实用人才基本现状，梳理了农村实用人才建设的主要做法，提炼了典型的农村实用人才建设模式。同时，在认真分析京津冀协同发展战略、首都功能新定位以及北京农业农村发展新需求等新形势的基础上，提出推动北京农村实用人才建设的政策建议。
关键词：	农村实用人才　人才建设　开发培养体系

自2011年8月发布实施《首都农村实用人才中长期发展规划纲要（2010－2020年）》（京组发〔2011〕26号）以来，在市人才工作领导小组的领导下，北京市郊区围绕建设新农村和城乡一体化发展的目标要求，以总量增长、素质提高、结构优化、作用增强为重点，抓住开发培养、

---

[*] 刘福志，北京市委农工委副书记，政法专业；周洪生，北京市委农工委干部处处长、办公室主任，经济管理专业；史亚军，北京农学院都市农业研究所所长、教授，农业经济管理专业；江晶，北京农学院都市农业研究所副教授，农业经济管理专业；杨中杰，北京市委农工委干部处副处长，法学专业；李晟龙，北京市委农工委干部处干部，思想政治教育专业。

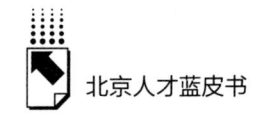

等级评价、服务激励、创业兴业、作用发挥等环节，大力实施京郊农村实用人才工程，不断创新农村人力资源开发培养模式，初步形成了比较完善的农村实用人才开发培养体系，打造了一支数量充足、素质较高、结构合理的农村实用人才队伍，为首都郊区改革发展提供了强有力的智力支持和人才保障。

一 农村实用人才的概念与作用

（一）农村实用人才的概念与分类

2007年11月8日，中共中央办公厅、国务院办公厅颁布的《关于加强农村实用人才队伍建设和农村人力资源开发的意见》中指出，农村实用人才是指具有一定知识或技能，为农村经济和科技、教育、卫生、文化等各项社会事业发展提供服务、做出贡献、起到示范或带动作用的农村劳动者，是广大农民的优秀代表，是新农村建设的生力军，是我国人才队伍的重要组成部分。2011年，中组部、农业部联合印发的《农村实用人才和农业科技人才队伍建设中长期规划（2010－2020年）》指出，按照从业领域的不同，农村实用人才一般划分为5种类型：生产型人才、经营型人才、技能服务型人才、社会服务型人才和技能带动型人才。

北京市委农工委根据北京郊区经济社会发展的战略目标和都市农业对人才素质提出的新要求，结合实际，将北京郊区农村实用人才划分为5种类型。

（1）技术类：主要包括技术应用（推广）型人才和技术专长型人才。这类人员能够解决新产品的示范、推广或农业生产经营中的某些技术难题，因地制宜地提高先进技术，促进科研成果转化，使当地农民由于应用该技术比其他农户节约生产成本，或提高经济效益。

（2）管理类：主要是指有较高素质和管理能力，能够带领广大农民群众共同致富的村级干部。这类人员具备较高的政治素质，能够贯彻党和国家各项方针政策，带领群众学习推广新知识、新技术、新技能，引导群众从事有特色的主导产业、现代农业生产经营，或有市场前景的非农产业活动，使本地区农民的年均收入逐年递增，并能维护农村社会的和谐稳定，从而带领本地区走向文明富裕。

（3）营销（流通）类：主要包括从事农产品加工营销、现代农业科技示范园区经营、专业合作经济组织（合作社）的带头人等。这类人员是搞活农村，活跃市场，连接农村与城市、生产与市场的重要力量。

（4）生产类：主要是指具有一定规模的种植大户、养殖大户、乡村旅游大户。

（5）社会（文化）类：主要包括农村文化活动组织者及文艺骨干、农村文化产业带头人、民间技能手工艺能手、农村传统风俗的组织能手等。这类人员在丰富农村文化生活、传承民俗文化、促进乡风文明等方面做出了一定贡献。

当然，农村实用人才的内涵与分类并不是一成不变的，必将随着农村生产力的不断提高而变化发展，新的时代特征也会赋予它新的内容。

（二）农村实用人才的地位和作用

农村实用人才作为党管人才体系里六支人才队伍中的其中一支，在郊区经济社会发展中发挥着重要作用。农村实用人才又被称为农村地区的"能人"，在推动农村经济社会发展、带领农民增收致富、推进美丽乡村建设、巩固党在农村的执政基础和执政地位等方面发挥着不可替代的作用。

1. 带动作用

农村实用人才的带动作用直接体现在带领农民增收致富上。近年来，农村各行各业中涌现出一大批农村实用人才，在自身富裕的同时，通过产业上引导、资金上支持、技术上帮带、市场上引路，充分发挥他们的示范、帮扶、带动作用，带领周边农民群众共同致富。例如北京乐平西甜瓜专业合作社理事长冯乐平，通过创建合作社，带动本地农户700户，辐射带动周边农户2000多户，每户平均每亩增收3000多元。

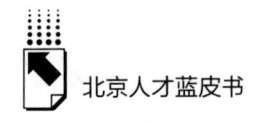

2. 骨干作用

农村实用人才的骨干作用体现在科技应用推广方面。农村实用人才是农业新技术、新成果的传播者、实践者；他们上连专家，下连农民，在实用技术与广大农户生产间搭建了桥梁，使先进的农业科技快速、有效地走进千家万户。例如大兴区的农村实用人才贾尚，成立安定镇梨桃技术服务协会，建立了一支拥有50多名专业技术人才的服务队，免费向其他果农提供技术服务，服务农户300户、果园面积4000余亩。

3. 引领作用

农村实用人才的引领作用体现在创新农业农村发展方式上。农村实用人才是发展农村经济的市场主体，是都市型现代农业的生产者、繁荣农村文化的组织者。他们不仅能够延伸产业链条，推动三产融合发展，搞活一方经济；而且他们利用自身的一技之长，传承优秀民间传统文化，成为农业农村发展方式转变的引领者、示范者。例如海淀区的农村实用人才王小东，创立东升博展股份经济合作社，转变农村集体经济发展方式，创办东升科技园，为高科技企业提供全程化服务，解决本地农村劳动力就业200余人，探索出乡镇自办产业园的新模式。

二 首都农村实用人才队伍现状分析

（一）总量及类型

截至2014年底，北京农村实用人才的总数约为4.71万人。相对于全市140万的农业户籍从业人员来说，这支队伍的总量已不算少。《首都农村实用人才中长期发展规划纲要（2010－2020年）》提出的目标是到2020年全市农村实用人才达到5万人，目前这个目标已经基本提前完成。但是在数量快速增长的同时，也存在着人才结构不合理、文化素质不高等问题。从图1可以看出，全市农村实用人才类型主要集中在生产型和技能带动型方面，经营型、社会服务型和技能服务型人才较少。其中生产型人才占49%，经营型人才占16%，技能服务型人才占3%，技能带动型人才占27%，社会服务型人才占5%。

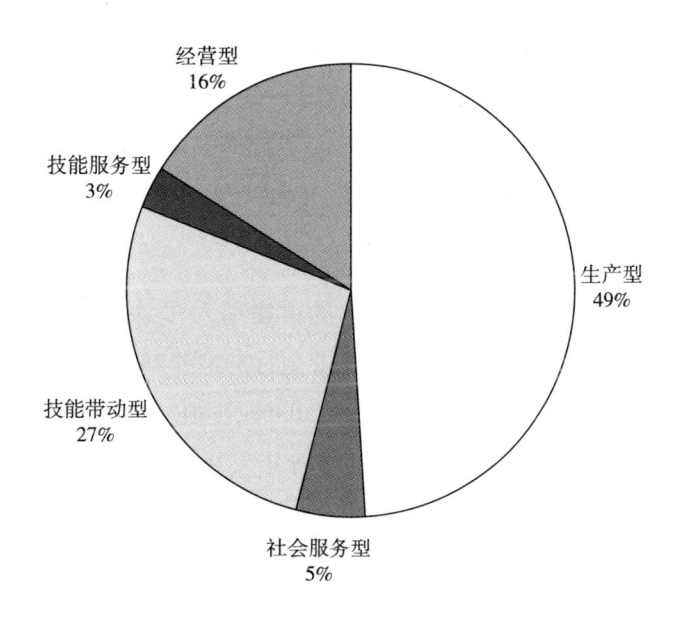

图1　2013~2014年北京农村实用人才类型分布

（二）性别和户籍

北京农村实用人才中，男性3.15万人，女性1.56万人，男女比例约为2.02∶1；与2013年相比，男性同比减少0.5%，女性同比增加1.2%。这个数据也说明了目前在农村人才性别构成上，女性农村实用人才逐渐增多，比例逐渐提高，这也和当前农村从业人员结构变化的趋势相一致。在农村产业中，从事重体力劳动的人越来越少，而管理类、文化类、手工艺等更适合女性从业的产业逐渐成为主流，这也是造成农村女性实用人才逐渐增多的一个重要原因。从户籍情况看，非城镇户籍的实用人才数量明显高于城镇户籍，两者比例约为11∶4。这也说明了郊区产业发展吸引了更多外出务工的本地农民返乡，需找增收致富的机会，见表1。

表1 北京市农村实用人才性别、户籍情况

单位：%

年份	性别比例		户籍比例	
	男性	女性	城镇	非城镇
2013	67.2	32.8	28.3	71.7
2014	66.8	33.2	26.7	73.3

（三）年龄结构

北京农村实用人才中，41~55岁的占实用人才总数的57.81%，2014年比2013年下降7.9个百分点；55岁以上的人才占28.16%，同比上升6.1个百分点；40岁及以下的青年人才占14.03%，同比下降8.3个百分点。50岁以上的人才比例上升，50岁以下的中青年人才比例在下降。从数据的变化，可以看出在郊区从事农业人员的年龄有偏大的趋势。越来越多的农村青年通过考学或者外出务工等方式走出农村，留下来从事农业的逐渐变成以老人和妇女为主。虽然近年来郊区经济的发展吸引了一部分青年回乡创业，但和流失的人才相比，数量还不多。如果这个趋势得不到扭转的话，"将来谁来从事农业"必将成为一个关系国计民生的重要问题（如图2所示）。

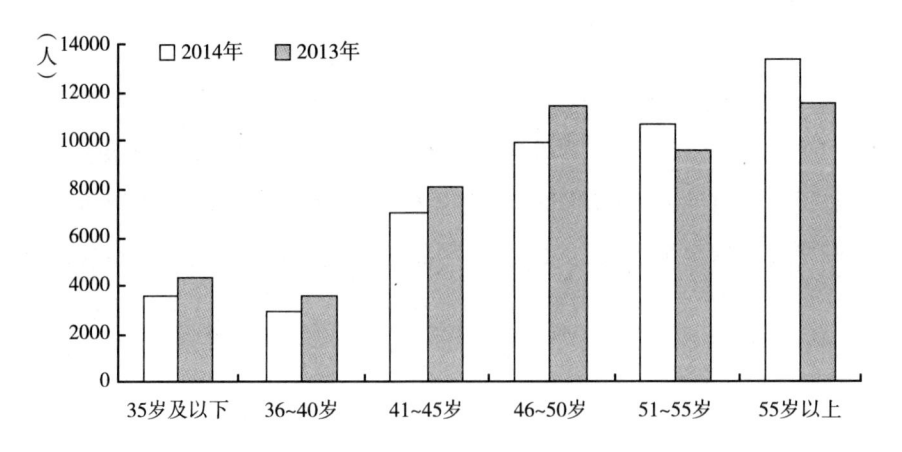

图2 2013~2014年北京农村实用人才年龄结构

（四）文化程度

从学历看，农村实用人才文化水平以高中以下文化程度为主，其中以初中文化程度占绝大多数，其比例接近6成；高中、中专及以上文化程度的农村实用人才占比38%，其中大专及以上学历占主要部分（如图3所示）。相对来说农村实用人才已是农村中素质较高的群体，而这部分群体仍然以初中文化程度为主，由此可见，即便在城市化进程较快的首都地区，提高农民文化素质也仍然任重道远。

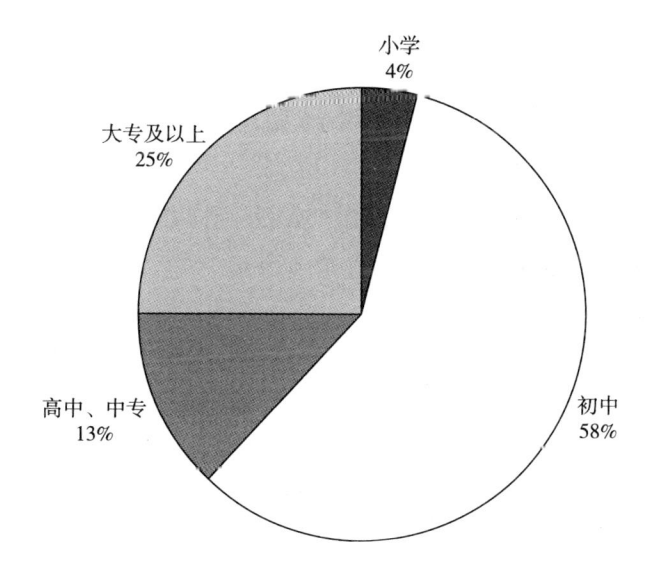

图3　2014年北京农村实用人才学历结构

（五）技能水平

从技术等级看，北京农村实用人才技术等级有所提高。评定等级的人才比例达到51.31%，2014年相比2013年上升2.03个百分点。其中农民助理技师20353人，同比增长2.33%，农民技师3450人，农民高级技师929人，与2013年相比均有所增长（见表2）。数据一方面说明了近年来随着农村人才培训力度的加大，农村劳动力技能水平在不断提高；另一方

面还有近一半的农村人才尚未评定任何技术等级,也说明了农村劳动力由于从事职业的特殊性,持有相应资格证书或技能水平证书的比例较低,还需有关部门着重培养培训。

表2 2013~2014年北京市农村实用人才技能水平情况

单位:人

年份	农民高级技师	农民技师	农民助理技师	农民技术员	没有或未评定
2013	919	3431	19890	0	24625
2014	929	3450	20353	0	25783

三 农村实用人才开发培养体系建设

自2006年启动农村实用人才队伍的建设工作以来,经过近10年的实践探索,初步建立了农村实用人才开发培养体系(见图4),支撑全市农村实用人才工作稳步推进。

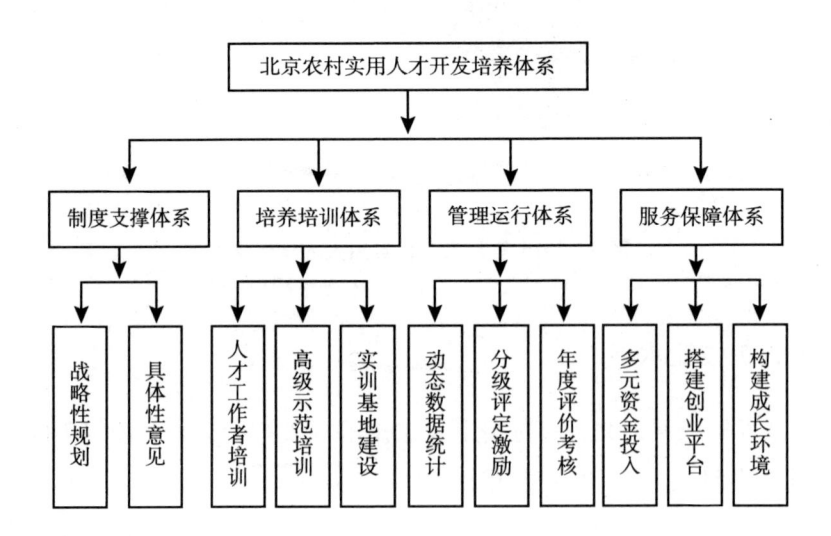

图4 北京农村实用人才开发培养体系

（一）制度支撑体系建设

农村实用人才队伍建设起步较晚。北京市委、市政府高度重视，相继出台了一系列政策意见，并构建了一套运转有效的组织领导机构。市级层面，在市人才工作领导小组的领导下，市委农工委具体负责农村实用人才队伍建设，其他相关市级部门分工配合，齐抓共管。区县层面，区县人才工作领导小组牵头抓总，区县委组织部（近郊农工委）具体负责，其他区直部门纳入农村实用人才工作领导小组。同时，积极拓宽农村实用人才培养渠道，广泛吸引社会力量参与到农村实用人才培养工作中。北京市农林科学院、北京农学院、北京农业职业学院、北京市农业广播电视学校、北京市农村经济研究中心等市属科研院所成为农村实用人才培养和作用发挥的主要智力支撑，同时，充分利用首都优势，北京大学、清华大学、中国农业大学等高校成为京郊农村实用人才创业兴业的重要智力资源。

按照《国家中长期人才发展规划纲要》《中共中央办公厅、国务院办公厅关于加强农村实用人才队伍建设和农村人力资源开发的意见》《首都中长期人才发展规划（2010－2020年）》《北京市"十二五"时期人才发展规划》的统一部署，北京市先后制定下发了《北京市"十一五"时期农村实用人才队伍建设规划》《关于加强农村实用人才队伍建设的意见》《首都中长期农村实用人才发展规划纲要（2010－2020年）》和《京郊农村实用人才工程实施意见（2010－2020年）》，提出对未来10年全市农村实用人才工作发展的总体目标、发展方向和具体举措。2011年研究制定了《北京市农村实用人才开发培养行动计划（2011－2015年）》，明确了26个市级部门在农村实用人才开发培养方面齐抓共管、各司其职的工作格局。

（二）培养培训体系建设

1. 高级示范培训

根据农村实用人才的特点，农村实用人才培养培训采取专题培训班学习

和赴外交流学习相结合的方式。

一是举办好各级各类培训班。按照初、中、高级农村实用人才的分类，构建市、区县分级培训的工作格局。市级主要抓好高级实用人才培训，培训班采取专题讲座、经验传授、座谈研讨、现场参观等形式，着力提高学习培训效果。如2014年市农委与市农广校合作，分农民专业合作社运营、都市农业、民俗旅游、农村社区管理四个专题，举办了北京市优秀农村实用人才示范培训班，共吸纳13个郊区县的400名优秀农村实用人才和60名农村青年致富带头人参加。各区县主要抓好初、中级实用人才培训，采取多种形式，提高实用人才的能力素质。

二是组织实用人才赴外地专题交流学习。近几年，分批次组织农村实用人才到吉林、内蒙古等农业部农村实用人才培训基地学习培训，赴英国、中国台湾等地进行交流考察。通过实地学习农村实用人才先进典型、开展实用人才工作、加强农村人力资源建设和管理的经验做法，帮助大家开阔思路、拓宽视野、丰富知识，推进了北京市农村实用人才工作的开展，提升了农村实用人才工作的层次和水平。

2. 人才工作者培训

针对全市区县层面的农村实用人才工作者人员变动较多、人才工作知识匮乏的情况，每年选调200名乡镇层面农村实用人才工作者参加培训，集中学习、研讨，并学习借鉴先进地区农村实用人才工作经验。在系统学习中央及北京市有关人才工作政策理论的同时，组织大家到郊区农村实用人才示范实训基地进行参观考察，实地调研学习当地农村实用人才先进典型和开展实用人才工作的经验做法。

3. 示范实训基地建设

龙头企业、农民专业合作社、新农村典型等是农村实用人才教育培训的重要载体。市委农工委在全市广泛开展市级农村实用人才示范实训基地的评选、评价、考核和资助工作，2014年首批10个市级示范实训基地已经完成评选、挂牌。各区县也高度重视实训基地的建设，根据各自实际，开展了区县级农村实用人才示范实训基地评选，从资金倾斜、项目支持等方面给予大力支持。成功探索了"龙头企业带基地、基地带农户"的递进式培训和"农民专业合作组织带农户"的组织化培训方式，推进农村实用人才开发培养的多元化、制度化、规范化。

（三）管理运行体系建设

1. 动态数据统计

信息平台建设是抓好农村实用人才队伍建设的基础工作。2008年投建运行"北京市农村实用人才信息管理系统"，依托这个平台，建立各类农村实用人才库，形成了市有总库、区（县）有分库、乡（镇）有台账、村有花名册的信息化管理体系，有效提高了农村实用人才统计工作效率。

2. 分级评定激励

等级评定工作是加强农村实用人才队伍建设的关键环节，其指标制定的科学与否、评定实施的公平与否直接影响人才队伍在质量上的持续提升。《北京市农村实用人才等级评定办法（试行）》，确定初、中、高级三个等级，明确五类农村实用人才的具体范围及等级评定标准。评定标准打破学历、身份、年龄限制，把绩效和示范引领作为评价农村实用人才的主要标准。从鼓励创业的角度出发，按照人才等级评价标准，采取定性与定量相结合的方式，建立农村实用人才激励机制，将等级评定结果与待遇享受挂钩。如高级实用人才可以享受优先申报项目、优先配发农村实用人才补贴资金、贴息贷款和政策扶持等待遇。同时，将拥有技术等级人员的多少作为各类农业技术协会实力和资信程度的象征，引导各类农业技术协会和广大农村实用人才自觉重视等级申报评审工作。同时，按照《北京市有突出贡献的农村实用人才评选表彰办法》（京发〔2007〕2号）的要求，市委农工委会同市委组织部、市人力社保局联合开展了北京市"有突出贡献的农村实用人才"评选表彰活动，由市委、市政府颁发荣誉证书并对本人进行一次性奖励，营造了促进农村实用人才成长发展、创业兴业的良好舆论氛围。

3. 年度评价考核

年度考核验收工作是加强农村实用人才管理的重要举措，是对农村实用

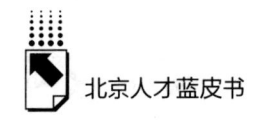

人才建设工作的总体评价与促进。按照《北京市农村实用人才工作考核办法》，每年抽调专家和实用人才工作者，组成考核组，通过区县自查、电话访谈、入户访谈、听取汇报、实地走访、查阅材料等形式，重点对各区县农村实用人才开发培养培训、工作方法创新、服务体系完善、配套政策制定、人才作用发挥、工作机制健全等方面的内容进行考核。对工作落实较好、创新亮点突出的区县，给予一定的资金扶持。

（四）服务保障体系建设

1. 多元资金投入

西奥多·舒尔茨在《改造传统农业》一书中指出，人力资本提高对经济增长的贡献要远比增加物质资本重要得多。其中，对教育的投资是人力资本投资的最重要的方式。市级财政设立农村实用人才队伍建设专项资金，纳入财政预算，主要用于农村实用人才的开发培养、创业兴业、激励表彰、服务管理等各项投入。区县、乡镇政府设立本地区农村实用人才队伍建设的资金投入，综合运用信贷、保险、税收等政策工具，鼓励、引导和动员各种社会力量参与农村实用人才队伍建设。

2. 搭建创业平台

鼓励创业是实现农村实用人才自我发展的重要途径。市委农工委连续成功举办四届农村实用人才创业成果展示推介会，促进了农村实用人才创业兴业成果的产业化、市场化。一些区县借助农业嘉年华、博览会为农村实用人才搭建展示平台，激发实用人才创业发展热情。

3. 构建成长环境

良好的舆论环境是农村实用人才成长的关键。北京市充分利用"北京市农村实用人才网"等各类新闻媒体，大力宣传优秀农村实用人才的先进事迹和突出贡献，不断扩大农村实用人才和实用人才工作的社会影响。同时，结合党建、调查研究，建立领导联系人才制度，帮助他们解决实际困难和现实突出问题。对于那些成绩突出的农村人才，在政治上，实行"四优先"，即优先列为党员发展对象；优先选配为村"两委"班子成员;优先推荐为各级人大代表、政协委员;优先录用为乡镇公务员。

四 农村实用人才开发培养的典型模式

按照人才开发培养的抓手与路径选择不同,北京农村实用人才开发培养形成了四种主要模式。

(一)紧密式专家带动型

1. 内涵

紧密式专家带动型,指通过与科研机构、高等院校建立紧密的合作关系,充分利用科研院校的专家资源,建立培养基地,搭建培养平台,实现专家与农村实用人才的"零距离"接触,实现科研成果与人才需求、产业需求的有效对接。

2. 路径

(1)建立"专家+人才"一对一帮扶机制。专家与每年拟培养的农村实用人才签订《开发培养帮扶协议》,通过定期培训、跟踪指导等方式,开展一对一帮扶工作。如延庆县以北京农学院为依托,每年都组建由25名左右北京农学院专家、近100名县专业技术人才和近100名乡土专家组成的"农技人才服务团",与农村实用人才签订帮扶协议。多年来,市级专家开展专项培训和技术咨询指导1000多个班次,培训农村实用人才3万人次。

(2)建立"专家+乡镇"一对一帮扶机制。立足乡镇主导产业发展需要,将专家团队分为不同类型的农技人才服务队,与乡镇签订《开发培养工作协议书》;专家指导乡镇主导产业发展,及时提供农业科技支持和人才建设服务。如延庆县针对现辖15个乡镇主导产业发展需要,设立15个农技人才服务队,与15个乡镇签订协议书。

(3)建立专家与农民资源共享平台。充分借助网络化信息资源,建立人才培养平台,实现科技信息资源在县域与院校间共享、广大农村实用人才

"进大学"、专家与农民直接沟通的目标。

（4）注重乡土专家队伍建设。坚持人才培养向基层延伸，加强乡土专家队伍的培养建设，选出有一定产业规模和示范带动作用的优秀实用人才作为本区域的乡土专家，发挥示范、引领作用，推动农村人才资源自主开发。

（二）分类式城市化引领型

1. 内涵

分类式城市化引领型，指立足一个特定区域内城市化进程和需求不同，选择不同的人才培养重点和路径，进而形成区域内差异化的人才培养方式。

2. 路径

（1）立足城市化布局，分类确定人才培养重点。对于已经基本完成城市化的区域，围绕城市管理、城市经营和城市文化建设等方面进行农村实用人才的培养；对于正处于城乡一体化过渡时期的区域，围绕市场营销、乡村旅游、农产品加工等各类新兴产业进行农村实用人才培养；对于农业生产仍占很大比重的区域，围绕发展设施农业、都市农业和观光农业等进行农村实用人才培养。

（2）依据城市化进程不同，实施人才分类管理。针对已基本完成城市化、处于城市化过渡期、传统农业占比大的三类区域进行人才分类管理，在评价与评定中，采用有区别的指标和标准，做到有针对性地引导与科学管理。如通州区规定上述三类乡镇的农村实用人才中，从事第二、第三产业人员的比例分别不低于60%、40%、20%；并注重引导各乡镇根据需求，将开发培养重点从生产领域向市场领域、社会管理和服务领域转移。

（3）紧扣城市化发展带来的产业需求，加快示范实训基地转型建设。为适应城市化发展对高端农业、都市农业、就业培训、社区服务的紧迫要求，积极推动实训示范基地建设由以生产功能为主导的传统种养型向以生活功能为主的观光型、创意型转变，提高农村实用人才培养的效果。

（三）分级式政府主导型

1. 内涵

分级式政府主导型，指根据不同类别、不同级别的农村实用人才，以政府职能部门的职责分工为主线，有重点地、自上而下地、统筹推进农村实用人才培养工作。

2. 路径

（1）市级层面统筹协调农村实用人才工作，制定目标，明确任务，并从制度、政策与资金上予以保障。

（2）区级层面主抓领军型农村实用人才培养。通过搭建高端交流平台、实施重大项目扶持、开展人才奖项评选和组织体检、休养、慰问活动等措施，进一步激发他们的潜力和带动能力。

（3）职能部门根据部门职责主抓骨干型农村实用人才培养。区县委组织部、农委、团委、妇联、农业局、旅游委、文委、园林绿化局、商务委、人保局、科委、教委、财政局等相关单位按照分类管理、分类培养的原则，加强各类骨干型农村实用人才培养，涉及种植、养殖、休闲农业、文化和社会管理等。例如，怀柔区、大兴区农村实用人才工作联合15家单位，区委组织部积极培养储备社会管理类人才，区文委积极开发培养文艺类农村实用人才，区旅游委积极开发培养民俗旅游户管理人才。

（4）乡镇主抓初级农村实用人才培养。初级农村实用人才在整个人才队伍中占比最大。各乡镇结合自身产业特点，通过人才培养机制、考评机制、管理机制、激励机制的建立，大力培养适应乡镇农业发展需要的人才。

（四）系列式平台服务型

1. 内涵

系列式服务平台，指以政府为主导，立足农村实用人才开发培养的各个环节，建立从开发到培养、从巩固到提升，集人才培训、交流学习、创新创业于一体的各类平台。依托这些平台，开发培养农村实用人才。

2. 路径

（1）搭建基地实训平台。依托园区、企业、农民专业合作组织，加强示范实训基地建设。从师资、设备、制度等多方面推进示范实训基地的规范化、制度化、规模化发展，促进农村实用人才的产业化培养。如房山区2007年以来共建设51家区级示范实训基地；基地建设遵循"六有"原则，即有老师、有对象、有硬件、有制度、有计划、有效果，大力强化示范实训基地平台作用。

（2）搭建社会化成果展示平台。组织农村实用人才参加创业成果展示推介会、各类农产品展示会、博览会及农民艺术节等活动，展示农村实用人才创造的成果，进一步激励农村实用人才的自我发展。

（3）搭建政策支持平台。建立市级、区级人才专项基金，建立农村实用人才工作专项经费，主要用于给付帮带培养奖励资金、特需人才岗位津贴、优秀人才培养资助金、教学参观示范点创建扶持资金、创新项目评选奖励资金、人才关爱资金等。

（4）搭建宣传平台。整合电视台、报刊、信息网等宣传平台，充分利用新闻媒体，通过制作宣传片和宣传册等形式，广泛宣传农村实用人才的典型事迹和农村实用人才工作的各项方针政策，营造尊重人才、培养人才的社会氛围。

五 农村实用人才队伍建设的经验启示

（一）农村实用人才队伍建设要紧扣城市、农村和产业发展需求

服务于城市发展、农村发展和产业发展始终是农村实用人才开发培养的核心。随着城市化进程不断加快，产业结构的不断优化调整，农业多功能性的不断拓展，现代农业新型产业形态的不断出现，农村实用人才的培养必须与区域功能定位和重点产业发展相结合，适应现代种养、休闲农业、民俗旅游等产业领域的需求，大力培养掌握现代信息技术、资本运营

知识和现代经营管理知识、熟悉特色文化和社会管理的多元化农村实用人才，并且由注重扩大规模向提高质量转变，推动相应产业的规模化、产业化、品牌化发展，实现农村实用人才的社会价值，充分体现农村实用人才培养的时代性。

（二）农村实用人才队伍建设要注重人才综合素质培养

作为人才队伍的重要组成部分，农村实用人才开发培养必须立足于人才建设的大局观，服务于都市型现代农业的综合性。首先，注重培养农村实用人才正确的价值观、人生观及高度的社会责任感，强化团结合作意识的培养，强化示范带动意识，使其成为推动农村经济发展的领头羊。其次，注重培养农村实用人才的学习能力、创新能力、经营管理能力、社会化服务能力，提升其综合素质，充分发挥其产业带头人、农民致富带头人、社会发展带头人的作用。

（三）农村实用人才队伍建设要强化政府主导作用

农村实用人才队伍建设中，政府相关部门必须拥有强烈的责任意识，树立科学的人才发展观，从制度、机制、政策上促进农村实用人才培养的制度化、规范化和科学化。一是要建立持续的公共财政投入机制；二是要建立高效的人才管理机制；三是要搭建人才开发培养的各种平台，包括融资创业平台、成果展示平台、信息交流平台；四是要建立科学的人才评价机制；五是要建立有效的人才激励机制。同时，以政府为主导，积极发挥科研院所、协会、企业、农民专业合作组织等社会化服务主体的作用，积极引进市场机制，为农村实用人才开发培养注入强劲动力。

（四）农村实用人才队伍建设要与新型职业农民和农村基层干部培养相结合

农村实用人才、新型职业农民、农村基层干部三支队伍构成了当前推动我国农业与农村发展的核心力量，在实践中，三者相互交叉、相互渗透。农

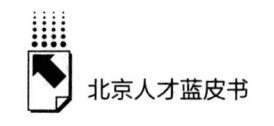

村实用人才开发培养要与新型职业农民和农村干部队伍建设有机结合，统筹推进。整合农村人力资源，积极开展农村实用人才和党员干部、农村实用人才和大学生村官等双向培养，创新人才培养模式，提高人才培养的效率和效果，进而创造人尽其才的社会环境，吸引优秀人才参与到现代农业和新农村建设中，实现人才培养和经济、社会发展的协同共进。

六 农村实用人才队伍建设面临的形势与问题

（一）农村实用人才队伍建设面临的形势

农村实用人才队伍建设必然伴随着都市型现代农业的发展而发展，首都功能的确立、农业结构的调整、产业结构的变化、新产业形态的出现以及农村发展方式的转变将对农村实用人才队伍建设提出新的需求。

1. 首都功能新定位为农村实用人才队伍建设提出新要求

政治中心、文化中心、国际交往中心、科技创新中心是国家对北京的城市功能定位，这一新定位突出"高端性、文化性、国际性"。因此，北京市农村实用人才队伍建设不仅要立足北京，更要面向世界；不仅要注重专业技能培养，更要注重文化素质提升；不仅服务于农业农村的发展，更要服务于首都城市建设和城乡统筹发展。培养造就一批掌握现代经营管理和现代信息技术的领军型、创新型农村实用人才是首都功能新定位对北京农村实用人才的基本要求。

2. 京津冀协同发展为北京农村实用人才队伍建设提出新思路

随着京津冀一体化战略实施，区域经济活力竞相迸发，资源、市场、政策、资金等各类要素迅速汇聚，在城市圈、都市圈发展中推进农村实用人才开发培养是北京市农村实用人才工作的重要方向。因此，政策资源的联动、区域合作的强化、产业布局的重建，将为北京市农村实用人才培养机制和模式的创新提供更加广阔的空间，进而促进北京市农村实用人才工作向区域化、开放化推进。

3. "调结构、转方式"为农村实用人才队伍建设提出新挑战

以《关于调结构转方式发展高效节水农业的意见》出台为标志，北京农业将进入一个重要的转型升级期，"调粮、稳菜、减栏、增林、节水"将成为新阶段都市型现代农业的发展重点。从产业结构看，传统农业生产规模收缩，休闲农业、创意农业、会展农业蓬勃发展；从产业化经营看，初步形成了以农业龙头企业、农民专业合作组织为引领，集种养、加工、流通于一体的都市农业产业化体系；从生产要素方面看，土地、水、劳动力、化肥等传统生产要素投入总量下降，科技、信息等现代生产要素作用明显。农村实用人才培养重点和方向必须紧跟首都农业发展需求，从培养领域、培养内容、培养方式等方面不断调整、更新，服务首都"三农"发展。

4. 农村经济发展方式转变为农村实用人才队伍建设提出新需求

随着城镇化、农业现代化的同步推进，农村经济发展方式也发生了巨大变化，在京郊大地上涌现出一大批现代新型农村。这些新型农村的建设经验表明，土地不再是农民增收致富的唯一来源，生产劳动也不再是农村生产生活的唯一写照，通过整合农村自然资源，引进资金、人才、技术，转变农业经营模式，就可以实现农民的增收致富、农村的繁荣进步。这些创新与变化将对金融类、管理类、文化类等农村实用人才提出需求，成为未来农村实用人才培养的重要方向之一。

（二）农村实用人才队伍建设存在的主要问题

1. 农村实用人才结构有待进一步优化

目前，京郊三次产业融合发展速度迅猛，但农村实用人才队伍仍以传统产业为主，生产型和技能型人员居多，经营管理型、市场服务型人员较少。特别是面对休闲农业、会展农业等新兴产业的迫切需求，新型专业人才、复合型人才、领军型人才尤其匮乏，人才结构有待优化。

2. 农村实用人才开发培养方式有待进一步创新

经过多年建设，京郊农村实用人才初步形成了多层次、多类型、多形式的开发培养体系，但面对日新月异的社会环境，农村实用人才开发培养模式

需要进一步更新和丰富，培训形式有待进一步创新。在引导农村实用人才开展自我学习、自我教育方面和构建农村实用人才终身教育体系上有待进一步加大力度。

3. 农村实用人才队伍建设机制有待进一步完善

通过积极探索，各级组织部门统筹协调、各部门分工负责的农村实用人才队伍建设工作机制基本建立，但仍有一些工作亟待完善。比如，目前还没有专门针对农村实用人才开发的法律法规，农村实用人才开发缺乏法律保障；个别地方对农村实用人才重视程度不够，党管人才的意识不强；农村实用人才开发培养、激励保障、政策扶持机制还不健全等，直接制约了农村实用人才队伍建设水平的进一步提升。

七 进一步推动农村实用人才队伍建设的对策措施

农村实用人才开发培养是农村人力资源建设的一项系统工程。立足首都城市建设和城乡统筹发展的战略需要，必须借鉴国内外在农村人力资源开发方面的经验，打开思路，创新理念，推进北京农村实用人才队伍建设的可持续发展。

（一）持续创新农村实用人才工作机制

1. 积极探索农村实用人才多元投入培养机制

在美国、德国等国家的人力资源开发体系中，企业是重要的投资主体。与其他地区相比，首都农业与农村聚集社会资本的优势越来越明显。在加强公共财政对实用人才工作投入的基础上，农村实用人才培养工作要抓住各类企业涉足农业农村的契机，充分利用企业资源，积极引导相关企业将农业事业发展与农村实用人才培养相结合，由引导性投资向主动投资、自发投资发展，为农村实用人才培养注入源源不断的市场活力。

2. 加快推进农村人才教育立法工作

德国政府规定，凡是完成全日制普通义务教育的青年，只要不再继续上全日制中等职业学校和其他形式的学校,就必须接受义务职业教育。北京应制定统一的农村实用人才开发和培训培养的发展规划,形成地方法律法规,把农村实用人才教育培养工作纳入法制化轨道,推动农业农村可持续性发展。

(二)着力构建科学的农村实用人才培训体系

韩国经济飞速发展的秘诀是"廉价劳动力+高水平的职业教育"。发展职业教育和在职培训,促进人力资源开发,加快经济发展,是韩国在世界上公认的成功经验。强化教育培训始终是农村实用人才队伍建设的重中之重。

1. 立足首都农民职业教育全局,建立完备的农村实用人才教育培训体系

不断健全市、区(县)、乡(镇)、村四级农民教育培训体系,创新探索涵盖初等、中等、高等教育在内的相对独立完整的教育体系。教育培训的等级可以按照学历(小学毕业、初中毕业、高中毕业、专科毕业、本科毕业等),专业类别(生产类、技术类、管理类、文化类等),经历经验(专业大户、大学生创业、返乡创业等)等进行标准化分类,推动农村实用人才教育培训规范化、科学化发展。

2. 创新理念,加快农村实用人才开发培养方式转变

农村人才教育培训的方向要从以生产为中心向以市场为中心转变,从技能型培养向管理型、智能型培养扩展,从金字塔式的人才结构向扁平式人才结构转化,着力培养适应首都城乡统筹发展的复合型、应用型、高端型农村实用人才。

3. 扩宽视野,创新农村实用人才培养培训路径

充分运用北京聚集人才、科技的优势,推动农村实用人才教育培养与高等院校、科研机构、农业企业、中介组织等社会资源的沟通联合,通过建立正式或非正式的关系联合培养农村实用人才,推动北京农村实用人才队伍在更加广阔的平台上和更加丰富的资源支撑上持续壮大,逐步形成行之有效的农民终身职业教育培训网络。

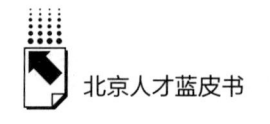

（三）重点调整农村实用人才结构

经济发展的不同阶段影响产业结构的变化，而产业结构的变化又对劳动者有新的技能要求，从而影响教育结构的变化，这对于自然资源缺乏的国家或地区而言尤为重要。北京都市型现代农业已进入新一轮的调整发展期，必须根据产业结构变化，及时调整人才结构。

1. 突出以产业新形态为导向的人才培养

农村实用人才培养要聚焦时代主题，按照 2014 年北京市出台的《关于调结构转方式发展高效节水农业的意见》，分区县、分类型、有步骤地培育适应新型农业科技、景观农业设计、农产品加工流通、文化创意、民俗旅游和社会管理等新业态的实用人才队伍。

2. 突出以美丽乡村建设为导向的人才培养

北京拥有厚重的历史积累，蕴含多样的人文资源，在建设美丽乡村、推动三次产业融合发展上具有独特的优势。农村实用人才培养必须紧跟这种发展趋势，大力培养农村文化型人才，率先在全国实现"以文强农、以文惠农"的农业农村发展模式。同时，创造环境和条件，积极吸引大学毕业生回乡创业，改善农村实用人才老龄化现象，为美丽乡村建设注入活力。

（四）全面建立农村实用人才现代管理制度

根据实用人才特点和成长规律，构建农村实用人才现代管理制度，为农村实用人才提供更加深入的全方位服务。

1. 重视农民专业合作联社、行业协会等组织的作用

德国、法国、加拿大等国在人力职业培训管理中都采用政府、企业、社会组织协调管理的运作机制。台湾地区的农会历经一百多年的发展，为台湾地区农业现代化做出了巨大贡献。目前，活跃在北京农业农村领域的社会组织越来越多，尤其是各类行业协会，这些社会组织在推动农业农村发展中发挥着越来越重要的作用。农村实用人才的培养管理要充分借助这些平台，将农村实用人才评价、评定等任务从政府职能中分离出来，推动资源市场化运

作，提高农村实用人才的管理效率。目前通州区农村实用人才协会已经率先成立，其作用主要体现在：一是组织农户，实现小规模经营到社会化大生产的转变；二是教育农民，实现传统农民向新型农民的转变；三是服务农村，实现政府服务向中介服务的转变；四是提升农业，实现第一产业向第二、第三产业的转变。

2. 完善农村实用人才创业投资机制

鼓励农村实用人才创业兴业，研究制定有针对性的创业支持政策，加大对实用人才创业兴业的税费减免。积极探索政府引导、社会资源聚集的多元化创业投入机制。各区县要结合区域实际，继续丰富完善农村实用人才的激励、服务、保障等各项措施，激发和调动广大农村实用人才兴业创业的积极性。

3. 完善农村实用人才评价机制

进一步完善评价标准，建立以技术和业绩为依据，以品德、知识、能力为要素的人才评价指标体系。继续推进农村实用人才等级评定工作，制定并落实相应的等级配套政策，不断推进农村实用人才工作的规范化、法制化。

4. 完善农村实用人才激励机制

通过表彰宣传、奖励激励和政策扶持等措施，不断激励农村实用人才在科技创新应用、产品特色开发、品牌创建上下功夫，将农村实用人才培养成各行各业的典型。不断提升农村实用人才的社会地位，营造"尊重劳动、尊重知识、尊重人才、尊重创造"的良好社会氛围。

参考文献

[1] 毛德智、雷海章：《中国农村人力资源开发问题研究》，华中农业大学博士学位论文，2006。

[2] 刘英杰：《农业农村人才队伍建设的现状分析与对策思考》，《第一资源》2013年第5期。

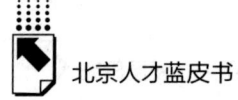

［3］李小聪：《新型城镇化进程中农村人力资源开发生态环境研究》，《农业图书情报学刊》2014年第12期。

［4］王春伟、刘云涛：《国外农村人力资源开发的经验借鉴》，《世界农业》2013年第4期。

［5］曾一春：《加快培养支撑农业农村经济发展的高素质劳动者——关于新型职业农民培育和农村实用人才培养工作的若干思考》，《农民日报》2014年5月30日。

B.7
北京市社区工作者队伍建设研究

刘占山 张强 刘霖 左欣*

摘　要：	2014年进行的全市社区工作者队伍建设情况调研显示,北京市社区工作者队伍总体结构较为合理,人员相对稳定,队伍整体趋于年轻化、知识化,呈现专业化、职业化态势。同时,也存在政策体系不够完整、待遇水平较低、发展空间有限、职能定位不清晰等问题。为此,应进一步细化完善政策制度体系,理顺待遇保障机制,扩宽职业发展空间,规范明确职能定位,坚持专业化、职业化发展方向,为首都社会建设提供更为有力的人力资源支撑。
关键词：	社区工作者　队伍建设　调研　政策体系

社区工作者队伍是社会建设的重要力量,是中国特色社会治理体系的基础要素之一。社区工作者直接服务于社区居民,是联系党、政府和基层群众的"桥梁"和"纽带",是实现居民自治的重要参与者和引导者,在我国社会建设事业中具有不可替代的地位和作用。经过不断的探索实践,首都社区工作者队伍建设积累了丰富经验,取得了丰硕成果,同时也有许多新情况、

---

* 刘占山,北京市委社会工委委员、北京市社会办副主任,行政管理专业硕士研究生,高级政工师、高级人力资源管理师(IPMA – CP);张强,北京市委社会工委社会工作队伍建设处处长,法律硕士,政工师、助理经济师;刘霖,北京市委社会工委社会工作队伍建设处副调研员,思想政治工作硕士研究生;左欣,北京市委社会工委社会工作队伍建设处干部,人口学硕士研究生。

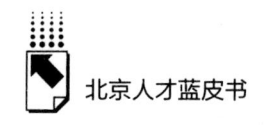

新问题，面临新形势、新任务。深入调查研究，准确掌握首都社区工作者队伍现状，正确认识当前存在的问题，深入分析产生问题的原因，寻找有针对性的解决办法，站在新的历史高度上谋划和引导这支队伍的健康发展，具有重要的现实性和紧迫性。

一 调研背景及方法

党的十八届三中全会提出了推进国家治理体系和治理能力现代化的宏伟目标，这是创新社会治理体制的时代要求，也是广大社会建设者努力工作的方向，标志着我国社会建设进入了一个新的历史阶段。习总书记提出把北京建设成为国际一流的和谐宜居之都，是首都各届共同奋斗的目标。因此，全面深化首都社会体制改革，加速推进社会治理创新，不断完善具有时代特征、中国特色、首都特点的社会建设体制，这既是挑战也是机遇，更赋予了首都社区工作者队伍新的使命任务，为他们提供了新的历史舞台。面对新形势，适应新情况，承担新使命，要求我们必须进一步加强首都社区工作者队伍建设，掌握这支队伍的现状，找出制约其发展的问题及原因，制定有针对性的措施以推动其快速健康发展。

历经5个月的时间，我们开展了北京市社区工作者队伍建设情况调研。对1872名社区工作者，16个区县，205个街道（镇、乡）进行了问卷调查，共回收问卷2类2093份、统计表160份；分别到3个城区、3个郊区县组织座谈10次100多人次，走访不同类型社区16个；运用"北京市社会建设信息系统"和"统计产品与服务解决方案软件"（SPSS）对数据进行了统计分析。

二 北京市社区工作者队伍基本情况

北京市社区工作者队伍建设的发展变化，是在不断适应时代前进步伐和首都经济、社会发展要求中形成的。大体经历了4个阶段，2000年前称为"居委会工作人员"，2000~2002年称为"社区干部"，2002~2008年称为

"社区专职工作者",2008年后正式确定为"社区工作者"。目前,北京市社区工作者是一支由社区党组织、社区居委会、社区服务站工作人员构成的专业化、职业化的人才队伍,并在首都社会建设中发挥了不可替代的作用。北京社区工作者队伍的发展变化,反映了首都城市管理任务的变化和社会建设发展的要求,是首都经济社会转型发展的客观反映,体现了党和国家社会建设思路的逐步变迁。北京市社区工作者队伍的壮大是城市发展、经济转型、社会进化和首都管理与居民服务日益受到重视的直接体现。

(一)北京市社区工作者数量及分布

(1)社区工作者人数。全市社区工作者共32253人,其中,社区党组织工作人员4884人、居委会工作人员17645人、社区服务站工作人员9724人。(在党组织、居委会、服务站交叉任职的人员,只统计其中一个岗位)。(见图1)

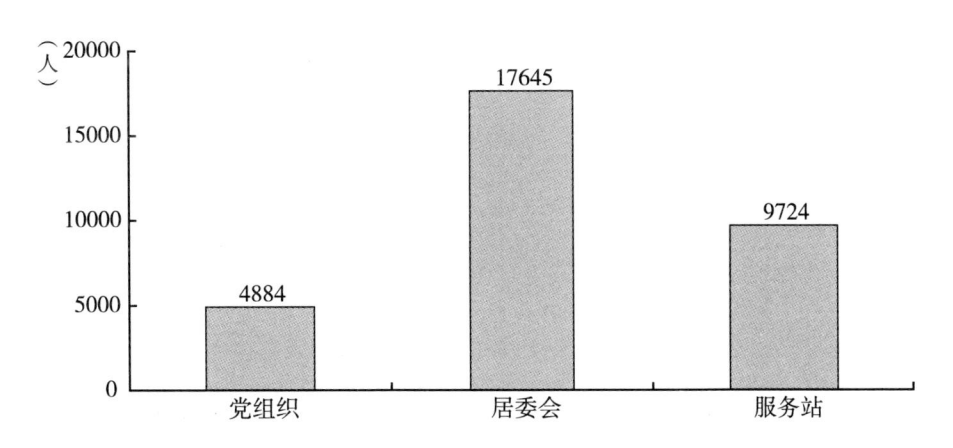

图1 社区工作者人数统计

(2)社区工作者地域分布。全市社区工作者中,城六区有23689人,占社区工作者总人数的73.4%;10个郊区县有8564人,占社区工作者总人数的26.6%。(见图2)

(3)社区工作者与常住人口比。以2014年全市常住人口2151.6万人计

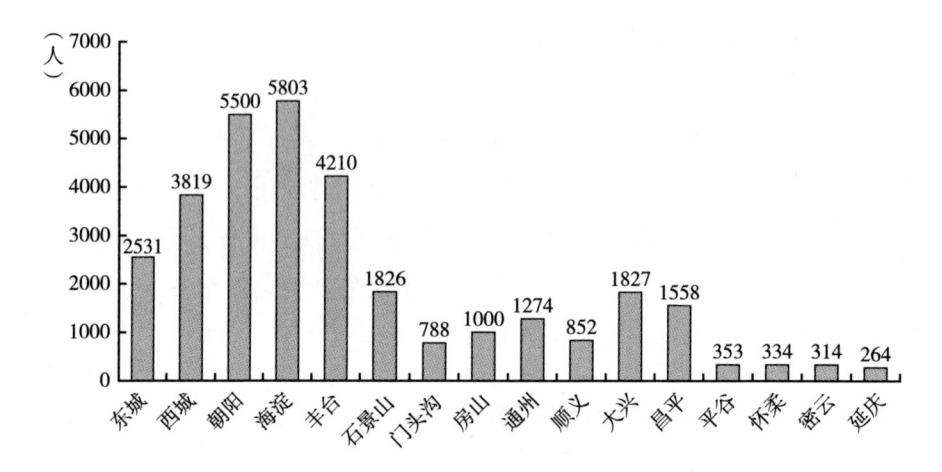

图2 社区工作者地域分布

算,全市常住人口与社区工作者之比为:每万人拥有社区工作者约15人。其中,城区每万名常住人口拥有社区工作者约19人,郊区县每万名常住人口拥有社区工作者约10人(见图3)。

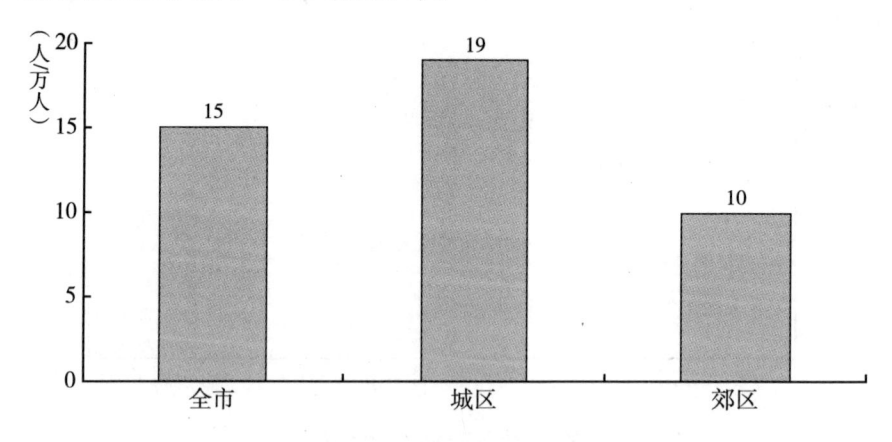

图3 社区工作者与常住人口比例

(二)北京市社区工作者队伍结构

(1)年龄结构。30岁及以下占21%,31~40岁占27%,41~49岁占22%,50岁及以上占30%,平均年龄39.1岁(见图4)。

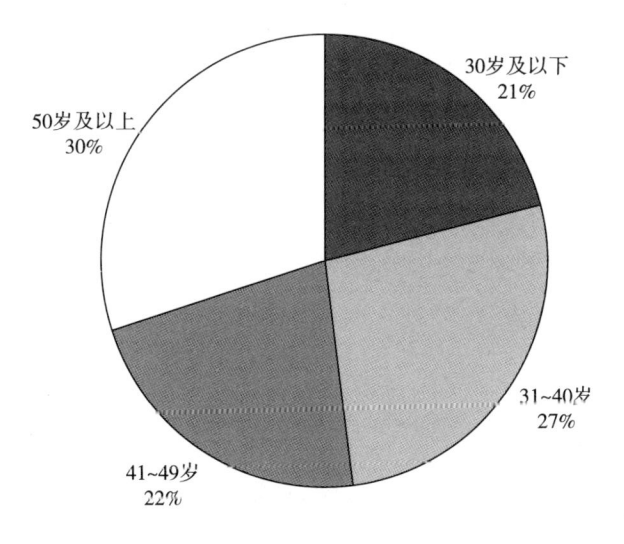

图4 社区工作者年龄结构

（2）性别比例。男性为8264人，占26%；女性为23989人，占74%。

（3）文化程度。高中及以下学历的有6437人，占20%；大专学历的有11903人，占37%；本科学历的有13224人，占41%；硕士及以上学历的有689人，占2%（见图5）。

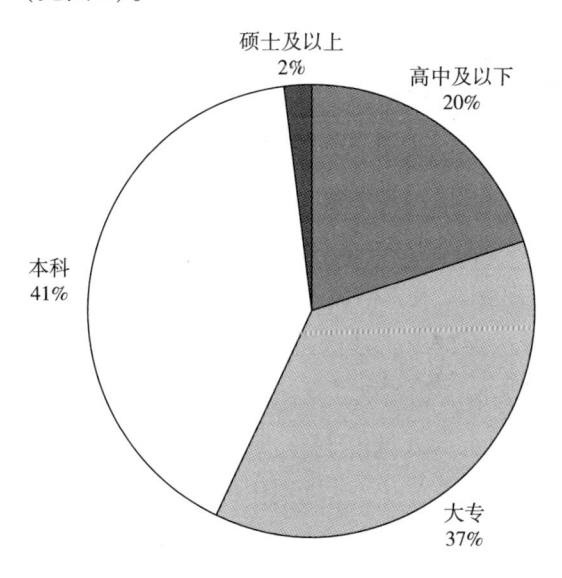

图5 社区工作者文化程度统计

(4)政治面貌。党员占43.4%,团员占12.4%,群众占44.2%(见图6)。

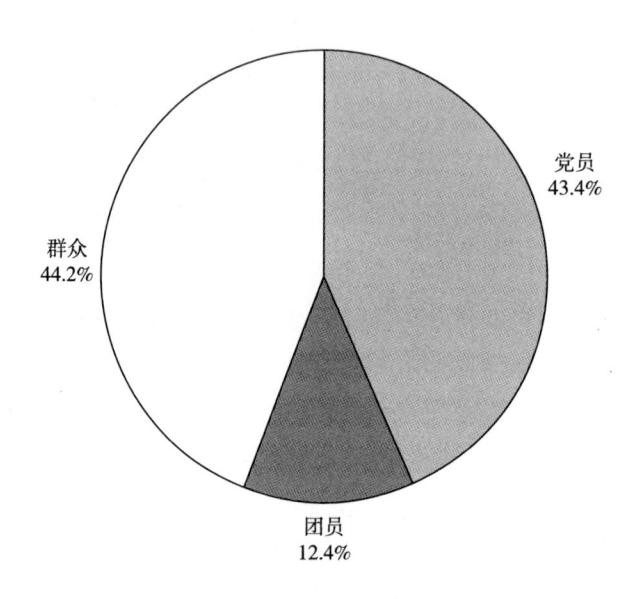

图6 社区工作者政治面貌情况统计

(5)工作年限。工作时间3年及以下的占66%,4~6年的占21%,7~10年的占8%,11年及以上的占5%(见图7)。

分析以上数据,从年龄结构看,社区工作者平均年龄39.1岁,其中,31~49岁的人员占49%,是社区工作者队伍的主体,社区工作者队伍总体结构合理,实现了年轻化,并形成了"老中青"梯次搭配的格局;从政治面貌看,党团员占社区工作者人数的56%,为保证党和政府与群众密切联系,为确保队伍的正确发展方向奠定了基础,提供了保障;从文化水平看,大专以上学历人数达到80%,社区工作者队伍知识化程度较高,为开展好社区工作提供了扎实的文化基础;从队伍稳定度看,工作3年及以下的人员占66%,工作3年以上的人员占34%,说明社区工作者队伍相对稳定,但又有一定的流动性,充满活力;从性别比例看,社区工作者队伍中女性占绝大多数,一方面反映了社区工作的特点,另一方面反映了社区工作对男性吸引力比女性低的现实情况。

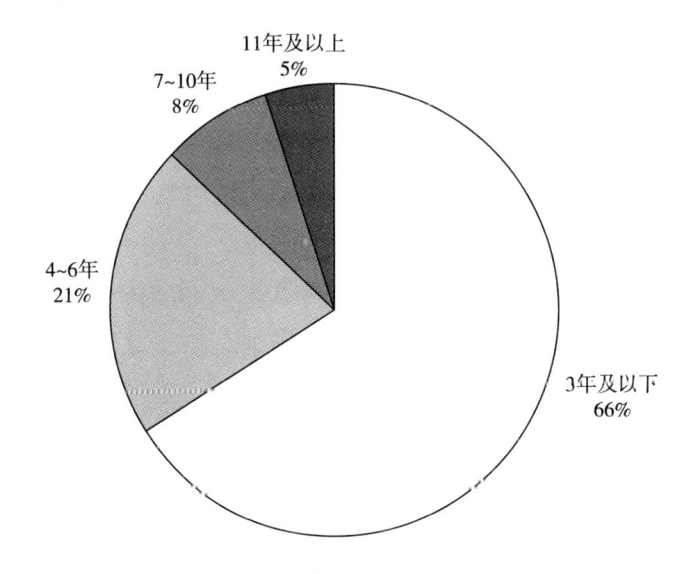

图7 社区工作者工作年限统计

（三）北京市社区工作者的自我认知

从对1872名社区工作者的问卷调查情况看：

（1）选择社区工作原因。有28%的人选择喜欢，42%的人选择离家近，30%的人选择其他（见图8）。

（2）适应社区工作情况。有79%的人认为适应，19%的人选择基本适应，2%的人选择不适应（见图9）。

（3）对工作岗位满意度。有22%的人感到满意，57%的人感到基本满意，21%的人感到不满意（见图10）。

从问卷情况看，社区工作者选择当前职业基于多种考虑，既有社会价值追求的吸引，也有更多的现实利益考量，其中绝大多数人认为能够较好地适应当前工作，对职业和自我的认同感较高。

（四）外部对社区工作者的基本评价

从问卷调查结果统计情况来看：

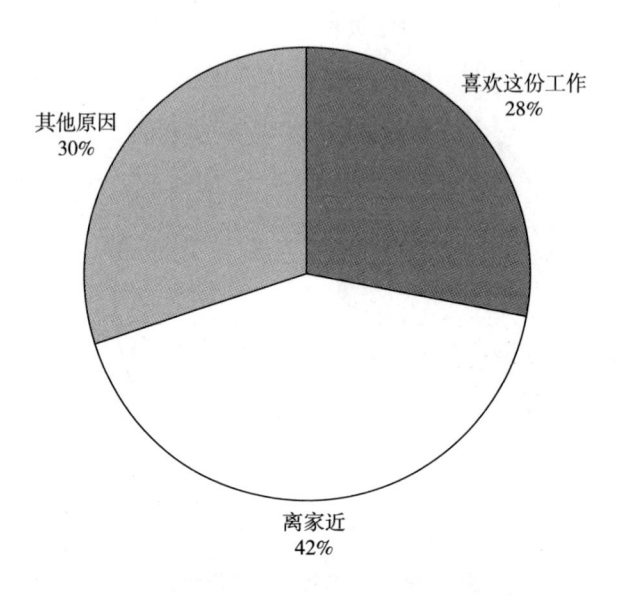

图 8 社区工作者选择社区工作原因调查

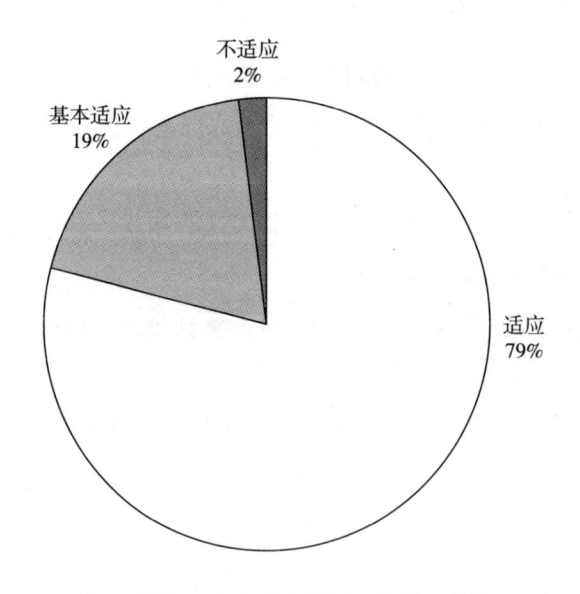

图 9 社区工作者适应社区工作情况统计

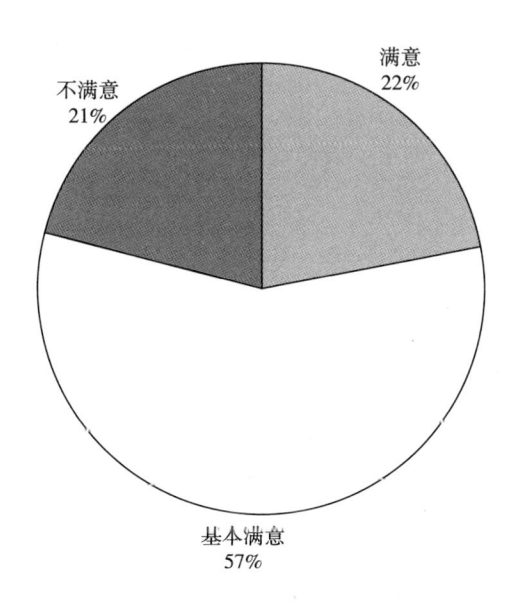

图10 社区工作者对岗位满意度调查

（1）社区工作者称职情况。区县和街道、镇乡认为社区工作者称职的占27%，认为基本称职的占66%，认为不称职的占7%。

（2）社区居民的认可度。居民对社区工作者的工作满意的占35%，基本满意的占57%，不满意的占8%（见图11）。

以上统计说明，无论政府部门还是居民群众，对于社区工作者队伍所发挥的作用，总体上是认可的，但是在提高其工作质量上仍有较大空间。

三 北京市社区工作者队伍建设的主要做法和成效

在市委、市政府的高度重视下，有关部门通力协作，全市社区工作者队伍建设经过坚持不懈的探索实践，在制度建设、方向引领、能力培育、激励保障、形象塑造、作用发挥等多个维度全方位发展，取得了初步成果。

（一）政策法规逐步完善

突出制度建设的基础性、指导性作用，先后制定出台了《首都中长期

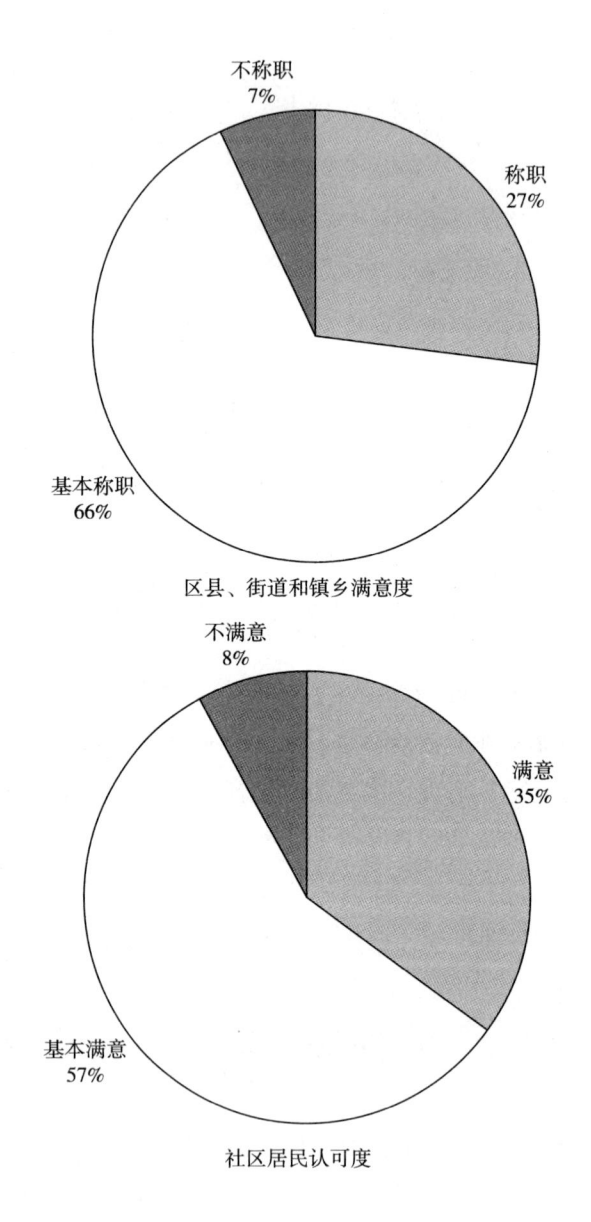

图 11　社区居民对社区工作者的工作认可度调查

社会工作专业人才发展规划纲要（2011－2020年）》《关于"首善之区社会工作人才发展工程"的实施意见》《北京市社区工作者管理办法》《北京市

社区工作者招聘办法》《关于选聘高校毕业生到社区工作的实施办法》《关于进一步规范社区工作者待遇的通知》等7项制度文件，明确了首都社区工作者队伍建设的方向、目标和途径，厘清了社区工作者的职能定位，梳理出不同社区工作岗位的职责任务，为社区工作者队伍的选拔、培养、使用、管理、激励等提供了政策和制度依据，确保了首都社区工作者队伍建设发展"有制可依""有章可循"。

（二）专业化、职业化步伐坚实

坚定不移地把专业化、职业化作为首都社区工作者队伍建设的方向，开创性地实施了"大学生社工计划"，2009年、2010年，共选拔5434名大学生到社区工作，极大地改善了社区工作者的队伍结构，从年龄上、学历上使社区工作者队伍整体提升了一个层次，上了一个大台阶。以社工师、助理社工师资格考试为抓手，支持、鼓励社区工作者努力提高业务专业水平。从2008年全国开始实行社会工作者职业水平考试以来，全市共有17963人取得社工师、助理社工师职业资格证，占全国的11.3%。其中，社区工作者8154人（男1376人、女6778人）取得职业水平资格证，占全市获证人数的45.4%。除此之外，社区工作者中具有心理咨询师、法律资格证的人员有488人，持证社区工作者总数达到8642人，占社区工作者总人数的26.8%，初步显现出社区工作者队伍发展专业化、职业化的态势。

（三）培训体系完整配套

构建市、区县、街道分层负责、各有侧重的培训培养机制，使培训工作与入职、在职、晋职等各环节紧密衔接，确保了人员素质适应工作需要、跟上时代步伐。落实规划要求，实行全员轮训，实施"北京市万名社区工作者培训计划"，从2012年起，市委社会工委、社会办用两年多的时间，对全市3万余名社区工作者进行轮训，并专门组建了"北京市社会工作者教育培训讲师团"，编写出版了《北京市社区工作者培训大纲》和《北京市社区工作者在职培训教材》；在全员轮训的基础上，又推出"社区实务能力骨干

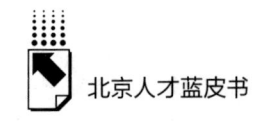

培训计划"，计划利用两年时间为全市每个城乡社区培养至少1~2名实务能力骨干，以带动全市社区工作者实务能力的提升；培育高端人才，采取"理论+实践"的双导师制，委托北京城市学院面向社区工作者定向招收培养硕士研究生，目前已有54名社区工作者在读，为提升首都社区建设水平储备高端人才。目前，全市形成了要素齐全、相对完整的培训链条和高中低搭配、全面覆盖的立体培训体系。

（四）薪酬待遇稳步提升

2008~2014年，先后三次提高社区工作者待遇。2008年，《北京市社区工作者管理办法（试行）》对社区工作者待遇结构进行了规范。2010年7月，市社会办、市财政局、市人力社保局联名印发《关于进一步规范社区工作者待遇的通知》，对社区工作者待遇进行规范、调整，使其原则上不低于所在区县执行事业单位工资制度的全额拨款事业单位（不含教师）、按照国家和本市有关规定执行的待遇水平，并建立了与事业单位待遇水平同步增长机制。2012年，根据全额拨款事业单位待遇水平变化情况，按照人均800元/月的标准核增绩效工资。目前，正在加紧推动社区工作者工资与本市社会平均工资挂钩的政策出台，建立社区工作者工资待遇动态调整和长效增长机制，力求将"增长机制"和"规范结构"同步落实。

（五）社会认知度不断提高

充分利用报刊、广播、电视、网络等多种媒体，宣传社区工作者的典型事迹，提高社区工作者队伍的社会知晓度。连续8年以"国际社工日"纪念活动为契机，开展一系列内容丰富、形式多样的宣传活动，为社区工作者展示风采搭建平台。从2012年开始，连续举办3届"寻找首都最美社工"活动，共有16名社区工作者被评为"首都最美社工"，73名社区工作者被评为"首都优秀社工"，并组织"首都最美社工宣讲团"进街道、机关、社区开展宣讲，扩大社区工作者的社会知晓度和影响力。从此次问卷调查情况看，社区居民和政府部门对社区工作者队伍的认可度分别达到了92%和93%。从2012年以来，在市、区县共有185名社区工作者当选人大代表、13人被选为政协委员、51人被评为"三八红旗手"、11人获得"五一劳动奖章"、206人被评为"优秀共产党员"，另有748人获得各级先进工作者、志愿服务之星等荣誉。既体现了社会对社区工作的认可，又说明社区工作者队伍中蕴藏着大量先进人物和优秀文化的代表。

四 北京市社区工作者队伍建设面临的主要问题

社区是社会的基本细胞，是社会建设与治理的根基，直接体现社会变化、时代变迁、百姓需求与居民心声。社区工作者的能力素质直接影响社区工作的质量水平和居民百姓的满意度，加强社会建设必须重视社区工作者队伍建设。以时代要求和发展眼光审视北京市社区工作者队伍发展，在看到成绩的同时，存在的问题也必须引起高度重视，并积极解决。

一是政策体系仍需完善。在总体框架稳定的基础上，要在完善政策和落实政策上下功夫。一方面，现有的政策体系还不够完整，如社区工作者绩效考评、管理奖惩、退出机制等方面还缺少全市性的制度规范。另一方面，一些政策规定还较为宏观，各区县的落实状态也不统一，比如有的区县社区工作者工资待遇明显没有按政策落实到位。此外，对于社区党组织、居委会和服务站工作人员的分工与职责，还需要进一步细化，以有利于其工作向专业化、精细化、科学化方向发展。

二是专业化标准应更加合理。实际工作中常以是否获得社工师或助理社工师资格证来衡量个体的专业能力，以持证率高低来衡量群体的专业化水平，还不能全面客观地反映个人或群体的能力素质状况，社区工作中非常重要的经验性、技能性、情感性等要素没有得到充分体现。

三是本土化建设还任重道远。从统计情况看，社区工作者来自本社区的只有21.5%，非本社区的占到了78.5%。这在一定程度上影响了社区工作者对所服务社区情况的深入了解和及时掌握，而"走读式"的工作模式也

影响了他们与社区居民建立紧密融洽的联系。同时，现有社区工作者培训和考试内容，源自西方的理论较多，而具有中国特色、首都特点的内容相对较少，特别是社区工作优秀案例的积累和理论化的提升还很不够，很多社区工作者在"求知若渴"的同时，也感到"很不解渴"。

四是待遇水平仍然偏低。社区工作者待遇是当前基层关注的焦点和难点问题之一。经各方努力，自2008年以来全市已3次大幅提高了社区工作者待遇，但目前人均3000元左右的收入状况仍然处于较低水平，并直接影响了社区工作者队伍的积极性、稳定性。同时，在具体落实上存在着各区县标准不一的问题，特别是在诸如取暖补贴、加班补助等社区工作者普遍关心的福利项目上，差异较大。

五是进退机制有待突破。在"留得住""流得动"上还面临问题。从纵向看，现有社区工作者的岗位设置只有一般工作人员、副职、正职三个级别，当职位达到社区书记或主任、站长后，就已经达到了职业发展的顶点，难以吸引社区工作者特别是年轻的社区工作者为之"奋斗终生"。从横向看，虽然各界都呼吁对于优秀的社区工作者应当在党政机关公务员、事业单位人员招考中给予优先考虑，但还没有形成专门的政策和文件，很难得到执行。同时，对社区工作者的管理也不规范，社区工作者因故被辞退的情况很少，这既有社区工作者缺口较大的缘故，也说明目前还未建立起规范合理的人员管理机制，缺乏"惩戒"机制，在一定程度上影响了这支队伍主动地"新陈代谢"。

六是职能定位仍需明晰。社区工作"行政化"、工作性质"机关化"，是当前社区工作者队伍建设面临的一个突出问题，造成了社区工作者工作职能"错位"和身份"尴尬"。一方面，社区工作者的主要职责应当是促进社区居民自治和延伸政府服务，但实际工作中担负着大量行政性任务。另一方面，社区党组织、居委会和服务站人员交叉任职的情况越来越多，工作趋于"同质化"。这样既不利于发挥"三驾马车"各负其责、合力推动社区建设的制度设计初衷，也不利于落实"议行分设""居站分离""居民自治"的要求。

五 加强首都社区工作者队伍建设的对策建议

党的十八届三中全会提出创新社会治理的要求,标志着社会建设站在了新的历史起点上。这要求我们必须更新理念、创新方法、紧贴现实、着眼长远,以时代要求、发展眼光、首善标准来认识并指导首都社区工作者队伍建设,解决好当前首都社区工作队伍建设面临的突出问题,为首都社会建设提供有力的人力资源支撑。

(一)不断细化完善政策制度体系

坚持政策规范、制度保障,按照理念先进、体系完整、切合实际、可操作性强的原则,进一步建立健全相关政策制度和配套规范,为首都社区工作者队伍建设提供依据和遵循。一是健全政策体系,在原有政策制度基础上,抓紧修订社区工作者队伍建设规划,明确今后一个时期首都社区工作者队伍的建设思路、目标和方向;制定出台全市性的社区工作者绩效考核指导性文件,解决当前各区县在考核中标准不一、要素不全、不够科学等问题。二是完善政策内容,贯彻党的十八届三中、四中全会和市委、市政府有关文件精神,充分吸收各区县、街道和一线社区工作者的意见建议,重点对社区工作者选拔、培训、待遇、退出、退休等方面的文件做进一步修订完善,体现时代性,突出针对性,强化操作性,为及时解决社区工作者队伍建设面临的现实问题提供依据。三是规范政策落实,贯彻依法治国理念,指导各区县严格落实各项政策制度,进一步明确各级职责,强调政策执行的严肃性、规范性,切实维护社区工作者的现实利益和长远利益。

(二)提升专业化、职业化建设水平

专业化、职业化是社区工作者队伍建设的根本方向。专业化保证了社区工作者工作的科学性、有效性,职业化则标志着社区工作者的归属感、稳定

性。今后，在推进社区工作者队伍建设专业化、职业化建设上，一是要完善评价标准，既要继续鼓励社区工作者通过考取"社会工作师""助理社工师"资格证书提高理论水平，又要建立科学的专业考评机制和考评体系，梳理社区工作的核心能力要素，建构社区工作者能力素质模型，建立起量化的专业化、职业化评价标准。二是要体现首都特点，由于政治、文化和传统等方面原因，首都社区工作有自己的鲜明特色。当前，应当在充分吸收借鉴国内外社会工作理论和实践成果的同时，组织相关领域专家和一线社区工作者，对首都社区建设实践进行理论化、系统化总结梳理，努力实现社区工作者培训工作理论、方法和技能的本土化。同时，要通过多种激励和引导措施，保证从本社区产生社区工作者的比例，确保社区工作者的本地化。三是坚持多路径推进，不断完善社区工作者教育培训体系，突出实务能力培养和岗位细化、培训深化；充分利用国内外教育资源，通过"请进来""走出去"等多种方式，拓展提高社区工作者能力素质的方式方法；通过在北京社会工作者协会建立社区工作者分会等方式，为社区工作者搭建经验分享、技能交流平台和建立行业自律机制。

（三）进一步理顺待遇保障机制

建立科学合理的社区工作者待遇机制是加强社区工作者队伍建设的核心问题之一。当前，首要的是对社区工作者的待遇水平、工资结构、增长机制做出调整，以解决当前普遍反映的工资水平偏低，结构、机制不合理的问题。但从长远看，则需要科学分析社区工作职位的具体情况，根据社会工作"是政府的政府管，可自治的居民做，能购买的市场供"的原则，对于担负社区建设领导、协调职能的岗位和人员，研究论证将其纳入政府工作人员序列，以利于做到强化责任、责权统一；对于担负实现社区居民自治职能的岗位和人员，探索通过政府设立专项经费，由居民会议通过规范程序和考核办法的方式，最终决定其待遇水平；对于政府提供服务延伸的岗位和人员，进一步转变政府职能和实现方式，探索通过向社会组织购买的方式，由市场决定其待遇水平。

（四）拓展社区工作者发展空间

按照"留得住""流得动"的思路，进一步拓展社区工作者的发展空间，形成内部流动有序、内外流动通畅的发展格局，是确保这支队伍生机活力的重要条件。一方面，健全职业发展体系，综合考虑工作时间、专业水平、工作绩效等因素，科学设置社区工作者职级体系，形成层级、拉开梯次，并与待遇水平科学衔接，为社区工作者规划职业发展目标，使那些有志于社区建设事业的人"工作有干头、事业有奔头"。另一方面，设立专项政策促进流动，社区工作者直接服务居民群众，在了解基层真实情况、掌握群众工作方法等方面，具有自身独特的优势。有关部门应研究制定专项政策，鼓励政府部门、事业单位、国有企业在公开招录人员时，切实将社区工作经历作为优先条件之一，拓展社区工作者的发展路径，使社区工作岗位体现应有价值。此外，在提高社区工作者待遇水平、加大政策支持力度的同时，要同步建立起相应的考核体系，提高能力门槛，建立淘汰机制，促进社区工作者队伍"新陈代谢"，始终保持社区工作者队伍的生机和活力。

（五）规范社区工作者职能

无论是解决当前普遍存在的社区工作"行政化"问题，还是推动社区工作的专业化、职业化建设，都需要对社区工作者的职能任务进行准确明晰的定位。一是实行行政工作准入制度，最大限度地减少行政性工作向社区的摊派，对于那些必须延伸到社区的行政性工作，要列出清单、进行公示、严格准入，使社区工作者真正能把主要精力放在为居民服务上。二是进一步明晰岗位职责。专门制定社区党组织成员、居委会人员、服务站工作人员的岗位职责，突出岗位和专业特点，在确保形成合力的基础上，引导社区工作者岗位工作向专业化、精细化方向发展，更好地满足居民不断变化的多样化、个性化需求。三是突出引导居民自治能力。社区居民自治是今后一个时期社区治理的方向，而对于如何实行自治在现实中要加强实践积累和经验总结。社区工作者在推行社区居民自治当中将扮演重要角色、担负重要责任，或者

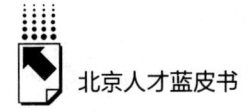

说推动社区自治应该成为社区工作者最重要的职能定位。在推动社区工作者队伍建设时，要把培养社区工作者引导居民自治的能力作为重点突出出来。

参考文献

［1］中共北京市委社会工作委员会、北京市社会建设工作办公室：《北京社会建设年鉴2013》，北京出版社，2013。

［2］中共北京市委社会工作委员会、北京市社会建设工作办公室：《北京社会建设年鉴2014》，北京出版社，2014。

区县篇

Report on Districts

B.8
中关村西城园创新创业人才发展战略研究

《中关村西城园创新创业人才发展战略》课题组[*]

摘　要： 中关村西城园作为中关村自主创新示范区的重要组成部分，基本形成了以研发设计、文化创意和金融服务为主要支撑的产业格局。人才已经成为推动园区创新发展、支撑创新成果不断涌现的第一资源。本研究以园区创新创业人才为对象，围绕加快园区创新创业人才队伍建设、实施创新驱动战略、确保经济持续快速发展等问题，主要研究评估当前园区人才发展与环境建设状况，形成人才发展战略的基本思路，找准人才发展的重点领域，构建人才发展的实施保障体系。

---

[*] 课题组组长陈宁，北京市西城区政府党组成员、副区长，法学硕士，教授。

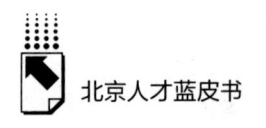

关键词： 创新创业人才　中关村　人才发展

科技创新创业是现代经济社会发展最重要的驱动力，人才是科技创新创业的主要承载者。中关村西城园作为中关村自主创新示范区的重要组成部分，自2002年5月正式开园以来，经过十余年的建设和发展，已基本形成了以研发设计、文化创意和金融服务为主要支撑的产业格局，是世界"设计之都"核心区、全国唯一的国家级综合性出版创意产业园区、首批国家级文化与科技融合示范基地之一、北京市四大金融后台服务区之一、北京市首批文化创意产业集聚区之一。人才已经成为推动园区创新发展、支撑创新成果不断涌现的第一资源。但是，当前中关村西城园创新创业人才队伍难以满足园区的快速发展需求，特别是高层次创新创业人才短缺已成为制约园区综合竞争力提升的关键因素。为加强人才队伍建设，充分满足园区的现实需要，2014年9月至2015年3月，北京市西城区领导人才考试评价中心组建课题组，就中关村西城园创新创业人才发展战略开展了专题研究。专题研究针对创新创业人才及其所在单位的特点，通过对标研究和文献分析，经专家咨询论证，力图找准未来一段时期内园区创新创业人才发展的重点领域，最终形成园区创新创业人才发展战略基本思路。

一　中关村西城园创新创业人才队伍建设的基本评价

经过十余年的建设和发展，中关村西城园在充分整合现有人才资源的基础上，积极引进和培养各类创新创业人才，努力造就一支符合目标需要、结构合理并具有持续创新能力的科技、研发、经营、管理与服务人才队伍，培养出一大批奋斗在研发设计、文化创意和金融服务等产业第一线的优秀企业家、科技研发人员和创业者，成为推动园区创新发展、支撑创新成果不断涌现的第一资源。

（一）主要成效

1. 园区不断加大创新人才工作力度，努力营造激发人才创新创业的制度优势

研究表明，近年来园区以人才发展体制机制和政策创新作为人才工作的着力点和突破口，把"鼓励人才创业、引导人才创新、促进人才发展、完善人才服务"作为园区人才工作的重中之重。问卷调查表明，受访的创业人才认为西城园的形象是他们在园区创业最重要（44.83%）和最满意（56.90%）的关键因素之一。

（1）积极创新人才培育机制，重视开发和提升各类人才的创新创业能力。近年来，园区以区级人才培养和支持为基础，积极争取中关村、北京市、国家的支持，营造培养人才成长发展的良好氛围。优先推荐区级重点培养项目和创新成果显著的优秀人才申报国家、北京市等各类科技项目及人才专项支持。同时不断加强对园区优秀人才的服务力度，了解并协同解决人才创新创业中遇到的实际困难与问题，做到对人才培养、发展、激励的统筹跟踪服务与综合服务支持。围绕园区产业特色，结合企业实际需求，将人才培养与科技研发紧密结合，创新人才服务与支持手段，积极引导企业通过科研项目完善自主创新、完善人才培养激励工作。

（2）不断完善人才流动评价机制，大力引进和集聚高层次创新创业人才。近年来，园区依托孵化器与产业集聚区等平台，推进综合服务，营造创新创业氛围。通过管委会有关领导调研走访企业、孵化器组织的企业间交流座谈会与项目合作沟通会、产业集聚区组织的项目推介、专业培训等多种形式，营造好园区创新创业氛围，激发人才创新活力，构建交流合作共赢的有益机制。结合园区设计服务、出版创意等特色产业集聚发展优势，在区人力社保局大力配合下，探索人才专业技术职称评价试点工作，在完成好教授级高级工程师直通车评价工作的同时，积极争取工业设计和数字出版领域新设正高级技术职称试点。

（3）加强激励保障机制建设，激发各类人才的创新创业能力。近年来，

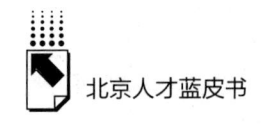

园区在深入总结和充分调研的基础上，研究出台了《西城区支持中关村科技园区德胜科技园自主创新若干规定》《西城区自主创新示范基地和高新技术产业专业孵化基地认定及支持办法》和《西城区促进出版创意产业园区发展办法》，草拟了《西城区促进设计服务业发展办法》，既通过大政策全面覆盖支持园区高新技术、中介服务、科技金融企业创业孵化与发展，又通过专业政策侧重于出版创意、设计服务及文化创意专项领域，支持特色产业发展。

2. 园区创新创业人才对人才环境关注度较高，整体满意度良好

研究表明，创新创业人才对环境的关注度较高，整体满意度处于良好水平。

（1）人才工作环境处于良性水平，基本符合创新创业人才的心理预期。问卷调查显示，95%以上的创新人才对所在单位工作环境的满意度处于一般及以上水平，其中认为非常好的占15.80%，比较好的占60.06%。近95%的创业人才对所在单位工作环境的满意度处于一般及以上水平，其中认为非常好的占10.34%，比较好的占62.93%。

从对所在单位承诺工作条件的落实情况评价看，受访的创新人才认为所在单位承诺工作条件的落实情况基本符合预期，排在前三位的分别是全部落实（42.82%）、部分落实（38.22%）、正在启动落实（12.64%）。而且，他们认为其所在单位基本适合个人发展，认为非常合适的占9.20%，比较合适的高达70.98%。

（2）人才政策普及力度大，科技普及和税收优惠政策实施效果较为显著。从获知政策的及时性看，无论是创新人才还是创业人才的评价都处于较好水平，其中受访的创新人才认为获知政策非常及时的占2.30%，比较及时的占37.64%，一般的占41.67%；创业人才认为获知政策非常及时的占5.17%，比较及时的占40.52%，一般的占41.38%。

从对园区人才政策满意度看，无论是创新人才还是创业人才的总体评价都处于一般以上水平，其中受访的创新人才对园区科技普及活动程度（3.74）、税收政策优惠程度（3.62）的满意度相对较高；创业人才对园区科技普及活动程度（4.03）、税收政策优惠程度（3.83）的满意度相对较高。

表1 园区人才政策满意度评价

单位：人，%

选 项	创新人才 样本	创新人才 均值	创业人才 样本	创业人才 均值
创业启动资金支持	348	2.97	116	3.27
科技普及活动程度	348	3.74	116	4.03
知识产权保护程度	348	3.17	116	3.47
税收政策优惠程度	348	3.62	116	3.83
资助科研项目力度	348	3.11	116	3.59
法律法规执行力度	348	3.11	116	3.29
融资渠道通畅程度	348	3.03	116	3.27
社会中介服务机构活跃程度	348	3.11	116	3.41

（3）人才对发展环境更为关注，满意度相对较高。问卷调查显示，从整体上看，无论是创新人才还是创业人才对发展环境的重要性和满意度评价的平均分值都明显高于对工作环境和政策环境的评价分值，这从一个侧面说明了创新创业人才对发展环境更为关注，满意程度也相对较高。从受访的创新人才评价情况看，重要性排在前三位的分别是社会安全状况（4.04）、通信网络质量（4.02）、计算机互联网普及程度（3.97），满意度排在前三位的分别是计算机互联网普及程度（3.74）、社会安全状况（3.62）、通信网络质量（3.61）；从受访的创业人才评价情况看，重要性排在前三位的分别是社会安全状况（4.16）、税收政策优惠程度（4.11）、通信网络质量（4.09），满意度排在前三位的分别是计算机互联网普及程度（3.89）、社会安全状况（3.83）、通信网络质量（3.68）。

3. 人才规模不断扩大，创新创业人才集聚效应凸显

（1）高新技术企业从业人员尤其是科技活动人员增长迅速。统计数据表明，近年来园区高新技术企业从业人员规模不断扩大，截至2013年底，总数达到6.7万人，较2012年底增长了近20%，增加了1.1万人；较2011

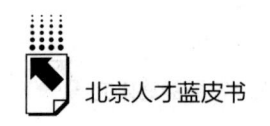

年底增长了近50%,增加了2.2万人。较2008年底,园区企业从业人员总数达到94.1万人,增长了12.6倍。从园区高新技术企业科技活动人员规模看,近年来也呈现快速增长态势,截至2013年底,总数达到2.5万人,较2012年底增长了66.7%,增加了1.0万人;较2011年底增长了92.3%,增加了1.2万人。

(2) 创新创业人才队伍呈现年轻化,整体素质较高。中关村西城园创新创业人才具有年轻化的特点。问卷调查显示,受访的创新人才中,31~35岁的占27.30%,26~30岁的占18.68%,36~40岁的占16.38%,25岁及以下的占3.74%;受访的创业人才中,31~35岁的占19.83%,26~30岁的占5.17%,36~40岁的占17.24%,25岁及以下的无。可见,40岁以下的创新人才占到66.10%,40岁以下的创业人才占到42.24%,年轻人已成为园区企业创新创业的主力军。

园区创新创业人才队伍另一个显著特征是整体学历层次较高,以大学本科以上学历为主。问卷调查显示,受访的创新人才中,学历以本科为主,占57.76%,硕士占25.00%,博士占5.46%;受访的创业人才中,学历以本科为主,占57.76%,硕士占27.59%,博士占7.76%。可见,园区本科、硕士和博士学历的创新创业人才梯队已经形成,硕士以上高学历人才所占比例超过30%。

拥有自主知识产权的创新创业人才,以及港澳台或外籍人士等高层次人才所占的比例较高。问卷调查显示,受访的创新人才中,拥有自主知识产权的占14.08%,港澳台或外籍人士占1.15%;受访的创业人才中,拥有自主知识产权的占31.03%,港澳台或外籍人士占2.59%。

(3) 海归人才数量增长迅速,所占比例较高。随着中关村西城园经济规模的不断扩大,人力资源总量也迅速扩大,人力资源整体素质不断提升,吸引了一大批国际化留学人才和优秀创业团队,培育了一批高端科技项目和成果。统计数据表明(见表2),近年来园区高新技术企业留学回国人员规模不断扩大,截至2013年底,总数达到0.08万人,较2012年底增长了60%,增加了0.03万人;较2011年底增长了100%,增加了0.04万人。问卷调查显示，受访的创新人才中，具有海外经历的占10.34%；受访的创业人才中，具有海外经历的占18.10%。

表2　中关村西城园创新创业人才发展主要指标

指标	单位	2016年	2020年	2025年
创业程序*	道	8	6	3
关闭企业所需时间**	年	1	0.8	0.4
人才贡献率***	%	35	45	60
海外人才对GDP的贡献率****	%	15	25	41
人力资本投资占GDP比例*****	%	15	20	30
每万名劳动力中研发人员******	人年/万人	43	60	80
海外人才占总人才百分比*******	%	6	10	25

*根据《全球创新政策指数报告（2012）》，在加拿大和新西兰创办一家新企业只需要1道程序，新加坡、中国香港需要2道，而中国需要14道。2012年所有国家和地区平均创新程序为6.6道。

**根据《全球创新政策指数报告（2012）》，爱尔兰关闭企业仅需0.4年，新加坡需0.8年，而中国需要1.7年。

***《国家中长期人才发展规划纲要（2010－2020年）》中提出到2020年我国的人才贡献率目标为35%。

****据新加坡贸工部的统计，20世纪90年代的10年间，外籍人士对新加坡GDP成长的贡献度为41%，其中37%来自有专业技术的白领阶层。

*****《国家中长期人才发展规划纲要（2010－2020年）》中提出到2020年我国的人力资本投资占GDP比例为15%。

******《国家中长期人才发展规划纲要（2010－2020年）》中提出到2020年我国的每万名劳动力中研发人员是43人年/万人。

*******根据《全球创新政策指数报告（2012）》，新加坡高技术移民占总人口的比例为23.24%，所有国家和地区平均为4.4%，亚太经合组织19个国家和地区平均为5.5%，而中国仅为0.05%。

（二）基本经验

十余年来，中关村西城园形成了对国内外科技领军人才、技术创新人才以及创业人才的有效吸引机制、培养机制和流动机制，成为中关村科技园区创新创业活动较为活跃的园区之一。

1. 主导产业对创新创业人才集聚力显著

近年来，中关村西城园积极落实和实施人才强区战略，通过政策支持和

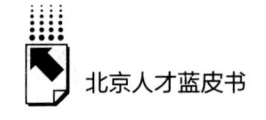

政府服务不断优化区域人才发展环境，努力引导和促进人才创新创业，把人才队伍建设与科技产业发展充分结合起来，以提高自主创新能力、高新技术产业发展与辐射带动能力为核心，以高层次创新型科技人才为重点，分类推进高新技术、出版创意、设计服务、科技金融人才吸引—培养—促进工作，着重培养分类专业人才与复合型创新人才及高水平创新团队。

2. 中小企业是创新创业人才成长的摇篮

近年来，中关村西城园建成了普天德胜、康华伟业等国家级科技企业孵化器与利玛自动化技术、金丰和、万方星辰、中器德胜等区级孵化器，形成了较为完善的创新创业服务体系，对中小企业的孵化效果显著，成功培育出市场占有率第一的自主创新产品——"天语"手机；培育出覆盖全国电信网络60%以上的"全球眼"网络视频监控系统的互信互通公司；培育出研发了世界首台大型穿隧道运架梁一体式架桥机、国内市场占有率第一的北京万桥兴业机械有限公司；培育出国家重点新闻网站的排头兵、《人民日报》建设的国际互联网上最大的综合性网络媒体之一——人民网；培育出研发国内恶意软件查杀效果最好、功能最强大、用户数量最多的安全辅助类软件"360安全卫士"，并已在纽约证券交易所上市的奇虎科技公司等。园区这批优秀的中小企业集聚了大量的研发人员和高素质的人才，较高的人才密度与比例充分证明了这些企业正是创新创业人才成长的摇篮。

3. 国际化人才是创新创业活动的重要力量

海外留学人员是中关村科技园区创新创业活动最为重要的力量之一，也是园区发展的重要人才资源。一大批曾经就读于国外著名学府，曾经就职于微软、IBM等著名企业、科研机构的国际化人才和优秀创业团队来到中关村西城园，为园区带来了先进理念，开辟了国际市场，注入了创新活力，为推动产业转型升级和新兴技术领域的发展提供了重要的智力支撑。在中关村西城园具有海外经历的创业人才中，绝大多数拥有自主知识产权。由此可见，中关村西城园的海外留学人员群体是园区最具自主创新能力和创业精神的创新创业群体。

4. 领军人物脱颖而出，成为园区创新创业的核心力量

十余年来，一批具有高度创新创业热情和很强创新创业能力，积极投身于创新实践，并取得卓越成果的领军人物在中关村西城园脱颖而出，他们为中关村西城园主导产业及企业的发展创造了显著的经济效益，产生了重大的社会影响。他们中间既包括"千人计划"人选、奇虎科技的任寰，耐威科技的杨云春；也包括科技北京百名领军人才、洛可可的贾伟，奇虎科技的齐向东；北京市科技新星计划人选、正安融翰的刘舟；北京市优秀人才培养工程人选、圆之翰的王娜；北京市留学人员回国创业支持计划人选、仝新优筑的冯博等。这些创业者是中关村西城园创新创业的杰出代表，对西城园的发展起着重要的推动作用。

（三）存在问题

十余年来，尽管园区在创新创业人才队伍建设方面卓有成效，但随着时间推移，制约创新创业人才发展的瓶颈暴露出来。

1. 创新创业人才集聚的"雁阵效应"尚未形成

（1）高层次创新创业人才的规模尚不能满足主导产业发展需要。调研中发现，目前园区领军型人才和创新团队的数量和质量远不能达到引领主导产业发展的要求，"一名领军人才，引回一批专业人才、引进一组招商项目、引来一批高端技术、引用一套管理经验"的"雁阵效应"尚未形成。

（2）园区对高层次创新创业人才的集聚力亟须提升。与美国、新加坡等国家相比，全国对高层次人才的吸引力尚有一定的差距。经济学人社（EIU）《全球人才指数：2015展望》显示，美国、新加坡、中国在2011年人才指数排名中分别居第1位、第5位和第33位，预计2015年的排名分别居第1位、第6位和第31位，我国与美国、新加坡之间的巨大差距在短期内依然难以缩小。与中关村海淀园等园区相比，西城园也存在一定的差距。近年来，以海淀园为主体的中关村科技园区依托人才特区，积极绘制"全球顶尖技术和团队分布图"，依托在硅谷、多伦多、伦敦等地区设立的11个海外人才联络处，广开荐才引才渠道，目前，人才特区集聚海外归国人才

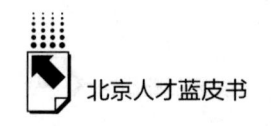

1.8万名,外籍从业人员近9000人,2013年新创办科技型企业超过6000家,成为人才发展的"软口岸"。

2. 创新创业人才引进与产业需求的匹配度不高

研究发现,园区要更好地实现用人才结构调整推动产业结构调整、依靠人才层次提升促进产业转型升级的目标,尚存在一定的瓶颈。

(1) 高层次人才的行业分布与主导产业的匹配程度不高。目前,研发设计、文化创意和金融服务等为园区主导产业,但目前在这些产业中不仅极为缺乏具有国际水平的高端人才,掌握共性技术和核心技术的研发人才也严重不足。

(2) 企业创新人才规模与企业创新主体地位匹配程度不高。调研中发现,目前园区高校与科研院所创新性的科研成果在区内企业实现产业化的很少,导致企业人才和技术成本大幅上升,企业真正成为创新主体仍存在诸多困难。

3. 人才政策的竞争力仍有待提升

截至2013年底,园区初步形成了相对完整的人才政策体系,但现行人才政策趋于同质化是园区人才政策创新面临的巨大挑战。

(1) 人才政策的系统性亟待提高。研究表明,虽然国家、北京市、中关村、西城区等都逐步加大对中关村西城园创新创业人才政策的扶持力度,但园区内人才创新创业的活力尚未得到很好的激发。问卷调查表明,33.33%的创新人才、35.34%的创业人才都认为"各级人才政策衔接不好"是目前园区人才工作存在的主要问题。

(2) 人才政策创新的力度明显不足。近年来,园区在促进企业高薪引才方面的激励政策严重不足。在新加坡,企业聘请人才都是按国际薪酬标准支付报酬,所以它们能吸引国际一流的人才,但目前园区人才薪酬水平相对不高,人才潜心创造的驱动力不足。问卷调查显示,53.16%的创新人才、48.28%的创业人才都认为"工资待遇低"是影响园区创新创业人才吸引与稳定的主要原因,居各项原因之首。56.90%的创新人才、42.24%的创业人才都认为"工资待遇"是影响园区引进和留住高层次人才的关键因素。

4. 人力资源市场的成熟度不高

调研发现，目前园区在发挥市场在配置人才的决定性作用方面尚存在一定的差距。

（1）市场化的中介服务不足。"市场化的中介服务不足"是调研中人才普遍反映的问题。问卷调查显示，对于"合格工程师的可获得性"的满意度，无论是创新人才（满意度均值3.10），还是创业人才（满意度均值3.16）都处于较低水平；对于"社会中介服务机构活跃程度"的满意度，无论是创新人才（3.15），还是创业人才（3.30）都处于较低水平，他们对提升人力资源市场的服务水平的呼声较高。目前，园区内知识产权保护与技术转让服务、融资服务、法律服务、财务服务和人力资源服务等方面的人才较为缺乏，访谈中发现，绝大多数企业在技术转移活动中没有利用过园区的中介服务。但与此相比，在美国硅谷，为高新技术产业服务的人才则具有相当规模。例如，硅谷有许多为高科技公司寻找技术和投资人员的猎头公司，硅谷70%以上的高级人才通过猎头公司调整工作，90%以上的知名大公司利用猎头公司猎取人才；硅谷大约每10个工程师就有1个律师；大约每5个工程师就有1个会计师。

（2）高端人力资源服务机构缺乏。从园区现有的人力资源服务机构看，从人力资源服务业的总体规模、国际化程度、专业化程度上看，园区人力资源服务业离高端化、专业化尚有一定的差距，尤其是在高级人才寻访方面，尚不能满足园区对特殊人才的招聘需求。与此相比，在新加坡目前共有1100多家职业中介机构、国际猎头和本地猎头，其中主要的39家猎头公司中有27家为国际性机构，世界排名前十的国际猎头公司中有5家在新加坡设立了区域总部或办事处。

5. 科技成果转化尚存在较大的滞后

评估发现，目前园区在风险投资和科技成果转化等方面尚存在较大的滞后现象。

（1）科技成果转移转化缺少必要的平台和具体措施。科研院所、高校

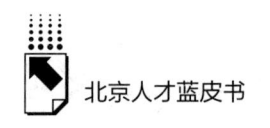

和企业之间尚未形成常态化的科技产业化合作机制。问卷调查显示，创新人才对新技术从科研机构向市场转移的效率虽非常关注（重要性均值3.50），但对其满意度评价却处于相对较低的水平（满意度均值3.03）；创业人才对新技术从科研机构向市场转移的效率也非常关注（重要性均值3.75），但对其满意度评价也处于相对较低的水平（满意度均值3.19）。

（2）研究机构、高校和企业之间尚未建立有效的沟通机制。由于研究机构、高校和企业之间未能形成常态化的人才与科技合作机制，导致部分研究机构和高校的研究成果不能与企业进行很好的对接。问卷调查显示，创新人才对高等院校、科研院所与企业的紧密合作虽非常关注（重要性均值3.56），但对目前紧密程度的满意度评价却处于相对较低的水平（满意度均值3.08）；创业人才对高等院校、科研院所与企业的紧密合作也非常关注（重要性均值3.72），但对目前紧密程度的满意度评价也处于相对较低的水平（满意度均值3.28），他们都非常期待园区能不断创新科技成果转化政策。

课题组认为，造成上述问题的原因是多方面、多层次的，除制度创新和政策创新需要一个渐进的过程以及思想解放不够、认识不尽一致等原因外，更深层次的原因在于：一是经济发展条件有限；二是各级协同联动机制未能发挥应有的作用；三是人才投入力度偏低；四是政策设计的整体性和可操作性不强。

二 中关村西城园创新创业人才队伍建设面临的机遇挑战

当前，国际国内经济社会发展环境正发生着前所未有的变化，实施创新驱动发展战略，是立足全局、面向未来的重大战略，是加快转变经济发展方式、破解经济发展深层次矛盾和问题、增强经济发展内生动力和活力的根本措施。中关村西城园要参与国际竞争，提升在国际产业链条和科技创新版图中的位置，迫切要求着眼于园区的产业特色，打造适宜创新创业人才发展的软环境。

（一）面对经济发展新常态，迫切需要营造从效率驱动型向创新驱动转变的人才发展环境

实现创新驱动战略，科技创新是关键，这对园区人才发展环境建设提出新的挑战。

第一，增强自主创新能力，加强集成创新和引进消化吸收再创新，为人才营造创新基础的挑战。当前，我国科技创新存在核心关键技术受制于人、原始创新能力薄弱的问题。要实现创新驱动战略，科技创新要从引进模仿、跟踪演进为主，转为更加注重增强自主创新能力，加强集成创新和引进消化吸收再创新，迈入科技并行与领跑为主阶段。为此，园区要针对产业结构升级需求，增强自主创新能力；遵循产业发展和科技创新规律，着力通过加强集成创新和引进消化吸收再创新，更新升级传统产业，培育发展战略性新兴产业。

第二，加大创新载体建设力度，发挥企业在创新中的主体作用，为人才发挥作用提供平台的挑战。在创新活动上，企业是主体，在一些园区的 R&D 投入中，企业投入占到了 70%~80%。当前，企业创新存在"不创新死、创新死得更快"的问题。加强创新载体建设，需要培育壮大一大批创新企业，发挥大型企业创新骨干作用，培育科技型中小微企业群体；需要加快一流科研院所和研究型大学建设。

当前，中关村西城园企业创新载体、研发机构相对较少，研发中心尤其是大企业的研发中心进驻很少，这对未来创新载体建设带来一定的挑战。与之相比，张江等园区在研发中心建设上要强得多。据不完全统计，截至 2012 年，张江高新区集聚了 300 多个世界 500 强企业、50 多家国家骨干科研院所、34 个国家重点（国家工程）实验室、31 个国家工程（技术）研究中心、313 家跨国公司研究机构；汇聚了 165 名两院院士、201 名国家"千人计划"人才。

第三，深化科技体制机制改革，推进科技成果向现实生产力转化，为人才价值实现提供通道的挑战。对实施创新驱动战略来说，无论是原始创新还是集成创新，最终都要通过创新产业链转化为现实生产力。而从我国科技成

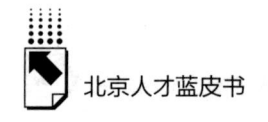

果现实来看，科技成果转化率低是我国创新驱动的一个薄弱环节，据科技部的一项统计，在2013年全国22万个项目合同里，只有2571个是专利转让合同，专利转让实施率仅为0.41%，这与发达国家5%左右的实施率存在巨大差距。对于中关村西城园来说，如何创新科技成果向现实生产力转化的政策，探索科技成果使用、处置和收益管理改革将是未来科技体制改革面临的一大挑战。

第四，围绕解决产业共性基础技术，打造公共技术服务平台，为人才创新创业提供公共服务的挑战。产业升级调整不完全依托于企业，从培育环境的角度来看，都需要公共技术服务平台的支撑。下一步，面临科技转化为现实生产力的挑战，园区需要抓住"两个依托"（一是依托大学，二是依托自己搞一些产业发展研究院），发挥政府主导作用，通过创新运行机制，打造有利于解决产业共性基础技术问题的公共服务平台。南沙新区的广州中国科学院工业技术研究院，以解决工业产业技术领域中应用性、关键性、系统性的共性问题和核心技术的研发为中心任务，通过知识产权的创造、应用和转移，在推动南沙乃至广州的工业技术改造和产业转型升级方面做出了积极贡献。这可以作为园区下一步建设公共技术服务平台的借鉴。

（二）面对京津冀协同发展带来的机遇，迫切需要营造从同质竞争向协同发展转变的人才发展环境

2014年2月26日，中共中央总书记习近平在北京主持召开座谈会，专题听取京津冀协同发展工作汇报，强调要实现京津冀协同发展。以此为标志，京津冀协同发展正式上升为重大国家战略。京津冀在地理区位上同属于相互毗邻的渤海湾经济带，在创新创业人才发展方面，京津冀的区域合作已初步形成了三地联动共进的局面。

从未来发展看，中关村西城园需要立足京津冀板块，挖掘和利用好自身的比较优势和竞争优势，与津冀和北京其他区域形成协同创新、错位发展的格局，即改变过去以与其他区域争资金、争项目、争人才为主的发展思路，充分发挥园区的人才环境优势，通过打造宜居、宜业的创新创业环境，吸引人才来园区创新创业，打造园区自己的优势产业和优势技术，实现与其他区域协同创新、

错位发展的格局。具体包括：一是利用园区的区位优势、文化优势、成本优势，通过营造独特的人才创业、生活、发展等人才软环境，在融入京津冀发展的过程中，更好地整合来自京津冀乃至全世界的各类人才、技术等要素，成为区域版块中重要的动力引擎；二是通过打造技术平台、完善投融资体系、完善创新创业环境，鼓励扶持创新性中小企业发展，将中小企业纳入整个区域的创新链条，与天津滨海新区、中关村科技园区等依靠大企业推动创新实现错位发展；三是完善科技创新链条，利用中关村科技园区科技创新资源特别是原始创新集中的特点，激励科技人员将科技创新成果在园区进行集成创新和引进消化吸收再创新，为产业结构升级提供技术支持。

（三）应对全球竞争、提升产业链条的挑战，迫切需要创新创业人才发展模式从注重引进向营造人才生态环境模式的转变

过去的十余年，中关村西城园成功地实现了投资驱动和效率驱动的模式。面对国内外形势的变化，这种模式已经呈现出诸多的不适应性：经济发展过度倚重投资和效率，科技、创新要素贡献率低；科技创新和产业形态位于国际产业链条中低端，利润率低等。从科技国际流动的角度看，可直接引进的技术不断减少，在高新技术领域，引进核心技术的难度越来越大，技术差距越来越呈现出一种均衡状态。上述变化要求升级园区发展模式，实现以科技创新为主的创新驱动发展模式。

第一，提升国际产业分工和科技创新双链条位置，扩大人才创新空间和价值。相关数据显示，美国1/3的研发投入来自境外，而中国的这一比例不超过5%。未来，园区面临着优化外资引进结构、提升研发投资比例、提升人才创新投入质量的挑战。

第二，从硬环境建设转向人才软环境建设的挑战。经过10年的发展，园区在基础设施等硬环境方面与中关村科技园区的差异日益缩小，下一步园区的重点要有所调整，即从以政府为主导、打造基础设施、提供硬环境为主，转变到以企业和社会组织为主导，建设研发中心和创新共同体为主的软环境建设上来；从注重招商引资、管理创新建设，转变到建立先进的人才制

度，建设园区人才生活、创业生态环境，形成独具特色的人才发展软环境上来。

第三，创新税收优惠政策，强化对人才创新创业的经济激励。低税负在吸引海外高端人才创新创业时具有很大的吸引力，新加坡的低税率是其吸引全球精英的重要原因。与之相比，园区在吸引高端人才的税收优惠方面还有一定差距。2011年，世界平均最高税负水平为47.8%，亚洲平均为36.9%，而新加坡仅为25.4%。而在个税方面，新加坡的个税水平只有20%，在亚洲地区仅高于中国香港，低于大多数发达国家的税率水平（例如，加拿大17%~29%，美国15%~28%）。目前，园区实行的是国家对高新技术企业15%的税收减免，但是这一政策在执行中出现了一定程度的随意性，税收形势好的时候，落实得较好，但在税收形势不好的时候落实起来就有些困难。下一步园区需要在国家大的税收政策允许范围内，制定更为灵活的税收减免和税收奖励政策，以经济手段吸引人才来园区创新创业。

三 中关村西城园创新创业人才发展战略

创新创业人才队伍建设是中关村西城园发展的重要支撑。未来10年间，按照党中央建设富强民主文明和谐的社会主义现代化国家的要求和深化中关村西城园健康发展的战略目标，中关村西城园将依靠体制机制创新，着力营造优质的创新创业人才生态环境，到2025年力争实现创新创业人才跨越式发展。

（一）战略目标

中关村西城园创新创业人才发展的总体目标：通过5~10年的努力，实现园区创新创业人才开放度、集聚度、贡献度大幅提升，科技创新迈进全国领跑行列，重点产业迈进全球价值链中高端，打造"中关村西城园创造"的知名品牌，成为全国最具竞争优势的科技园区（三提升二迈进一品牌）。

（二）体制机制创新

1. 形成党政人才工作新格局

坚持党管人才原则，由西城区委统一协调负责园区创新创业人才队伍建设工作，重点做好制定政策、整合力量、营造环境的工作，努力做到用事业造就人才、用环境凝聚人才、用机制激励人才、用法制保障人才。加快权力下放、职能整合，推动人才管理服务部门进一步简政放权，减少和规范与人才相关的各类行政审批事项。一是优化政府人才公共服务。尝试建立统一的人才呼叫中心，整合人才服务各相关部门的咨询服务功能，提高人才信息咨询效率；简化人才服务办事流程，将人才服务相关窗口统一，通过办公系统信息化建设，实现相关流程的后台自动流转。二是抓好财政资金保障。建立人才发展专项资金，形成每年单独打包的财政预算费用支出，用于公共人才服务的各项支出。在重大工程和科研项目经费中，列支一定比例的人才经费。建立人才专项资金管理制度，加强人才资金动态管理和审计监督机制建设。三是形成创新创业人才队伍建设常态机制。实施创新创业人才发展状况监测预警工程，定期向全社会发布中关村西城园创新创业人才发展监测指数。建立创新创业人才队伍建设考核机制和满意度评估机制，委托第三方定期进行相关人才政策绩效调查评估。

2. 发挥人力资源服务市场化机制

有序加大人力资源服务市场准入，更好地发挥市场机制作用，引导社会资本积极参与人力资源服务，支持合伙制、有限合伙制人力资源服务企业发展，探索政府人才市场股份制发展。扩大人力资源服务内涵，将科技服务纳入园区人力资源服务重点。改革创新投融资体制，建立多元化资金投入体系，发挥财政资金杠杆作用，积极探索以政府购买服务、"后补助"等方式支持人力资源服务发展。加大鼓励多元投资主体创办各类专业孵化机构以及基础试验室，为园区引才引智和人才创新创业搭建平台。推进产学研建设，争取国内外一流的科研院所、工程技术中心、重点实验室在园区建立分部，鼓励企业依托高等院校、科研院所建立重点实验室、工程技术中心、企业技

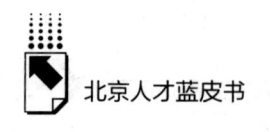

术中心、院士工作站等研发机构。

3. 搭建创新创业和创意平台与机制

打造产学研相结合的研发孵化平台。促进与园区合作高校在专业设置和课程设置上与园区人才需求的有效对接，以重大项目、骨干企业为依托，通过企业委托高校科研机构研发，校企组建联合实验室、成立合资公司、建立技术研究开发中心，以及技术许可、技术转让、技术入股等多种产学研合作模式，使产学研合作从单一的技术合作向全方位合作转变。加快建设留学人员创业园。依托重点企业，加强和增设博士后工作站；加快博士后创新实践基地建设。

4. 建立科学化和社会化的创新创业人才评价机制

加强人才职称政策的宣传，引导用人单位，特别是非公经济组织单位重视和参加职称评定，努力提升企业人员资质，提高企业的国际竞争力，并积极提供相关服务。研究和创新人才评价管理方式，建立健全评价委员会，推行人才评价社会化。打破学历、职称的限制，评价时重视和强调人才的创新能力、工作经验、专业水平、知识水平、道德素质等因素。重视量化考核和定性考核相结合。积极探索高层次高技能人才多元评价机制，综合运用社会化职业技能鉴定、企业技能人才评价、院校职业资格认证和专项职业能力考核等办法。积极引进和应用现代人才测评技术，依据人才的价值和社会、企业的需要，按层次、专业类型进行评价，努力形成群众评价、专家评价、市场评价和技术评价的多元化人才评价体系，选定并引进更利于社会经济发展的人才。

5. 建立灵活有效的创新创业人才激励机制

建立形式多样、自主灵活、激励有效的分配制度。鼓励园区企业对创新创业人才实行智力要素和技术要素以股权、期权等方式参与收益分配的激励措施。在园区科研院所、高等院校、院所转制企业以及国有高新技术企业中，开展股权和分红权激励的试点；对承担园区开发重点任务、重大建设项目和重要研究课题的国内外专门人才，由园区实行特殊岗位津贴制度；对园区发展有重大创新或突出贡献的人才，实行重奖；对在技术进步、工艺革新、设备改造、传授技艺等工作中，业绩显著的高技能人才，按其创造效益的一定比例给予奖励。高技能人才与同类同级专业技术人才享受同等待遇，优秀者可破格晋级，提前参加高一级别的技能考核。对有突出贡献的科技人员和经营管理人员，实施期权股权奖励、技术入股、年薪制、企业年金和人才忠诚险等多种形式的激励，从而有效地吸引、留住人才，提高企业的竞争力。简化创新创业人才引进的程序，开通绿色通道，加快相关审批速度，为人才和企业节约更多的时间和成本。在北京市工作居住证相关制度中增加和完善有关子女就学条款，以解决持证人才子女在京就学的问题。

（三）重要举措

1. 建立创新创业人才动态监测体系

（1）建立人才信息资源网络和基于园区重点产业发展的专业性人才数据库。形成人才预警预报机制，促进人才信息共享，积极应对人才竞争。设置以支柱产业、优势企业、科技发展主攻方向为重点，以学科带头人、技术研发人才为对象的人才动态信息系统。对急需且易流失的创新创业人才，运用现代信息技术，定期加以分析，及时发出分级信号警报。

（2）研究适合中关村特点的创新创业人才发展指数。研究提出并定期公布创新创业人才队伍指数和创新创业人才发展环境指数，评估创新创业人才资源整体发展情况。创新创业人才队伍指数，包括年龄指数，学历指数，职称指数，综合指数（健康、心理、满意度等指标），流动指数，薪酬指数，紧缺指数等，主要体现创新创业人才本身的特点和一定时期内的状况，以及人才分布、流动、价格等的特征和趋势；创新创业人才环境指数，包括产业发展环境、政府监管环境、法制政策环境、公共服务环境、社会文化环境、人才市场环境、创新创业环境和国际化环境等指数，反映了创新创业人才发展的软环境的状况、特征和趋势。

2. 实施创新创业人才集聚工程

（1）实施创新创业人才引进政府补贴制度。鼓励开展高层次人才引进外包服务，对举才、荐才、带才成功的机构和个人，给予适当奖励。对经认定以项目合作、短期挂职等方式柔性引才引智的企事业单位，由园区管委会

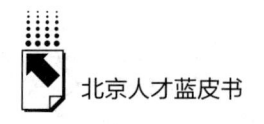

按项目投入给予一定比例的经费补助,对于纳入园区急需紧缺目录的人才,引进后给予一定期限、一定额度的生活补贴,所需经费从人才专项经费中列支。

(2) 充分发挥用人单位的主体作用。探索建立政产学研联动的人才引进机制。加快引进各类紧缺创新创业人才。在工业设计、文化创业、金融服务等领域吸引战略科学家及其团队;在创业投资、金融、法律、财务、知识产权、管理咨询、专业培训、猎头等领域聚集和培育一批创业投资家和科技中介人才领衔的创业服务团队。

(3) 提高创新创业人才国际化水平。以国际化标准提高创新创业人才整体能力,参与国际竞争。引导和鼓励创新创业人才到海外开展工作、交流和合作。扩大对境外高层次创新创业人才的就业开放,积极吸引境外医疗、教育、人力资源、法律、金融、工业设计、文化创意、金融服务等方面的高层次专业人才到园区执业就业。努力吸引高层次留学人员归国就业、创业。对留学归国人员的户口问题、子女入学问题优先解决,对有突出贡献的归国人员给予政策上、经济上的奖励。

(4) 实施多样化的引智计划。采取"走出去、请进来"的方式,鼓励各类组织以短期服务、承担委托项目、合作研究、技术入股、承包经营、人才租赁等方式灵活引进国内外智力。开展决策咨询引智,通过政产学研四结合,融智借脑,开展重点、热点、难点决策咨询活动,解决经济社会发展、产业发展、城市建设管理等方面遇到的各类难题。通过项目协作引智,通过与国内外著名高校、科研院所、跨国公司建立长期共建协作关系,建立多形式、多层次的科研、生产、经营和服务联合体,采取合作研究、联合攻关等多种形式共同研发高新技术项目,解决重大科研、支柱产业以及成果转化等方面的难题。通过成果转化引智,吸引有开发价值的高科技成果到园区落户,通过智力成果的转化与应用,优化产业结构,提高企业科技含量,培育新的经济增长点。通过业务外包引智,采取市场化运作方式,将科技攻关、新产品开发、人员培训、课题设计等任务,整体外包给科研单位、高等院校和咨询服务机构,降低作业成本,提高工作质量。

3. 实施"定制化、应需化"创新创业人才培养工程

（1）实施"定制化"人才培养计划。实施紧缺专业人才"预定"和"预购"。根据产业特点和发展需求，向高等院校预定所需专业人才，重点扶持一批与园区产业特点相适应的优势发展专业，大力培养应用型专门人才。同时，实施紧缺人才"预购"。根据需要有选择地资助一批高校在读大学生、研究生，并签署预购订单，使他们毕业后服务于中关村建设。通过讲、教和重点资助的方式来延伸人才获取的触角，使园区范围内，甚至整个京津地区的高等院校成为园区长期稳定的人才供应基地。

（2）实施"应需化"人才培训计划。加强公共实习实训基地建设。充分发挥北京市高校集中的优势，建立"大学生实习创业基地"，通过校企合作的方式进行人才培养，鼓励大学生利用假期在园区内实习，加快大学生从成绩优秀学生向工作优秀员工的转变，迅速适应实际工作需要。

（3）实施创新创业能力提升计划。综合运用社会学习资源、文化资源和教育资源，积极推动学习型园区建设。加强人才资源能力建设，鼓励人们通过多种形式和渠道参与学习培训。着力提升企业经营管理人才的市场竞争能力，选送企业经营者到国外相关行业的大企业培训学习，加快培养战略思维、全局意识和创新精神，以及资本运作、科技管理、项目管理能力。着力提升专业技术人才的自主创新能力。以培养青年学术技术带头人和创业创新型人才为重点，开展多元化的专业技术人才培训，及时优化专业技术人才的知识结构，着力提升专业技术人才的专业水平和创新能力。鼓励专业技术人才开展科技创新和技术攻关；积极开展与其他国家基于相关产业合作的互派人才服务，在人力资源合作中提升人才的国际化水平和自主创新能力。

（4）创新人才培养培训模式。实行政产学研联合培养模式，健全重点科研课题、重大项目与重点人才对接机制，促进学科链、产业链、人才链有机融合。围绕创新驱动发展的需要，充分发挥园内现有优质教育培训资源的优势。通过财政投入支持、科研经费补贴等多种方式，持续推进国际知名高校在园区开展合作办学，扩大办学规模及人才教育培训的溢出效应。鼓励知名高校与区内注册企业开展人才定向培养计划，给予一定金额的学费资助。实

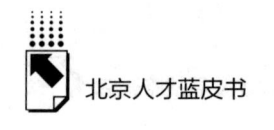

施"青苗培养"工程，每年从人才专项资金中列支专项经费，为来园区就业的大学生提供免费就业技能培训。

4. 完善人力资源公共服务体系

（1）健全人力资源公共服务体系。加强对人才公共服务的整体规划、统一协调及合理分配公共资源。建立需求导向、灵活多样的人力资源公共服务供给模式，通过民众投票、公众满意度调查等方式广泛了解企业需求；根据企业需求变化，建立公共服务的应变机制，适时调整服务供给的种类和结构；鼓励民营机构等非公组织以多种方式参与公共服务，发挥互补作用。

（2）健全人才公共服务运行机制。建立健全公共信息服务系统，促进公共就业服务与教育、公安等部门的贯通，为创新创业人才提供全面、方便、快捷、有效的服务。切实加大投入，促进人才公共服务信息化建设。全面履行政府公共服务职能，为创新创业人才提供无缝隙的优质服务。推进全程办事代理，实施"专项一门式"全程办事代理制；全面落实首问责任制、限时办结制、服务承诺制、责任追究制，推行"阳光政务"，加强行政效能监察。

5. 营造优良的创新创业环境

（1）营造进取包容的文化环境。文化管理是现代管理的最高境界。要积极构建自身独特的区域文化，弘扬"中关村精神"，努力营造鼓励创新、容许失败、以人为本、开放包容，竞争合作、诚实守信的区域文化，以此感染人才、凝聚人才、激励人才。要倡导爱岗敬业、诚实守信、办事公道、服务公众、奉献社会的职业道德，倡导以诚相待、与人为善、平等友爱、团结互助、扶贫济困的良好风尚和社会公德。

（2）营造诚实守信的竞争环境。建立和推行创新创业人才信用相关制度，完善和推行相关信用产品的实施，完善竞业禁止、竞业限制的企业人才管理制度，实现企业和人才双向的诚信体系。建立诚信的职业行为规范，在园区引进中高级人才的同时，建立人才行为、人才绩效、人才评价等一系列评价考核指标，建立人才信用档案，以此建立相对稳定的人才队伍，使人才流动做到合理、健康、有序。

（3）营造依法守法的法治环境。健全法规体系，加快人力资源管理法制化进程。加强人事执法监督，维护人力资源管理秩序，提高人才工作的公信力和执行力。加强人力资源法制宣传教育，普及人才法规知识，增强人才法制观念，提高人力资源管理法制化水平。建立健全园区劳动人事争议仲裁机构，完善劳动人事争议仲裁工作，使各类人才在权利义务、奖励惩戒、教育培训、收入分配、社会保障和工作条件等各方面都能依法进行。

6. 建立多元化的创新创业人才投入机制

（1）完善政府、社会、用人单位和个人四位一体的投入机制。加大园区对创新创业人才的投入力度，建立创新创业人才开发专项资金，列入财政预算，并随经济增长逐年增加。探索创新创业人才培训投资经费抵扣制度，鼓励用人单位、社会组织对专业技术人才开发的投入，鼓励个人增加用于能力提升的投入。改变重物轻人的投入模式，保证人力资源开发优先投入。加强对创新创业人才投入资金使用情况的跟踪评估，建立投入效益评估制度和问责机制，提高投资效益。

（2）加大人才规划实施过程中资源的投入。明确各部门、各单位承担规划组织实施的专门人选，对其加强有关业务培训；加大规划实施过程中资金的投入，设立规划实施专门资金账户，根据规划的年度实施计划制定年度资金预算，保证规划各项工作所需资金事前有预算、项项有落实、额度有保障。

7. 实施科技孵化、创业金融和知识产区保护等方面的支持计划

（1）实施创业金融支持计划。围绕创新驱动发展战略，争取设立"中关村西城园人才科技银行"，对人才创业提供定向资金支持。对经园区管委会认定的天使投资机构、创业投资机构、风险投资机构的其中两家共同推荐的海归创业企业，根据企业规模给予不同程度的创业启动资金支持：实收注册资本100万元及以上的，给予30万元一次性启动资金支持；实收注册资本50万~100万元的，给予20万元一次性启动资金支持。开通信贷融资绿色通道，对于"千人计划""中关村高端领军人才"等人才或团队创办的企

业，给予最高 2000 万元的信用额度支持。

（2）实施知识产权保护和激励计划。建立知识产权质押贷款机制，通过市场手段，促进知识产权的市场转化和金融服务创新，实现科技和金融的高效对接。设立"园区专利奖"，每年评选金奖、银奖、优秀奖，分别给予不同额度的奖励。建立"知识产权综合服务信息共享平台"，逐步建设园区重点行业专利数据库和重点企业专题专利数据库，围绕重点产业开展行业知识产权战略研究。允许经认定的高层次人才以专利、标准等知识产权和研发技能、管理经验等科技成果和人力资本作价出资、入股办企业，其出资比例最高可占企业注册资本的70%。探索开展知识产权特派员工作，开展"一站式"知识产权综合服务。

（3）实施科技孵化支持计划。以产业链为纽带，加强科技孵化器、留创园等创业孵化载体建设，引导民间和社会资本自建科技孵化器，凡限定租售对象和租售价格、明确租售面积标准和管理办法的，可按工业用地性质及价格标准供应土地，允许适当提高工业用地容积率并分割转让。以产业化为目标，对科技成果产业化给予发展资金支持。根据入驻企业的数量和质量，企业承接国家、北京市、西城区或园区的重点项目，以及科技成果转化的项目来源、项目数量、产业领域、吸引融资等情况，给予不超过100万元的资金支持。

（4）实施企业购买科技服务支持计划。以市场化为导向，对企业购买信用中介服务（包括企业信用评级、征信、信用调查、信用评价、信用管理咨询服务，年度资助总额不超过2万元），认证中介服务（包括ISO9000系列认证、ISO14000系列认证、GB/T28001认证、美国FDA认证、欧盟CE认证以及其他以开拓海外市场为目的所做的相关产品认证，年度资助总额不超过10万元）、知识产权代理中介服务（包括专利、著作权和商标代理中介服务，年度单项资助总额不超过2万元）等提供资金资助。对新技术新产品推广应用以及海归创业给予评审、担保等费率补贴。凡符合相关规定的海归人才企业，执行0.5%的评审费率和不超过5%的担保费率，按不高于2%的担保费率给予海归人才企业担保费补贴。

（四）战略部署

创新创业人才队伍建设需要一个长期的过程，实现中关村西城园创新创业人才发展目标，需分三个阶段推进（简称"三步走"）。

1. 2015~2017年的主要目标和任务

（1）主要目标。到2017年，实现园区创业程序减少至8道，关闭企业所需时间缩短为1年，人才贡献率提升至35%，海外人才对GDP的贡献率达15%，人力资本投资占GDP比例提高到15%，每万名劳动力中研发人员达43人年/万人，海外人才占比6%。

（2）主要任务。以政策创新和先行先试为重点，推动培育更有利于人才集聚和发展的创新创业环境。一是在现有权限范围内，学习借鉴新加坡及北京中关村、上海张江、天津滨海等地的创新经验，优化园区人才引进、培养以及使用等方面的政策；二是争取更多先行先试的国家试点，通过产业、科技、教育、财税、金融等方面的制度改革，率先打破束缚人才发展的关键性障碍；三是做好与京津冀的融合，借助中关村建设国家自主创新示范区的机遇，重新思考西城园的战略定位。

2. 2018~2020年的主要目标和任务

（1）主要目标。到2020年，实现园区创业程序减少至6道，关闭企业所需时间缩短为0.8年，人才贡献率提升至45%，海外人才对GDP的贡献率达25%，人力资本投资占GDP比例提高到20%，每万名劳动力中研发人员达60人年/万人，海外人才占比10%。

（2）主要任务。以充分发挥市场配置决定性作用为前提，通过市场化改革的深化和推进，初步实现"三提升二迈进一品牌"的目标，园区人才软环境的开放度、集聚度、贡献度有较大提升，科技创新初步迈进全国领先梯队，重点产业在全球价值链中的竞争优势日益凸显，"中关村西城园创造"的国际品牌初步形成。一是以推进政府改革为重点，推动创新创业人才队伍建设依据市场规则、市场价格、市场竞争实现效益最大化和效率最优化，进一步打通人才、科技和经济社会发展之间的通道。二是全面优化人才

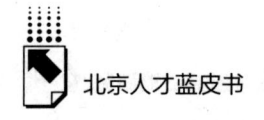

公共服务环境，推进行政许可、非行政许可和服务事项100%向园区行政服务中心集中进驻。实现行政审批简约化，进一步强化对一站式服务中心的充分授权，加强网上报批，简化审批程序。

3. 2021~2025年的主要目标和任务

（1）主要目标。到2025年，实现园区创业程序减少至3道，关闭企业所需时间缩短为0.4年，人才贡献率提升至60%，海外人才对GDP的贡献率达41%，人力资本投资占GDP比例提高到30%，每万名劳动力中研发人员达80人年/万人，海外人才占比25%。

（2）主要任务。以提升人才软环境国际化为重点，着眼于国家、北京市、中关村和西城区重大发展战略需要，以全球为坐标，以世界一流园区为标杆，全面实现中关村西城园创新创业人才队伍建设"三提升二迈进一品牌"的总体目标。

B.9
海淀区战略性新兴产业领域人才引进培养服务体系研究

海淀区委组织部课题组[*]

摘　要：	本研究通过问卷调查、走访座谈等方式，对海淀区战略性新兴产业人才引进聚集工作进行了深入调研。根据调研结果，对引进海外高端创业人才力度不够、企业人才支持政策不完备、吸引聚集人才的体制和环境障碍亟待破解等问题进行深刻剖析，提出要建立主动引进海外人才的"直通车"，推动项目落地；改进完善人才支持政策，建立与实际需求匹配的企业人才支持服务体系；积极破除体制机制障碍，进一步提升人才环境的国际化水平等政策措施建议。
关键词：	战略性新兴产业　人才引进　人才培养　人才服务

　　海淀区作为中关村国家自主创新示范区和中关村人才特区核心区，近年来深入落实中央"千人计划"、北京市"海聚工程"等重大人才工程，通过一系列政策措施，聚集培养了一批产业领军人才和团队。截至2014年底，全区企业入选"千人计划"93人、"海聚工程"213人、"高聚工程"126人，居北京市各区县之首，形成了产业聚集带动人才聚集、人才聚集推动产

---

[*] 课题组组长：刘勇，北京市海淀区委常委、组织部部长，哲学硕士，讲师。课题组成员：朱兴东，北京市海淀区委组织部副部长，管理学硕士；余春华，北京市海淀区委组织部副调研员、人才组组长，法学学士；李猛，北京市海淀区委组织部人才组副组长，文学硕士。

业发展的良好局面。

当前，抢抓全球新一轮科技革命和产业变革机遇，大力推动战略性新兴产业发展，加快建设具有全球影响力的科技创新中心，要求海淀区必须进一步开阔视野，面向全球大力引进聚集培养国际一流人才。为此，海淀区人才办牵头，对全区人才工作进行梳理调研，联合长城战略研究所、海淀园管委会、海淀区人力社保局等单位，对191家高新技术企业、29家孵化机构、57名海外人才和109名外国留学生进行问卷调查；走访30余家企业、孵化机构、专业园区、创投机构和人才服务机构，多次召开座谈会听取意见。现将梳理分析的主要问题和政策措施建议报告如下。

问题一：引进海外高端创业人才的力度不够、主动性不强、渠道不畅、支持政策重点不突出

海淀建设具有全球影响力的科技创新中心，一方面要建设好创新创业生态系统，另一方面还要主动植入一批"高精尖"科技成果和项目。成果和项目是跟着人走的。引进海外高端人才创业，可以带来国际前沿的颠覆性原创技术，海外高端人才对提升科技创新的国际水平、占领新兴产业制高点，具有国内人才不可比拟的优势。例如，海归创业的李彦宏、张朝阳、邓中翰等，都直接带动了一个新兴产业的发展。在这方面，海淀区还存在以下问题。

（1）引才力度不够大，在区域竞争中不具有比较优势。近年来，各地加紧对海外高端人才的争夺，特别是江苏、浙江、广东等地，直接到美国硅谷等地抢夺人才，并用千万级的资金补贴"大手笔"地给予支持，吸引了大量海外人才。比如：广东省实施"创新团队引进计划"，对高层次人才团队最高给予8000万元支持资金。与之相比，海淀区乃至北京市更多还是依靠区位优势和创新创业环境来吸引人才，引才力度不够。对这些地区的做法，我们既不能简单模仿跟进，也不能甘于被动，应立足海淀区实际主动开展海外人才争夺。

（2）未能真正走出去主动引进海外顶尖人才，人才工作针对的主要是存量而非增量。海淀区近年来的引才工作，从政府层面看，无论是"千人计划""海聚工程"，还是区级的"海英计划"，主要是依靠环境和区位优势被动地吸引海外人才，然后对已落地的人才给予支持，大多是在挖掘存量。从市场和社会层面看，许多园区和孵化器也缺少直接到海外引进人才的渠道。调查反映，76.9%的孵化器都没有直接到海外招募创业人才（见图1），84.6%的孵化器的首要引才渠道是"坐等创业人才和项目上门"（见图2），影响了引才质量。下一步，我们应着眼于"增量"，真正把"手"伸到海外去，主动挖掘顶尖人才和创业项目。

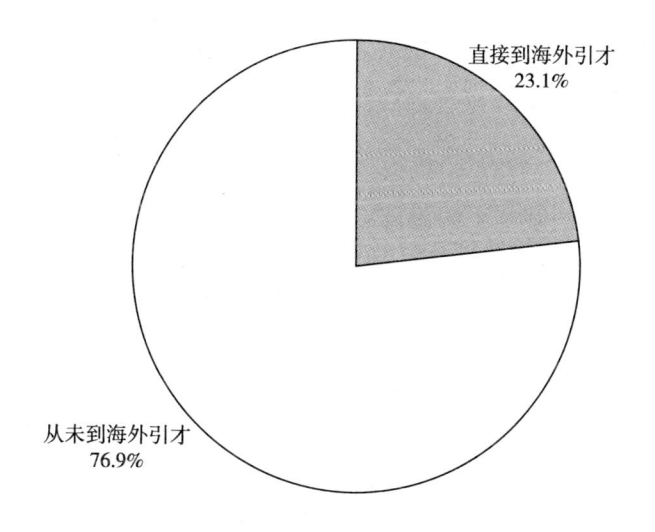

图1 孵化机构是否直接到海外引才

（3）孵化空间资源紧张、引进的人才和项目难以落地，与空间资源未能充分利用、人才和项目质量不高现象并存。调研中，一方面，孵化器和引才机构都反映，海淀的空间资源高度紧张，许多项目难以找到落地空间；另一方面，每个孵化器都会因企业毕业或创业失败而腾退出新的空间，但新落地的项目缺少国际顶尖人才。调查中42.3%的孵化器反映，能对产业产生颠覆性影响的尖端项目不到5%，50%的孵化器认为目前面临的最大挑战是"在孵一般项目多、优质项目少，需要'腾笼换鸟'"，列第一位（见图3）。因此，如何用好这些孵化器的"流转"空间，引进真正"高精尖"的项目，替换一般性项目，实现空间的"腾笼换鸟"和产业的进一步升级，这方面还有不小的余地。

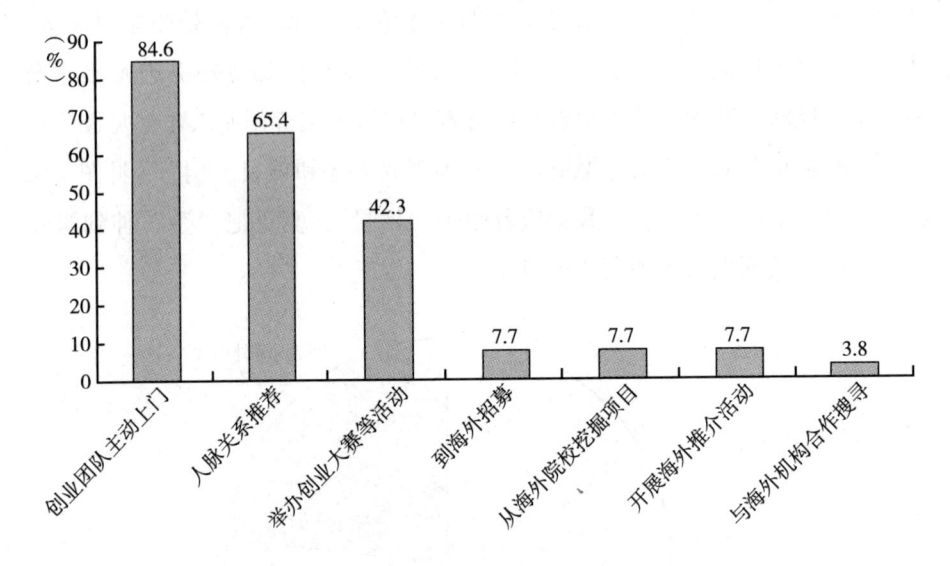

图2 孵化机构引进海外创业人才（团队）的主要渠道

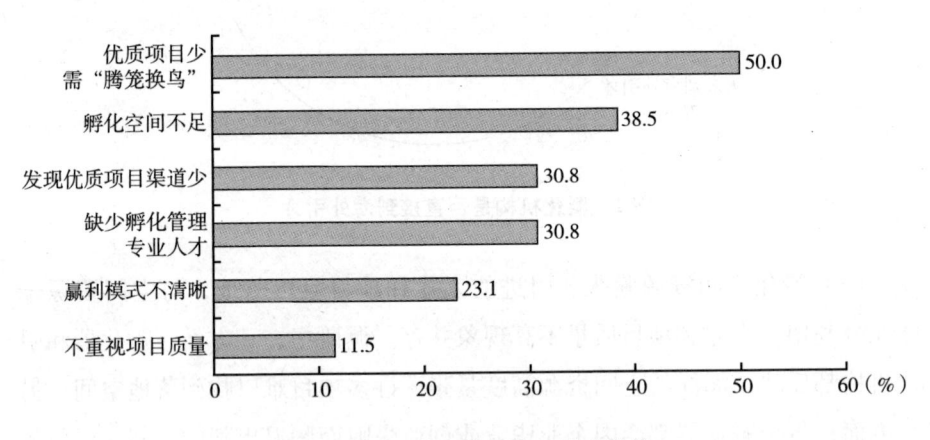

图3 孵化机构目前面临的最大挑战

（4）人才政策的支持对象也以存量为主且过于分散，重点集中支持、长期跟踪支持不够。海淀区投入的人才政策资源总量不少，设立了每年1亿元的专项资金，其中直接支持人才的资金约3000万元，通过科技项目来支持人才的约2000万元；每年办理人才落户200多人，应届毕业生进京指标约1000个，还为数十名人才解决子女入学问题。但这些政策资源大多用于支持存量人才，没有用这些资源来换取人才增量。同时，因海淀区人才量大面广，资源使用过于分散，缺少对单个人才和项目的大笔支持，使政策吸引力打了折扣。例如，"海英计划"实施3年共入选421人，数量太多，虽然照顾了面，但大多数人只能得到几万元到十几万元的资金支持，发挥不了太大作用。下一步，对我们想要主动引进的高端创业人才，应该用资源换增量，集中政策资源重点支持。

政策措施建议一：建立主动引进海外顶尖创业人才（团队）的"直通车"，统筹利用现有孵化器的"流转"空间，推动一批人才的"大项目"到海淀落地

（1）怎么引：与著名天使投资人、创投机构、科技服务商、行业专家合作进行捆绑式引才，并借助知名创业大赛，引进一批国际前沿、携带颠覆性原创项目的顶尖创业人才。政府缺少发现人才的渠道和评价人才的眼光，不宜直接引才，而应充分发挥市场和社会的作用。一是与天使、创投等市场化机构合作引才。海淀区有众多一流社会引才机构，有雷军、徐小平等著名天使投资人，有君联资本、北极光等著名创投机构，有清华科技园、创新工场等科技服务商，它们在海外有着广泛人脉和渠道，能够不断挖掘优秀人才和项目。有的建立海外孵化器，在当地直接培育，有的引回国内但只有一小部分回到北京，许多被江浙、广东等地挖走。我们应主动与这些机构建立合作引才机制，请它们推荐符合海淀区产业需求并已获其投资的顶尖人才项目，我方提供落地空间并给予重点支持。二是请行业知名科学家和专家推荐。天使投资人和创投机构过于看重项目获利速度，对一些科技含量高，但投入大、周期长的项目不愿投入，还需要与行业知名专家建立合作机制，请两院院士、"千人计划"专家、重点学科带头人等，从科技创新角度推荐一批掌握颠覆性原创技术的人才，我们主动给予引进。三是借助创业大赛引才。举办国际创业大赛或组织孵化器参加国内外知名创业大赛，这也是发现优秀创业人才和项目的有效渠道。

（2）怎么落：统筹利用孵化器的"流转"空间，与引进的人才项目对接，不断用"高精尖"项目替代一般项目，实现孵化空间"腾笼换鸟"。海淀吸引人才最大的优势，是具有优良的创新创业生态环境，最宝贵的资源是附着这些环境资源的办公空间。海淀区面向创业人才的孵化空间，总量不小，达到140万平方米，从静态看，孵化器均达到饱和，但从动态看，这些空间都处于不断流转之中，一些项目成功迁走或失败关闭，都会形成临时空间增量，只是缺乏统筹机制。调查显示，每年腾退出的"流转"空间约占7%，面积近10万平方米。把这些临时空间汇总起来，建立信息共享和统筹机制，至少能满足上百个创业项目的需求，既不占用引进大企业的空间，还能实现孵化器本身的"腾笼换鸟"，不断促进产业向"高精尖"升级。

(3) 怎么支持：拿出部分资金、落户指标、子女入学等资源，专门用于支持增量人才。①在支持方向上，用资源换增量。专门拿出部分资源对我们主动引进的人才和项目进行支持。②在支持数量上，突出少而精。每年集中支持20个左右顶尖团队，5年支持100个，并在3~5年内连续支持，将有限的资源集中使用。③在支持对象上，从领军人才个人扩展至团队核心成员。创业团队最需要支持的往往并不是其领导者，而是其团队成员，支持团队成员就是支持领军人才。④在支持内容上，突出需求，可以不给个人奖励。更多通过办公用房租金补贴、股权投资、金融支持、人才引进指标、解决子女入学等给予支持，鉴于这些人才收入不低，可以不给个人资金奖励。

(4) 谁来实施：建立人才引进的统一窗口和服务机构。可新成立专门机构，或对现有相关机构进行职能转型，使其成为从事海外人才引进、统筹人才创业空间、落实人才政策的综合服务机构。

问题二：支持企业人才的政策，与企业和人才的需求存在错位

(1) 一方面，从人才需求看，高端人才大多功成名就，更看重国家层面的荣誉和奖励，区级奖励和支持意义不大；青年人才渴望解决户口、子女教育等实际问题，但政府给予支持不够。企业中的高层次人才，大多已功成名就，有很高的收入，生活问题也通过个人积累得到解决。对公司，他们更看重事业发展的机遇；对政府，他们更看重国家层面给予的荣誉和认可。比如，百度、小米等大型企业面向海外引进了一批顶尖人才，公司给予很高的年薪和股权，但他们仍然把入选中央"千人计划"看作国家给予的顶级荣誉，非常珍视。目前区级政策仍然将这一层次的人才作为支持对象，意义并不太大。

另一方面，在许多企业中都有一批有较大发展潜力的青年人才，做出了突出贡献，也取得了较高收入，是产业发展的骨干和希望。例如，百度公司设立年度大奖，每年拿出600万美元奖励一个做出突出贡献的青年团队。这些青年人才收入虽然丰厚，社会认可度却不高，且普遍无法解决落户、子女入学等实际问题。调查中，62%的企业认为"落户、工作居住证办理困难"是其引进青年人才面临的主要难题，列第一位（见图4）。与企业家座谈时，他们反映的大多不是自身或公司高管的问题，而是希望帮助骨干员工解决实际困难。但目前的人才政策更多向高层次人才倾斜，对这些最需要支持的青年人才关注不多。

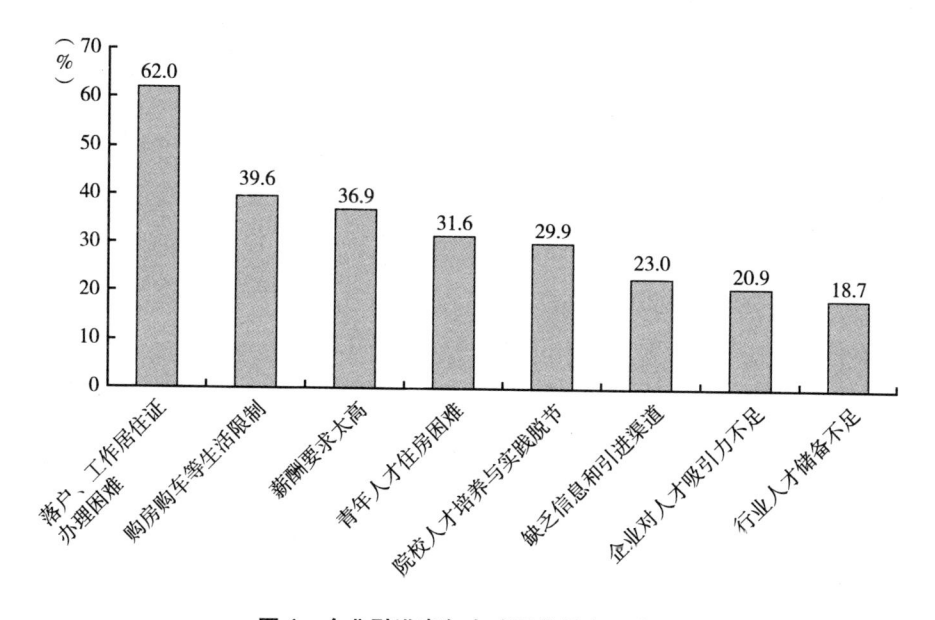

图4　企业引进青年人才面临的主要难题

（2）从企业需求看，战略性新兴产业需要大量新型专业人才，但行业人才储备不足，高校没有相关专业，供需存在突出矛盾。近年来随着移动互联网、大数据、云计算、智能硬件等战略性新兴产业的快速兴起，出现了明显的人才短缺现象。比如，根据2014年互联网公司人才流动报告，在互联网领域薪酬上涨幅度最大的前三个职位分别是：安卓工程师、APP测试和APP设计师，薪酬上涨幅度分别在1~2.5倍，反映了移动互联网人才的紧俏。原因是这些行业兴起时间短，行业内部人才积累不足，高等学校大多没有开设相关专业，即便有部分高校开设相关专业，也是临时抱佛脚，人才培养与企业需求差距较大。

（3）从企业和人才对接途径看，企业引进高层次人才大多通过人脉，使用猎头公司不多；招聘基础人才大多通过网络特别是新型人才网站，人才服务业的产业政策需与之适应。调查显示，62%的企业引进高端人才主要通过人脉关系（见图5），46%的企业表示，很少使用猎头公司来引进高端人才，这与高科技行业的特点有很大关系，行业圈子较小，公司已经掌握了所需要的人才信息。在招聘中低端青年人才时，73%的企业普遍使用网络招聘（见图6）。特别是目前，以拉勾网、LinkedIn（领英）、周伯通、脉脉等为代表的新型招聘网站，正在迅速超越传统招聘网站。拉勾网一年就帮助150万人找到了工作，中关村绝大多数IT企业和IT业人才都在使用拉勾网。对这类新型人才服务机构，应给予重点支持。

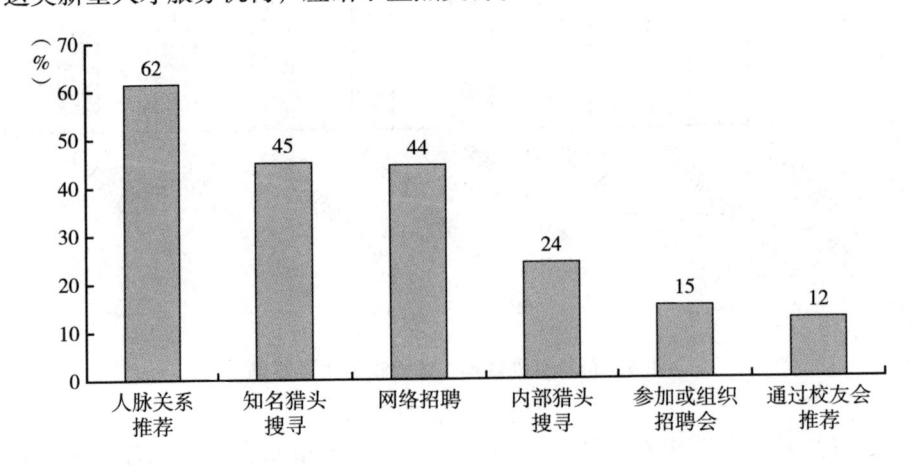

图5 企业引进高层次人才的主要渠道

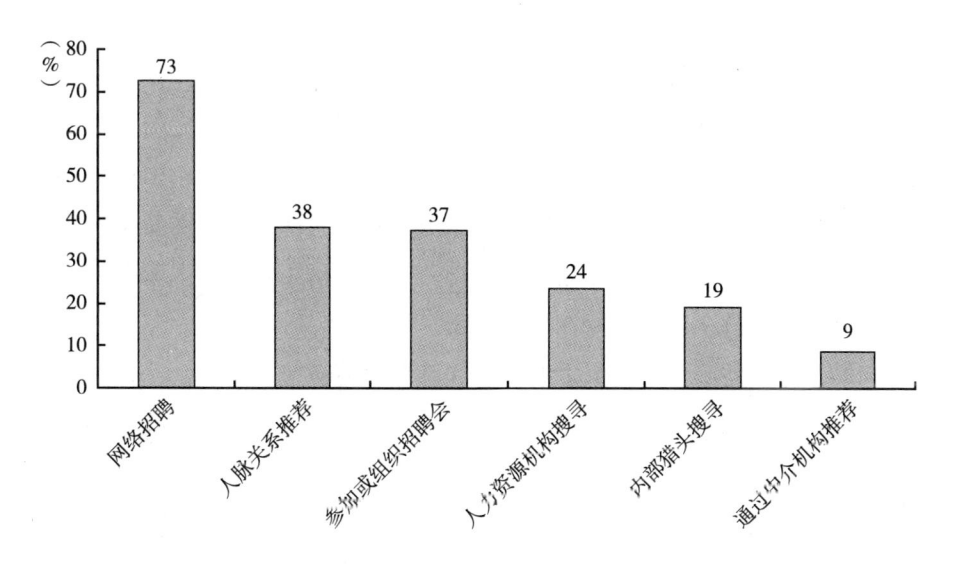

图6 企业引进青年人才的主要渠道

政策措施建议二：改进完善人才支持政策，建立与实际需求匹配的企业人才支持服务体系

（1）根据不同层次人才需求修订完善政策，减少对高层次人才的"锦上添花"，加强对成长期青年人才的"雪中送炭"，使区级政策与中央、市级政策错位支持。对大中型企业的高层次人才，主要是支持其申报国家"千人计划"和"万人计划"，除非其提出具体需求，在区级层面不必再给予政策性支持；对青年人才，可从区重点企业、海帆企业等重点培养企业中，遴选为企业发展做出突出贡献、有很大发展潜力的优秀青年人才，重点解决落户、子女入学等问题，并加大宣传力度，提高其社会知名度和荣誉感。

（2）围绕移动互联网、大数据、云计算等新兴产业人才需求，建立专门的人才实训基地。海淀区有大量高等院校，却缺少专门为高新技术企业培养人才的学院。建议一方面可将由区政府举办的一些培训机构，整合其软硬件优势和培训资源，改造成为新兴产业人才培训学院；另一方面，中关村软件园等一些专业园区也可内设有人才培训机构，它们具有良好的基础，应发挥其优势，政府给予一定支持和补贴。

（3）建设适应科技产业的现代人才服务业，特别是加大对新型人才服务机构的支持力度。适应人才特区建设的需要，海淀区应加大人才服务业的发展，引进和培育现代人才服务机构。比如，尝试建设相对集中的人力资源产业园区，顺应海淀区科技企业较多的实际，我们不必过多强调引进国际猎头等所谓高端人才服务机构，而应着力引进培养拉勾网等互联网新型人才服务机构，将其纳入区重点企业名单，在办公空间、房租补贴、人才引进等方面给予倾斜性支持，确保其留在海淀发展。

问题三：一些吸引聚集人才的体制和环境障碍亟待破解

海淀区具有国内一流的创新创业环境，但与美国硅谷比还有较大差距，与国内其他地区比也有一些短板。

（1）从发挥区域现有人才作用来看，高校、科研院所与市场、企业结合不够紧密，人才优势未能充分转化为产业和经济优势。海淀区高校、科研院所林立，有数以万计的专家、学者、博士生等优秀人才。两院院士有532位，占全国的1/3。但这些人才大多属于中央单位，由于体制不同、单位隔阂等原因，与区域经济社会发展存在无形壁垒，制约了科技成果转化和企业创新能力提升。调查中，50.9%的海归人才认为，"高校、科研院所与市场、企业结合不够紧密"，是海淀区创新创业环境最大的短板（见图7）。

2013年我们对此进行课题研究，发现主要存在四大问题：一是现有体制对人才走出大院大所的束缚。包括：科技成果转化审批程序烦琐；成果转化收益分配中人才占比过低，激励不到位；高校院所和企业人才双向流动的"旋转门"未打通，人才不能自由流动。二是信息不对称，企业和专家互相不了解，合作主要依靠个人人脉，缺少正规的对接平台。三是海淀区对科研人员带成果落地转化的吸引力还不够。由于空间资源紧张、商务成本高、政策支持重点不突出，导致部分人才和科技成果"孔雀南飞"。四是校企人才联合培养不够。未能充分发挥高校的理论优势和企业的实践优势来培养复合型人才。针对这些问题，区委、区政府与市委组织部、市发改委等9个市级部门联合出台了《关于进一步促进海淀区央地人才协同发展的实施意见》，提出了一系列政策措施，下一步要抓好落实。

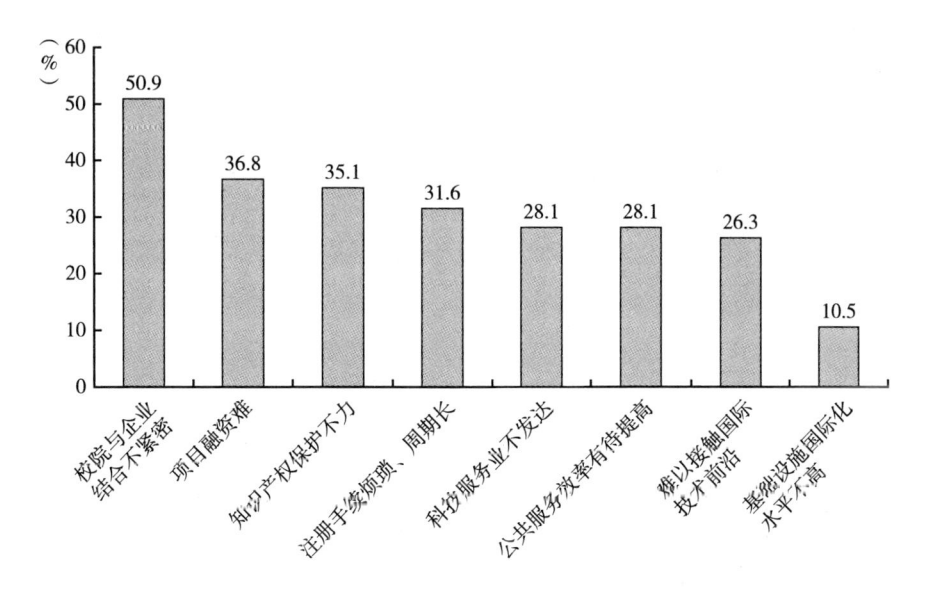

```
(%) 60
     50.9
50
     ┌──┐
     │  │ 36.8  35.1
40   │  │ ┌──┐  ┌──┐ 31.6
     │  │ │  │  │  │ ┌──┐ 28.1  28.1
30   │  │ │  │  │  │ │  │ ┌──┐  ┌──┐ 26.3
     │  │ │  │  │  │ │  │ │  │  │  │ ┌──┐
20   │  │ │  │  │  │ │  │ │  │  │  │ │  │
     │  │ │  │  │  │ │  │ │  │  │  │ │  │       10.5
10   │  │ │  │  │  │ │  │ │  │  │  │ │  │      ┌──┐
     │  │ │  │  │  │ │  │ │  │  │  │ │  │      │  │
 0
```

图7　海归人才认为海淀区创新创业环境与美国硅谷的主要差距

（2）从面向全球聚集人才来看，外籍人才占比太低，不利于通过多元文化碰撞提升国际化创新能力，更不利于建立国际化的创新创业环境和文化氛围。中关村和硅谷的对比显示，两者的一个重要差别是人才构成的国籍和文化背景不同。美国是一个移民国家，面向全球整合人才。特别是硅谷，其人口中外国人（非美国本土出生的人）占到了50%以上，而中关村外籍从业人员仅占1.6%。缺少外籍人才，将不利于通过多元文化的碰撞产生具有国际视野的技术和产品，不利于开拓海外市场，不利于形成国际化的文化氛围。

海淀区吸引外籍人才，主要面临几大障碍：一是出入境、居留、外国人就业等方面限制过严。对外国留学生的调查中，45.4%的人认为，绿卡、签证、外国人就业证等办理难，申请门槛过高、程序复杂，是吸引外籍人才最主要的障碍，列第一位（见图8）。二是中关村企业未能在全球范围整合人才资源。本次调查的187家企业共有外籍员工512名，平均每家企业2.7名，其中还有相当部分是外籍华人，真正的外国人才很少。三是缺少适应外国人和海归人才工作和生活的环境。调查显示，42.6%的外国留学生认为，海淀区缺少外国人聚居地、朋友圈和文化氛围，24.1%的人认为缺少国际语言环境，构成了主要障碍（见图8）。商务和生活配套设施也难以满足需求，比如：缺少真正的国际学校。目前的国际学校大多是出国留学预备校，并没有真正采用与发达国家接轨的教学理念和方法，一些海归人才子女回来后不适应。同时，还缺少国际高端会议、商务、娱乐设施等。

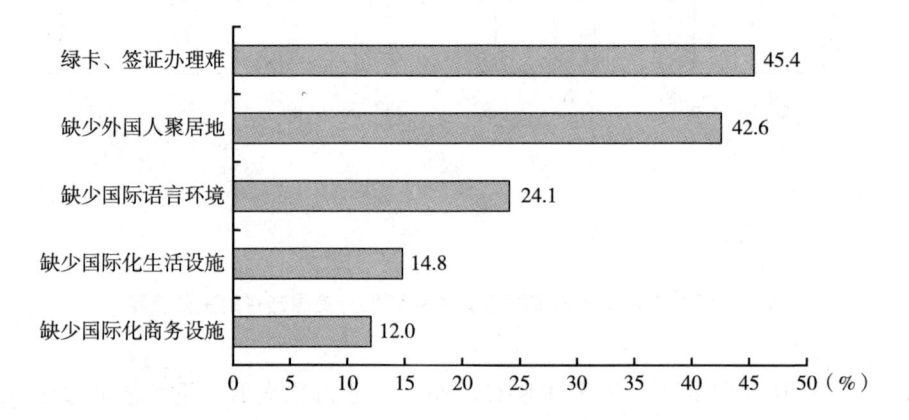

项目	百分比
绿卡、签证办理难	45.4
缺少外国人聚居地	42.6
缺少国际语言环境	24.1
缺少国际化生活设施	14.8
缺少国际化商务设施	12.0

图8 外国留学生认为海淀区吸引外国人的生活环境方面的不足

（3）从面向国内聚集人才来看，人才引进落户和工作居住证等政策不能满足人才特区建设的需求，改革创新压力较大。

一是人才引进落户的总量小，应届生落户与人才落户的比例不尽合理。目前，落户主要有两个渠道：一个是应届研究生毕业获得进京指标。海淀区每年掌握的进京指标约1000个，与高新技术企业1.6万家、从业人员50余万、每年招聘毕业生数万人相比，确实是"杯水车薪"。另一个渠道是人才引进落户。北京市给予海淀区特殊政策，对高新技术企业中具有本科学历、高级职称或硕士以上学位的人员，主持省部级以上重大项目或获得重大奖励的人员，年薪30万元以上的企业核心骨干等，给予落户。该政策实施以来，平均每年落户200余人。鉴于北京人口调控的巨大压力，落户政策应进一步做好结构调整，逐步减少应届毕业生落户，增加人才引进落户，鼓励大学毕业生先在京工作，逐步积累贡献，由潜在人才成长为有贡献的人才后再予落户。因此，人才引进应比应届生落户高出一个数量级，但目前远不及应届生落户多，更无法满足企业需求。

二是人才引进落户政策中档案审查标准过时，不少符合引进条件的人才因档案材料缺失的"小问题"无法落户。目前人才引进落户的标准并不高，企业中有许多人才符合条件。但审批过程中需要对人才的档案进行审查，其中有许多属于计划经济时代干部档案管理的规定，非公企业的人才档案没有相关内容。例如，应届毕业生到体制内单位工作，有一年试用期，试用期满转正定级并在人社部门备案。非公企业用人没有这一环节，档案中没有转正定级材料，在落户时被视为不合格须补办。经粗略统计，办理落户时经常出现缺失的档案材料达12项（见表1），需花费很多时间精力进行补充，拉长了办理周期，甚至导致无法落户，使政策实施效果打了折扣。

表1 人才引进档案审核中常见材料缺失情况

序号	主要问题	具体缺失材料
1	基本材料缺失，无法界定人员身份和参加工作时间	无中学学生毕业生登记表 无高校毕业生就业报到证（派遣证） 无毕业生转正定级材料 无毕业生办理就业改派材料 无招工审批材料 无研究生报考材料、学位批准授予材料 无职称评审材料
2	缺少个人经历变化的必要手续材料	离职后未按有关规定重新办理就业手续 未按规定及时转入接收单位或存档机构
3	外省市有关政策、要求与北京市存在差异	缺失在外省市办理的就业、失业手续
4	与退休审核对于人事档案的要求不符	无视同缴费证明材料 工作单位变动调转手续材料不完整

三是工作居住证办理政策还未完全跟上商事制度改革的步伐，不能满足大众创业时代的要求。在落户政策非常严格的情况下，工作居住证是帮助科

技企业员工获得市民待遇的重要政策。近年来，国家推进商事制度改革，取消了对创办企业注册资本的限制，但目前办理工作居住证，仍要求人才所在企业注册资本必须在100万元以上，同时对人才本身也有工作经历、社会保险、个税等条件要求。海淀区在中关村创业大街、创新工场等创新型孵化器中建设了许多集中办公区，"让每一张桌子都可以注册一个公司"，其中许多项目仅仅是创业团队还没有注册公司，也就不符合办理工作居住证的条件。

政策措施建议三：积极破除体制机制障碍，进一步提升人才环境的国际化水平

(1) 深入落实《关于进一步促进海淀区央地人才协同发展的实施意见》，大力推进高校、科研院所与企业人才的协同发展。该意见从体制机制改革试点、搭建对接合作平台、支持科研人员带成果落地转化、加强校企人才联合培养等5个方面，制定了15条具体措施，并配套了相应的支持政策。目前各项任务均在落实和推进中。下一步，要加大力度，并不断研究探索区域人才融合发展的新思路、新措施。

(2) 打造外籍人才创新创业和生活聚集区，积极引进外国人来海淀工作和创业。海淀区目前正在北部地区规划建设国际社区，为外籍高端人才在海淀居住和生活提供国际化的生活环境。同时，还应在一些专业园区拿出部分孵化空间，建设外国人才创业基地，引进一批优秀的外国人创业团队落地海淀。根据外国人才的工作习惯和需求，提供相关设施和配套服务，逐步形成类似于望京地区"韩国人聚集区"的外国人工作和生活聚集区。

(3) 建立吸引和利用外国留学生的机制和政策。美国除从国外直接引进人才外，还吸引世界最优秀的学生前往美国留学，大约1/4的学生在学习结束后继续留在美国。北京特别是海淀区聚集了众多知名高校，2014年在校外国留学生达到了3.9万人，其中攻读硕士学位以上的达到7900人。他们大多能同时使用外语和中文，既了解中国又了解母国，比直接引进的外国人才更能适应中国文化环境，是中关村企业走向国际化的"人才蓄水池"。调查显示，72%的外国留学生愿意在海淀科技企业实习，63%的人毕业后愿意在海淀工作。目前阻碍其实习和就业的主要因素，列第一位的是"对海淀企业的品牌、实力及能提供的发展机会不了解",第二位是"语言不通、文化不适应"(见图9),需要搭建平台增进双方的了解和融合。建议开展"外国留学生走进中关村"活动,组织留学生走进中关村企业考察、交流、实习。

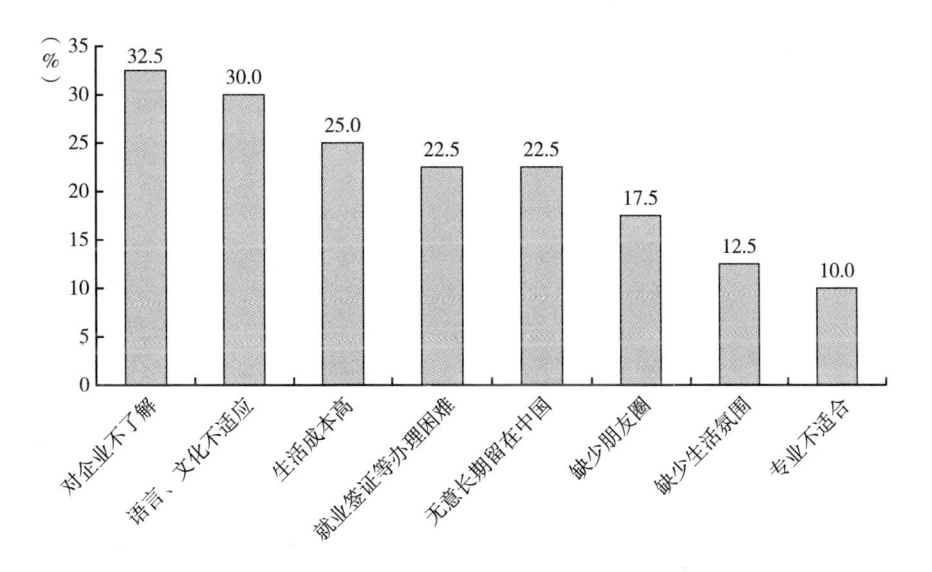

因素	百分比(%)
对企业不了解	32.5
语言、文化不适应	30.0
生活成本高	25.0
就业签证等办理困难	22.5
无意长期留在中国	22.5
缺少朋友圈	17.5
缺少生活氛围	12.5
专业不适合	10.0

图9 阻碍外国留学生在海淀企业实习和就业的主要因素

(4)争取中央和市里支持,开展人才引进政策和体制机制的改革试点。具体有几点建议:一是主动承接中关村人才特区新政策,积极做好配套服务。近期,北京市委组织部牵头向中央提出了推进人才特区建设的第二批特殊政策,包括简化外籍高层次人才绿卡、签证及居留等办理程序,为外籍人才创业就业提供便利等,将大大降低吸引外籍人才的门槛,区级层面要做好配合和服务。二是面向中关村急需紧缺专业单列部分应届毕业生进京指标,把一批知名院校的博士留在北京。目前中关村企业研究生以上学历的占10.7%,硅谷为17%,仍有较大差距。近年来,由于进京指标、生活成本等影响,一些知名院校的博士毕业后选择离开北京。建议针对中关村企业的需求,研究制定一个紧缺专业目录,单列一个进京指标序列,筛选一批名校毕业的优秀博士给予落户支持。三是要改革人才落户档案的有关规定,简化落户程序,提高人才落户在落户总量中的比重。对档案中缺失毕业生

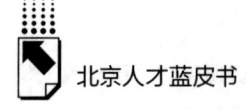

派遣证、转正定级材料、就业改派材料、离职后重新就业手续等材料的人员，只要其符合人才引进落户的条件，即准许其办理落户，避免因档案材料缺失对人才引进造成不必要影响。四是取消工作居住证办理对企业注册资本的要求，赋予集中办公区和创新型孵化器中的种子项目办理工作居住证资格。

B.10 房山区人才创业环境优化路径研究

房山区委组织部课题组*

摘　要：	人才创业环境是指各类人才开展创业活动所处的环境，是指对创业思想的形成和创业活动的开展能够产生影响和发生作用的各种因素和条件的总和。优质的人才创业环境是高端人才集聚和高科技项目落地的首要因素，是地区经济快速发展的重要抓手。本报告通过对房山区三次转型中人才创业环境的特征进行梳理，重点将现阶段呈现的特点、发展趋势与发达地区进行对比，从城市环境、人力资源环境、政务环境、文化环境、产业环境和金融环境6个方面查找存在的问题及原因，并提出优化房山区人才创业环境的对策措施。
关键词：	人才　创业环境　优化路径

国以才立，政以才治，业以才兴。随着全国上下"大众创业、万众创新"热情的不断高涨，优质的人才创业环境成为高端人才集聚和高精尖项目落地的首要选择，成为地区转型发展的关键因素。当前，从京津冀协同发展重大国家战略的实施和北京市的现状看，人才作用愈加重要，人才问题日益凸显。对于正处在转型期的房山区而言，优化地区人才创业环境，是加速高精尖人才集聚、高附加值项目落地，推动地区经济快速发展的重要抓手。

---

* 课题组组长：于波，北京市房山区委常委、组织部长，工程硕士，高级政工师、工程师。

为此，房山区委组织部课题组先后组织部分区直部门、乡镇街道，以及重点创业空间、创业企业等召开座谈会6次，收集整理各类问题和意见建议100余条；到创新谷、房山青年创业园、绿地启航国际等区内重点创业孵化平台实地调研10余次，回收有效调查问卷485份。同时，到中关村创业大街等地进行实地走访，对中关村管委会相关负责人、孵化器运营公司负责人、高端创业人才等18位同志进行重点访谈，听取意见建议，并广泛学习借鉴其他地区的有益经验。通过调研，课题组对房山区人才创业环境发展阶段进行了分析，结合人才创业环境的构成要素，查找了本地区在人才创业环境方面存在的问题及原因，并有针对性地提出了解决对策。

一 房山区人才创业环境的阶段性特征

一个地区的发展观念、发展环境和功能定位决定了这个地区的人才观念、人才环境和人才定位。在房山区的发展建设历程中，经历三次转型，不同的发展时期反映出不同的人才观念、人才环境和人才定位，人才创业环境也随之呈现出各自的阶段性特征。

在以燕山石化落地房山为标志的第一次转型中，房山区产业发展的重点是从农业生产向工业生产转移，以燕山石化为龙头、以资源开发为主导推动工业化进程。在这种经济发展模式中，人才创业环境的关键因素是资源，也就是企业发展所需的原材料，煤炭、建材、化工等资源型工业产业成为创业人才的首选。在以轨道交通房山线建设为标志的第二次转型中，房山区主动淘汰高耗能、高耗水、高污染的传统资源型产业，开启了以城市化带动工业化拉动现代化的新阶段。在由传统粗放型向现代集约型转变进程中，人才创业环境的关键因素日趋多样，创业人才更多围绕替代产业做文章，新材料、新能源、高端制造、生态农业、特色旅游、文化创意等产业方兴未艾。

2013年以来，伴随房山园被纳入中关村科技园区，依托中关村政策及科技资源，房山区推动产业全面转向"高精尖"，进入了第三次转型阶段。

随着京津冀协同发展重大国家战略的落地,"大众创业、万众创新"以及"互联网+"行动计划等政策的实施,各地对于创新创业人才的竞争更趋激烈,同时影响地区创业环境的因素也在不断增多,如资本、技术、配套设施、发展环境等。这一阶段,人才创业环境的关键因素已经实现由单一向多元转变,优化人才创业环境更多的是一种综合服务。通过对发达地区优质创业环境的构成要素进行综合分析,课题组将其归纳为城市环境、人力资源环境、政务环境、文化环境、产业环境和金融环境6个环境。现阶段房山区优化人才创业环境,不应只局限于某一点、某一方面,而应坚持"党管人才"原则,党政合力、多措并举、综合施策,全方位立体式地给予关爱和支持,让创业人才工作方便、生活便利,有事干、有钱赚、有社会地位、有价值体现,在实现创业梦想的同时助力房山转型腾飞。

二 房山区人才创业环境存在的问题

目前,房山区在人才创业环境方面已经具备了一定的基础和优势,但与国内许多先进地区相比,仍存在较大差距。

(1)城市化发展水平不高,制约了创业人才的集聚。城市环境是人才的生存环境,是吸引高端人才集聚、高科技项目落地的最基本要素。虽然房山区长阳等局部地区城市环境比较优良,但从全区看,发展仍不均衡,重点园区和城市组团城市化水平不高,城市配套设施不完善,在餐饮、购物、娱乐、交通等方面还不能满足人才需要。调研座谈时,很多人才反映,"下班后没地方去,也没有娱乐交友活动场所,只能回宿舍睡觉,年轻人搞对象都是问题"。另外,优质的教育和医疗资源不够丰富,在人才就医、子女入学等方面,与城区存在较大差距。分析其原因,客观上是由于房山为农业大区,基础差、底子薄,虽然自第二次转型以来,房山区坚持以新型城市化为第一拉动力,主动融入市区,形成"三大城市组团、两条城市发展带、一个城市发展环"的发展格局,城市化发展水平不断提升,但是与城区相比仍有不小差距;主观上是部分党员干部群众习惯于"吃资源饭",有"等、

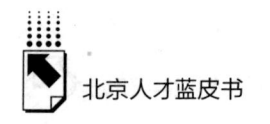

靠、要"思想，推动转型升级、优化环境的意识和本领不强。

（2）产业平台作用不明显，影响了人才创业热情。近年来，房山区不断加大对低端产业的清退力度，重点引进高新企业和重大项目，大力优化发展环境，但是仍没有形成较为明确的产业定位和特色产业聚集优势，特别是高精尖产业体系不明显。比如，全区已经陆续建成了19个商务楼宇，面积达到104万平方米，在建商务楼宇面积近百万平方米，为集聚高精尖产业提供了较为充足的空间，但是对于这些楼宇没有明确的产业定位和规划，产业支持政策力度不大，引导性不强，空间优势转化不到位。在向人才推介房山时，多位创业者提出"房山的产业环境优势不明显，关联产业不多，市场氛围不浓，担心影响企业日后的发展前景"。究其原因，客观上是房山区产业基础薄弱，高端要素缺乏，缺少有效整合，没有形成产学研一体化和产城融合的发展模式；主观上是发展思路不清，部分地区往往因为引进项目的产业定位而对地区的发展方向进行调整，没有因地制宜、突出特色、相互支持，造成产业聚集优势不明显。同时，部分党员干部群众面对京津冀协同发展，"大众创业、万众创新"以及"互联网+"等新形势下出现的新业态，心中无数、把握不准、裹足不前。

（3）政府职能转变不到位，制约了企业落地和发展速度。政务环境是一个地区吸引人才、鼓励创业的核心竞争环境，是人才最为关注的环境。在与中关村管委会创业处相关领导以及各类创业人才的座谈交流中，与会人员普遍反映，"对于创业人才而言，一个让他们信任的政务环境比给更多的资金支持更重要"。从中不难发现，一个审批手续简化、办事效率高、竞争公平的良好政务环境是打造优质人才创业环境的最基础条件、最关键环节和最核心目标。但是在服务型政府建设上，房山区在简化审批手续、提高行政效率等方面仍不尽人意。例如，座谈中部分创业人员提出，"在房山我们一个企业要完成工商注册，就不知道要拜多少衙门，但你看中关村，早就实现了4个工作日内领取'四证一书'"。会出现这种现象，究其原因，客观上是部分注册审批事项存在政策瓶颈；主观上，更重要的原因是部分党员干部思想认识不到位，没有打破利益固化的藩篱，特别是一些掌握企业审批、注册等重大事项的政府部门,服务意识不强,职能转变不及时、不到位,门好进、事难办,致使创业人才"说破嘴儿、跑断腿儿"。

(4)人才聚集程度低,现有人才难以满足高精尖产业发展需要。人力资源的供给环境,是创业企业生存和发展的基础。经过调查和测算,房山区目前人才资源总量约为15万人,专业技术人才和一般技能人才比重较大,存在现有人才层次不高、结构不合理等问题。特别是与产业转型发展的实际需要相比,匹配度不高,还不能满足企业发展的需求。究其原因,客观上是对区外人才的集聚吸附能力不强,对区域内的高校、高端人才挖掘利用程度不足。在对"你认为,在近5年中,房山区的人才流动情况"的调查中,选择"流出大于流入"的比例为60.50%。在对"房山区人才流失,你觉得最主要的原因"的调查中,相比待遇较低、体制机制不活、人文环境较差等选项,选择"发展平台不够"的比例达到59.33%。主观上是缺乏大人才观。以人才培养为例,一些单位对体制内、体制外人才队伍支持力度不均衡,鼓励扶持体制内的人才比体制外的多,常有"我的地盘、我的人"的情况;有的单位不能从"人才强区"的高度来看待人才问题,如出台一些产业政策、招商政策、发展规划时,没有很好地与人才政策对接,往往就产业说产业、就招商说招商,重视引进企业、项目落地,但对企业人才后续的跟踪服务不够,对本地人才结合转型发展的培养力度不够。

(5)金融支持体系不完善,创业发展融资渠道不多。创业企业最普遍遇到的是资金问题。良好的融资环境对企业发展必不可少。从初创的启动资金支持,到推动企业成长和突破的多轮融资服务,包括培育天使投资人,引入风投机构,建立创业投资引导基金、众筹平台等,良好的金融环境是创业者实现梦想的重要保障。但是目前,房山区金融体系不完整,市场不健全,融资渠道匮乏,特别是中小企业融资难的问题没有得到根本解决。政府支持力度不够,缺乏扶持和引导政策。工作主动性差,金融机构与创业者间缺少有效的融资担保平台和沟通服务机制。整个社会的诚信意识不强,社会信用程度不高,没有形成天使投资的氛围和土壤。分析其原因,客观上是由经济社会发展基础决定的,以往资源型产业创业来钱快、挣钱容易,创业人才对

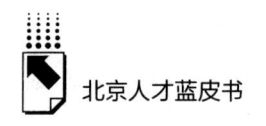

融资问题并不十分在意，但在"大众创业、万众创新"的新形势下，创业人才对融资更加依赖，而目前房山区在打造良好的金融环境方面尚处于探索发展阶段；主观上是一些部门和领导干部对金融环境的打造缺乏力度，认识程度不高，创新方法不多，效果不明显。

（6）社会文化氛围不浓厚，为人才创业提供有效的指导和帮助缺位。一个敢于创新、鼓励创业的社会文化氛围，对于创业者而言是莫大的帮助。目前，房山区还没有形成服务和支持"大众创业、万众创新"的发展理念和导向，缺少鼓励创新、宽容失败的创业文化氛围。座谈交流中，有部分创业者反映，"房山的创业培训未形成完整体系，缺乏专业、系统、可持续的创业指导；缺乏创业咨询、法律、财务等专业服务机构；创业大赛、创业论坛、沙龙等活动不多，没有形成机制；缺少类似车库咖啡的创业平台"。分析其原因，客观上是房山区现有创业者数量不多，没有形成有效集聚，缺少形成创业文化的土壤；主观上是解放思想不够，理念更新慢，创新意识不强，缺乏宣传和扶持引导机制。

三 优化房山区人才创业环境的对策措施

优化地区人才创业环境，是一个复杂的生态系统，其中，打造良好的城市环境、产业环境和政务环境，是决定人才集聚、项目落地的基础环境；培育优质的人力资源环境、金融环境和文化环境，是助推人才成长、企业壮大的创造环境。[①] 全区党员干部群众只有树立开放的、全面的、创新的、科学的发展观，才能有开放的、全面的、创新的、科学的人才观，才能把6个环境要素汇聚成支持服务人才创业的综合体系和房山转型发展的不竭动力。

（1）优化地区城市环境，为创业人才提供高质量的生活配套服务。一方面，以全面清退疏解低端产业、加大环境综合整治工作为抓手，真正彻底

---

① 创造环境是指能够激发人们去进行创造的社会环境。包括社会的组织结构、思想气氛、激励方式，如善用创造性的人才、适宜和鼓励人才流动的机制、尊重创造性人才生活习惯和个性特点以及精神和物质激励等。

地退出低端,彻底淘汰落后,以更好的生态环境和城市形象吸引首都核心功能,为创业人才提供充足的发展空间和比较优势。另一方面,坚持生态环境建设、基础设施建设并重,重点解决绿色生态建设、公共服务、城市建设、社会管理等问题,健全餐饮、娱乐等商业服务体系,建设便捷交通和信息化系统,优化城市空间,塑造城市特色,推进城市功能提档升级。特别是要凸显区位优势,通过与首都新机场连接路的规划和建设,以及京昆高速、京良路等道路建设,破解对外连接的道路问题,打通房山融入京津冀协同发展大局的大通道。同时,继续积极引进优质的教育、医疗资源,为创业人才提供更好的子女教育和医疗服务。

(2) 优化地区产业环境,为人才创业提供市场氛围。围绕房山区"十三五"重点发展产业,以全区规划建设的产业功能区为载体,充分发挥政府引导作用,按照布局集中、产业集聚、土地集约的发展模式,引导区内战略性产业集群式发展。一是大力承接城六区疏解和外溢的高端制造、石化科技、文化创意、健康医疗等优质产业资源;二是建立符合房山区发展的战略性新兴产业目录,同时配套制定关联产业指导目录,为引才创业、引项目落地提供依据;三是对房山区现有的重点园区、楼宇等平台进行规划,通过制定政策措施,引导各平台定位、定向发展,形成产业鲜明的市场氛围;四是加强市场诚信体系建设,打破地方保护主义,营造公平竞争、规范法治的市场环境。

(3) 优化地区政务环境,为人才项目落地提供优质服务。改善政务环境,关键在于党政部门要进一步解放思想、深化改革,要把服务"大众创业、万众创新"作为体制机制改革的首要任务,切实从管理型机关、管理型政府向服务型机关、服务型政府转变。一是加强部门间的有机协调,逐步建立起统筹调控、分工协作的综合协调机制,提高行政效率。重点是要解决部门利益、局部利益对人才资源的不合理分配问题,积极探索人才发展体制机制改革,围绕"谁来管、管什么、怎么管",科学划分人才工作职能部门职责,形成优化人才创业环境的整体合力。二是建立政府绿色审批通道常态化机制,培育和完善法律、咨询等商务环境,降低企业交易成本。三是深化推进商事制度改革，畅通企业注册审批流程。可以参照海淀区"多证联办"（见图1）的做法，为企业提供绿色通道；或学习借鉴北京市首批区县试行"三证合一"[①]登记模式的经验做法，结合房山区实际试点推行，为创业者提供注册审批绿色服务。试点建立"一址多照、集群注册"等住所登记制度，为入驻区内重点楼宇、重点园区的企业提供登记服务。四是加强窗口服务人员队伍建设，转变服务态度。每个窗口部门、每个服务人员，都要自觉树立服务意识，改变"官老爷"的思想和态度，为人才创新创业营造行政规范、廉洁高效的政务环境。

图1　海淀区多证联办服务流程

[①] 2014年下半年，北京市开始在区县探索试点"三证合一"登记模式，即工商营业执照、组织机构代码证和税务登记证"三证合一"登记制度。目前，朝阳区、昌平区、丰台区、平谷区、海淀区、东城区均采取"多证联办"模式，将营业执照、组织机构代码证、税务登记证办纳入"一窗办理"，统一受理，统一发放。通州区、西城区将工商注册号、组织机构代码和税务登记号统一记载于营业执照，实现了"一照三号"。

(4) 优化地区人力资源环境,为创业企业提供优质的人才保障。探索建立政府、社会、单位、个人"四位一体"的人才培养保障机制。一是更新人才观念。教育引导全区党员干部群众树立大人才观,解放思想,积极作为,进一步打破集聚人才的思想壁垒、体制壁垒、利益壁垒、区域壁垒,把包括体制外人才,央属、市属人才在内的各类人才纳入视野,最大限度地优化环境,疏通他们服务地区发展的渠道。二是强化政策保障。重点落实《房山区引进高层次人才、创新创业人才(团队)支持办法(试行)》,加大对创新创业人才的支持力度。同时,利用市场机制吸引全球优秀人才到房山创业发展,设立人才发展专项基金,采用政府购买服务的方式支持人才专项培养,探索建立通过社会第三方开展人才服务的奖励机制。三是搭建支撑平台。充分发挥人才供需平台作用,在功能区和孵化平台建立人才工作站,同时发展社会性专业人力资源服务机构,为创业企业提供人才引进服务。以"百校千才"进房山活动为载体,打造人才宜居环境,吸引大批优秀人才来房山居住和发展。四是加强本地育才。建立人才需求预报、供给协调制度,及时了解功能区建设和企业发展对人才的需求,实施"订单式"培养。

(5) 优化地区金融环境,为人才创业提供融资支持。金融环境是地区经济发展的血脉,是实体经济的供养系统,优化金融环境是企业不断发展壮大的根本。一是设立创业投资引导基金,带动社会资本共同加大对创业的投入,促进初创期中小企业成长;二是完善科技创新投融资体系,发挥区级融资担保平台的作用,通过引进专业的评估、评审团队,健全担保评价机制,以"政府+风投机构"共同合作的模式,为科技型、创新型企业提供资金支持;三是鼓励和支持银行等金融机构,在区内设立专营机构,开展信用贷款、知识产权质押贷款等,为企业提供一站式综合金融服务;四是鼓励和吸引区内外产业投资、创业投资、风险投资等各类金融机构,为创业活动提供融资支持;五是鼓励天使投资人开展天使投资活动,通过线上线下方式实现投融资对接,促进创业人才通过股权融资实现创新创业。

(6) 营造地区文化环境,为人才创业提供指导和专业服务。创业文化的培育需要一定的基础,也需要一个逐步发展的过程,政府要加强引导和培

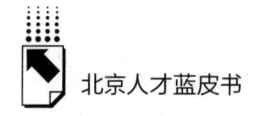

育。一是推动建立创业协会组织。探索建立创业联盟，发挥社团组织的作用，为创业者提供信息交流合作平台。鼓励和支持社会机构、社团组织、创业平台邀请知名创业导师、企业家，定期举办创业指导、创业论坛、创业沙龙、创业大赛等活动。二是引入创业孵化器平台。引入"常青藤"[①] 等专业孵化器，推进创业俱乐部、创业服务平台建设，为入驻企业免费提供创业指导，定期帮助企业进行经营分析，化解创业风险，提高企业成活率。引入创新工场、车库咖啡等机构，为创业者提供开放式的办公环境以及与天使投资人、风投机构的对接平台。三是推动引入各类专业服务机构。引入法律、财务管理、知识产权服务等社会第三方机构，为企业发展提供服务，让创业人才专注于研究企业的核心技术和产品。四是广泛宣传"大众创业、万众创新"的形势和各项政策，以及创业人才的先进事迹，在全区营造鼓励创新、宽容失败的创业氛围。

---

① 常青藤创业园，2014年成为中国唯一一家进入国际孵化器排名前十名的孵化器。

B.11
行政副中心高层次人才队伍建设路径研究

通州区委组织部课题组[*]

摘　要： 本报告根据通州区的行政副中心定位，客观分析了新形势下的通州区经济社会发展变化、行政副中心建设各个领域和重大建设项目的人才供给现状和结构特征。对高学历人才的需求、人才工作和人才发展中存在的诸多制约因素进行了系统全面的研究，并提出破解当前和今后通州区人才发展难题的具体措施和建议。

关键词： 人才工作　通州区　行政副中心

一　调研背景和基本原则

（一）调研背景

2015年7月10～11日，北京市委十一届七次全会提出，要"聚焦通州，深化方案论证，加快市行政副中心的规划建设，2017年取得明显成效"。

---

[*] 课题组组长：付晓辉，北京市通州区委常委、组织部部长，思想政治专业在职研究生，高级政工师。课题组成员：靳国旺，北京市通州区委组织部副部长，社会学硕士；雷晓宁，北京市通州区潞城镇党委书记，通州区博士联谊会会长，经济学博士后；李建国，北京市通州区委组织部人才工作科科长，科学社会主义专业硕士；林学达，通州区委党校副教授，马克思主义哲学博士；陈峰，通州区委党校讲师，马克思主义哲学博士；周红利，北京财贸职业学院副教授，经济学博士；王剑，北京财贸职业学院副教授，地理学博士；刘璐宁，北京财贸职业学院讲师，劳动经济学博士。

通州区作为行政副中心，肩负着服务北京行政事业单位、承接中心城功能转移疏解、推动京津冀协同发展的核心功能。面临着加快完善软硬件设施建设、提升城市管理能力和公共服务水平、发展高精尖产业、优化宜居生态环境、统筹城乡一体化发展、提升城市内涵品质的艰巨任务。从人才工作的角度可以预见，在不久的将来，通州区将面临重大项目相继落地、高端人才需求骤然增长、人才集聚速度不断加快的历史新机遇。同时，也将承受人才诉求更加多元、人才服务压力增加的新挑战。

高层次人才是人才中的中坚力量，决定着人才群体的结构，是对地区经济社会发展目标的实现具有核心意义的人才群体。要想牢牢抓住这个大好机遇，应对好挑战，通州区的人才工作必须紧紧围绕行政副中心的功能定位，立足于服务行政副中心各项事业发展，加快建立集聚人才体制机制，择天下英才而用之，努力打造一支国际化、高端化、适用型的人才队伍，为行政副中心建设提供坚强的人才支撑。

为使人才工作更具前瞻性、科学性、针对性和实效性，通州区及时成立课题调研组，聚焦行政副中心高层次人才队伍建设这一重大问题开展调研。

在调研中，课题组立足行政副中心建设，强化改革创新意识，注重战略性、前瞻性、可操作性和政策性的结合，在中国人事科学研究院所做的"通州区中长期人才发展规划中期评估项目"的基础上，通过重点访谈、实地调研、资料分析等方式，重点分析当前通州区人才现状、高层次人才需求等情况，并结合其他先进地区在人才聚集方面的经验做法，提出通州区高层次人才队伍建设路径。

（二）基本原则

在调研中坚持以下原则：

（1）坚持问题导向，在充分调研人才发展现状的基础上，系统论证行政副中心建设对高层次人才的实际需求，找出现状与目标之间的差距，找准人才发展的短板，并提出解决措施。

（2）坚持发展导向，以行政副中心建设为指引，根据现实中发现的人才需求和主要问题及成因,提供人才战略政策及其执行效果评估的思路,以及人才聚集的途径。

(3)坚持应用导向,从实践中来到实践中去,加强调研的针对性,突出调研对行动计划的决策参考指导作用。

二 行政副中心的战略定位和人才需求

(一)行政副中心建设的重大意义

行政副中心的定位,将通州区提到了一个新的高度。这个定位,不仅仅是市委、市政府着眼于北京未来发展做出的决定,更大程度上,是市委、市政府坚决落实京津冀协同发展这一国家战略而做出的重大决定。京津冀协同发展的核心在于疏解非首都功能,而建设行政副中心,在非首都功能疏解中将起到牵一发而动全身的关键作用。这意味着,通州区的发展已经成为国家战略布局的一枚重要棋子,甚至是"棋眼"。

(二)行政副中心发展和高层次人才需求分析

按照"交通便捷、功能完备、生态优良、职住合一"的要求,今后5年内,通州区必然会按照世界一流的标准加快推进城市建设。城市基础设施必然更加健全完善,交通会更加便捷通畅,城市运行保障能力会更加强大;功能配套会更加优质完备,教育、医疗、文化、体育等资源都将得到快速的发展;生态环境必然会发生巨大的变化,水环境治理会更有成效,绿地公园会更多、更有品位,社会秩序会更加良好;产业发展必然走向高端化,门槛会更高,量级会更大,速度会更快,就业条件会更好。同时,位于京津冀腹地的通州区也必然会积极融入京津冀协同发展。

未来通州区高层次人才的需求将重点从城乡基础设施建设和管理、生态环境治理、教育医疗、文化产业、高端商务、金融服务、现代农业等行业中产生。其中,服务于创新驱动发展战略的高层次科技创新型人

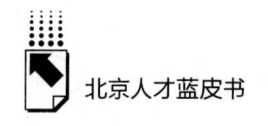

才和具有现代管理能力的管理型人才将是未来通州区高层次人才需求的重点。

三 通州区人才队伍现状及存在问题

调研组对中国人事科学研究院中期评估组回收的问卷进行了分析。此次问卷调查共面向全区各行业人才发放问卷4395份，回收4395份，回收率100%，有效问卷4395份，有效率100%。问卷发放范围覆盖全区相关部委办局以及全部乡镇、街道、产业园区。在问卷调查的基础上，调研组结合北京市人力资源研究中心、通州区统计局的相关数据对全区人才队伍现状进行了分析。

（一）通州区人才队伍规模

截至2014年底，通州区常住人口135.6万人[1]，其中人才约为16.6万人[2]，占全区人口的12.2%。其中，党政人才0.7万人、企业经营管理人才9.9万人、专业技术人才3.8万人、高技能人才1.5万人、农村实用人才0.5万人、社会工作人才0.2万人。

从人才增速来看，根据北京市人力资源研究中心2013年的数据，通州区2013年人才增长速度达到7.5%，名列全市第三。2014年的人才总量比2010年增长52.3%，保持了较快的增长势头。但是，虽然总量增长较快，但相对于朝阳、海淀等人才强区还有着较大差距。资料显示，通州区人才资源总量仅相当于海淀区人才资源总量的1/10。同时，高端人才比例偏低，全区入选"千人计划""海聚工程"的仅有3人，具有国内外领先水平的科技创新人才、团队明显匮乏。

---

[1] 数据来源：《通州区2014年国民经济和社会发展统计公报》。
[2] 数据来源：《北京市通州区中长期人才发展规划纲要中期评估自评报告》。

(二）通州区人才队伍结构①

1. 年龄结构

从年龄结构来看，10.0%的被调查者年龄在25岁及以下，31.2%的被调查者年龄在26~30岁，24.3%的被调查者年龄在31~35岁，12.9%的被调查者年龄在36~40岁，9.5%的被调查者年龄在41~45岁，5.2%的被调查者年龄在46~50岁，4.0%的被调查者年龄在51~55岁，2.3%的被调查者年龄在56~60岁，0.5%的被调查者年龄在61岁及以上。经统计，40岁人员占被调查总数的78.4%，人才年龄结构相对合理（见图1）。

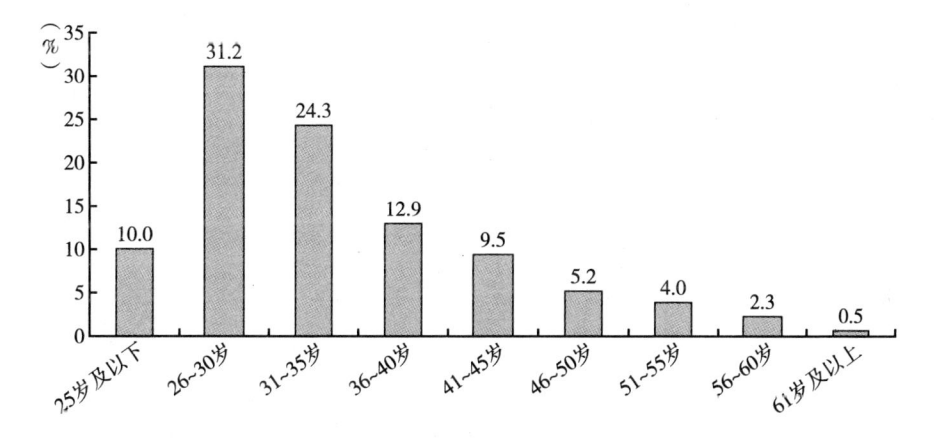

图1 人才年龄分布

2. 学历结构

从学历结构来看，14.9%的被调查者为中专及以下，28.6%的被调查者为大专学历，44.8%的被调查者为本科学历，9.6%的被调查者为硕士学历，2.1%的被调查者为博士学历。有5.6%的被调查者有过留学经历或者国外进修经历；94.4%没有海外学习经历。高学历人才比例偏低，人才国际化水平较低（见图2、图3）。

---

① 本部分数据根据问卷调查数据分析产生。

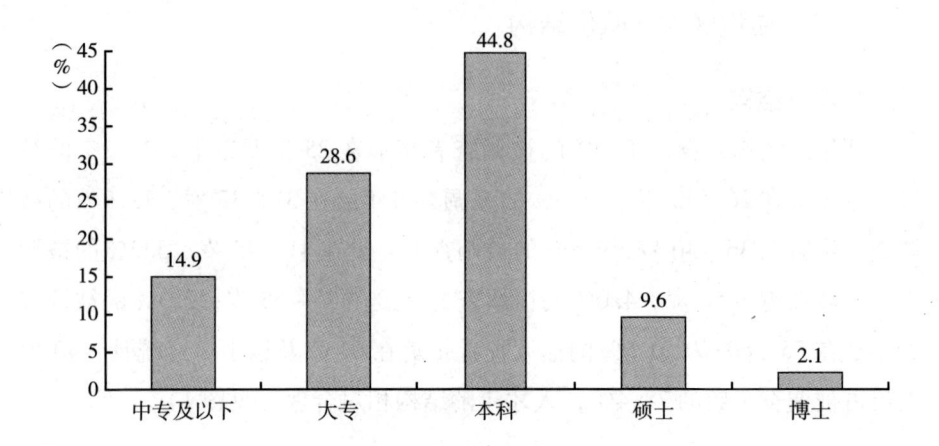

图 2 人才最高学历分布状况

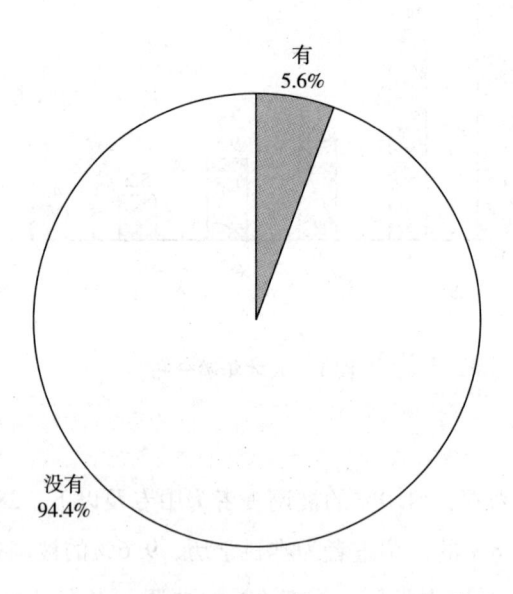

图 3 留学或者国外进修经历状况

3. 技术职称或职业资格等级结构

从技术职称或职业资格等级情况来看，24.7%的被调查者具有初级职称或初级职业资格等级，20.9%的被调查者具有中级职称或中级职业资格等级，7.0%的被调查者具有高级职称或高级职业资格等级，47.4%的被调查者无技术职称或职业资格等级。具有高级技术职称或职业资格等级的人才所占比重偏低，人才队伍的专业化程度有待提高（见图4）。

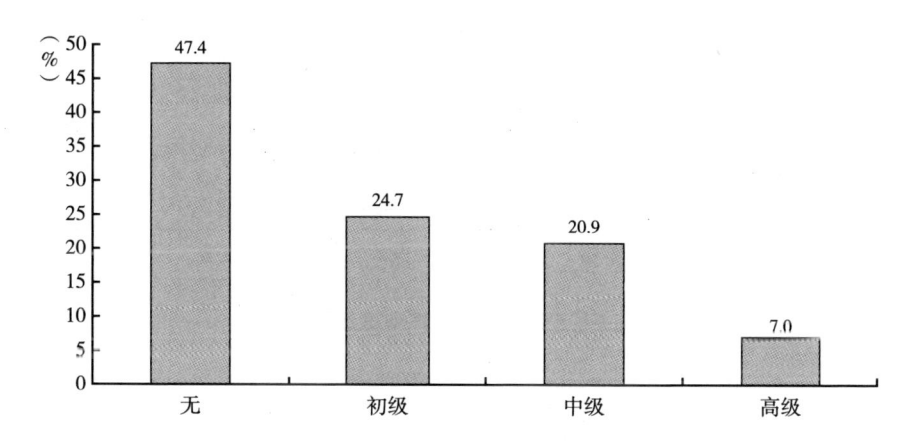

图4　技术职称或职业资格等级状况

4. 产业人才分布

从人才所在单位的产业类型上看，25.5%的被调查者所在单位属于高端制造产业，11.4%的被调查者所在单位属于医疗健康产业，8.9%的被调查者所在单位属于现代物流产业，7.6%的被调查者所在单位属于文化旅游产业，6.3%的被调查者所在单位属于高端商务产业，40.3%的被调查者所在单位属于其他产业类型。从中可以看出，制造业人才比重偏高，未来作为发展重点的医疗、文化、商务产业人才比例偏低，随着非首都功能疏解和行政副中心建设的推进，产业人才结构面临较大的调整压力（见图5）。

四　对未来五年通州区高层次人才队伍建设的建议

按照行政副中心的定位和发展需求，瞄准更高目标谋划和开展好"十三五"时期人才发展的各项工作，提出如下建议。

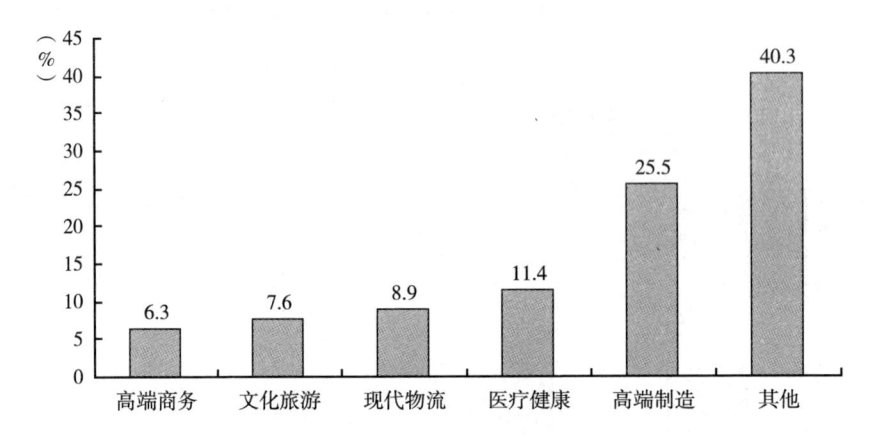

图5 人才所在单位产业类型分布

（一）基本原则

1. 契合深化改革精神，服务创新驱动

契合当前我国全面深化改革精神，激发创新活力，要把人才作为创新的第一资源，注重培养、用好、吸引各类人才集聚行政副中心建设事业，激发全社会的创新活力。发挥市场主导需求和政府塑造环境的作用，发挥高层次人才对高精尖产业结构调整和对各个行业领域的高端引领作用，对行政副中心建设和创新驱动起到明显的促进效应。

2. 立足行政副中心建设，服务新的功能定位

要围绕行政副中心的战略目标，将服务北京人口疏解体现在打造首都核心功能疏解重要承载地的人才需求上；将服务北京建设国际一流和谐宜居之都体现在打造滨水宜居典范区的人才需求上；将服务北京文化中心定位体现在打造文化创新示范区人才需求上；将服务京津冀协同发展的大局体现在打造京津冀协同发展试验区的人才需求上。

3. 着眼人才工作全面统筹，服务重点突破

通过统筹推进，继续分阶段、有步骤地盘活存量人才，挖掘培养潜在人才，大力引进急需人才，持续培养后继人才，提前储备未来人才，实现各支人才队伍在各类行业领域的协调发展。高层次人才队伍建设的项目设计要服从未来行政副中心建设的整体布局，要系统考量行政副中心建设的时序展开、不同行业领域的实际需求、重大项目的进展和投资需求以及市级层面和区级层面相关规划的调整。

（二）基本思路

1. 立足实际，着眼长远

围绕城市建设的新定位，发展高速度和社会管理高水平相统一的要求，针对通州区人才队伍结构现状和高层次人才需求，及时引进一批当前紧缺、长远必需的高端优秀人才，通过人才项目和项目平台发挥高层次人才的种子作用。围绕行政副中心建设的基础，确定一批重点产业、重点项目、重点学科，及时编制高层次人才开发目录，有计划、有层次、有重点地做好高层次人才集聚工作。

2. 优先布局，高端引领

加快实现人才优先发展战略布局，发挥高层次人才对高精尖产业结构调整和对各个行业领域人才发展的高端引领作用；发挥高层次人才对行政副中心建设短期的支撑和未来创新驱动的促进作用，发挥对区域人才工作的全面促进作用。加大高层次人才的引进和培养力度，全方位促进和提升行政副中心建设，必须建设好一支具有强大竞争力和影响力的行政副中心高层次人才队伍。

3. 整体布局，多元有序

在基本思路上，依托人才规划中期实施评估、行政副中心建设重大项目和建设时序设计高层次人才行动项目；注重战略布局，系统优化设计；在集聚高层次人才方式上，引进、引用、培养和识别发现相结合；在产业结构调整上，招商与招才、投资与投才相结合；在评估指标上，高层次人才数量与质量、结构、环境、效益和不同领域有机结合；尤其要重视过去尚未重视、当前需求逐渐凸显、未来成为行政副中心服务保障主力军的社会组织人才和社会领域人才的指标设计。

4. 政策鼓励，尊重规律

制定出台引进紧缺急需的高层次人才的政策意见和实施细则，激励有关部门和企业自觉做好引进工作，吸引各类优秀人才投身行政副中心发展和建设；探索各具特色的激励、约束、评价管理办法，形成责任明确、操作规范、运行高效的紧缺急需的高层次人才引进培养管理机制；充分尊重人才成长规律，突出以用为本，坚持在实践中识别人才、培育人才、凝聚人才，突出高层次人才在各自领域的全面引领和工作促进作用。

5. 提升理念，创新探索

通过探索建设人才管理综合改革试验区，立足体制机制创新，激发通州区人才工作活力，增强通州区对高端人才的吸引力和承载力，更好地聚集行政副中心建设所需要的优秀人才。从行政副中心的功能新定位提出人才改革创新举措，形成加速提升传统人口素质、服务北京市功能资源的承接、京津冀协同发展的人才工作新格局。

（三）具体举措

1. 创新高层次人才集聚方式

（1）积极探索人才管理改革试验区建设。结合行政副中心的综合性定位，提出交通便捷、功能完备、产城融合、职住合一的具体要求。因此，要结合通州区实际，立足综合定位，在市级乃至更高层面上，整合教育、医疗、科技、文化、金融、户籍、财税等多方力量共同推进，打造通州区人才综合管理改革试验区，从而实现区域人才工作的快速发展。

（2）促进人才与产业的融合发展。精心研究未来五年行政副中心重点投资建设的核心工程和实施的重大任务，重点关注京津冀协同发展的调整内容和纳入到北京市层面的规划内容，通过制定《通州区人才导向目录》，指导全区有针对性地引进一批符合产业发展需求的高层次人才；依托重大项目和产业发展定位促进人才集聚，依托中央地方人才项目，聚集一定数量的高层次人才。

（3）加强创新创业平台建设，初步形成区域创新体系。以各大园区为主要平台，引进、培育一大批科技含量高、技术密集、知识密集、人才密集的现代服务业企业。积极争取中央和北京市重大投资项目落地，吸引总部型、服务型、研发型的"高精尖"企业和高端人才集聚；加快集聚一批能够推动重点产业提升、带动新兴产业发展的高端人才和创新创业团队；发挥行业领军人物和高精尖产业对高端人才的集聚作用。同时，全面塑造创新创业氛围，充分发挥区域资源、科技资源、智力资源优势，积极搭建、拓展和提升创新创业人才发展平台。

（4）创新区域人才共同体，推动京津冀人才一体化发展。围绕三地产业结构的优化和互补，加强与京津冀区域内重点高校、科研机构和市有关部门的人才合作，依托多种人才载体加强对区外专家资源的整合利用，促进京津冀人才一体化发展。依托"通武廊"人才工作联席会，积极开展"通武廊"人才合作模式的研究，在更多领域探索实施三地人才合作项目，深入推进区域人才合作，打造京津冀协同发展示范区。

2. 创新设计人才服务平台

（1）发展智库型社会组织。依托专家顾问团、博士联谊会凝聚一批高端人才，打造高端人才集聚的智库型社会组织，为政府提供规划设计、政策咨询、理论研究、项目论证等智力服务。并通过高端人才举荐，吸纳更多智力资源参与到行政副中心建设的各项事业中来，为各类高层次人才搭建知识、信息交流沟通平台，拓宽高端人才服务行政副中心建设的形式与途径。

（2）搭建项目合作平台。整合发布政府部门、产业园区、重点企业的项目计划，将需要专家、智库参与的项目进行集中展示，通过公平竞争的方式引导专家团队、智库组织参与到项目中来，实现项目与专家的对接。

3. 创新人才激励政策

（1）围绕全面深化改革和服务创新驱动大势，重点加大创新孵化体系和人力资源市场建设，创新分配制度和人才激励政策，更好地激发人才发展活力；坚持问题导向，重点从公共服务、社会管理、城市建设的人才发展层面加大研究力度，重点解决人员编制不足、职称评定岗位受限、社工待遇不高、社会组织缺乏活力、专业技术岗位人才专业素质不高等问题。

（2）探索以政府奖励为导向、用人单位奖励为主体、社会力量奖励为补充的多元化人才奖励和评估体系；在评价机制上，以业绩、能力为取向，坚持社会认可、业内认可的人才评价标准；逐步建立团体举荐、行业推荐和个人自荐相结合，覆盖各行各业的领军人才遴选制度；对领军人才实行动态管理，做到有进有出，不断激发高层次人才服务行政副中心建设的激情和活力。

（3）调整人才奖励资助政策。从重人才的"进"到人才的"进""养"并重，从单纯的伯乐"选马"政策"引马"，逐步扩展到对现有人才的"赛马"，从而全方位激活存量人才和增量人才的创新活力。

4. 统筹兼顾推进各支人才队伍建设

（1）在企业经营管理类人才中培育行业高端人才，契合产业布局储备相应的战略人才；加强国企后备领导的实践锻炼，培养造就一支职业素养强，熟悉市场运行规则，具有战略眼光、市场开拓精神和社会责任感的优秀企业经营管理人才队伍。

（2）围绕行政副中心建设的功能定位和需求，统筹做好中高层次专业技术人才的培养选拔工作，在人才中培养和引进一批中青年专业技术骨干和学术、技术带头人。根据行政副中心教育、医疗资源的承载现状，继续发挥人才的高端引领作用。

（3）创新高技能人才培养。在"首席技师工作室""职工创新工作室"的基础上，继续加大对技能型人才的培养力度，研究出台高技能人才培养支持政策，调动企业培养高技能人才的积极性，引导市场培训机构参与高技能人才培养，在全社会营造重视高技能人才的良好氛围。

（4）针对行政副中心的服务能力要求和现有社会工作人才队伍的现状，在数量增加和培训提升的基础上，继续加强高端专业社会工作服务机构建设，并遴选部分高端人才集聚的社会组织，指导推动区社会工作创新发展，带动社区工作者职业化水平提高。

（5）推进科技创新人才队伍建设。积极落实激励科技人才创新创业政策，加强对创新成果的知识产权保护与创新成果转化应用的支持；积极指导企业加强与首都高等院校、科研机构人才对接工作，促进人才培养和科技成果转化；推进科技人才队伍建设，服务行政副中心创新驱动。

（6）根据核心区定位，吸引一批银行、证券、保险、期货等金融机构及其总部入驻，集聚一批股权投资、资产管理、风险投资、产权交易、融资信托、专业协会等高端金融中介服务机构，为金融人才集聚发展提供载体平台；优先引进熟悉经济和产业政策、准确把握产业发展动态和规律的金融人才。

（7）推进文化人才队伍建设。立足行政副中心的特色发展和"通州味"，围绕保护地方特色传统文化、大力弘扬运河精神、发展运河文化集聚一批文化人才；加大文化创意人才引进与培养力度，引进和培养一批富有创意、善于创业的文化创意人才和具有国际视野、勇于开拓的文化产业经营管理人才；创新文化创意人才平台建设，做好文化人才的引进、培养和推介。

5. 强化实施保障

（1）加强组织领导。坚持党管人才原则，完善党委统一领导，组织部门牵头抓总，有关部门各司其职、密切配合，社会力量广泛参与的人才工作格局。区人才工作领导小组全面负责统筹协调和宏观指导，建立党委常委会定期听取高层次人才行动工作专项汇报制度，完善党委及其组织部门直接联系专家制度。

（2）强化责任落实。建立党委、政府人才工作目标责任制，加大各级党政领导班子综合考核指标中人才工作的考核权重。建立年度任务检查评估制度和方法，定期跟踪执行情况，提出改进措施。各单位要按照重点任务分工表，研究制订具体实施方案，明确工作时间进度和责任人，并报区人才工作领导小组办公室备案。

（3）加强监督检查。区人才工作领导小组办公室负责研究制订人才行动计划的操作方案，按照年度效果制定指标进行考核，跟踪执行情况，并协调相关单位完成实施目标，或者提出改进措施。

（4）加大资金投入。加大对科技创新、技术攻关、人才培养和社会创新项目的资助力度；优先保障行动计划实施所需配套资金；完善人才引进、

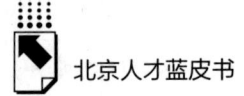

培养和开发的政府投入机制，优化扶持政策，加大支持力度，落实保障人才投入的财政资金。在重点支持和促进以人才培训为主要内容的人力资源建设以外，要加强政府引导，鼓励企业和社会组织建立人才发展基金，多渠道吸引和募集社会资金。

参考文献

［1］北京市委、市政府：《关于贯彻落实京津冀协同发展规划纲要的意见》，2015。
［2］北京市通州区统计局：《通州区2014年国民经济和社会发展统计公报》，2014。
［3］北京市通州区委组织部：《北京市通州区中长期人才发展规划纲要中期评估自评报告》，2015。
［4］北京市通州区委组织部：《北京市通州区中长期人才发展规划纲要中期评估第三方评估报告》，2015。

B.12
顺义区建设临空经济高端人才聚集区路径研究

顺义区委组织部课题组*

摘　要： 本报告结合顺义临空经济区产业布局特点及发展规划，对区域内人才队伍建设的现状及存在的问题进行全面的分析和梳理，重点针对建设临空经济高端人才聚集区的主要任务和路径，着力研究破解制约人才发展的体制机制障碍。通过借鉴其他地区人才管理改革实验区建设的实践和经验，从加快临空高端产业聚集、重点聚集相关产业人才、创新人才工作机制、加强人才平台建设、优化人才发展环境等几个方面对顺义区如何建设临空经济高端人才聚集区提出可行的建议和对策，进而为首都人才工作的发展和创新提供借鉴和参考。

关键词： 临空经济　高端人才　人才聚集区

在落实"四个全面"战略部署和推动京津冀协同发展的背景下，加大

---

* 课题组组长：车克欣，北京市顺义区委常委、组织部部长，工商管理硕士，主要研究方向为人力资源开发与管理、干部人事制度改革、基层党组织建设等，高级经济师。课题组成员：张洁，北京市顺义区委组织部副部长，法学硕士，主要研究方向为人力资源管理、基层党组织建设，高级政工师，助理研究员；蔡宇，北京市顺义区委组织部人才工作科科长，信号与信息处理博士，主要研究方向为人力资源管理、科研管理，助理研究员；闫华，北京双高志远管理咨询有限公司副总经理，工商管理硕士，主要研究方向为人力资源管理；贺彦伟，北京双高志远管理咨询有限公司经理，人力资源管理硕士，主要研究方向为人力资源管理。

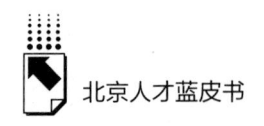

高端人才的引进、培养、聚集已成为新形势下落实党管人才工作和服务首都城市战略定位的重中之重。在顺义区建设临空经济高端人才聚集区是深化人才工作体制机制改革和政策创新、在日趋激烈的人才竞争中把握主动权的重要抓手，对推动"四个转型升级"，实现"建设绿色国际港，打造航空中心核心区，共筑和谐宜居新家园"的目标具有重要战略意义。为进一步建立健全临空经济区高层次人才的引进、培养、使用、评价、激励、服务保障，加快推进临空人才高端化、集群化和一体化建设，完善人才发展机制，形成具有临空特色、全面系统的人才管理改革试验区，我们开展了本课题的研究工作。

一 研究背景

党的十八大以来，习近平总书记站在党和国家事业全局的高度，对人才工作提出了一系列新思想、新观点、新论断。总书记指出，要建立集聚人才的体制机制，营造人才发展的良好环境，建设规模宏大的高素质人才队伍。北京市委对人才工作也高度重视，郭金龙书记强调，人才是国家最宝贵的战略资源，是高层次的发展要素。在2015年初召开的全市组织部长会议上，姜志刚部长专门提出要在高端人才集聚上实现突破。人才是干事创业的基础，是决定事业成败的关键。当前，顺义区正朝着"建设绿色国际港，打造航空中心核心区"的目标前进，在这一时期，更迫切需要一切有利于临空经济发展的人才充分聚集，充分打造区域人才高地。思考和探索这些问题，既是对中央、市委新精神、新部署的积极回应，又具有迫切的现实意义。

临空经济区是北京市重点建设的六大高端产业功能区之一，区内汇集了众多知名的航空运输类企业、战略性新兴产业、产业金融类企业以及会展类企业。近年来，顺义区不断壮大临空经济，建设以高端现代制造业和现代服务业为支撑的国际流通网络的重要节点，成为国内外交往的枢纽区域，国际人流、物流、信息、技术、资金流等进入首都的枢纽和集结地。在顺义区建设国际高端临空人才聚集区，有利于实施人才引领创新、创新驱动发展的人才强区战略，加快吸引聚集广大国际高端临空人才来区域创新创业，全方位塑造立足首都、服务全国、面向全球的"临空服务"品牌，有利于促进区域经济转型升级，把顺义建设成为首都东北部中心城市，助力首都外向型经济发展，强化首都全国科技创新中心的核心功能。临空经济高端人才聚集区作为北京市继东城、西城、朝阳、经开区之后第五个人才管理改革实验区，已列入全市人才工作重点任务，上升为市级人才发展战略。在这样的背景下，我们旨在以课题的研究成果为临空人才聚集区的建设提供理论遵循和实践参考。

二 临空经济的产业类型及国际经验

（一）临空经济的基本内涵与主导产业

基本内涵：临空经济作为依托机场资源的一种新型高端区域发展模式，对地方经济有着非常重要的促进作用。它是指随着航空运输（客流、物流）为动力特征的空港口岸聚集效应不断增强，引发周边产业的调整与协调，形成以临空型制造业集群和服务业集群为特色的产业集群，在机场周边形成经济发展走廊，最终形成以临空指向产业为主导、多种产业有机关联的独特经济发展模式。

主导产业：依据国际经验，临空产业主要包括四类：一是以航空运输为主体的航空类产业，主要是围绕航空公司基地产生的航空服务业和航空制造业；二是依靠和利用航空运输的临空型高科技制造业，无论是原材料、零部件还是产成品都具有体积小、重量轻、附加值高、市场变化快等特点，对航空运输的依赖性高，包括电子信息、生物医药以及珠宝加工等临空型高科技制造业；三是以商务活动为主要内容的信息密集型产业，主要是公司总部、区域总部以及会展、旅游、会计、审计、咨询、广告、法律金融服务及数据处理等信息密集化的企业；四是具有保

税性质的航空物流产业，国际上各大机场周边都分布着以快递业为主的物流企业。

（二）临空经济发展的国际经验

1. 便捷的综合交通网络是临空经济发展的必要元素

纵观国际上的临空经济区，综合交通的便捷性是临空经济区不可或缺的元素。法兰克福地区拥有飞往德国及世界各主要城市的空中客运航线、四通八达的货运航线以及密如蛛网的地面交通网，是德国基础设施最好的地区之一。仁川国际机场有各种交通手段连接机场与各地市中心，在首尔任何一个地方，在一个小时以内均可抵达仁川机场。

2. 机场的服务能力和服务效率是临空经济发展的动力

机场是临空经济发展的基础，机场的大小以及机场的辐射范围决定了临空经济的影响范围，机场的客货运量直接影响临空经济的总量和增长速度，机场的发展规划、定位与临空经济的发展息息相关。如处于美国东西两岸中心的美国达拉斯－沃思堡地区，其机场提供飞往133个国内目的地和36个国际目的地的直飞服务，其良好的区位和服务能力成为多家企业选择该地区的主要因素。

3. 生产性服务业在临空经济区发展潜力巨大

枢纽机场由于其强大的客货集散能力和全球易达性，使物流、培训、金融、咨询等生产性服务业环节聚集在临空经济区。而航空制造产业由于产业链长、技术含量高，且生产工艺复杂，也对生产性服务业提出了更多的需求，例如，中部机场城、樟宜机场城、哥本哈根机场城等临空经济区内都有统一规划的物流区；香农机场自由区、孟菲斯、西雅图以及蒙特利尔临空经济区都设有多处培训机构；仁川机场自由区和达拉斯－沃思堡机场布局了多家金融机构。

4. 贸易经济是枢纽机场临空经济发展的主导

枢纽机场作为客货中转站，天然的区位优势和强连通性使其成为国际贸易发展的最佳场所。从世界上枢纽机场周边经济行为的演进来看，贸易经济是一条贯穿临空经济发展的主线。香农自由区最早设立的目的是吸引外资、发展外向型企业，目前区内企业已从最初的以贸易产品制造为主发展到今天的以贸易服务业为主。

5. 配套的文化教育科研机构是临空经济发展的重要支撑

成熟的临空经济发展，将吸引很多公司地区总部以及研发机构集聚，这就需要相应的文化教育和科研机构配套，为临空经济区提供知识密集型高技术企业所需要的人才，促进生产力与科技的结合，创造出更多的财富。雄厚的科研教育基础，是一个地区向高端发展的重要动因。

三 北京临空经济区产业发展现状

北京临空经济区作为全国临空经济的发源地，享有得天独厚的区位优势和政策资源。经过近20年的发展，临空经济区已成为推动首都经济增长不可替代的重要力量。一是临空经济空间格局初步确定。经过功能区的全面整合，目前临空经济区已形成以天竺综合保税区、临空经济核心区、科技创新产业功能区等区域及机场周边6个重点镇为平台的高端产业功能区。从空间上看，临空经济区是以首都国际机场为中心，以六环路为界，六环路内外形成了临空经济核心区（空港城地区）、临空经济发展区两大区域。二是临空产业体系基本形成。目前临空经济区已形成航空产业、物流产业、临空高新技术产业、现代制造业、商务会展等特色产业共同推动，战略性新兴产业、现代服务业快速发展的产业体系，聚集了400余家航空类企业和3300余家临空型企业，拥有世界500强企业30余家。三是临空经济指标高速增长。2014年，天竺综保区实现进出口总值790.5亿美元，属地税收7亿元；临空经济核心区累计实现工业总产值387.9亿元，税收82.5亿元；中关村顺义园实现总收入1590亿元，属地税收176亿元。

围绕顺义区"建设绿色国际港，打造航空中心核心区"的战略目标和"把握三个阶段性特征，推动四个转型升级"的工作总要求，临空经济区的产业发展还存在以下问题。

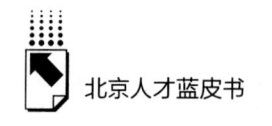

（一）航空枢纽服务业聚集度不够

临空经济区缺乏具有全球航空资源配置功能的国际性民航组织，国外大型航空公司地区性总部以及服务全球航空企业的运营管理、教育培训、技术维修、航空信息等航空服务机构。同时，北京地区近半数的航空类管理机构未落户在这一区域，航空研发、制造、运营、服务等环节聚集程度不高，彰显国际航空中心核心区特色的产业体系尚未形成。

（二）临空高端产业集群未真正建立

目前临空经济区已基本形成航空、汽车两大千亿级的产业群，但航空运营管理、发动机研发、航空培训、航空租赁等高端产业领域未充分开展，依托北京汽车、现代汽车形成的汽车生产制造基地也主要以传统的生产加工制造为主，高端研发、销售领域未充分开展。传统生产制造类企业仍占较大比重，以"知识密集、资本密集"为特点的高端产业集群未真正形成。

（三）各园区产业协同效应不明显

经过近两年的园区整合，目前临空经济区形成了包括天竺综保区、临空经济核心区和科技创新产业功能区在内的三个主要功能区。由于历史原因，各功能区产业形成存在一定的自发性，虽然目前各功能区产业定位有所区分，但从整体看，各功能区及周边乡镇的产业定位存在交叉，产业集中分布不够，各园区之间还缺乏有效的分工与协作关系，尚未真正实现融合发展。

四 临空经济区人才工作现状及存在的问题

在区委、区政府的重视和支持下，顺义区的人才工作力量不断加强。一是完善工作运行机制。建立区人才工作领导小组，形成了区委统一领导、区委组织部牵头抓总、有关部门密切配合的"党管人才"工作格局。二是健全人才政策体系。先后出台了《顺义区委关于加强党管人才工作的意见》《顺义区关于加强高技能人才队伍建设实施意见》《顺义区优秀青年人才认定工作办法》《顺义区人才工作创新项目认定支持办法》《顺义区战略后备人才培养工程实施办法》《顺义区农村实用人才示范实训基地认定管理办法》《顺义区加强党委联系服务专家工作办法》《加快区域科技创新体系建设实施创新驱动发展的意见》《顺义区医疗卫生服务水平提升三年行动计划（2014～2016年）》《顺义区促进金融产业发展办法》《顺义区创业摇篮计划实施方案》《关于促进女性人才成长工作的实施意见》等文件，初步构建了人才培养、使用、奖励等人才队伍建设的政策框架。三是加大载体建设力度。先后建成博士后科研工作站8家、博士后（青年英才）创新实践基地3家和基地工作站12家、院士工作站4家、国家重点实验室1家、国家级企业技术中心6家、市级企业技术中心34家、市级科研机构20家，为吸引、培养高层次人才提供了重要的平台。

在创新驱动发展战略以及北京市科技文化创新"双轮驱动"发展战略的形势和要求下，临空经济区的高层次人才总量在日益激烈的区域经济竞争中还不具有竞争优势，人才发展观念需要进一步更新，人才发展机制需要进一步创新，人才发展环境需要进一步优化，人才队伍高端化发展需要进一步推进。

（一）高端人才明显不足

高端人才，指具有强烈的爱国主义精神和良好的思想政治素质、职业道德、人格修养，具有善于学习和熟练运用专业知识的能力、引领本产业本领域发展的能力、持续创新的能力、优秀团队建设的能力及发现和培养人才的能力，在所在领域发挥标杆旗帜作用，对临空经济区做出突出贡献的各类人才。从人才种类上看，包括高级专业技术人才、高级经营管理人才、高技能人才；从人才层次上看，包括国家级领军人才、地方级领军人才和青年后备人才三个层次。高端人才是临空经济区科技创新的原动力和经济发展的生力

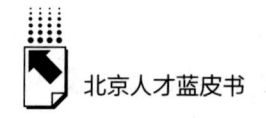

军。但从目前现状看,临空经济区高端人才普遍短缺。

学历方面。根据顺义区人力资源统计管理系统的数据①,硕士及以上学历占2.75%,本科学历占17.93%,大专占20.07%,中专及以下占59.25%,高学历人才严重不足(见图1)。通过问卷调查发现,在接受调查的人群中,年龄在31~50岁的占比为67.43%,有海外留学经历的人员占比不足6%(见图2)。

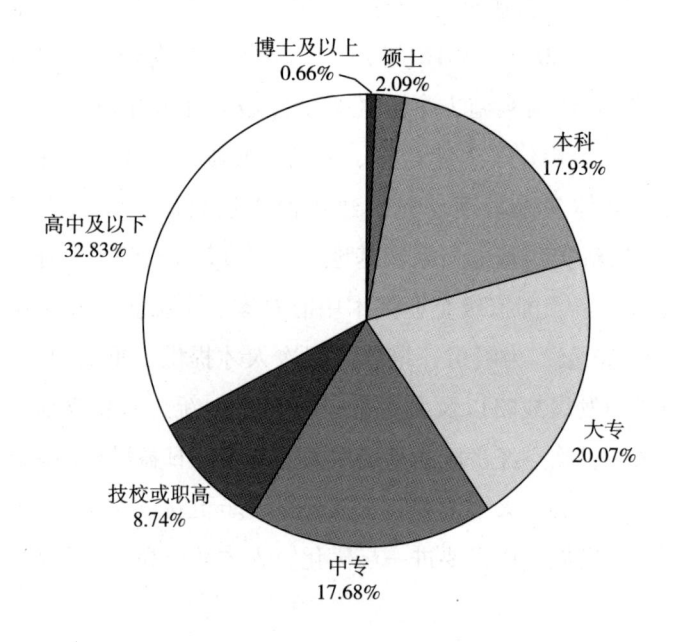

图1 学历结构

职称方面。根据顺义区人力资源统计管理系统的数据,具有职称的专业技术人才16538人,占人力资源总量的8.5%。其中正高级506人、副高级895人、中级5568人、初级9569人。高职称人员占职称人员的8.47%(见图3)。

技能方面。根据顺义区人力资源统计管理系统的数据,生产技能型人员

---

① 目前该系统统计范围包括首批纳入的748家规模以上企业。

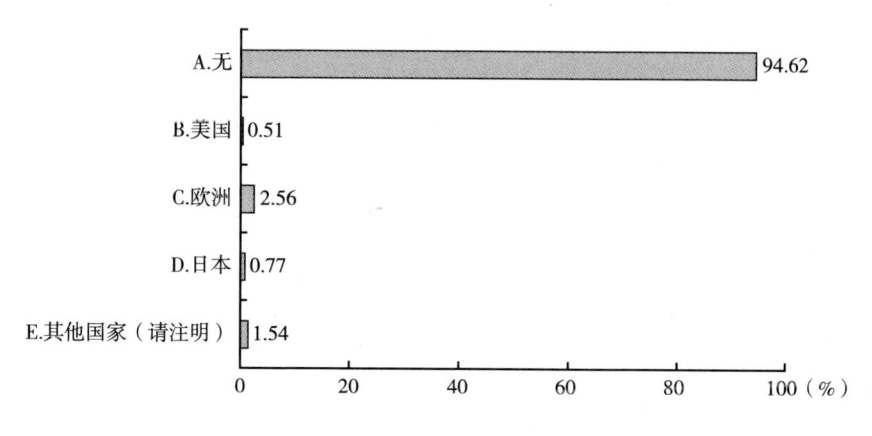

图 2 "您的海外留学经历?"

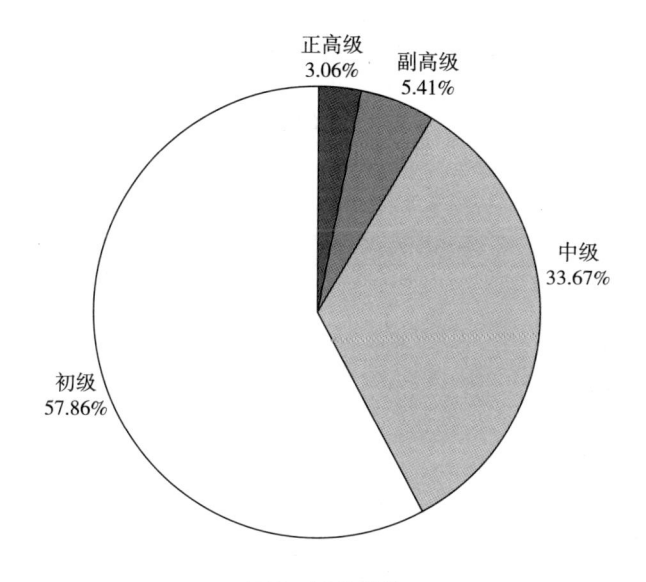

- A.无 94.62
- B.美国 0.51
- C.欧洲 2.56
- D.日本 0.77
- E.其他国家（请注明） 1.54

图 3 职称结构

- 正高级 3.06%
- 副高级 5.41%
- 中级 33.67%
- 初级 57.86%

106925 人，具有技能等级的 20363 人，占 19%。截至 2014 年末，高技能人才总量为 2.2 万人，占技能人才的 13%，高技能人才存在短缺（见图 4）。

海外工作经历方面。根据问卷调查结果，在参与调查的人群中有海外工作经历的人员占比不足 5%（见图 5）。

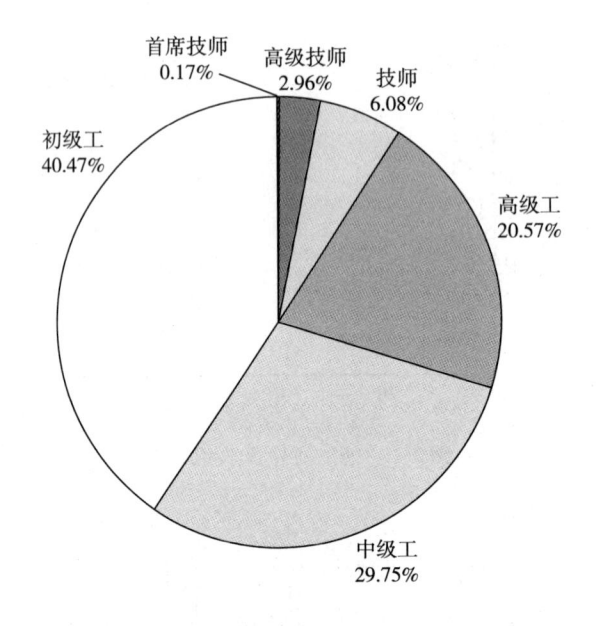

图4 技能结构

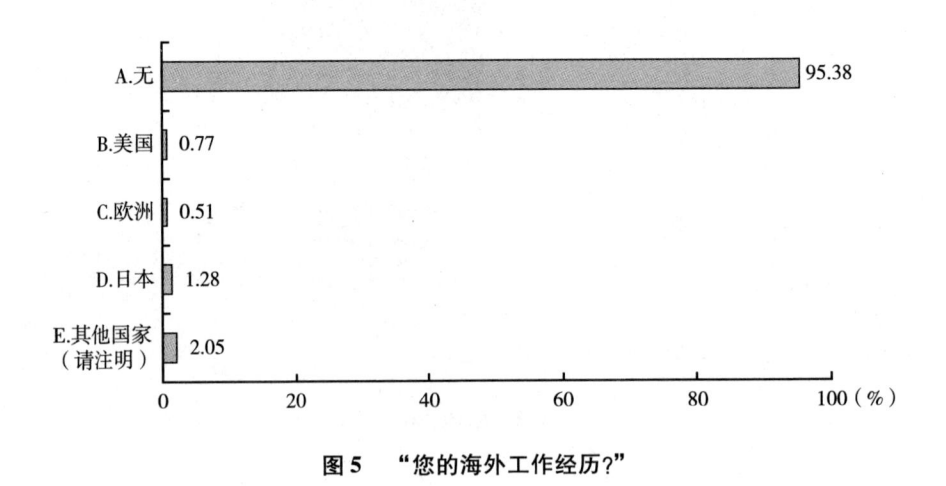

- 首席技师 0.17%
- 高级技师 2.96%
- 技师 6.08%
- 高级工 20.57%
- 中级工 29.75%
- 初级工 40.47%

图5 "您的海外工作经历?"

- A.无 95.38
- B.美国 0.77
- C.欧洲 0.51
- D.日本 1.28
- E.其他国家（请注明）2.05

（二）人才工作需进一步提升

人才重视程度有待加强。企业是人才工作的主体，很多企业对人才的重视程度不足，只重产出不重投入，招才引智的主动性不强，不愿意在引进人才方面花费一定的成本，又缺乏长远的人才规划。另外，一些政府职能部门对人才的服务意识和服务效率有待提高，人才服务工作创新力度不够。

人才引进渠道亟须拓宽。目前临空经济区的人才引进，主要是企业的自主行为，单个企业在人才引进时，缺乏影响力，无法较好地吸引高端人才。调查显示，在"您认为贵单位的核心人才是否短缺"一题中，选择"缺口很大"的占19.23%，选择"缺一些"的占66.67%，这些都说明高层次人才的引进已迫在眉睫。

人才评价手段需要丰富。目前的人才评价主要依据学历、职称等因素，难以结合企业对人才的实际需求，不能真正根据人才的实际水平和贡献等因素进行综合考量，现有的人才评价使企业中的高端人才无法享受到相应的优惠政策。

人才培养需进一步加强。目前临空经济区的人才培养，主要以企业自主培养为主，高端人才的培养缺乏系统的规划和常态化运行，人才培训投入不足，更多的培养和培训集中在初中级职业资格培训等基础培训方面。

人才服务网络有待健全。各职能部门尚未形成同步规划、同步部署、同步实施的整体性人才开发体制；政府与企业日常信息的沟通、传递机制有待完善；各类高层次人才学习、交流的活动还需进一步丰富化和制度化。

五 临空经济区人才需求及满意度分析

（一）生活环境需求分析

初级教育需求较大。高端人才非常重视子女教育，调查发现，子女教育处于幼儿园和小学阶段的人员占比分别为36.67%和21.67%，总和超过了半数。但由于目前学校的属地化管理，各园区没有配套的幼儿园及学校，为高端人才配套区内优质学校资源也没有正常的协调机制（见图6）。

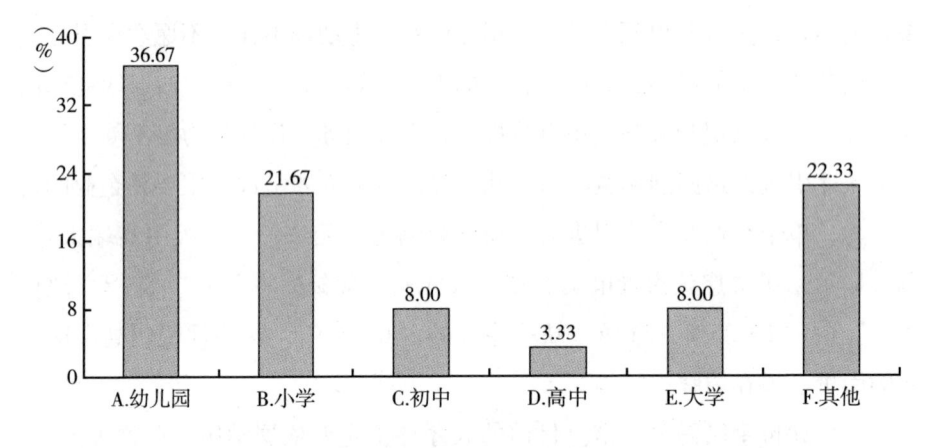

图6 "您子女的求学阶段？"

高等教育及科研资源缺乏。目前顺义区的高等院校和科研院所十分缺乏，难以依据产业发展方向为区内企业输送充足的优质人才，也无法充分推动高校、科研院所与企业开展合作，共同促进区域人才培养、营造科技创新的良好氛围。

生活配套设施及交通急需完善。调查发现，生活中人们最需要解决的问题是周边配套设施不足，缺乏就餐、购物、休闲场所，其次是交通问题。一些园区地理位置比较偏僻，基础的生活配套明显不足，满足高端人才购物、文化、休闲的场所更是有限。另外，首都机场周边交通设施布局不够合理、道路资源不足等问题长期存在，影响了首都机场的通达性和机场与周边地区的融合发展，虽然顺义目前已有地铁、高速公路，但从地铁到园区的"最后一公里"问题尚未解决，有些园区公共交通仍不发达，这都制约了人才的吸引和保留（见图7）。

社会及人文环境有待加强。由于历史因素和宣传不足，顺义区在很多人印象中仍是一个农业、制造业大区，是一个"招工"的地方，而不是高端产业和人才聚集的地方，另外顺义区与国际水平接轨的医疗、文化、体育等公共服务设施存在不足，这也在一定程度上影响了对高端人才的吸引。

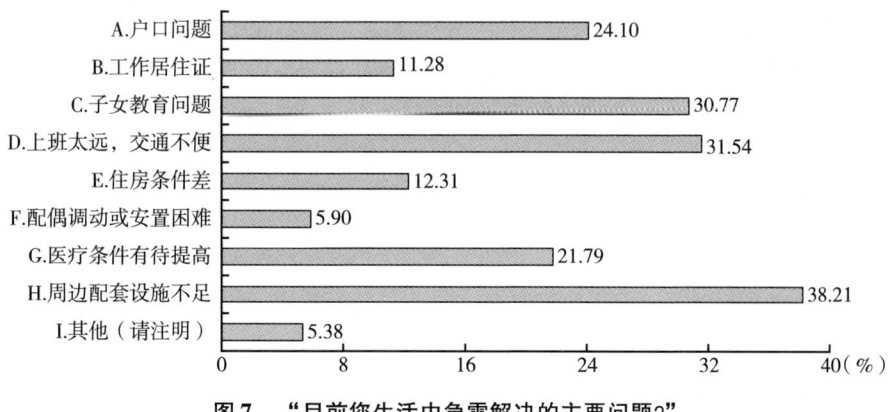

选项	百分比
A.户口问题	24.10
B.工作居住证	11.28
C.子女教育问题	30.77
D.上班太远，交通不便	31.54
E.住房条件差	12.31
F.配偶调动或安置困难	5.90
G.医疗条件有待提高	21.79
H.周边配套设施不足	38.21
I.其他（请注明）	5.38

图7 "目前您生活中急需解决的主要问题？"

（二）工作环境需求分析

企业对人才集聚发挥举足轻重的作用。企业是人才发展的主要载体，依托产业、企业集群吸引、培养、聚集高端人才资源，是人才聚集的重要途径。调查发现，目前人才到临空经济区工作的主要原因是单位入驻园区和区内有知名企业，有利于事业发展（见图8）。

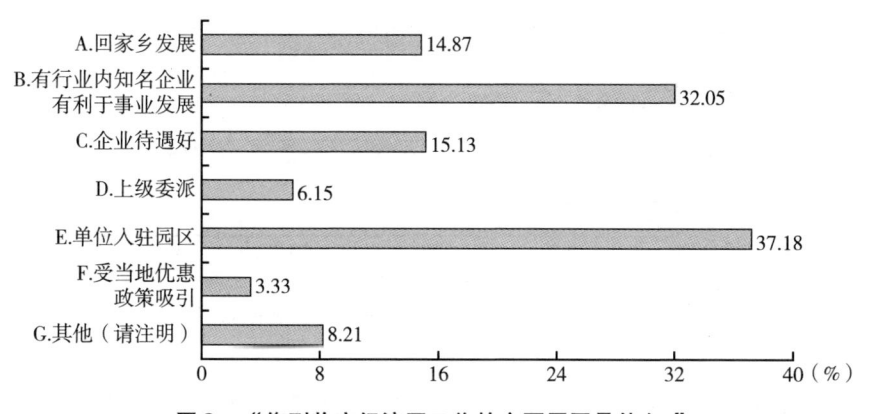

选项	百分比
A.回家乡发展	14.87
B.有行业内知名企业有利于事业发展	32.05
C.企业待遇好	15.13
D.上级委派	6.15
E.单位入驻园区	37.18
F.受当地优惠政策吸引	3.33
G.其他（请注明）	8.21

图8 "您到临空经济区工作的主要原因是什么？"

工作待遇和企业知名度是吸引人才的重要因素。在"影响您到一个地区就业的重要因素"一题中，"优越的工作待遇"和"企业知名度和发展前景"分别排在了第一位和第二位（见图9）。

北京人才蓝皮书

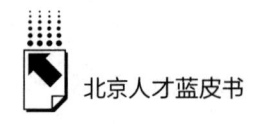

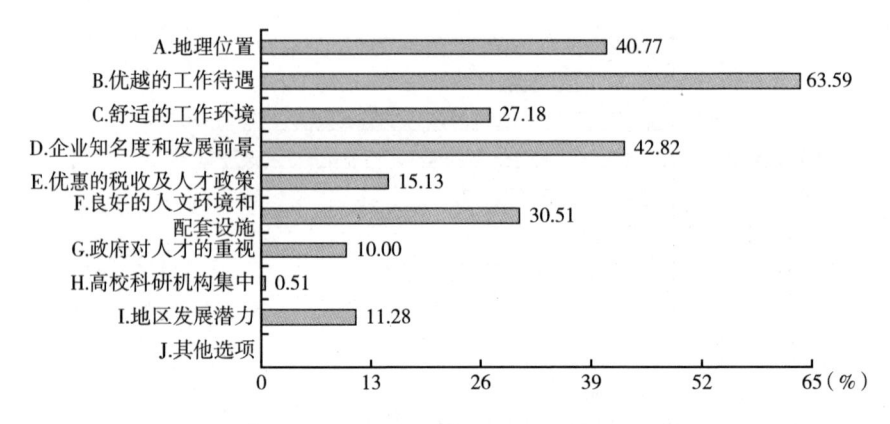

选项	百分比
A.地理位置	40.77
B.优越的工作待遇	63.59
C.舒适的工作环境	27.18
D.企业知名度和发展前景	42.82
E.优惠的税收及人才政策	15.13
F.良好的人文环境和配套设施	30.51
G.政府对人才的重视	10.00
H.高校科研机构集中	0.51
I.地区发展潜力	11.28
J.其他选项	—

图9 "影响您到一个地区就业的重要因素？"

人才需要更多的行业交流和继续深造机会。调查显示，在工作中急需解决的问题除了"工资待遇偏低"外，排在第二位的是"行业交流机会少"，同时"继续深造机会少"也是反映比较突出的问题（见图10）。

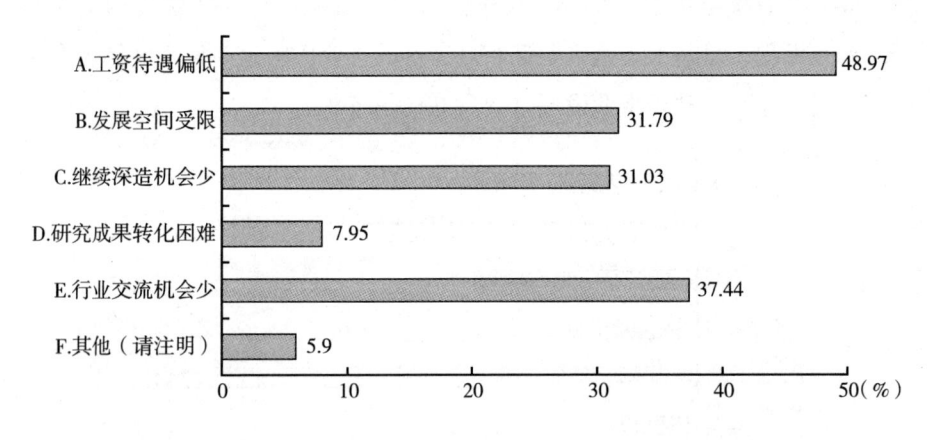

选项	百分比
A.工资待遇偏低	48.97
B.发展空间受限	31.79
C.继续深造机会少	31.03
D.研究成果转化困难	7.95
E.行业交流机会少	37.44
F.其他（请注明）	5.9

图10 "目前您工作中急需解决的主要问题？"

着重引进和培养专业技术人才。通过问卷调查发现，在各单位短缺的核心人才中，专业技术人才排在第一位，其次是经营管理人才（见图11）。

（三）政策环境需求分析

进一步健全政策体系。顺义区在人才奖励、人才培养方面出台了相关政

顺义区建设临空经济高端人才聚集区路径研究

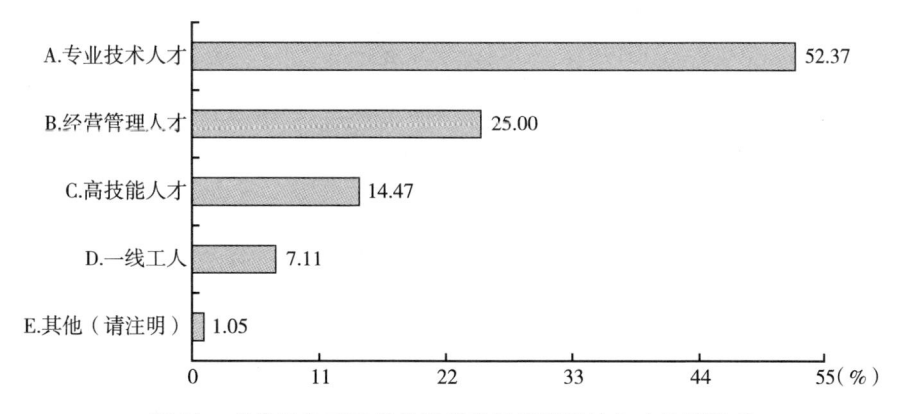

```
A.专业技术人才     52.37
B.经营管理人才     25.00
C.高技能人才       14.47
D.一线工人          7.11
E.其他（请注明）    1.05
```

图11 "您认为对贵单位近期发展最重要的人才是哪类？"

策，但与其他先进地区的人才政策和目前高端人才的需求相比，人才政策还显得不够完整和有效。在"您认为目前临空经济区人才队伍建设方面存在的突出问题是什么"一题中，46.92%的人认为目前临空经济区缺少有吸引力的人才政策（见图12）。

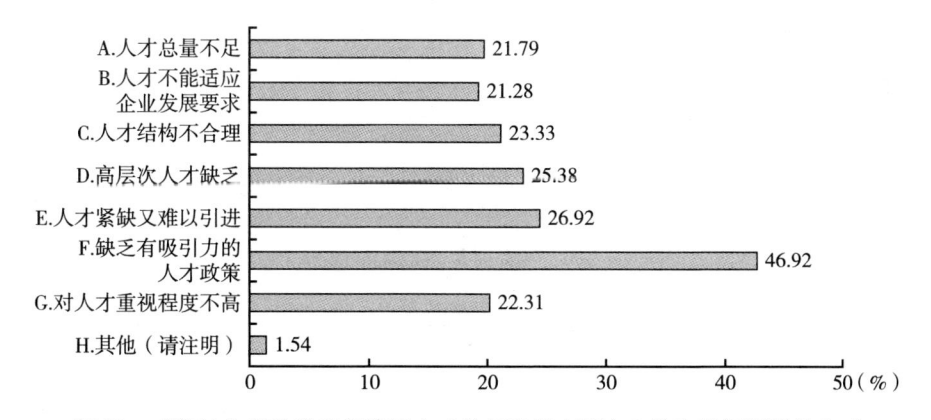

```
A.人才总量不足              21.79
B.人才不能适应企业发展要求   21.28
C.人才结构不合理            23.33
D.高层次人才缺乏            25.38
E.人才紧缺又难以引进         26.92
F.缺乏有吸引力的人才政策     46.92
G.对人才重视程度不高         22.31
H.其他（请注明）             1.54
```

图12 "您认为目前临空经济区人才队伍建设方面存在的突出问题是什么？"

强化政策制定的针对性及政策宣传的有效性。调查显示，对政策不太了解和很不了解的人超过40%，除政策宣传不够外，影响政策执行效果的因素还包括政策本身的针对性不强，以及政策在执行过程中的公开性不够（见图13、图14）。

切实关注人才的实际需求。在"您希望未来获得哪些人才优惠政策"

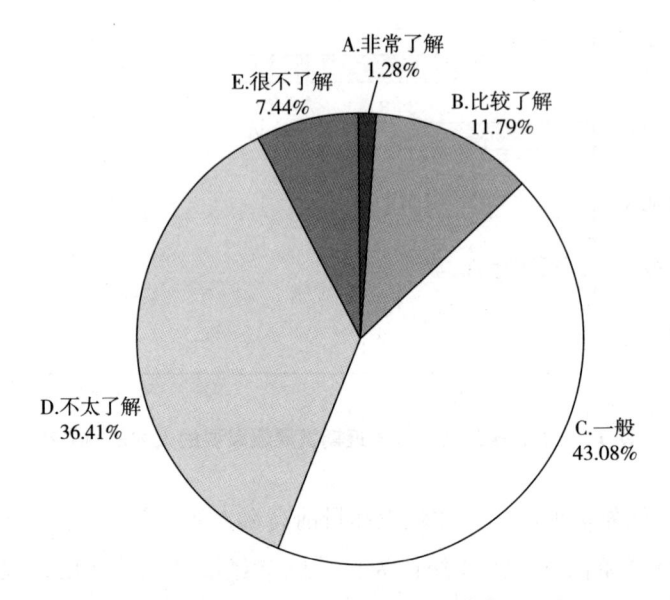

图 13 "您对临空经济区各项人才政策是否了解？"

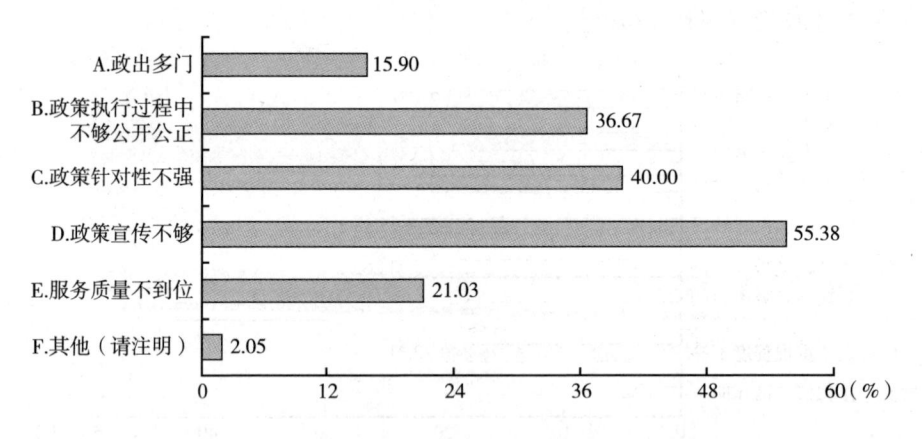

- A.政出多门 15.90
- B.政策执行过程中不够公开公正 36.67
- C.政策针对性不强 40.00
- D.政策宣传不够 55.38
- E.服务质量不到位 21.03
- F.其他（请注明） 2.05

图 14 "您认为影响人才政策执行效果的因素是什么？"

问题上，排在前两位的分别是购房和子女教育，随后是落户、医疗和个税政策。户口问题由于受到北京市政府的政策限制，无法突破，而人才更关注的是户口带来的各项福利，如买车买房、子女教育等，这些都是今后人才政策制定中需要重点关注的内容（见图15）。

大力增加人才资金投入。顺义区经济总量在全市排名第五，但仍然需要

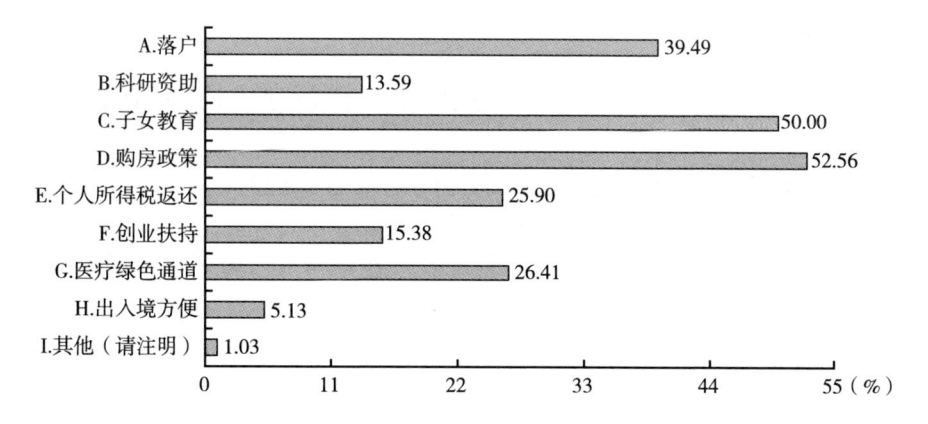

图15 "您希望未来获得哪些人才优惠政策?"

- A.落户 39.49
- B.科研资助 13.59
- C.子女教育 50.00
- D.购房政策 52.56
- E.个人所得税返还 25.90
- F.创业扶持 15.38
- G.医疗绿色通道 26.41
- H.出入境方便 5.13
- I.其他（请注明）1.03

重点加入高端人才引进和培养、杰出人才奖励和重大人才项目等的经费保障。

（四）人才满意度分析

调查发现，各类人才对临空经济区的发展前景还是比较乐观的，对临空经济区的人才环境也比较满意，而在"您想离开临空经济区去其他地方工作吗"一题中，"不太想"和"完全不想"的人占到48.97%，这表明存在一定程度人才流失的风险性（见图16）。

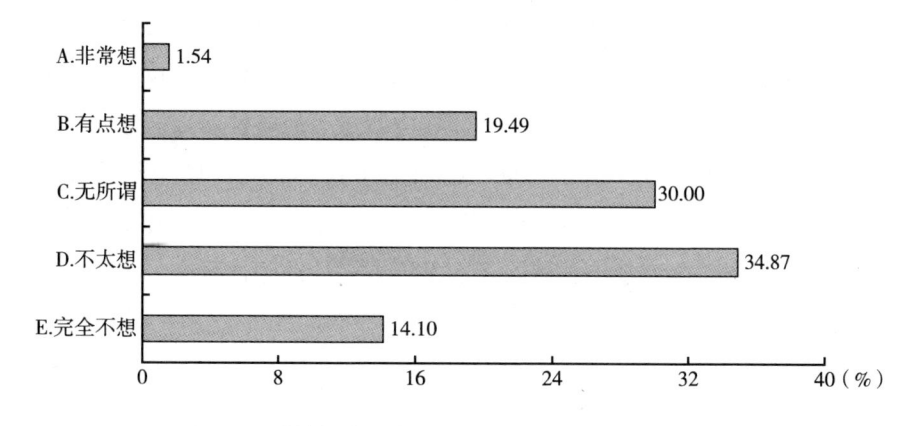

图16 "您想离开临空经济区去其他地方工作吗?"

- A.非常想 1.54
- B.有点想 19.49
- C.无所谓 30.00
- D.不太想 34.87
- E.完全不想 14.10

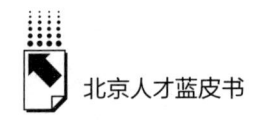

六 建设临空经济高端人才聚集区的对策建议

（一）加快临空高端产业聚集，优化临空产业环境

着力打造三大中心，切实提升航空资源配置能力。建设航空管理中心，积极争取国际性航空组织、国内民航管理部门、国内外大型航空公司等入驻临空经济区，成为国际高端航空管理和国内航空业发展的风向标。发展航空服务中心，加大航空培训、航空维修、航空信息、航空租赁以及航材供应等航空服务项目引进，完善航空产业链条。培养航空技术中心，建设具有国际影响的航空技术研发和适航审定基地，掌握国际核心航空技术资源，成为制定及发布国际适航标准的开放平台。

突出发展五大产业，完善临空产业支撑体系。延伸发展航空产业，巩固航空运输保障服务业，拓展航空维修、航空研发、适航审定等高端环节业务。优化发展现代物流，建立以专业物流中心和配送中心为支撑的物流体系，重点发展口岸物流和保税物流。创新发展新兴金融，着力吸引新兴金融业态聚集，突出发展商务金融、功能性金融总部和多层次资本市场，利用天竺综保区政策平台优势，探索建立离岸金融中心。做大做强商贸会展，构建国际贸易采购中心和电子商务平台，积极推进文化贸易建设，依托新国展，拓展国际会议产业，打造高端商务会展平台。着力培育临空高技术产业，以重大项目为着力点推进创新成果产业化，加快推动新一代信息技术、新能源新材料、高端装备制造业、生物医药、航空制造等战略性新兴产业发展。

加快培育智库建设，搭建临空经济研究平台。成立"临空经济发展研究院"，聚集国内外临空经济高端研究人才和实战人才，借鉴国际临空经济发展经验，加强对临空经济发展路径、发展方向的前瞻性研究，为临空经济发展提供有力的智力保障。

（二）立足产业要求，聚集五类重点人才

航空产业人才：指在航空运输、航空管理、航空维修、航空培训、航空

信息、航空租赁、航空技术等方面掌握国际先进标准，能够引领航空产业发展的国内外领军人才，包括高层次专业技术人才、研究人才以及高端运营管理人才等。

现代物流产业人才：指全面了解现代物流全新理念和运作模式，在口岸物流、保税物流、会展物流、物流金融等方面具有系统思考和开拓创新的高端经营管理人才以及熟练掌握国际贸易和通关知识，能够构筑物流信息系统的高端专业技术人才。

新兴金融产业人才：加快引进在离岸金融、商业保理、融资租赁、互联网金融、金融要素市场等新兴金融领域，专业精通、具有国际化视野，具有创新意识的高层次金融专业人才。引进和培育熟悉企业上市、并购重组等资本市场运作的高级人才。

商务会展产业人才：指依托临空国际贸易平台，在国际商务谈判、跨境电子贸易、服务贸易、国际会展等领域具有宽广的国际视野和战略思维的高端商务会展人才及在临空特色文化创意领域里的高端创意设计人才、高层次文化经营管理人才以及能将文化艺术与科技、金融、国际贸易相结合的复合型人才。

临空高技术产业人才：指在新一代信息技术、生物医药、新能源和新材料、航空研发制造、智能制造等临空型高技术产业领域，掌握国内外先进技术的各类高端领军人才及创新团队，以及将科研成果产业化的高端应用型人才。

（三）激发人才创造活力，创新人才工作机制

创新临空人才评价机制。围绕临空产业发展需求，根据不同产业人才工作的特点制定相应指标，逐步建立以企业和市场为主体、政府引导、社会组织公平参与，以业绩、能力、贡献、潜力等为主要标准的临空高层次人才评价机制。探索临空经济高层次人才职称评价直通车模式，开辟职称评审绿色通道。探索以市场评价为重要考核标准的高端临空经营管理人才评价体系。

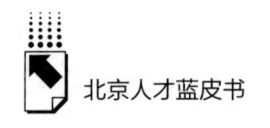

健全高端人才引进机制。发挥政府的引导和统筹作用，根据企业需求，走出去和请进来结合，引才与引智并重，积极组团赴国内人才聚集地和海外招揽人才。加强京津冀人才一体化建设，通过项目合作、共建科研平台等形式，主动对接核心城区的功能疏散。充分认识"互联网+"的时代特征，搭建"临空经济人才网"，与国际国内重要人才网站、行业协会网站关联，打造临空高端人才信息集散地。积极开展与航空、金融等行业协会、专业人才中介机构的合作，建立临空经济区重点产业国内外高端人才简历库，开展高端人才寻访活动。

建立常态化人才培养机制。定期组织高级经营管理人才到高校或培训机构进行培训，与世界知名航空高校、航空科研机构开展合作，实现航空研发人才的交流与共享。资助企业、科研机构和高校、职业院校共建"人才培养基地"，积极推进国航飞行模拟训练基地的建设，合作开展飞行员、机务维修及运行控制人员、航空技术人员等特色培训。加大对国际知名航空培训机构的吸引力度，着力推进航空培训产业发展。

完善临空人才奖励激励机制。探索高层次人才协议工资制和项目工资制，鼓励企业对有特殊贡献的人才奖励分红股或股份期权。探索建立人才资本有偿转移制度，把知识、专利、商标、科技发明等有形或无形资产转化为货币或股权，实行人才资本产权激励制度。完善人才工作奖励体系，对获得国家、省部级和区委区政府奖项的人才、团队予以奖励，优先聘请贡献突出的临空高端人才作为政府决策咨询机构的成员，积极推荐各类优秀临空人才担任各级人大代表、政协委员和人民团体成员。

（四）拓展人才聚集辐射空间，加强人才平台建设

搭建临空人才互动交流平台。根据临空产业及人才梯队的特点，成立人才俱乐部或联合会，促进人才信息、管理理念、创新意识、企业资源等各方面的共享。借助新国展的辐射影响力，举办临空经济发展论坛、全球性或区域性的航空相关会议、特色航展。支持各类社会组织、行业协会在临空经济区举办航空产业、战略新兴产业高峰研讨，为高端人才与用人单位之间搭建

更高效更直接的交流平台。

构筑临空经济科技创新平台。加强航空设备制造、信息技术、生物医药、新材料新能源等研发机构的规划建设，支持企业与高校、科研院所联合协作，共建共享，推动一批临空产业技术研究院、重点实验室、重点科研基地、工程技术研究中心、企业技术中心建设，促进科技创新机构集群发展。建立临空经济共享实验室体系，支持中小企业开展科技研发和创新。鼓励高校、科研院所的科研团队带项目整体转化，引导科技人才向关键行业、重点企业、科研和生产一线集聚。大力发展知识产权代理机构和科技金融机构，为临空高端人才的科技研发和成果转化提供全方位服务。

建立临空人才创业发展平台。大力推进创业摇篮计划，建设临空经济青年人才创业园，重点鼓励自带引领性初创型成果的归国科技人才团队、科技人员到临空经济区创业。发展众创空间，推进"大众创业、万众创新"，通过提供市政府相关部门认定的科技企业孵化器、众创空间，共享办公资源等，构筑一批创业创新孵化基地，降低创业者成本。与重点高校建立战略合作关系，设立优秀大学生创业扶持基金，实施在校学生定向培养及创业人才成果的定向孵化。加强创业技能培训和创业服务指导，聘请专家担任创业企业顾问团队，围绕项目运营、资金运作、市场前景、团队建设等，开展人才项目评估，定制个性化扶持方案。

完善临空人才发展服务平台。吸引北京海外学人中心、知名猎头机构等高层次人才中介服务机构落户临空经济区。完善临空经济区人才信息平台，整合现有人才信息、政策发布渠道。着力解决临空高端人才进入临空经济区的生活配套问题，出台有利于人才吸引、子女入学、家属就业和社会保障等的优惠政策。

开拓京津冀人才合作发展平台。组建临空经济战略联盟，发挥顺义区的比较优势，强化京津冀区域内临空经济园区建设和发展，推动京津冀临空经济集群发展。建立京津冀人才大市场，定期召开人才工作研讨交流会，举办项目推荐会、洽谈会，完善三地人才信息库、产业项目库，逐步建立人才合作长效机制，打造互联互通、共建共享的区域人才共同体。

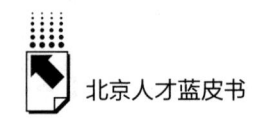

（五）优化人才发展环境，提高引才聚才软实力

强化区域公共服务功能。科学规划临空经济区内的公共教育、文化、医疗、体育设施建设。鼓励航空及综合类高等院校在顺义建立分校，注重开展具有临空指向性的职业技术教育，如机务维修、安检、值机地服等。加快引进全市优质医疗资源入区，满足高端人才医疗服务需求。高标准建设图书馆、体育馆、博物馆、展示展览中心、文化公园等公共文化娱乐设施。

加强商务配套设施建设。立足机场周边，规划建设一批大型购物中心、高端商务酒店、商务会所等商务配套设施，重点引进品牌折扣店、免税店等生活性商贸设施项目，发展西餐厅、咖啡馆、酒吧等商业设施，满足外籍人士和高层次人才需求。

打造临空综合交通体系。参照国际航空枢纽标准，全力打造机场立体综合交通体系，加快机场周边高速路外延规划建设以及临空区断头路和联络线建设，加快机场环型货运通道建设，增加中关村与机场区域的轨道交通衔接。

参考文献

[1] 鄢圣文:《北京高端人才聚集之都研究》，知识产权出版社，2012。
[2] 赵弘:《北京建设世界高端企业总部之都研究》，知识产权出版社，2012。
[3] 于淼:《北京人才发展报告（2013～2014）》，社会科学文献出版社，2014。
[4] 连玉明:《中国临空经济发展报告（2014）》，社会科学文献出版社，2014。
[5] 王巧义:《基于产业集群的临空经济研究》，西南财经大学出版社，2014。

B.13
新区人才工作引领创新发展实践研究

大兴区委组织部、北京市委经济技术开发区工委组织部课题组[*]

摘　要： 本报告以大兴区企业人力资源状况调查及开发区劳动用工信息管理系统统计数据为基础，结合问卷调查、人才访谈、专家咨询等方式，重点对新区人才队伍整体情况进行调研。研究结果表明，新区在推动主导产业发展、稳步提升创新能力和加速成果转化等方面具有人才优势，同时，在骨干人才队伍建设和人才政策持续创新等方面尚需进一步提升。最后，在构建人才工作新格局、完善人才政策体系、推进人才梯队建设和提高人才服务能力等方面提出政策性建议，为在"十三五"时期打造高端产业领军人才发展示范区提供强有力的人才支撑。

关键词： 人才队伍　人才工作　创新发展

人才资源是第一资源，人才工作决定着社会创新发展的速度。大兴区委、开发区工委始终坚决贯彻落实市委、市政府决策部署，坚持党管人才原则，深入实施人才优先发展战略，以高层次人才为重点，统筹推进六支

---

[*] 课题组组长：王清旺，北京市大兴区委常委、组织部部长，高级政工师；王杰群，北京市委经济技术开发区工委委员、组织部部长，经济管理硕士、工程硕士，政工师。课题组副组长：侯劲松，北京市大兴区委组织部副部长；王晖，北京市委经济技术开发区工委组织部副部长，工商管理专业硕士、高级政工师。课题执笔人：范忠良，北京市大兴区委组织部人才科科长，中国人民大学会计专业，学士，会计师；高岩，北京市大兴区委组织部人才科副科长、主任科员，公共管理硕士。

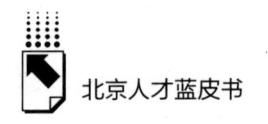

人才队伍建设，人才资源总量稳步增长，高层次人才加速聚集，人才工作体制机制不断创新，人才发展环境持续优化，为加快新区产业结构优化升级、推动区域重点工作顺利开展、服务新机场新航城建设提供坚强的人才支撑。

一 新区人才队伍整体现状

（一）人才总量持续稳步增长，为区域经济社会发展提供了有力支撑

2014年底，新区六支人才队伍总量为26.1万人（见图1），比2011年增长24.2%。其中，党政人才4074人，增长4.7%；企业经营管理人才63295人，增长42.5%；专业技术人才138116人，增长11.9%；高技能人才41131人，增长50.4%；社会工作人才8023人，增长18.4%；农村实用人才6796人，增长30.1%。新区每万名常住人口中人才数量由1476人增长到1693人，增幅14.7%；人才效能从64.4万元/人增加至70.2万元/人，增幅9.0%。

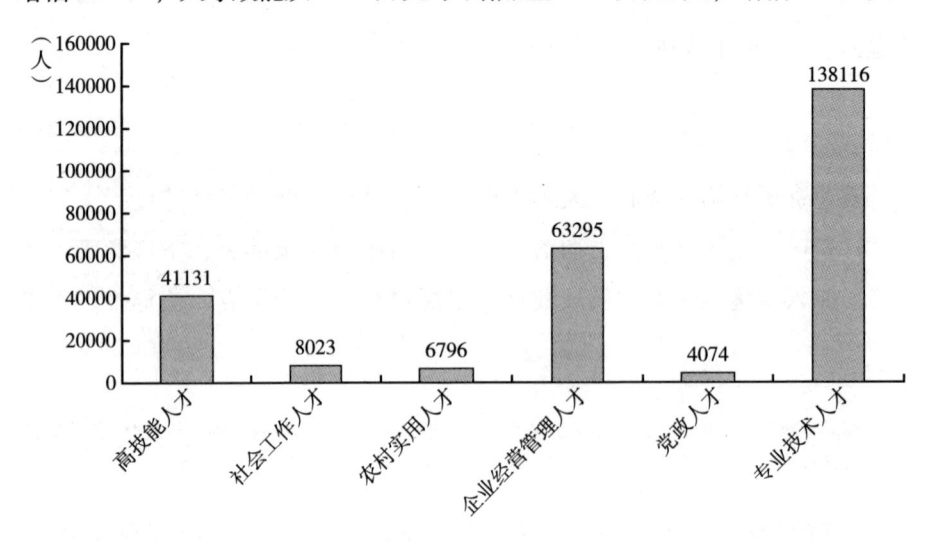

图1 2014年新区人才资源结构

（二）人才结构进一步优化升级，整体梯队建设初见成效

一是高层次人才规模不断扩大。新区拥有两院院士20余名，"百千万"人才工程入选专家19人，北京市有突出贡献的科学、技术、管理专家2人，享受国务院政府特殊津贴专家37人，入选"博大贡献奖"专家35名。海外人才数量增速较快，4年内增加2240人，增长177.4%。其中，入选中央"千人计划"50人，增长150%；入选北京市"海聚工程"90人，增长220%；入选新区海外高层次人才247人，增长60%。大量引进主导产业急需紧缺人才，在电子信息产业、汽车制造产业、生物医药产业、装备制造产业、新能源与新材料产业、航空航天产业、文化创意产业、生产性服务业、科技创新服务业、都市型现代农业等领域引进和培养1100余名急需紧缺人才。

二是专业技术与技能人才队伍结构更趋于合理。高、中、初级专业技术人才比例为1:3:6，与2011年2:7:16相比，结构进一步优化。中级以上专业技术职称人才数量增加5006人，占专业技术人才总量的比例由28.98%增至29.55%，高技能人才增加6039人，占技能劳动者的比例由10.06%增至20.79%。

二是人才队伍年轻化趋势明显。党政人才中，40岁以下的处级干部所占比例由3.1%提升至3.3%，科级干部比例由18.9%提高至21.4%。产业人才中，40岁以下人员比例平稳保持在68.1%以上，特别是在高技能人才年净增人数中，40岁以下人员占比由33.2%提升至39.7%。深入实施"北京市优秀人才培养资助""留学人员科技活动择优资助""新世纪百千万人才工程""北京市优秀青年人才""北京市优秀青年工程师"等人才计划，帮助125名青年人才获得相关项目资助，支持和鼓励新区各行业青年人才投身科技创新、开展自主研究，钻研业务知识。非公经济组织、社区、两新组织等领域的建团工作不断加强，建设39家社区青年汇，进一步扩大团组织对青年人群的覆盖与联系，强化了党委政府与青年人群之间的沟通与联系。

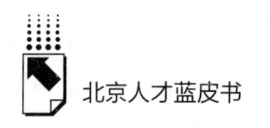

（三）人才发展趋势符合产业需求，为产业转型升级提供了有力支撑

新区四大主导产业中，2011～2014年汽车制造业从业人员数量增加10055人，占人才资源总量的比例由5.5%增至8.3%，装备制造业从业人员数量增加15731人，占人才资源总量的比例由10.9%增至14.8%，文化创意、都市产业等人才数量均出现高速增长。这与新区产业发展定位、产业结构转型趋势相吻合（见图2）。

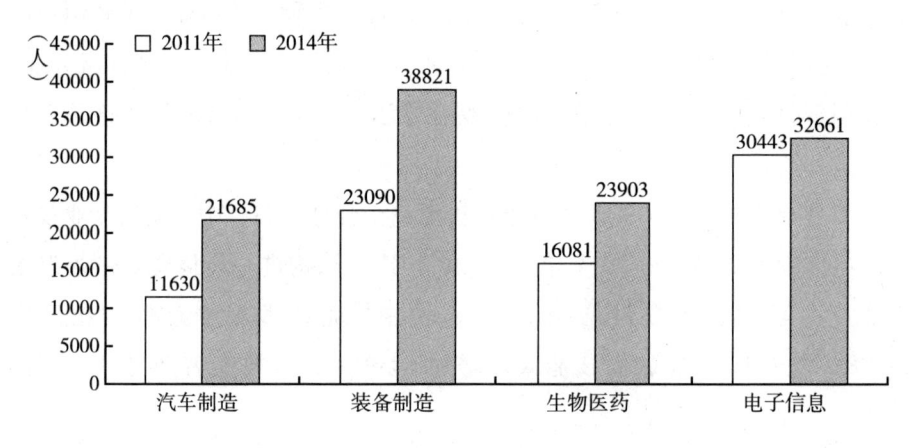

图2 2011年与2014年新区四大主导产业人才数量变化

二 新区人才工作的主要做法

（一）以体制机制创新为先导，推动区域人才一体化发展

坚持党管人才原则，完善人才工作顶层设计。强化新区人才工作协调领导小组作用，确立"政策覆盖、机制联动、优势互补、成果共享"的人才工作新思路，制定统筹新区人才发展的中长期规划纲要及"十二五"人才规划，实施"创新人才推进""产业人才聚集"等十大人才工程，实现了领

导机制共同建立、发展规划共同制定、高端人才共同开发、专项资金共同使用、优惠政策共同享受、服务平台共同创建、舆论阵地共同打造的"七共同"。充分发挥组织部门牵头抓总作用，通过制定重大人才政策、研究重点人才工作、建立人才工作目标责任制和评价考核等制度，最大限度地调动各部门的积极性、主动性，切实履行好管宏观、管政策、管协调、管服务的工作职能，形成了与新区发展相适应的上下贯通、衔接配套、优势互补的人才工作格局。

（二）以政策创新为保障，提供良好的人才创业创新环境

坚持用优惠的政策吸引人才，全力打造引领人才发展的政策高地。研究制定《关于为高层次人才提供专项服务工作的意见》等20余项人才政策，扶持内容由初期的工商注册、税务登记、引才奖励、资金匹配、子女入学等内容，逐渐发展为支持领军人才发展、股权投资、科技经费使用和推进企业上市等内容。联合全市14家单位出台《关于北京经济技术开发区建设高端产业领军人才发展示范区的实施意见》，集成中关村人才特区8条政策，创新实施7条特殊支持政策，统筹对接新区现有28条政策。先后设立1亿元人才发展专项资金和1亿元创新创业扶持专项资金，主要用于高层次人才的项目资助、贷款贴息、生活补助、人才奖励以及人才引进、孵化机构培育、企业上市、校企合作等方面。出台《新区推进高端产业领军人才发展示范区建设的实施办法（试行）》及《实施细则》，对领军人才标准和20项工作细则进行了详细规范。出台了支持公共服务领域人才发展政策，将教育、卫生、文化等领域专业技术人才纳入《关于北京经济技术开发区建设高端产业领军人才发展示范区的实施意见》政策范围，重点在引进公共服务领域领军人才，开办名师、名医及文化名人专业技术工作室，项目资助、表彰奖励以及住房、体检、就医、子女就学等方面进行支持。

（三）以服务创新为抓手，打造优质人才服务体系

突出服务的个性化、人性化、精细化，力求人才引得进、留得住、用得

好。一是创新服务平台。成立大兴区新兴产业促进服务中心和开发区高层次人才服务中心等专业化服务机构,设置专职服务人员,开通24小时服务热线,制定服务规范和流程,提供专业化人才服务。建设20余家孵化器和园区,成立15家院士专家工作站、2家院士专家服务中心、33家博士后科研工作站和9家企业科协。二是扩展服务内容。将183套精装修公租房作为高层次人才公寓,让高层次人才拎包入住;组织高层次人才进行健康体检,建立北京市唯一一家区域性补充医疗保险,提高高层次人才医疗费用报销比例;引进北京小学大兴分校、景山学校大兴分校、北京十一学校大兴分校等优质教育资源,解决高层次人才子女教育问题;开通非公企业高端人才职称评定直通车。建立新区中小企业网,提供创业咨询、信息网络、业务培训、技术创新、质量检测、资金担保六大服务。

三 人才工作引领创新发展的成效

(一)提升人才工作一体化水平

在大兴区、北京经济技术开发区行政资源整合的大背景下,新区明确"政策覆盖、机制联动、优势互补、成果共享"的人才工作思路,创造性地成立了人才工作协调领导小组,成为新区人才工作的最高统筹决策部门,不定期组织召开会议,听取和审议新区人才工作进展及重点工作落实情况,实现了人才工作"七共同",推动新区人才工作顶层设计日趋完善,形成了适应新区发展的上下贯通、衔接配套、优势互补的人才工作格局。融合五年来,大兴区、北京经济技术开发区行政资源整合与人才融合互促互进优势明显,特别是在人才交流与人才评审工作中,新区人才部门相互合作,共计开展了179人次的干部交流任职,共同评审出247名新区海外高层次人才,评选出16家首席技师工作室。同时,推动新区范围内院士专家工作站、博士后科研工作站、留学人员创业园等55家公共服务平台交流合作与资源共享,人才工作优势互补能力有较为明显的提升,推动了新区产业、公共服务等领域均衡、协调和一体化发展。

（二）推动主导产业加速发展

"十二五"期间，新区强化数字电视产业园、生物医药产业园、新媒体产业园和电子商务基地等平台作用，利用"项目引才""以才引才""团队引才""环境引才"等有效手段，大力吸引电子信息、生物医药、新能源、新材料、云计算、文化创意等新区主导产业企业入驻。聚集了谢良志、沈月雷等一大批具有国际一流水平的高端人才和GE、SMC、神州细胞、京东方、中芯国际等一大批大型高科技企业。2011～2014年，新区落实各项人才优惠政策，共向生物医药、电子信息、新能源与新材料、装备制造四大主导产业高层次人才及所在企业投入人才发展专项资金1.9亿元，政策惠及182名专家和94家企事业单位，助推了新区产业发展。2014年，新区四大主导产业总产值达2467.4亿元，比2011年增长12.5%，增速比同期规模以上工业产值高2.5个百分点（见图3）。

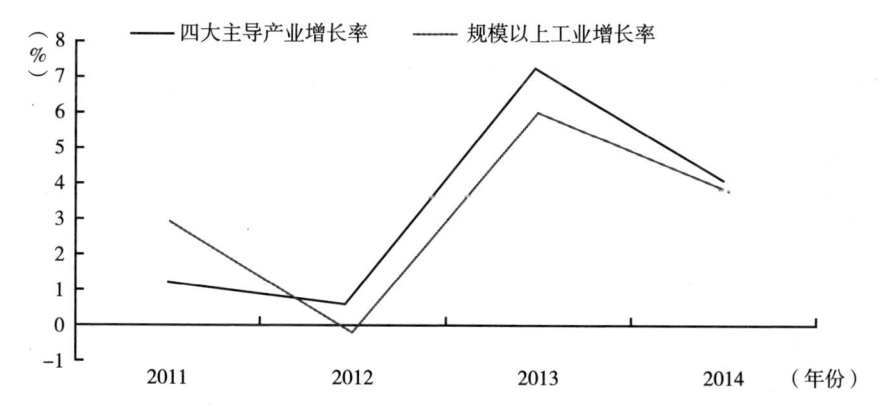

图3 2011～2014年新区四大主导产业与规模以上工业增长率趋势对比

（三）实现区域创新能力稳步提高

随着大兴区、北京经济技术开发区行政资源整合不断深入，产业、人才与空间优势互补效应明显，新区经济水平实现跨越式发展，推动包括海外人才在内的高端人才快速聚集，带动了高技术、高附加值、高成长性企业的落地与成长，推动了新区人力资源总量不断扩大，素质结构不断提升，实现了人才科技创新和产业转化能力的巨大提升。《大兴区、北京经济技术开发区中长期人才发展规划纲要（2010～2020年）》中期评估报告数据显示，截至2014年底，新区共有中级以上专业技术职称人才40813人，占新区专业技术人才总量比例达29.5%，比2011年增加14.2%，实现纲要目标的65.7%。每万人专利授予量达到83件，比2011年增加51.3%，实现纲要目标的138.3%。人才效能达到70.2万元/人，比2011年增加5.0%，完成纲要目标的102.3%，凸显了人才工作对新区经济社会发展的引领和支撑作用。良好的新区人才发展环境，促进了人才总量的不断增加和人才队伍整体素质的大幅提升。特别是专业技术人才和高技能人才数量的持续增长，对提高新区人才效能、增加专利授权量和省部级科技成果获奖量起到了积极作用（见图4、图5）。

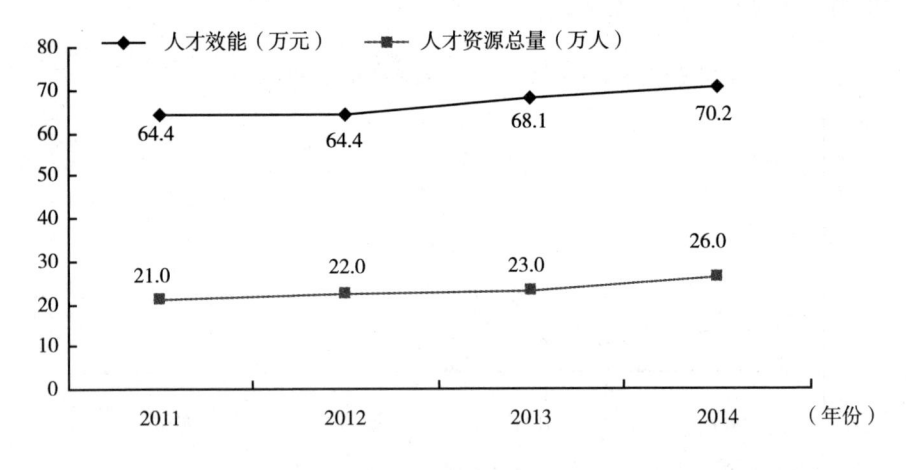

图4　2011～2014年新区人才资源总量与人才效能增长趋势对比

（四）提高科研成果转化效率

2010年至今，新区共出台《关于鼓励和吸引海外高层次人才来区创业和工作的意见》《关于为高层次人才提供专项服务的意见》《关于建设高端产业领军人才发展示范区的实施意见》等人才支持政策20项，在人

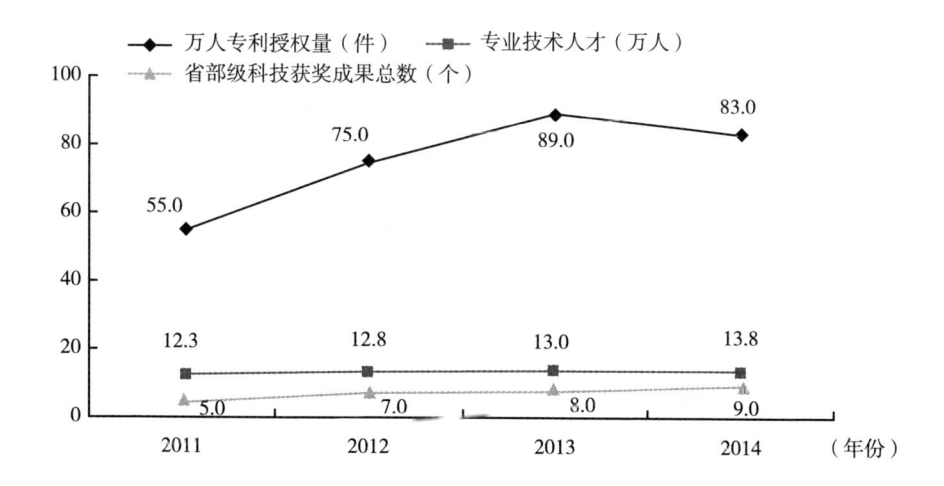

图5　2011-2014年专业技术人才总量与科研成果数据增长趋势

才创业、创新、生活服务和贡献奖励等方面对高端人才进行扶持，加快高层次人才项目落地、成果转化和科技攻关速度。大力引进在国外著名高校、研究机构、国际知名企业等机构担任过高层职务、主持过国际大型科研或者工程项目、掌握核心技术的高层次人才到新区创新创业，给予企业和人才相应政策支持。大力支持区域内企业与高校、科研院所和国有企业共建联合实验室、技术研发中心、博士后工作站、院士专家工作站及新型产业技术研究院等科研平台，合作开展核心技术研发与科技成果转化，推动产学研用一体化发展。政策的出台带动了科研环境的持续优化提升，通过人才的加速集群化带动科研转化效率的不断提升。同时，推动各园区建立与产业发展方向相适应的综合服务平台、专业技术平台，为园区企业提供包括综合商务服务、专业技术服务和投融资、担保等在内的全方位服务，为初创企业创造了良好的发展环境，推动了重点行业企业的高度聚集，加速了科研成果的落地与转化，促进了产学研交流与协作，推动了人才效能和技术成交额的同步增长，科技成果转化效率进一步提升（见图6）。

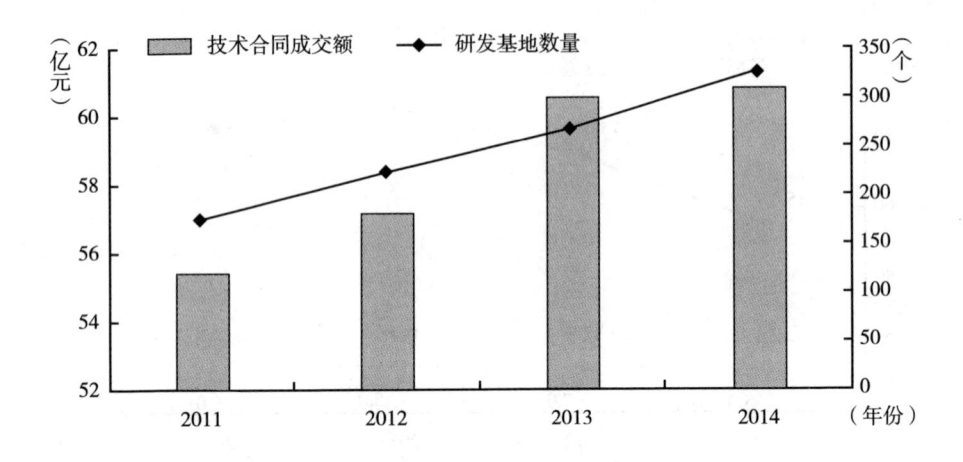

图6　2011~2014年新区研发基地数量与技术合同成交额增长趋势

四　存在的问题

（一）骨干人才队伍建设需进一步加强

新区现行政策服务对象以高层次人才为主，对经营管理、专业技术、高技能及公共领域骨干层次人才的培养方法较少，仅《新区推进高端产业领军人才发展示范区建设的实施办法（试行）》涉及骨干层次人才培养，将对构建科学的人才梯队产生不利影响。

（二）人才政策需不断创新

新区对临空经济合作区建设、京津冀协同发展等重点领域高层次人才的服务内容较少，政策创新力度需不断加大。比如，高层次人才对车辆使用有较大需求，但受限于北京的机动车摇号政策，需要人才部门通过政策创新，提供相应的服务。

五 对策建议

2015年是"十二五"收官之年，新区人才工作也将伴随着区域经济发展方式转变和产业结构调整升级，在"十三五"时期迎来人才工作新的历史契机。一是非首都功能疏解加速了新区战略转型和整体人才素质提升，新区在资源承接方面具备了较强的产业优势和区位优势；二是京津冀协同发展将驱动人才资源在三地聚集与优化配置，深度改善人才资源分布结构，提升人才资源在区域内的流动速度和利用效率，而新区作为京津冀三地交汇的节点，必将成为人才资源聚集的最前沿，为人才创业创新提供更广阔的空间、更多样的机会和更优质的服务，最终推动区域人才在三地优化配置过程中发挥中枢作用；三是临空经济合作区建设强化了新区人才吸附能力，推动新区成为未来京津冀地区重要的全球资源配置平台，成为国际、国内人才创业创新的优选之地。

机遇与挑战并存，"十三五"期间，新区人才工作同样面临着严峻的挑战。一是经济新常态对人才资源的支撑作用提出了新课题，特别是如何应对国民经济进入增长速度换挡期、结构调整阵痛期和前期刺激政策消化期叠加的新阶段，如何促进经济持续健康发展都对人才工作提出了新要求。二是产业转型升级对解决人才资源供需矛盾提出了新挑战，特别是在解决开发区和临空经济合作区发展带来的人口结构问题等方面尤为突出，这就需要在区域经济社会发展、高精尖人才引进与人口调控之间寻找平衡点，在加大基础公共服务供给和强化人才环境建设方面破解难题。同时，推动市场作用和政府作用有机统一、相互补充，提升承接中心城区产业外迁能力，缓解因制造业及高精尖产业的制造环节外移而导致的短期阵痛，打造新的人才工作格局。三是两区深入融合要求人才工作机制有新突破，特别是随着领军人才发展示范区建设的不断深入，新区人才工作的重点正由人才引进与培养，向兼顾区域人才结构优势互补转变，大兴区与开发区之间人才资源分布不平衡的问题亟待解决。"十三五"时期，既是新区经济社会实现跨越发展的战略转型

期，也是人才工作的重大机遇期。作为区域经济社会发展的核心驱动要素，人才工作必须抢抓机遇、科学规划、改革创新、锐意进取，积极开拓新区人才事业发展的新篇章。

（一）坚持统筹谋划，构建"十三五"时期人才工作新格局

一是统筹制定新区"十三五"时期人才发展规划。按照"分类培养、均衡发展、密切衔接、适度超前"的原则，确定新区"十三五"时期人才发展的指导思想和战略部署，明确创新人才发展机制、统筹推进整体人才队伍建设、优化人才创业创新发展环境、深化区域人才资源共享共赢等任务，重点设置高端领军人才聚集、党政人才素质提升、专业技术人才开发培养、企业经营管理人才聚集培养、高技能人才培养带动、社会工作人才发展、农村实用人才示范带动、青年英才开发培养、创业创新人才支撑和人才服务平台建设等人才工程，强化人才发展优先投入、"1+N"政策体系支撑作用和区域人才一体化工作体系作用，进一步完善新区人才工作机制，围绕产业各领域和人才成长各阶段，打造科学的人才梯队。

二是打造人才政策与产业政策的协调沟通平台。建立政府职能部门与产业园区之间的政策沟通与协调机制，统筹考虑发展空间、产业需求、项目需求、人才需求等各种因素，加强人才主管部门与开发区、各产业园区之间的沟通联系，及时掌握区域企业人才队伍情况及相关需求，提高人才政策、产业政策和科技政策之间的关联度。

（二）坚持产业与公共领域协同发展，完善区域人才政策体系

一是优化新区产业人才政策服务体系。梳理新区现有人才政策，与领军人才发展示范区政策体系统筹对接，研究适用于高层次人才与骨干人才、产业人才与公共服务人才以及人才队伍之间的普适性与特殊性人才政策，全面落实《关于北京经济技术开发区建设高端产业领军人才发展示范区的实施意见》《新区推进高端产业领军人才发展示范区建设的实施办法（试行）》政策及相关实施细则，深入推进新区局级领导干部联系高层次人才制度，结

合新区重点产业发展、重大项目推进，特别是领军人才发展示范区建设和新机场、新航城建设，科学谋划、突出重点、有序推进，实现新区经济社会又好又快发展。

二是打造科学的公共服务领域政策体系。梳理教育、卫生、文化、农业及社会建设等领域现有人才政策，结合人才成长路径与关键点，强化宏观指导和统筹协调，制定各领域实施方案和配套措施，转变培养思路，创新服务方式，加大政策支持力度。

三是强化产业人才与公共服务人才互动交流。加大对公共服务领域创新成果转化的政策支持力度，搭建市区高校、公共服务机构与产业园区之间产学研用的桥梁，重点支持医疗技术、院内制剂、教学成果、文化产品等创新成果转化。推动新区生物医药、新媒体、科技、金融、装备制造等产业人才到区内高校、公共服务机构进行项目攻关、合作兼职、开班授课等，实现公共服务与产业发展之间的无缝衔接。

（三）坚持可持续性人才培养，推进各领域人才梯队建设

一是加大高层次人才引进力度。依托中央"千人计划""万人计划"，北京市"海聚工程""高创计划"及新区"新创工程"等平台，充分发挥科技企业孵化器、创客空间、博士后科研工作站、院士工作站等创业创新载体作用，重点引进高层次人才以及科技创新、经营管理、高技能和公共服务等领域领军人才。

二是强化骨干人才队伍建设。以提高技能人才职业素质和职业技能为核心，持续开展城乡劳动力职业技能培训，逐步扩大培训规模，提高针对性和实用性。加大对高技能人才的政策扶持力度，强化技能人才创新工作室、首席技师工作室建设，为骨干人才向高精尖人才转化提供工作与服务平台。结合科技攻关、项目合作、重点技术突破等工作，加大柔性引才力度，打造人才工作品牌。出台加速骨干人才成长的相关政策，从人才选拔、培养、激励等多个环节，设置支持政策，推动一批名师、名医和文化名人的涌现，带动教育、卫生、文化等公共服务领域整体服务水平的不断提升。

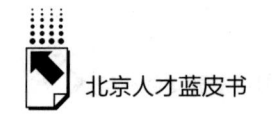

三是探索完善评价激励措施。积极研究适合区域发展特点的人才评价机制，进一步深化中关村高端领军人才职称评审"直通车"试点。建立健全有利于人才创业创新的分配制度和激励机制，探索实行协议工资制和项目工资制等多种分配形式，完善股权、期权、分红等综合激励措施。整合新区各类人才奖励资源，根据产业特色设置人才奖励项目，鼓励各类人才发挥作用。

（四）坚持人才服务创新，推动人才服务能力持续提高

一是加强人才服务机构建设。强化大兴区新兴产业促进服务中心、开发区高层次人才服务中心机构职能，创新人才服务方式和模式。加强与辖区企业、产业部门以及高层次人才之间的联系，及时了解人才工作和生活等方面遇到的问题，协调相关部门帮助解决。

二是创新人才服务方式与内容。结合区域人才发展实际，逐步完善人才服务体系，整合区域优势资源，为企业入区、生产经营、人力资源管理等提供更多便利，搭建人才全方位服务平台。改善人才生活环境，推出酒店式公寓管理、车辆租赁服务等措施，满足人才个性化需求。同时，通过门户网站、宣传册、微博、微信等形式，加大人才政策宣传力度，拓宽企事业单位了解政策的渠道。

三是加强人才工作者队伍能力建设。试行挂职锻炼和轮岗交流制度，依托创业创新平台，加强对生物医药、新媒体等新区重点产业以及教育、卫生、文化等公共服务行业的了解，提升人才政策的针对性和实效性。围绕服务京津冀协同发展和新机场、新航城建设，分类举办短期人才工作者培训班，开阔视野，提升人才工作者素质水平。

专题篇

Report on Fields

B.14 健全统一规范的人力资源市场研究

北京市人力社保局人力资源市场处*

摘　要：　"十二五"以来，北京市人力资源市场工作认真贯彻落实党中央、国务院和市委、市政府有关部署和要求，逐步明确了"大市场"发展理念和"两化三发展"工作思路，在健全完善人力资源市场管理体制机制、推进人力资源市场公共服务体系建设、优化人力资源服务业发展环境等方面取得了丰硕成果。当前，我国已步入经济发展新常态，人力资源市场发展也面临着重大机遇和严峻挑战。"十三五"期间，我们将继续全面推进统一规范灵活的人力资源市场建设，力争在贯

---

* 董小华，北京市人力社保局人力资源市场处处长，管理学博士，高级经济师；邓丹宇，北京市人力社保局人力资源市场处副处长，高级经济师；程少平，北京市人力社保局人力资源市场处副调研员；李岩松，北京市人力社保局人力资源市场处主任科员，中级工程师；张望红，北京市人力社保局人力资源市场处主任科员，政治工作硕士；张晓媚，北京市人力社保局人力资源市场处主任科员，经济学硕士。

彻落实促进人力资源服务业发展政策、大力培育人力资源服务产业、完善人力资源市场公共服务体系建设、提高人力资源市场治理能力、促进京津冀人力资源市场互联互通等方面取得新的突破。

关键词： 人力资源市场　人力资源服务业　公共服务体系

"十二五"以来，人力资源市场工作认真贯彻党的十八大，十八届三中、四中全会和习近平总书记系列重要讲话精神，不断创新发展思路，优化发展环境，推进劳动力市场和人才市场的整合，推进人力资源市场改革、创新、发展，努力建设多层次、多元化、公共服务与经营性服务协调发展的人力资源市场服务体系，大力发展人力资源服务业，在促进就业和人力资源开发配置方面发挥了积极作用。回顾"十二五"，北京市人力资源市场建设在以下几个方面实现了新的进步。

一　主要成就

（一）逐步明确人力资源市场发展建设思路

为达到引发思考、开阔思路、统一认识、推进工作的目的，积极开展了人力资源市场领域多项课题研究，积极探索推进人力资源市场改革、创新与发展，逐步树立起"大市场"发展理念，即人力资源市场是一个涵盖劳动力市场和人才市场，包括公共服务和经营性服务的完整体系，要科学谋划，统筹推进，促进人力资源市场的全面协调可持续发展。逐步明确了"两化三发展"工作思路，即一手抓公共服务均等化，一手抓经营性服务产业化；推进劳动力市场和人才市场的融合发展，推进公共就业和人才服务的统筹发展，推进公共服务和经营性服务的协调发展。"大市场"发展理念和"两化三发展"工作思路在全系统形成了普遍共识,为推进人力资源市场建设发展奠定了坚实的思想基础。

(二)健全完善人力资源市场管理体制机制

一是积极推进管理体制的整合。明确市区两级人力资源市场管理职责,合理划分人力资源市场行政许可和行政执法部门责任,不断推进管理重心下移,抓好基层基础工作。二是积极推进立法工作的整合。会同市人大法制办、财经办、市政府法制办成立了人力资源市场立法工作领导小组,就整合劳动力市场和人才市场条例开展深入的立法调研,并顺利通过了市人大立项论证。人力资源市场条例草案已数易其稿,列入市人大立法计划。三是统一人力资源市场行政许可管理。出台《关于进一步加强人力资源市场规范管理工作的通知》(京人社市场发〔2011〕176号)和《关于规范人力资源服务行政许可工作的通知》(京人社市场发〔2011〕177号),统一人力资源服务许可流程和文书,并在网站上向社会公布,接受监督。举办了全市人力资源市场管理工作培训班,建立了市区两级人力资源市场管理队伍。同时,开发建设人力资源市场管理信息系统,将行政许可、年审、机构和从业人员管理等工作纳入信息化管理,大力推行政务公开,提升市场管理的效率和水平。四是努力维护公平有序的就业环境和人力资源市场秩序。不断加强市场监管,改革加强招聘洽谈会管理,实施严格的宏观调控措施,引导招聘会向分散化、小型化、专业化方向发展,鼓励发展网上招聘市场,人力资源市场求职招聘活动日趋规范,以往多发的非法侵权行为得到有效遏制。不断加强招聘洽谈会和网络招聘的调控监管,加强日常巡查,要求招聘会主办方设立就业歧视投诉举报窗口,要求服务机构严格审核招聘启事,发现就业歧视等问题立即纠正,现场和网上招聘市场秩序较为稳定,市场配置效率得以提高。每年会同公安、工商、城管执法等部门,在全市范围内联合组织开展清理整顿人力资源市场秩序专项行动。专项行动主要围绕外来人口聚集区、人力资源服务机构所在地和易自发形成人力资源招聘场所等区域展开,以取缔非法人力资源服务机构、整顿违规经营为工作重点,严格规范人力资源求职

招聘活动。几年来，共出动执法人员 10837 人次，对 9337 家次用人单位、1781 家次人力资源服务机构、387 户次未经许可的"黑中介"进行了执法检查，查处各类违法案件 393 件，取缔非法人力资源中介活动 349 件。

（三）稳步推进人力资源市场公共服务体系建设

在深入调研、充分论证的基础上，提出了北京市人力资源市场公共服务体系建设的总体方案。2012 年 5 月，改革进入实质阶段，经市编办批复，组建了以市人才服务中心为龙头的市级人力资源市场公共服务机构体系，由市人才服务中心下辖毕业生就业服务中心、职介中心和档案中心，整合了公共就业和人才服务，同时剥离公共服务与经营性服务，组建市人才开发中心，继续做强市场化服务。通过改革，进一步明确了人力资源市场公共服务机构的职责范围和发展方向，形成了既有统一领导，又有职能互补、分工合作的工作机制，有利于调动各方面积极性、合理配置公共服务资源，有利于全面提升人力资源市场公共服务体系的整体合力。为深入推进区县人力资源市场整合改革，2014 年与市编办联合印发《区县人力资源市场公共服务体系整合试点方案》，在西城、丰台、房山进行区县人力资源市场整合改革试点。三个试点区对原有公共就业和人才服务机构的各项职能进行梳理整合，建立统一的"人力资源公共服务中心"，在管理体制、运行机制、服务项目、服务标准、绩效考核制度等方面逐步实现统一规范，统筹做好促进就业和人力资源开发配置服务。此外，东城、朝阳、海淀、石景山、通州、大兴、平谷、怀柔、密云、延庆等区县不断推进公共就业和人才服务机构的改革创新，在服务机构、服务场所、业务职能、人员安排等方面已经实现了不同程度的整合，覆盖城乡、统一规范、上下贯通、便捷高效的人力资源市场公共服务体系建设取得新进展。

积极推进档案公共服务管理工作的整合。为解决长期以来体制分割状态下档案管理服务工作中的问题，提出了建设"两级管理、三级服务、一点受理、多点服务"的流动人员人事档案管理服务体系的总体建设思路。2012 年，原市级人才中心和职介中心存档职能首先实现了整合，建立了统一的全市流动人员人事档案管理体制，同年，市经信委评审通过"北京市流动人员人事档案公共服务管理系统"立项。2013年以来，全面推进系统开发和全市档案数字化加工工作，到目前为止，系统已上线试运行，全市170多万份档案已完成50%的数字化加工。在全市流动人员人事档案数据库和影像库建设的基础上，将实现市、区、街三级档案管理服务机构的网络互联互通，实现数据安全、信息共享和协同服务，全面提升档案管理服务水平。

积极推进信息化建设的整合。改革前，原人才市场公共服务机构比较注重对外服务网络的建设，原劳动力市场公共服务机构比较注重全市四级公共服务平台信息网络建设，开发建设了劳动力市场信息系统。改革后，本着优势互补、资源共享、整体设计、完善服务的要求，大力推进人力资源市场信息系统建设，提出了全面加强网络信息管理和服务，实现与有关业务系统有效衔接的整体建设方案，随着信息化建设的逐步实施，将大大提高公共就业和人才服务的质量和水平。

政府购买公共就业服务机制日臻完善。为推动公共就业服务开展，促进城乡劳动者就业，充分发挥职业中介机构促进城乡劳动者就业的作用，38家机构经评审认定获得"北京市职业中介机构开展公共就业服务资格认定证书"，向社会免费提供职业介绍等公共就业服务。

（四）不断优化人力资源服务业发展环境

一是初步建立了人力资源服务业发展政策体系。认真研究起草并报市政府常务会议审议通过，发布实施《北京市人民政府关于加快发展人力资源服务业的意见》（京政发〔2014〕31号）。该意见是首个指导北京市人力资源市场改革建设和人力资源服务业创新发展的具有战略意义的文件。该意见在明确总体思路和发展目标的同时，从产业引导、政策扶持和环境营造等方面提出了17项政策措施，包括促进人力资源服务产业规模化、集约化发展，支持重点领域发展，推进科技创新，打造知名品牌，推进国际化建设，纳入国民经济和社会发展规划，加大投融资力度，打通京津冀人力资源市场等，从而形成了促进人力资源服务业发展政策体系，为开拓人力资源服务业发

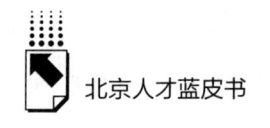

新空间，增强首都人力资源服务业辐射区域、服务全国、融入国际市场的能力提供了重大发展机遇。

二是积极推进国家级人力资源服务产业园区规划建设。经与海淀区政府研究并报市政府同意，在中关村国家自主创新示范区核心区规划建设 5 万平方米的中国北京人力资源服务产业园区。园区将集"产业集聚中心、服务供给枢纽、创新发展平台、企业孵化基地、行业发展标杆"五大功能为一体，努力打造产业主题明晰化、产业要素集聚化、产业联系规模化、产业功能多样化、空间布局科学化、管理服务智能化的现代人力资源服务业集聚区域，促进人力资源服务产业跨越式发展。将充分利用中关村人才特区先行先试政策优势，努力实现政策叠加效应，努力实现产业集聚、政策聚焦和管理高效。将按照"政府引导、社会参与、企业投资、市场运作"的建设思路，发挥市场在资源配置、产业发展、园区建设上的决定性作用，形成以市场机制为主、多方良性互动的格局，全力打造全市人力资源市场公共服务枢纽型基地和人力资源服务产业创新发展平台，发挥对全市乃至京津冀人力资源服务业发展的辐射带动作用。

三是搭建首个人力资源服务产业发展金融支持平台。积极与中国银行北京市分行共同开展促进人力资源服务业发展金融支持课题研究，并于 2013 年 8 月签署了《北京市人力资源服务业发展金融支持合作框架协议》。协议以促进人力资源服务产业发展为原则，建立人力资源服务产业发展金融支持绿色通道，制定人力资源服务产业优惠政策，创新金融产品，为企业解决发展中遇到的金融难题。

四是加快推进行业标准化建设。经充分研究论证、修改完善，2013 年 6 月 21 日，北京市人力资源服务地方标准《人力资源服务规范》和《人力资源服务机构等级划分与评定》正式发布。该标准在总结人力资源服务行业标准化建设工作经验的基础上，充分体现了整合劳动力市场和人才市场、统筹建设人力资源市场和促进人力资源服务业规范发展的新要求，规范内容涵盖了人力资源服务业主要业态，评价标准兼顾了各类服务机构特点，具有较强的可操作性、创新性和前瞻性，是我国人力资源市场领域第一部完整的地方标准。为推进地方标准的贯彻实施，专门召开了全市贯彻实施人力资源服务地方标准部署会，下发了贯彻实施地方标准的通知，组织开展了贯彻实施地方标准各项准备工作，研究制定了《北京人力资源服务机构等级评定规程》等贯标工作相关文件，顺利完成了北京市人力资源服务专业标准化技术委员会和北京市人力资源服务机构等级评定委员会换届工作，组织完成了等级评定软件的开发、测试和申报系统上线工作。2014年度共对44家服务机构进行了等级评定，评级结果为：5A级4家、4A级12家、3A级19家、2A级6家、1A级3家。

五是稳步推进人力资源服务诚信体系建设。积极开展人力资源服务机构诚信创建活动，促进服务质量和行业公信力的提升。2013年，市人力资源和社会保障局组织全市人力资源服务机构开展"诚信服务月"活动，1000余家人力资源服务机构在服务场所显著位置张贴人力资源服务行业自律公约和监督举报电话，所有机构和1.5万余名从业人员签署诚信服务承诺书，引导服务机构建设完善诚信服务制度。通过组织开展诚信状况评估，遴选确定了150家人力资源诚信服务示范单位，其中7家机构获得了全国人力资源诚信服务示范机构称号。

六是积极支持行业协会发展建设。北京人力资源服务行业协会入选北京市"枢纽型"社会组织，在人力资源管理服务领域发挥了更广泛的辐射带动作用。

经过"十二五"时期的不懈努力，北京市人力资源服务业获得了全面发展，基本公共服务保障力度进一步加强，人力资源服务产业不断壮大。2014年度人力资源服务机构年审报告显示，北京市共有人力资源服务机构1154家，其中，公共服务机构392家，占比为34%，经营性服务机构762家，占比为66%。北京地区人力资源服务业实现营业收入1200亿元（含部委所属和央企人力资源服务机构）。

在总结成绩的同时，我们也清醒地认识到北京市人力资源服务业发展还存在一些亟待解决的问题：一是行业规模偏小。经营性服务机构90%以上是小微企业，赢利能力低，发展缓慢，后劲不足。二是总体实力不强，国际

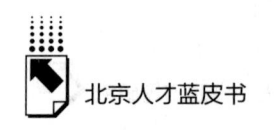

竞争力较弱。三是市场体系不完善，服务供给不足。四是市场秩序、服务行为有待进一步规范，服务质量和诚信水平有待进一步提升。

二 面临的形势

当前，世界多极化、经济全球化深入发展，国际政治经济格局酝酿新的调整。我国正处在结构调整阵痛期、经济增速换挡期和前期政策消化期，重要战略机遇期的内涵和支撑发展的要素条件正在发生变化，人力资源市场发展机遇与挑战并存。

（一）"四个全面"战略布局为谋划人力资源市场发展指出了根本方向

"四个全面"战略布局立足治国理政全局，抓住改革发展稳定关键，统领中国发展总纲，确立了新形势下党和国家各项工作的战略方向、重点领域、主攻目标。具体到人力资源市场领域，贯彻落实全面建成小康社会，要求我们更好地贯彻促进就业工作方针和政策，更好地实施公共就业和人才服务，围绕实现更高质量就业目标精准发力，促进社会和谐稳定，为小康社会强化民生内涵和幸福指数。贯彻落实全面深化改革，要求我们进一步推进劳动力市场和人才市场的深度整合融合，加快政府职能转变，改革市场准入制度，变事前审批为事中管理和事后监督，既要发挥市场配置人力资源的决定性作用，也要发挥好政府作用，全面实现人力资源市场改革任务，建立符合市场经济要求的人力资源市场管理体制和运行机制。贯彻落实全面依法治国，要求我们加快推进人力资源市场法治化进程，为维护人力资源市场各方主体合法权益营造良好的法治环境，切实提高人力资源市场治理能力和行政效率。贯彻落实全面从严治党，要求我们巩固党的群众路线教育实践活动的成果，坚持抵制"四风"，按照"三严三实"的要求，不断改进工作作风，把人民群众对于公共就业和人才服务的需求、对于人力资源市场建设发展的要求作为我们一切工作的出发点和落脚点，从我们的具体工作做起，为实现党在新时期奋斗目标贡献力量。

（二）经济发展新常态给人力资源服务业挖潜增效带来新挑战

经济发展新常态是我国根据国际国内经济发展总体格局做出的主动适应和调整，主动将高速增长调整为中高速增长，主动实施经济结构优化升级，主动转变经济发展方式，从要素驱动、投资驱动转为创新驱动，经济发展更多地依靠制度创新、科技创新和人力资本提升。按照经济增长与就业状况的一般规律，增速下降必然带来就业岗位减少、就业压力增大，经济结构调整也会对人力资源结构调整带来压力，人力资本质量提高的需求更加迫切。适应新常态，必须建立有效的人力资源市场运行机制，发挥市场配置资源的决定性作用，必须加强对人力资源市场的宏观监测和分析，加强对人力资源市场流动配置的宏观引导，必须深入研究分析产业结构与人才结构的对应关系，加强和改进人力资源服务，开发人力资源，挖掘人力资源潜力和市场服务潜力，提升人力资源服务效能，尽可能减少经济调整对就业形势的负效应，使人力资源服务跟上新常态发展节奏，为"转方式、调结构"做出扎实贡献。从目前就业形势看，就业总量矛盾不减，结构性矛盾更加突出。一方面，劳动力需求下降，用工成本提高，招工难和找工难并存，社会对公共服务需求的增加使公共就业和人才服务面临严峻的挑战。劳动力市场和人才市场整合工作仍处于攻坚阶段，实现深度整合融合，发挥公共服务体系的更大优势也有一个艰巨的过程。另一方面，首都人力资源服务产业发展也亟待挖潜增效、全面提升。与发达国家相比，产业竞争不具有优势，与国内经济发达地区相比，上海、江苏、浙江、广东等地人力资源服务产业化发展实力日益增强，北京原有的优势地位堪忧。学习借鉴国内外人力资源服务产业发展的先进经验，努力营造产业发展环境，促进人力资源服务业整体发展水平的提升，是当前适应经济发展新常态和实现首都发展新目标的必然要求。

（三）就业优先战略和人才强国战略的深入实施对人力资源市场建设发展提出了更高要求

随着金融危机以来就业形势的变化，就业工作已经摆到党和国家工作的

突出位置。近年来，国务院连续出台促进就业的政策性文件，党的十八大报告也要求推动实现更高质量的就业，实施就业优先战略和人才强国战略。落实两大国家级战略，人力资源市场责无旁贷地担负起更为重要的任务。就业是世界性难题，人力资本质量和人才队伍素质结构是国家竞争力的重要体现，就业和人才工作关系着经济社会发展和改革发展稳定大局，在全面建成小康社会、实现中华民族伟大复兴的"中国梦"的伟大实践中，做好就业和人才服务工作意义重大，要求我们逐步健全人力资源市场体系，提升公共就业和人才服务水平，有效促进人力资源开发配置和合理利用，为全面提升人力资本质量做出积极贡献。

（四）首都发展"新定位""新目标"为人力资源市场发展建设提供了广阔舞台

贯彻习总书记对首都城市战略定位和建设目标的重要指示精神，北京将围绕"四个中心"新定位，大力疏解非首都核心功能，加快产业结构调整升级，促进人口资源环境协调发展和京津冀协同发展，全面实施科技文化创新双轮驱动发展战略，努力建设国际一流的和谐宜居之都。在这些重大战略转变面前，公共就业服务、人力资源服务产业发展如何跟进，如何适应首都经济社会转型发展对人力资源素质结构提出的新要求，是摆在我们面前的重要课题。在未来支撑人口红利的人力资源存量、增量均不乐观的情况下，必须要加快提升就业需求层次，促进人力资源合理流动和有效利用，必须要大力发展人力资源服务业，刺激服务需求，增加服务供给，努力提升人力资本质量，逐步缓解就业总量矛盾，化解结构性矛盾，为经济社会发展提供有效的人力资源支撑，这为人力资源服务业发展提供了广阔空间。

（五）促进发展政策的出台为人力资源市场发展确定了时间表和路线图

近期，人力资源社会保障部、国家发改委和财政部联合出台《关于加快发展人力资源服务业的意见》，《北京市人民政府关于加快发展人力资源服务业的意见》也已发布实施。两个意见为今后一个时期人力资源市场和人力资源服务业发展指明了方向，明确了总体思路和发展目标。就贯彻实施两个意见，市政府办公厅专门下发任务分解方案，建立了贯彻实施责任体系，"十三五"时期人力资源市场和人力资源服务业发展已经明确了时间表和路线图，必将有效推动北京市人力资源市场改革创新和人力资源服务业快速发展，人力资源服务业发展迎来了历史最好机遇。

三 总体思路和发展目标

（一）指导思想

以邓小平理论、"三个代表"重要思想和科学发展观为指导，深入贯彻落实党的十八大，十八届三中、四中全会以及习近平总书记重要讲话精神，紧紧围绕市委、市政府建设"人文北京、科技北京、绿色北京"的战略部署，建设统一规范灵活的人力资源市场，努力营造城乡劳动者平等就业的制度和环境。坚持以更大程度地发挥市场机制作用为基础，以更好地实施就业优先战略和人才强国战略为宗旨，以建立统一规范灵活的人力资源市场、促进公共服务和经营性服务协调发展为主线，以促进人力资源市场和人力资源服务业可持续发展为目标，全面推进首都人力资源市场建设，逐步形成专业化、信息化、产业化、国际化的人力资源市场和较为完善的现代人力资源市场体系，为强化首都城市战略定位、调整疏解非首都核心功能、建设国际一流和谐宜居之都提供必要的人力资源支撑与保障。

（二）发展目标

努力把首都建成优质人力资源聚集辐射基地、人力资源服务产业孵化基地、人力资源服务产业总部基地、人力资源服务技术和产品创新基地、人力资源市场大数据处理分析中心、人力资源服务业国际交流中心，成为人力资源服务业发展的战略高地。到2020年，实现以下重点发展目标。

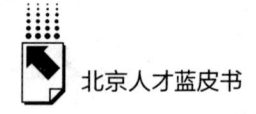

（1）人力资源服务业规模逐步壮大。人力资源服务机构总数达到1600家，其中人力资源服务企业总数达到1200家。行业年营业总收入突破1800亿元，年均增长不低于10%。

（2）人力资源服务产业结构实现优化升级。推进人力资源服务产业规模化、集约化、专业化、规范化发展，培育一批具有国际知名度和市场竞争力的人力资源服务企业。获得"中国驰名商标"荣誉称号的企业达到5家，获得"北京市著名商标"荣誉称号的企业达到10家。年营业收入10亿元以上的企业达到50家，50亿元以上的企业达到10家，100亿元以上的企业达到5家。

（3）人力资源市场基本公共服务得到充分保障。形成服务体系健全、财政保障有力、运行效率较高的人力资源市场公共服务体系，为城乡劳动者提供均等和优质的服务，为就业困难群体提供就业援助。

（4）人力资源服务业发展环境进一步优化。建立健全人力资源市场法律法规体系、标准规范体系、诚信服务体系，营造统一开放、竞争有序的市场发展环境，使市场成为人力资源配置的主要渠道。

四　重点任务

当前正处于总结"十二五"新成绩、规划"十三五"新发展的关键时期。适应经济发展新常态，围绕首都城市功能新定位，实现建设国际一流和谐宜居之都新目标，必须要进一步加快统一、规范、灵活的人力资源市场建设，深入推进促进人力资源服务业发展政策的贯彻落实，努力建设现代人力资源市场体系，完善服务功能，提高人力资源开发利用水平，切实发挥人力资源服务业促进经济社会发展的积极作用。要继续坚持"大市场"发展理念和"两化三发展"工作思路，在以下几个方面不断取得新的突破。

（一）强化责任，认真落实促进人力资源服务业发展政策

构建市区两级落实促进人力资源服务业发展政策责任体系，以市政府办

公厅名义出台《关于加快发展人力资源服务业的意见》任务分解方案，明确各区县政府和相关部门促进人力资源服务业发展的责任分工。推动建立促进人力资源服务业发展协调机制，加强人力资源服务业发展的统筹规划和综合协调，形成齐抓共管、整体推进的工作局面。将人力资源服务业发展纳入本市国民经济和社会发展规划，列为服务业重点发展领域，制定和组织实施人力资源服务业发展专项规划，明确发展思路、发展目标、空间布局、设施建设、资金投入、政策保障等内容，提升人力资源服务业的经济贡献率。将人力资源服务业纳入中关村现代服务业试点政策和资金支持范围，确保政策到位、措施到位、资金到位。以产业引导、政策扶持和环境营造为重点，进一步深化人力资源市场改革，创新体制机制，激发市场活力，大力推进人力资源市场公共服务均等化和经营性服务产业化，形成公共服务与经营性服务各有特色、相互补充、共同促进、协调发展的良好局面。

（二）多措并举，大力培育人力资源服务产业

推进人力资源服务业集约化发展，依托已形成的产业发展优势，发挥产业集聚发展效应。抢抓发展机遇，在中关村国家自主创新示范区核心区规划建设国家级人力资源服务产业园区。研究探索通过租金减免、贷款贴息、政府优先购买服务等优惠政策，吸引各类人力资源服务机构入驻园区，使园区成为全市人力资源市场公共服务枢纽型基地和人力资源服务产业创新发展平台。鼓励有条件的地区促进人力资源服务产业集约化发展，建立国家级人力资源服务产业园区分园，逐步形成"一区多园"产业发展空间和战略布局。在人力资源服务产业园区进行综合改革试点，形成促进发展政策体系。放宽市场外资准入，吸引国际知名机构总部落户中关村国家自主创新示范区，促进人力资源服务产业国际化发展。鼓励扶持重点领域发展，培育龙头企业与扶持小微企业并举，推进科技创新和品牌建设。加大人力资源服务业投融资力度，有效整合资源，拓宽融资渠道，建立有利于行业发展的投融资机制。促进《北京市人力资源服务业发展金融支持合作框架协议》贯彻落实，鼓励支持金融机构加大对人力资源服务企业及其建设项目的信贷投入，积极引

导金融机构创新金融产品和服务方式。鼓励支持人力资源服务企业上市融资，搭建人力资源服务产业发展金融支持平台，增强企业自身造血功能。逐步完善人力资源市场基本公共服务政府购买制度和评估考核办法，支持经营性人力资源服务机构参与公共就业服务活动、实施公共就业和人才服务项目，完善规范补贴标准。加快高层次人才培养，深入开展理论研究和市场调研。加强人力资源市场宏观监测和引导，建立科学的人力资源服务业统计制度和信息发布机制，完善统计调查方法和指标体系。加强对人力资源服务业发展内在规律的研究，科学分析发展状况，创新发展理论，定期发布《北京人力资源服务业蓝皮书》。

（三）提升效能，稳步推进人力资源市场公共服务体系建设

推进公共服务体系建设。整合劳动力市场和人才市场，充分运用和发挥人力资源市场公共服务机构的职能优势，加强公共服务管理，规范公共服务流程，实现人力资源市场公共服务的资源整合、优势互补。在总结试点经验的基础上，完善制度建设和保障措施，构建覆盖城乡、统一规范、上下贯通、便捷高效的人力资源市场公共服务体系。

完善基本公共服务功能。坚持以人为本的服务理念，规范服务项目，拓展服务功能，扩大服务供给，创新人力资源市场公共服务提供方式。着力抓好公共服务管理统一、服务规范和能力提升，开展多种形式的公共就业和人才服务活动。统一人力资源市场公共服务机构的管理体制、运行机制、服务标准和绩效考核制度，提升人力资源市场公共服务的人性化、科学化、精细化、均等化水平，使其成为促进就业、人才开发、人力资源配置的重要支撑。

提升基本公共服务水平。加快建设人力资源市场信息系统和公共服务网络平台，加快流动人员人事档案管理服务系统推广应用，实现全市人力资源市场公共服务体系业务处理信息化、管理手段现代化、服务方式智能化的全过程管理。充分利用和整合服务资源，加强人力资源市场公共服务场所设施建设，形成规模适度、布局合理、功能明确、服务便捷、统一规范的服务网

络。完善城乡发展一体化体制机制，加大公共资源城乡统筹力度，逐步实现人力资源市场基本公共服务的公平性、全覆盖和均等化。

（四）引导规范，不断加强人力资源服务标准化和诚信建设

完善与国家标准相配套、与国际标准相衔接的人力资源服务地方标准体系，推动实施人力资源服务地方标准，促进行业规范发展。抓好北京市人力资源服务地方标准的贯彻实施，确保机构等级评定工作客观公正，做到程序规范、过程公开、结果公平，逐步提高地方标准和等级评定工作的权威性和公信力。鼓励人力资源服务机构积极参与机构等级评定，对照地方标准寻找差距，不断提升自身的服务和管理水平，激发发展动力和市场活力，营造创先争优的良好氛围，切实发挥地方标准提升人力资源服务规范化水平，促进人力资源市场发展的积极作用。进一步加强人力资源服务机构诚信体系建设，完善诚信服务制度，开展诚信状况评估，加大对获得国家和本市人力资源诚信服务示范单位的宣传力度，发挥示范引领作用，促使更多的人力资源服务机构遵纪守法、诚信经营、规范发展。

（五）转变职能，切实提高人力资源市场治理能力

以转变政府职能、增强治理能力、建设服务型政府为目标和着力点，不断提升人力资源市场管理水平。继续推进人力资源市场法治建设，加快人力资源市场立法工作，制定《北京市人力资源市场条例》，不断完善人力资源市场法规体系。继续推进管理重心下移，强化基层基础工作，简化行政许可流程，规范市场准入，强化事中管理和事后监管，完善人力资源市场管理信息系统，不断推进政务公开，提高人力资源市场治理能力和行政效率。依法治理和规范引导相结合，建立完善人力资源市场管理体制机制，密切行政许可与行政执法部门工作协调机制，健全维护人力资源市场秩序多部门联动机制，充分利用集中整治、日常监管和网格化管理等多种方式打击非法行为，维护合法权益，充分发挥公共服务机构和守法诚信服务机构的主导力量，充分发挥行业协会对人力资源服务机构的行为导引、规则约束和权益维护作

用，形成有法必依、执法必严、违法必究的有力震慑和诚信激励、失信惩戒的长效发展机制，进一步规范人力资源服务行为，提升从业人员素质，维护市场主体合法权益，营造诚信经营、公平竞争的市场环境，激发人力资源服务机构创新创造活力。

（六）发挥优势，主动融入京津冀人力资源服务业发展新空间

在新的历史起点上全面推进首都人力资源市场改革创新发展，更广泛地激活北京要素资源，加快培育合作竞争新优势，推动对内对外开放相互促进、引进来和走出去更好结合。积极采取措施，促进与部委和央企人力资源服务机构的交流合作，打通京津冀人力资源市场，加强战略合作，积极开拓和融入京津冀以及环渤海地区人力资源协同发展新空间，在更大范围发挥功能拓展、资源配置和辐射带动作用，显著增强辐射区域、服务全国、融入国际市场的能力，实现首都人力资源服务业整体发展水平的显著提升。

参考文献

[1] 董小华：《加快首都人力资源服务业产业化发展》，《中国人力资源开发》2012年第2期。
[2] 董小华：《人力资源服务效能问题实证研究》，中国人事出版社，2015。
[3] 王克良：《中国人力资源服务业发展报告（2014）》，中国人事出版社，2014。
[4] 萧鸣政、郭丽娟：《中国人力资源服务业白皮书》（2009~2013年各年版），人民出版社，2010，2012，2013，2014。
[5] 余兴安、陈力：《中国人力资源发展报告（2014）》，社会科学文献出版社，2014。
[6] 张宇泉、董小华：《北京人力资源服务业发展报告（2014）》，中国人事出版社，2015。
[7] 《建设统一规范灵活的人力资源市场调研报告选编》，北京市人力资源和社会保障局，2012。
[8] 《北京人力资源服务业发展研究报告》，《北京调研》2013年第2期。

B.15
首都国际人才中介服务业发展研究

王辉耀*

摘　要： 2003年人社部出台《中外合资人才中介机构管理暂行规定》后，很多国际人才中介机构因为注册资本的限制，在北京的发展受到了限制。同时，外籍人才就业证、外国专家证、居留许可证等证件办理程序比较复杂，也加剧了北京国际人才的稀缺。本报告建议打破《中外合资人才中介机构管理暂行规定》中外资控股比例不得超过49%的政策限制，允许外资在北京独资设立人才中介机构，以促进北京国际人才的潜在发展。

关键词： 人才服务　国际人才　外资人才　中介机构

一　人才竞争背景下，国际人才中介服务业需求上升

（一）人才流动加速与老龄化加剧，人才中介服务需求持续增高

人才中介服务行业可以市场化促进人才资源配置，尤其在发达国家，猎头行业的兴衰是经济走势的晴雨表，人才流动速度已经成为经济增长的重要

---

* 王辉耀，中国与全球化智库（CCG）主任，中国国际人才专业委员会会长，西南财经大学发展研究院院长，博士，博士生导师。

指标。跨境人才流速加快，促进了国际人才中介服务业的发展。据联合国国际移民统计数据，2013年全球有2.32亿人口移民海外[①]，而在1990年、2000年和2010年该数据分别是1.55亿、1.78亿、2.14亿。[②] 2.32亿国际移民中，74%为20~64岁工作年龄段的移民。

随着人口老龄化现象的加剧，全球范围内的人力资源市场供需失衡将愈加严重。联合国人口发展基金会（United Nations Population Fund）数据显示，目前，全球每9人中有1人在60岁或60岁以上，预计到2050年，这个比例会增加为每5人中有1人。换言之，老龄化已成为世界各国共同的话题。2013年，万宝盛华对全球42个国家和地区近4万名雇主进行的年度人才短缺调查显示，人才短缺影响了全球超过1/3的企业。日本、巴西、印度、土耳其和中国香港面临的人才短缺最为严峻。为应对人才短缺的困境，大部分雇主将重点建设人才渠道，并准备采取措施完善人才库。

根据国际猎头协会的报告估算，2014年全球猎头行业收入历史性地增长了10.7%，达到117亿美元。

（二）我国企业国际化进程加速，人才服务业具有很大发展空间

从跨国公司发展的历史来看，跨国公司的快速成长必然依靠国际猎头行业的支撑。20世纪五六十年代，美国跨国公司快速发展，直接催生了对海外业务管理人员的需求，猎头顾问开始着手在海外搜罗当地管理人才。如史宾沙·斯图亚特接手的第一个业务就是为美国跨国企业在南美的扩张寻找委内瑞拉人才；海德思哲1957年在英国开设分公司，1983年便拓展了所有的欧洲业务；光辉国际成立的第三年，就在布鲁塞尔成立办事处，开始了海外扩张。此后，几乎所有发达跨国公司在国际化初期要做的一件事就是找猎头公司。

[①] 数据来源：*International Migration 2013*，联合国经济与社会事务部，2013。
[②] 数据来源：*International Migration 2013*，联合国经济与社会事务部，2013。

在中国，随着中国加入世贸组织，跨国公司又纷纷加快了进入中国的步伐，大部分跨国公司从20世纪90年代初开始进入中国。国际猎头对促进中国商业和事业的作用十分巨大。例如2002年，香港大学校长一职空缺，在光辉国际的寻聘下，国际基因学权威徐立之先生获得该职位。徐立之就任香港大学校长一职后，积极推动香港大学向世界一流大学迈进，他的努力和贡献也得到了社会各界的认可，在2005年被香港市民评为"最佳大学校长"。

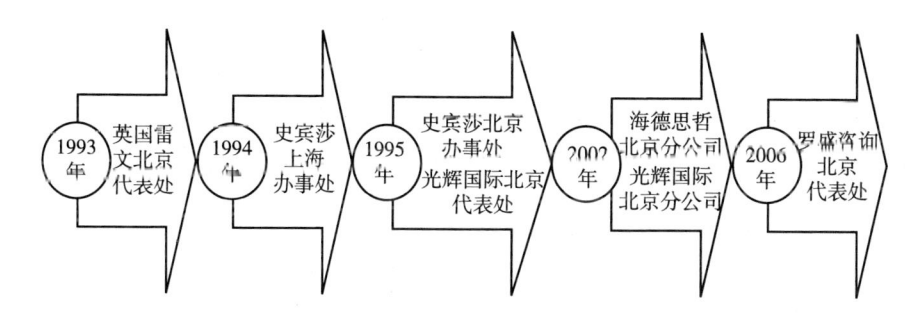

图1　早期进入中国的部分外资猎头

资料来源：王辉耀、苗绿：《国际猎头与人才战争》，机械工业出版社，2015。

中国企业"走出去"方兴未艾，2014年开启了中国对外直接投资首次超越外国对华直接投资的新纪元，大批中国企业走到国际舞台上去竞争，这意味着对国际人才的大量需求。企业国际化发展在人力资源上也应秉持国际视野，揽全球人才为我所用，而不局限于其国籍、地域。在这方面，人才中介服务机构的桥梁与配置作用不可或缺。2015年，我国提出"一带一路"战略后，预计我国对国际人才的需求将猛增。具备国际专业能力的人才中介服务的需求也将猛增。

（三）首都发展需要提升国际人才比例，人才服务业发展需相应增速

人才是保持城市发展的持续动力，是保证城市活力的源泉。"十三五"期间，北京面临疏解非首都功能产业、控制人口规模的重要任务。但是，控

制人口不能限制人才集聚。"十三五"期间,北京要实现从人口大都市向人才大都市转变。

控制人口规模和人才管理,历来在世界城市管理中分属两条线。即使是人口规模巨大的超级都市,也一直对人才来者不拒。纽约目前人口接近900万,将大都会区涵盖在内,人口更多达2010万,是全美人口最多的大都市。过去4年中,纽约来自其他国家的移民增加了60万人,亚裔移民目前占接近15%。新加坡国土面积仅有719平方公里,但一直吸引外来人才,并且成立"联系新加坡"(Contact Singapore)联盟吸引外来人才。2010年德国斯图加特、法兰克福和纽伦堡等地外来人才高达四成;伦敦、东京是具有很强国际人才竞争力和影响力的世界高端人才聚集之都,每个城市都有几百万人来自国外,并且顺利地获得了国籍,享有与本地公民一样的权利。

国内大都市,例如上海,也在近期出台了人才新政策。2015年7月6日,上海发布了《关于深化人才工作体制机制改革促进人才创新创业的实施意见》,在人才政策上实现了创新,降低了外籍人才在沪工作的壁垒,十分值得北京借鉴。如取消了外国人申请绿卡的就业单位类别和职务级别限制,只要连续工作满4年、年薪达到60万元,即可直接申请在华永久居留;允许外国留学生毕业后就业、创业等。

目前,北京国际人才比例不足1%。中关村是我国科技创新最活跃的地区,目前的人才数量已经超过硅谷,但结构方面,人才国际化程度低严重阻碍了中关村人才结构的优化。目前,中关村外国人才比例仅有0.56%,硅谷这一数字达36%;而且,在中关村吸引的外国人才中,多数是海外华人华侨,占74.86%。我国要实现"大众创业、万众创新",很多互联网行业的新兴企业,如滴滴打车等,都是通过引进国外先进行业模式发展起来的,"互联网+"更应注重获取国际先进信息,建立国际网络。这种国际网络的建立,主要依靠人才的流动串联起来。

北京作为首都,应该更多地吸引国际人才,疏解非首都功能产业的人口。在此种背景下,人才服务业也应相应提速。

（四）本土猎头发展与国际猎头存在较大差距，难以满足需求

在中国，真正意义上的猎头公司诞生于20世纪90年代，1993年后进入快速发展阶段。为规范行业发展，1995年，国内第一个人才市场管理办公室在北京成立，猎头服务开始纳入政府监管体系；2006年8月，北京泰来猎头咨询事务所参与起草了国内第一个猎头服务地方标准；2011年1月，北京泰来猎头咨询事务所为《高级人才寻访服务规范》的出台做出了不少努力。2012年6月，中国人才交流协会高级人才寻访专业委员会成立，经过20多年的发展，猎头公司在中国基本形成了三大阵营。

第一阵营主要是以光辉国际、史宾沙等为代表的跨国猎头，它们专注于高端客户的高端职位。拥有国际人才数据库、丰富经验猎头顾问的跨国猎头公司在高端猎头方面有着得天独厚的优势。

第二阵营，主要是本土猎头中的佼佼者，如科锐、泰来等。它们多是从20世纪90年代就开始涉足猎头行业的元老级猎头。这些猎头公司在业内享有一定的知名度，主要做中端猎头，兼做高端业务。

本土猎头公司中的大多数属于第三阵营。它们的客户主要集中在中小型企业。该阵营内的公司一般不限行业，大多逢单就接，一般不收预付款，也不签订排他合同，合作成功才收取费用。由于数量众多，且规模较小，难免鱼龙混杂。

相较于国际猎头的高端定位，本土猎头公司大多定位于年薪50万元以下的中低端职位[①]，比如技术类、部门经理等职位，业内戏称为"猎腰"。本土猎头公司"猎腰"的定位可以较好地避开同跨国猎头之间的正面较量，同时，国内人才市场中低端的资源也比较丰富，能够为本土猎头积累客户打下良好基础。而面对未来国际化人才需求的迅速增加，本土猎头的服务定位显然无法满足企业的需求。

2002年7月北京市出台的《北京市鼓励设立中外合营人才中介服务机构暂行办法》允许外资在相关部门批准的情况与本地猎头公司合资注册，并没有针

---

① 资料来自中国人才交流协会高级人才寻访专业委员会2013年的调研报告。

对合资比例做要求。而《中外合资人才中介机构管理暂行规定》实施10多年来，中资的人才中介管理机构已经得到较好的发展。随着全球化的进一步发展，北京对国际人才的需求越来越强烈，中资人才中介机构在国际人才猎取方面，能力远远不及国际上的猎头机构，难以满足相关企业对国际人才的需求。

二 首都人才服务业面临国际化升级的挑战

（一）首都国际人才猎头机构发展情况

1. 总体规模

北京在政策、人才、经济、科技、交通等各方面都占有优势，因此成为世界500强等跨国企业的聚集区，也成为国际顶尖猎头的首选地。国际猎头顾问协会2014年网站资料显示，国际顶尖猎头的办公地点中，北京占34%，仅次于上海。

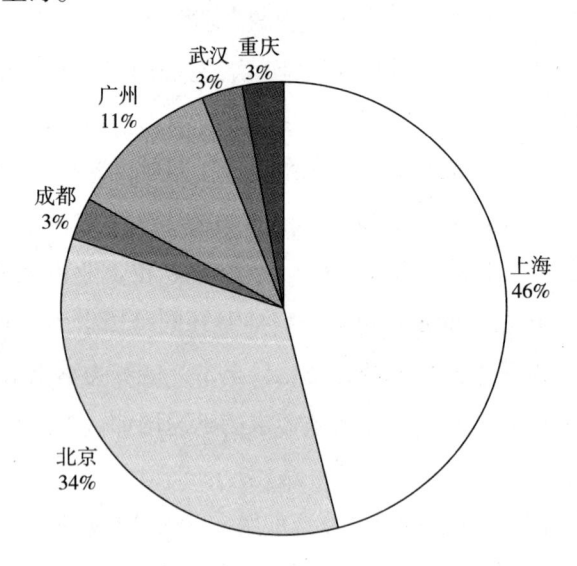

图2 国际猎头顾问协会成员中国布局（2014年）

数据来源：王辉耀、苗绿：《国际猎头与人才战争》，机械工业出版社，2015。

目前有多少国际猎头机构在北京,并没有准确的数据。国际猎头顾问协会264家会员单位中,有11家在北京有办事机构。全球五大顶级猎头机构:光辉国际(Korn/Ferry International)、亿康先达(Egon Zehnder)、史宾沙(Spencer Stuart)、海德思哲(Heidrick & Struggles)、罗盛咨询(Russell Reynolds Associates, Inc.)在北京均有分支机构。

在2014年度Hroot全球人力资源服务机构50强(及其延伸名单)中,有23家机构主营业务为猎头服务或在线招聘服务。这23家猎头机构中,有10家机构在北京有办公室。

2. 存在形式

总体而言,随着人才中介市场的逐步开放,外资猎头公司在京的生存状态也随之发生改变。2003年《中外合资人才中介机构管理暂行规定》出台后,很多猎头机构因为注册资本的限制,注销了在北京的相关机构。2007年允许港澳服务提供者设立独资人才中介机构的相关政策出台后,外资猎头公司纷纷由其香港公司在北京设立独资公司。也有部分外资猎头公司先在上海注册合资公司,然后通过上海公司在北京设立分公司,另有部分公司只在北京设立办公室,但相关注册信息并不明确。目前外资猎头公司在北京的生存状态并不理想,大致分为以下五种情况。

(1)以台港澳法人独资公司形式存在。此种形式的代表公司包括光辉国际、史宾沙、亿康先达与米高蒲志等。具体来看,光辉国际入驻北京以来,先后历经台港澳企业在京代表处—台港澳与境内合资〔2002年光辉国际(香港)有限公司与中询投资顾问公司合资〕—台港澳法人独资〔2010年光辉国际人力资源咨询(北京)有限公司〕三个阶段。

史宾沙则相对简单,直接由代表处〔1995年成立英属维尔京群岛史宾沙(BVI)有限公司北京代表处〕过渡到台港澳法人独资的形式〔2007年1月注册成立史宾沙职业顾问(北京)有限公司〕。

亿康先达进驻北京历经两个阶段,首先由亿康先达(上海)咨询有限公司设立北京分公司,然后是2010年由亿康先达发起成立台港澳法人独资的亿康先达国际人力资源咨询(北京)有限公司。

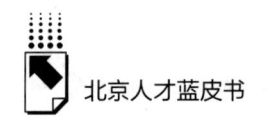

米高蒲志 2009 年直接通过米高蒲志国际（香港）有限公司注资，成立米高蒲志（北京）人才服务有限公司。

（2）在京外设立合资公司，以京外公司的分公司形式存在。此种形式的代表公司包括罗盛咨询、瀚纳仕、华德士、明达科、翰德等，先在上海注册中外合资的猎头机构，然后以上海合资公司的分公司在北京注册，是目前比较典型的存在方式。

罗盛于 2006 年成立了罗盛（上海）咨询服务有限公司，经营项目以咨询为主。2008 年，中外合资的罗盛（上海）人才咨询服务有限公司北京分公司成立。

瀚纳仕 2008 年成立上海瀚纳仕人才管理咨询有限公司北京分公司，属于非缴税的分支机构。

华德士于 2010 年成立华德士人才咨询（上海）有限公司北京分公司，属于缴税的分支机构。

（3）直接在北京设立合资公司。主要代表为海德思哲。海德思哲自 2002 年进入北京以来，一直以合资公司（香港海德思哲远东有限公司与北京恒先人力资源有限责任公司合资）形式存在。从最新的合资双方的出资比例来看，香港海德思哲远东有限公司占比 90%，属于绝对控股。

（4）直接在北京设立代表处。国际猎头机构直接在北京设立代表处或办事处的情况，在 2007 年之前比较常见，如香港普群企管顾问股份有限公司北京代表处，但目前大部分已经注销，如英国安拓国际有限公司北京代表处等。

（5）设立商务咨询公司或未只设立办公室。目前国际猎头顾问协会在京有办公室的 11 家猎头公司中，只有海德思哲、光辉国际、罗盛咨询、史宾沙是以正规渠道在北京注册的，其他 7 家机构并未找到相应的注册信息，通过内部电话了解，部分在上海注册了公司并在北京有办事点，但不成为机构；部分只是以派驻猎头顾问的形式存在，相关业务合同的签订并不在北京。

（二）首都国际人才猎头机构发展的主要障碍

1. 注册形式的限制

自 2001 年中国人才市场正式向外资敞开了大门以来，外资人才中介机构在北京乃至中国的生存状态随着相关政策的变化而产生较大的改变。

2002年7月，北京市出台了《北京市鼓励设立中外合营人才中介服务机构暂行办法》，办法规定外资猎头公司在得到北京市人事局等相关部门批准的情况下可以与当地猎头公司采取合资合作形式注册，并没有针对合资比例做要求。但在2003年11月人事部、商务部、国家工商行政管理总局出台的《中外合资人才中介机构管理暂行规定》中，规定了申请设立的中外合资人才中介机构"注册资本金不少于30万美元，其中外方合资者的出资比例不得低于25%，中方合资者的出资比例不得低于51%"。2006年，人事部在浦东开展中外合资人才中介机构试点改革。外资在浦东新区设立中外合资人才中介机构，可实现绝对控股，最高不超过70%。2007年，《中外合资人才中介机构管理暂行规定》补充规定允许香港和澳门服务提供者在内地设立独资人才中介机构。

2. 外籍人才来京不便，中介服务难度较大

1996年，我国颁布了《外国人在中国就业管理规定》，规定指出在中国就业的外国人入境后取得外国人就业证和外国人居留证件，方可在中国境内就业。

外国人就业证需要在人力资源和社会保障部门办理，外国人居留证件则由公安局出入境总队管理，由于管理部门不同，政策缺乏协调，造成外籍人才诸多困惑与不便。

外籍人才政策阻碍了外国人才来华积极性，一定程度上为人才中介服务增加了人力和时间成本。

三　聚集国际人才中介，促进人才服务业发展

（一）建议打破《中外合资人才中介机构管理暂行规定》中外资控股比例不得超过49%的政策限制，允许外资绝对控股，允许外资在北京独资设立人才中介机构

建议允许外资在北京设立中外合资人才中介机构，允许外资实现最高不

超过70%的绝对控股；同时建议允许外资独资在中关村人才特区设立人才中介机构。这一政策的放宽，将有力地吸引国际人才中介机构落户北京发展，促进北京猎头行业的发展；同时，也将帮助北京尤其是中关村相关企业猎取国际人才，有助于提升北京国际人口的比例，有助于实现对外交流中心、科技创新中心的城市功能定位。

目前很多外资猎头机构实际上已经通过多种方式突破了现有政策限制，如以绕道香港成立港资公司，然后以台港澳法人独资的形式在北京注册公司；部分公司在上海等地以"商务咨询"或通过与本地人力资源合资成立公司，然后以上海公司的分公司等名义在北京注册；甚至在北京以"商务咨询公司"的名义注册，虽然在打"擦边球"，但实际已经在开展业务，政策的放开只是将原来灰色区域合法化。

同时，猎头公司本身对国内人才中介机构市场没什么冲击，猎头服务本身就是借鉴外国的商业模式，正因为外资才把这项业务带到国内，并培养了国内猎头人才，因此限制外资并没有实际意义，放松政策到市场常态对整个猎头行业的发展以及对促进中国市场的开放度有很大的帮助。

（二）简化外籍人才在京工作办证手续，放宽就业证申请人的年龄及工作经验限制，统一就业证、外国专家证与居留许可证的年限

促进人才服务业发展，也要同时提高外籍人才来京的便利程度。

首先，延长就业证、外国专家证、居留许可证的有效期，并统一就业证、外国专家证与居留许可证的年限。外籍人才在华工作需要就业证（或外国专家证）与居留许可证两证齐备。目前三证的有效期不同，就业证有效期多为1年，外国专家证有效期多为2年，居留许可理论上可以办理2年，但实际上只能办1年，且重新办居留许可需要1周到1个月的时间。因此，建议延长就业证有效期至2年，外国专家证有效期延长至5年；同时，与公安部门加强沟通，使居留许可证的有效期与就业证（外国专家证）的有效期一致。

其次，放宽就业证申请人的年龄限制。目前，对外籍人才就业证申请人

的要求包括年龄、工作经验等方面。其中年龄要求限制了60岁以上外籍人才在华就业。然而,60岁以上外籍人才多具备丰富的工作经验,建议突破该条款的限制,统一将就业证和外国专家证申请人的年龄标准延长至65岁。

最后,放宽对就业证申请人的工作经验限制。目前外籍人才申请北京就业证要求具备2年工作经验。工作经验的要求限制了外国学生以及在华留学生在北京就业,建议借鉴深圳的经验,放宽对外籍人才就业证申请时要求有2年工作经验的限制,能更好地吸引留学生为我所用。

B.16 北京市人力资本与物质资本比较研究

李海峥　孙越　裘越芳　郭大治*

摘　要： 人力资本与物质资本是国民财富的重要组成部分，同时也是经济增长的源泉。北京作为中国的首都，有着丰富的人力资本与物质资本。深入研究人力资本与物质资本情况，有助于认清北京市现状，为北京市未来的经济和社会政策提供参考。本报告使用 J-F 终生收入法和 OECD 物质资本计算方法，利用最新数据，计算北京市人力资本和物质资本多项指标。在对人力资本和物质资本计算结果进行讨论分析的基础上，展示人力资本和物质资本的结构变动。

关键词： 人力资本　物质资本　估算方法

一　引言

人力资本与物质资本的积累首先体现为国民财富的增加。经济和社会发

---

* 李海峥，美国佐治亚理工大学经济学院教授，经济学博士，博士生导师，主要研究方向为人力资本、劳动经济学、计量经济学与中国经济；孙越，中央财经大学中国人力资本与劳动经济研究中心博士研究生，主要研究方向为人力资本；裘越芳，中央财经大学中国人力资本与劳动经济研究中心博士研究生，主要研究方向为劳动经济学；郭大治，中央财经大学中国人力资本与劳动经济研究中心博士研究生，主要研究方向为劳动经济学。

展的过程中，人力资本与物质资本作为生产要素起到重要作用。[1] 人力资本的积累对于经济的贡献超越简单的劳动力数目增长贡献[2]，也表现在对于劳动生产效率的提升[3]、正的外部性效应[4]等。物质资本积累及伴随的生产力提高体现在技术进步、效率提升、成本节省和生活水平进步等方面。[5] 同时，在发展的过程中人力资本与物质资本相互影响，包括总体上的相互促进[6]和人力资本对于公共投资和私人投资的差异影响[7]等。北京作为我国的政治文化中心，其近期经济发展既反映了我国改革开放后的一般特征，也因其独特的定位、人均人力资本和人均物质资本方面巨大的优势，人力资本和物质资本积累也体现出其独有的变化趋势。结合2015年政府工作报告指出的当前经济增速下降、注重结构调整、促进教育公平等新形势下的情况与安排，以及北京市面对疏解非首都功能谋发展的新形势、新要求，北京市的未来政策制定需要更加翔实准确的人力资本和物质资本数据研究结果作为政策参考。

人力资本与物质资本估算具有系统性和复杂性的特点。人力资本受教育程度、入学率、年龄结构、性别差异、城乡分布、就业率和教育回报率等多方面因素影响，物质资本包括不同类别资本投资、资本回报、资本效

---

[1] 张帆：《中国的物质资本和人力资本估算》，《经济研究》2000年第8期。
[2] Schultz, T. W., "Investment in Human Capital", *The American Economic Review*, 1961: 1-17. Romer, Paul M, "Growth Based on Increasing Returns Due to Specialization", *The American Economic Review*, 1987: 56-62.
[3] Fleisher, B., Li, H., Zhao, M. Q., "Human Capital, Economic Growth, and Regional Inequality in China", *Journal of Development Economics*, 2010, 92 (2): 215-231.
[4] Liu, Z., "The External Returns to Education: Evidence from Chinese Cities", *Journal of Urban Economics*, 2007, 61 (3): 542-564.
Liu, Z., "Human Capital Externalities in Cities: Evidence from Chinese Manufacturing Firms", *Journal of Economic Geography*, 2013.
[5] OECD, "Measuring Productivity: Measurement of Aggregate and Industry-level Productivity Growth: OECD Manual", OECD, 2001.
[6] 胡永远、刘永呈：《中国省际间人力资本和物质资本的相互关系分析》，《人口与经济》2005年第5期。
[7] 廖楚晖：《中国人力资本和物质资本的结构及政府教育投入》，《中国社会科学》2006年第1期。

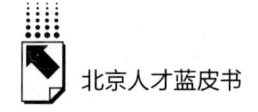

率变动和资本价格折旧等多方面影响。出于对趋势和结构性变动的分析需要，较长的时序数据的估算为人力资本与物质资本估算增加了难度。人力资本和物质资本估算方法本身，也存在方法选取争议和参数设定争议。本文中人力资本估算方法采用国际上广为使用的 Jorgenson – Fraumeni 的终生收入法（J – F 方法），物质资本估算采用 OECD 给出的物质资本估算手册中的估算方法。[1]

二 人力资本和物质资本估算方法及对比

（一）人力资本估算方法

关于人力资本相关研究的综述，可见 Le 等。[2] 鉴于 J – F 方法的理论基础和数据的可获得性，在人力资本估算中被广泛采用。相比于成本法和指标法等，终生收入法是用个人的预期生命周期内终生收入的折现值来估算人力资本水平，这种方法能较好地反映出教育和健康等因素对人力资本影响的长期回报。同时工资作为对市场中不同人力资本劳动者的回报，也体现了个人能力等其他因素。由于数据的约束，在我国应用的 J – F 方法中关键的收入数据难以获得，在实际的估算过程中，借由微观数据集，利用 Mincer 方程估算 1985～2012 年每年分性别、城乡、年龄和受教程度人群的平均市场收入。[3] 按照人力资本在生命周期中可能发生变化，划分为五个阶段，分别

---

[1] Jorgenson, D., Fraumeni, B. M., "The Accumulation of Human and Nonhuman Capital 1948 – 84", *The Measurement of Saving, Investment, and Wealth*, University of Chicago Press, 1989: 227 – 286; "Investment in Education and US Economic Growth", *The Scandinavian Journal of Economics*, 1992: 51 – 70; "The Output of the Education Sector", *Output Measurement in the Service Sector*, University of Chicago Press, 1992: 303 – 341; OECD, "Measuring Capital: Measurement of Capital Stocks, Consumption of Fixed Capital and Capital Services", OECD, 2001; "Measuring Capital: Revised Manual", OECD, 2009.

[2] Le, T., Gibson, J., Oxley, L., "Measures of Human Capital: A Review of the Literature", *New Zealand Treasury*, 2005.

[3] Mincer, J. A., "Schooling, Experience, and Earnings", NBER, 1974.

为：未上学、上学、可能上学也可能工作、工作和退休。通过存活率、升学率、就业率、工资实际增长率和折现率，利用倒推的方式估计未来预期收入的折现值，即该组人群直到退休平均可能收入的折现总值。通过人口普抽查数据，结合历年出生和死亡数据，计算1985～2012年各年分城乡、性别、年龄和学历的人口数据。北京市人力资本总量等于分组终生收入折现值乘以对应分组人口数后的加总值。①

本文测算1985～2012年人力资本存量主要使用的数据分宏观数据和微观数据两部分。其中微观数据的使用主要是为了补全我国不完整的个人收入信息，包括的数据库有："中国健康和营养调查"（CHNS）、"中国家庭金融调查"（CHFS）、"中国城镇住户调查"（UHS）、"中国家庭追踪调查"（CFPS）和"中国住户收入调查"（CHIP）等。宏观数据中人口相关数据来源于历年北京市普调资料、《北京统计年鉴》、《中国人口统计年鉴》和《中国教育统计年鉴》等。通过城镇实际工资和农村名义平均收入经过消费价格指数调整，计算终生收入法中实际工资增长率，北京城市和农村实际工资年均增长率分别为10.25%和5.07%。折现率选取基于美国私人部门的社会长期回报率4.58%，这一折现率目前被众多OECD成员在计算人力资本时采用。在通过人力资本名义值计算人力资本实际值时，利用消费者物价指数（CPI）折算。与已有的我国基于J-F方法的人力资本估算相比②，较早的研究主要包含1985～2010年的结果，本文将人力资本估算更新到2012年；增加在Mincer方程参数估计时增添了数据库——中国家庭追踪调查（CFPS）2011年数据；更新了省级宏观数据；教育回报率的计算采用二次拟合，代替之前的线性拟合方法；改进增长率的计算方法。

---

① 数据来源：《中国人力资本报告2015》，中国人力资本与劳动经济研究中心，2015。
② 李海峥等：《中国人力资本测度与指数构建》，《经济研究》2010年第8期；李海峥等：《中国人力资本的区域分布及发展动态》，《经济研究》2013年第7期；李海峥等：《中国人力资本的度量：方法，结果及应用》，《中央财经大学学报》2014年第5期。

（二）物质资本估算方法

我国物质资本估算研究成果远多于人力资本估算的研究成果。[①] 物质资本存量研究中，部分相关研究倾向于用物质资本存量作为生产过程中的物质资本投入的衡量指标进行生产性分析和经济发展分析。但在实际生产过程中，物质资本同时包含价格变动与效率变动两重不同的变动。物质资本的价格变动体现为折旧和折旧后的物质资本净存量，效率变动对应的是重置和物质资本生产性存量。OECD物质资本测算手册指出，财富和生产力是物质资本的两重属性。物质资本的净存量是财富的价格表示，而通过物质资本生产性存量流入生产中的物质资本服务才是物质资本对于生产的贡献。

本文基于OECD物质资本估算手册中方法分别测算北京市1985～2012年物质资本服务与物质资本财富存量。以往的物质资本存量计算中，折旧或重置部分仅考虑上期存量。OECD物质资本测算手册中给出的具体方法提出额外假设，由于投资、折损和消耗是在当年中持续发生的，当年的投资额也应该有一半按折旧率折损。在计算物质资本存量和物质资本服务中，物质资本来按建筑安装工程、设备和其他分为三类。计算物质资本财富存量时把分别计算的三类资本存量直接加总，物质资本服务计算中不应把不同类资产简单加总，而是利用Tornqvist指数，以使用者成本为指数权重进行加总。数据部分，我们使用中国国家统计局网站公布的部分历史数据、《新中国六十年统计资料汇编》和《中国国内生产总值历史核算资料1952～1995》等中的1952～2012年GDP数据、固定资本形成总额数据（GFCF）、固定资本投资数据、劳动者报酬、生产税净额、固定资本折旧、企业盈余、消费者物价指数和其他数据对应的价格指数。估算过程中，具体的数据缺失问题参照经典研究的方法进行估算和替代。

---

① 孙琳琳、任若恩：《资本投入测量综述》，《经济学（季刊）》2005年第4期。

（三）人力资本估算方法与物质资本估算方法对比

人力资本与物质资本估算方法体现了两种资本的各自特点以及资本的两个方面。人力资本估算考虑到资本在未来期的回报等于当前的资本价值，而物质资本的存量估算中价值等于之前的物质资本投资在当期的余值。可以看出，前者是由未来期向当前期推导，而后者由投入期向当前期推导，最终计算出以现值表示的人力资本和物质资本。在具体市场中，由于物质资本投资一次形成，可被观察到的物质资本都以存量形式存在，且消耗部分为已经做出生产贡献部分，存量余额为当前物质资本价值。人力资本由于其特性，不能如物质资本一样直接在市场的投资行为中一次性完成投资（这里指企业而非个人的人力资本投资），因此难以直接从市场中得到人力资本的整体数据。同时由于人力资本的价值又分为个人对人力资本积累的选择和企业在生产行为中对于人力资本投资的选择两个方面，通过 J–F 方法利用个人未来期的收入数据使个人与市场衡量得以统一。人力资本包含未退休所有人口的人力资本，人力资本中劳动力人力资本为未退休已工作人口的人力资本与物质资本相对应，在当前经济活动中对生产做出直接贡献。

三　北京市人力资本和物质资本估算结果

（一）基本结果及趋势比较

表 1 显示本文根据 J–F 方法估算的北京市人力资本与物质资本，包括 1985~2012 年北京市的名义人力资本总量、实际人力资本总量、名义劳动力人力资本总量、实际劳动力人力资本总量、名义物质资本存量和实际物质资本存量等。[①]其中人力资本总量表示北京市男性 0~59 岁和女性 0~54

---

① 数据来源：《中国人力资本报告 2015》，数据与报告略有出入的原因为不同精确度下四舍五入误差所致，所有实际值均以 1985 年为基年，下同。

岁人口的人力资本总量，劳动力人力资本总量表示所有在劳动力市场中的人口的人力资本总量（与人力资本总量中人口差别为不包括在校学生和未上学儿童）。实际人力资本是通过消费者物价指数折算，而实际物质资本是在先换算为实际值的三类物质资本基础上计算得出。可以看出北京市人力资本与物质资本在1985~2012年迅速增长。表1第二、三列为北京市按五种学历（未上学、小学、初中、高中和大专及以上）划分的人力资本总量[①]，显示出1985~2012年北京市人力资本名义值与实际值都高速增长。北京市名义人力资本由1985年的0.85万亿元增长到2012年的72.87万亿元，上涨了84.7倍，几何平均年增长率为17.9%；北京市实际人力资本由1985年的0.85万亿元增长到2012年的12.66万亿元，上涨了13.9倍，几何平均年增长率为10.5%。可以看出北京市名义人力资本总量与实际人力资本总量总体上涨的趋势，同时需要注意的是，两者之间的差别反映了1985~2012年北京市消费品价格上涨的幅度。劳动力人力资本（见表1第四、五列）的口径更能反映人力资本对于生产的贡献，北京市名义劳动力人力资本由1985年的0.34万亿元增长到2012年的32.91万亿元，上涨95.8倍，几何平均年增长率为18.5%；北京市实际劳动力人力资本由1985年的0.34万亿元增长到2012年的5.71万亿元，上涨15.8倍，几何平均年增长率为11%。北京市劳动力人力资本增长趋势与人力资本总量变动趋势相一致，但在1985~2012年，劳动力人力资本涨幅高于人力资本总量涨幅，无论是总量的涨幅还是几何年均涨幅。北京市名义物质资本（见表1第六列）由1985年的0.04万亿元增长到2012年的4.36万亿元，上涨108倍，几何平均年增长率为19%；北京市实际物质资本（见表1第七列）由1985年的0.04万亿元增长到2012年的1.64万亿元，上涨40倍，几何平均年增长率为14.7%。北京市1985~2012年，物质资本服务指数几何平均年增长14.7%（通过表1第八列计算）。通过结果数据可以看出，北京市人力资本和劳动力人力资本远大于物质资本。

---

① 数据来源：《中国人力资本报告2015》，我国数据在2000年之后才可以区分大专及以上中的大专和大学及以上部分。

表1　北京市人力资本与物质资本

单位：10亿元

年份	名义人力资本	实际人力资本	名义劳动力人力资本	实际劳动力人力资本	名义物质资本	实际物质资本	物质资本服务指数
1985	850	850	336	336	43	43	1.198
1986	1038	972	402	377	51	51	1.209
1987	1252	1079	485	418	62	62	1.209
1988	1474	1056	592	424	75	75	1.214
1989	1763	1077	726	444	85	85	1.167
1990	2133	1237	904	524	99	99	1.144
1991	2491	1290	1051	545	112	112	1.148
1992	2979	1404	1212	571	143	131	1.153
1993	3564	1412	1414	560	193	147	1.142
1994	4147	1315	1652	524	273	169	1.139
1995	4967	1343	1915	518	382	204	1.186
1996	5707	1382	2236	542	484	235	1.181
1997	6623	1524	2689	619	575	266	1.142
1998	7803	1754	3291	740	663	302	1.134
1999	8984	2007	3908	873	743	338	1.128
2000	10612	2292	4743	1023	835	379	1.122
2001	12025	2517	5340	1117	944	426	1.124
2002	14081	3001	6104	1301	1078	485	1.134
2003	16388	3487	6985	1485	1262	561	1.150
2004	18980	3998	7991	1683	1503	648	1.157
2005	21960	4556	9270	1923	1759	743	1.153
2006	26535	5458	11479	2362	1998	845	1.145
2007	32323	6492	14018	2816	2291	960	1.139
2008	38860	7426	17393	3323	2656	1067	1.127
2009	46731	9065	21419	4155	2975	1178	1.111
2010	56089	10629	26235	4970	3290	1327	1.120
2011	64251	11531	29557	5303	3798	1469	1.119
2012	72867	12658	32905	5714	4361	1638	1.113

注：名义人力资本为当期名义值，实际人力资本为以1985年为基期利用CPI折算的实际值，名义劳动力人力资本为当期劳动力市场中人力资本名义值，实际劳动力人力资本为名义劳动力人力资本以1985年为基期利用CPI折算的实际值，名义物质资本为当期名义值，实际物质资本为利用1985年为基期的固定资本形成总额中三类资本平减指数分别折算后数据计算的物质资本量，物质资本服务指数为利用最高指数加总的当期物质资本对生产贡献流量指数（当年增长率为物质资本服务指数减1）。人力资本包含人口为男性0~59岁和女性0~54岁，劳动力人力资本包含人口为16~59岁工作男性和16~54岁工作女性。

图 1 显示了北京市 1985~2012 年,实际人力资本、实际劳动力人力资本和实际物质资本增长变动,本部分人力资本和物质资本变动趋势分析均使用各指标实际值。北京市 1985~2012 年人力资本与物质资本的变化趋势中,人力资本与劳动力人力资本变动趋势较为一致,物质资本存量与物质资本服务指数增长趋势较为一致。与全国的人力资本和物质资本增长水平比较,北京市的实际物质资本几何年均增长率高于全国的 11.5%,实际人力资本几何年均增长率高于全国的 6.7%,实际劳动力人力资本几何年均增长率高于全国的 6.7%。北京市的人力资本涨幅波动大于物质资本涨幅,物质资本增长率在 1985~2012 年有稳定下降趋势,降幅 10% 左右。北京市的物质资本存量和物质资本服务增长率在 2008 年之前高于全国水平,且北京市物质资本存量与物质资本服务的累计增长率和几何年均增长率都显著高于全国水平。北京市的人力资本和劳动力人力资本在 1985~2012 年的增长率水平也显著高于全国水平。1997 年之前,北京市的人力资本增长率普遍低于物质资本的增长率,但在 1997 年之后的大部分年份中,北京市的人力资本增长率高于物质资本的增长率。

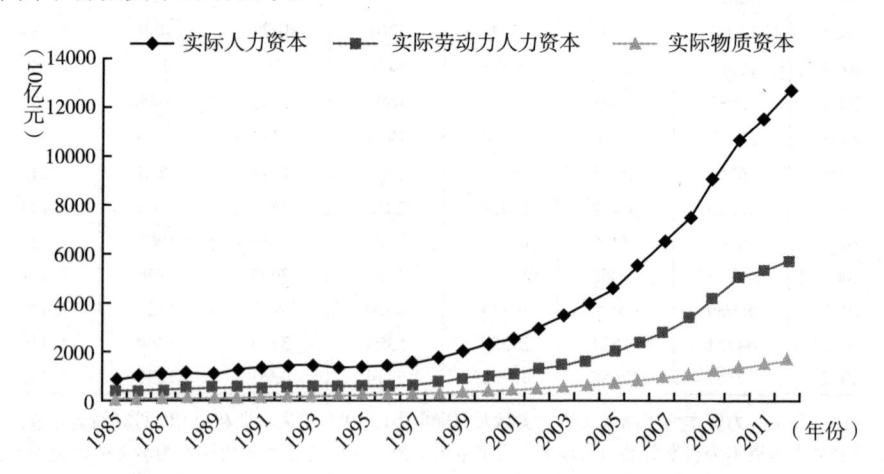

图 1　北京市实际人力资本、实际劳动力人力资本和实际物质资本绝对量*

* 实际人力资本为以 1985 年为基期利用 CPI 折算的实际值,实际劳动力人力资本为以 1985 年为基期利用 CPI 折算的实际值,实际物质资本为利用 1985 年为基期的固定资本形成总额中三类资本平减指数分别折算后数据计算的物质资本量。

北京市1985~2012年，各指标保持较一致的高速增长，但也体现出了具体的区别。劳动力人力资本体现的是目前在劳动力市场中的劳动者的人力资本，而总人力资本包含了未进入劳动力市场的学生和未上学人口，两者差异体现出人口结构变动。总体而言，北京市劳动力人力资本涨幅大于总人力资本。两者在1995年后增长率显著上升，至2005年后，两者的累计增长率出现显著差异，劳动力人力资本的累计增长率开始明显高于总人力资本累计增长率。北京市1985~2012年，物质资本存量和物质资本服务增长率变动也较为一致，但是物质资本存量变动幅度明显大于物质资本服务，两者在最大差别数值上达到2.9%。北京市物质资本服务累计增长大于物质资本存量累计增长，在2005年前，两者的累计增长相差不大，但在2005年之后两者的累计差距愈加明显。早期在利用物质资本衡量经济活动增长或生产率提高的研究中，往往利用物质资本存量作为物质资本服务的替代指标。但在概念上物质资本服务衡量了物质资本存量不能衡量的物质资本对当期生产的贡献以及效率变动，同时在数值上可以看出两者虽然具有同样的变动趋势但是差异明显，以上两个指标的差别会对相应研究的结果产生显著影响（文章中数据为四舍五入后结果，保留多位有效数字后物质资本存量和物质资本服务指标差距更加显著）。

人均人力资本是人力资本总量除以非退休人口的比例，劳均人力资本是劳动力人力资本除以劳动者人数比例，虽然两者也会受到人口因素影响，但是能够更好地反映人力资本的平均状况（如表2所示）。北京市名义人均人力资本在1985~2012年，由9.88万元增长到411.07万元，增长了40.6倍，几何年均增长率为14.8%；实际人均人力资本从9.88万元增长到71.41万元，增长了6.2倍，几何年均增长率为7.6%。同期北京市名义劳均人力资本从5.9万元增长到227.59万元，实际劳均人力资本由5.9万元增长到39.52万元，分别增长了37.6倍和5.7倍，几何年均增长率分别为14.5%和7.3%。北京市实际人力资本、实际劳动力人力资本、实际人均人力资本和实际劳均人力资本长期增长趋势与短期增长波动分别趋同。北京市实际人均人力资本从绝对量和增长率两方面都高于实际劳动力人力资本，但两者变动趋势较为一致。前期增长较为平缓，经历1997年后较为高速的增长时期后，在2010年左右增长势头放缓。对比全国实际人均人力资本与实际劳均人力资本，北京市这两个指标无论数值还是增长率都显著高于全国水平。北京市实际人均物质资本在1985~2012年，由0.5万元增长到9.24万元，上涨17.5倍；实际劳均物质资本由0.75万元增长到11.33万元，上涨14.1倍。与实际人均人力资本和实际劳均人力资本的变动相似，实际人均和劳均物质资本在1985~2012年增长较快，年增长变动较小，始终保持高速增长。

表2 北京市人均人力资本与物质资本

单位：千元

年份	名义人均人力资本	实际人均人力资本	名义劳均人力资本	实际劳均人力资本	实际人均物质资本	实际劳均物质资本
1985	98.75	98.75	58.95	58.95	5.00	7.54
1986	119.28	111.69	70.16	65.69	5.86	8.89
1987	141.45	121.93	84.00	72.41	7.00	10.73
1988	162.89	116.67	98.04	70.20	8.29	12.41
1989	191.25	116.83	114.76	70.11	9.22	13.43
1990	224.77	130.33	134.90	78.21	10.43	14.78
1991	255.69	132.44	154.48	80.02	11.50	16.46
1992	298.71	140.79	173.48	81.77	13.13	18.75
1993	349.91	138.58	196.51	77.85	14.43	20.42
1994	398.74	126.44	222.74	70.65	16.25	22.78
1995	468.11	126.52	251.26	67.94	19.22	26.77
1996	527.85	127.84	288.57	69.93	21.73	30.33
1997	603.09	138.77	336.81	77.49	24.22	33.31
1998	698.91	157.05	394.37	88.62	27.05	36.19
1999	790.99	176.70	450.88	100.70	29.76	39.00
2000	912.57	197.05	525.23	113.33	32.59	41.97
2001	1010.38	211.53	586.62	122.75	35.79	46.80
2002	1158.02	246.83	655.56	139.77	39.89	52.09
2003	1321.10	281.09	733.04	155.88	45.22	58.87
2004	1501.57	316.31	821.83	173.08	51.27	66.65
2005	1705.68	353.90	930.21	193.01	57.71	74.56
2006	1947.30	400.50	1089.54	224.20	62.01	80.21

续表

年份	名义人均人力资本	实际人均人力资本	名义劳均人力资本	实际劳均人力资本	实际人均物质资本	实际劳均物质资本
2007	2253.08	452.55	1253.93	251.91	66.92	85.87
2008	2579.70	492.98	1458.85	278.71	70.83	89.50
2009	2966.10	575.40	1693.35	328.46	74.77	93.13
2010	3381.73	640.82	1937.35	366.98	80.01	97.99
2011	3744.49	671.99	2107.20	378.09	85.61	104.73
2012	4110.73	714.08	2275.91	395.21	92.41	113.29

注：名义人均人力资本为当期名义人力资本除以未退休人口总数，实际人均人力资本为以1985年为基期利用CPI折算的人均人力资本实际值，名义劳均人力资本为劳动力市场中人力资本除以劳动力市场中人口数，实际劳均人力资本为以1985年为基期利用CPI折算的劳均人力资本实际值，实际人均物质资本为以1985年为基期实际物质资本除以未退休人口总数，实际劳均物质资本为以1985年为基期实际物质资本除以劳动力人口数。未退休人口为0~59岁男性和0~54岁女性，劳动力人口包含16~59岁工作男性和16~54岁工作女性。

（二）人力资本与物质资本配比关系及生产效率

由于经济生产中主要贡献部分为劳动力市场中的人口，因此劳动力人力资本更能反映人力资本对于生产的贡献，同时也是物质资本更好的对比指标。在人力资本与物质资本比较过程中，实际值的比较由于剔除了各自价格水平的干扰，能更多反映出两者自身变动的关系。但是在实际比较过程中，人力资本折算实际值使用的是CPI指数，GDP折算实际值利用的是GDP平减指数，物质资本折算实际值时使用的是固定资本形成总额中各类别资产的价格指数（在此项缺失时利用固定资本投资中各类资产的价格指数）。为避免由于不同折算的价格指数在比较过程中引致的系统性偏差，以下的比较基于人力资本和物质资本估算结果的当期名义值，虽然理论上不如理想状态下的实际值比较准确，但是可以反映出更多数据原始包含的信息。

北京市1985~2012年人力资本存量远高于物质资本存量，无论是总人力资本存量还是劳动力人力资本存量，人力资本是物质资本的11~22倍，劳动力人力资本存量是物质资本存量的4~9倍，表明北京市资本存量中占主要份额的为人力资本,与世界银行发现大多数国家人力资本占国民财富的60%以上相一致。[①] 劳动力人力资本与物质资本比例呈现先下降后上升的趋势,即1996年之前波动下降,1996年之后逐步上升(见图2)。相比1996年之前,1996年之后北京市劳动力人力资本与物质资本比例变动趋于缓慢上升。这样的趋势说明1996年之后北京市劳动力人力资本所占份额逐步上升,但由于物质资本增长率仅略低于劳动力人力资本增长率,劳动力人力资本与物质资本比例上升趋势缓慢。对比全国劳动力人力资本与物质资本比例变动可以看出,不同于北京市这一比例在1996年后稳步上升,全国的劳动力人力资本与物质资本比例略有提高后持续下降。究其原因,部分是由于我国几年来持续高速的物质资本投入使物质资本积累保持较高水平的增长,此外由于人口结构变动(尤其是老龄化)导致我国人力资本增长放缓。此外,Heckman等人的研究也指出,我国的人力资本投入相较于物质资本投入少,而单纯看人力资本投入本身,也投入不足。[②] 人力资本、劳动力人力资本存量和物质资本变动影响因素众多,在缺乏进一步深入研究的前提下,我们尚不能肯定这样的趋势是否表明政府对人力资本或物质资本的投入量符合经济发展的最优选择。对比全国数据可以发现,北京市的物质资本积累速度远高于全国物质资本积累速度,人力资本与物质资本的比例在1996年之后稳步上升,与北京市在此期间对人力资本的吸引和聚集有关。

GDP与生产要素的比例能够反映生产要素的生产率,北京市1985~2012年GDP与物质资本比值保持在0.35~0.6,1985~1998年,该比值下降较为迅速,1998~2012年GDP与物质资本比值缓慢回升(见图3),北京市GDP与物质资本比值不像全国一样在1985~2012年缓慢下降。结

---

① World Bank, "Expanding the Measure of Wealth Indicators of Environmentally Sustainable Development", *Environmentally Sustainable Development Studies and Monographs Series*, 1997 (17).

② Heckman, J. J., "China's Human Capital Investment", *China Economic Review*, 2005, 16 (1): 50–70.

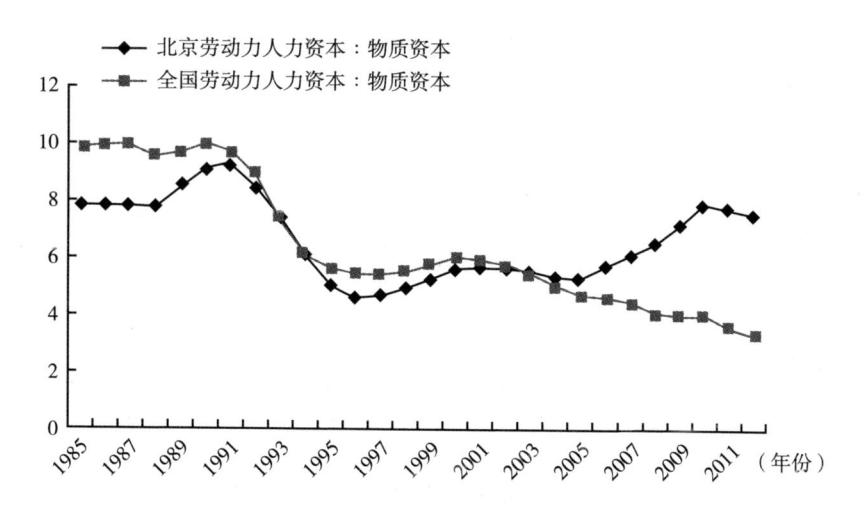

图 2 北京市和全国劳动力人力资本与物质资本名义值比较*

* 名义劳动力人力资本为当期劳动力市场中人力资本名义值。

合北京市物质资本存量增速逐渐放缓可以看出，1998 年前北京市 GDP 与物质资本比值较快下降与较高的物质资本和物质资本服务增速相伴，而 1998 年之后伴随着物质资本和物质资本服务增速放缓，GDP 比物质资本数据逐步上升。以上趋势结合物质资本与产出 GDP 的效率分析，可以看出北京市物质资本的产出效率先下降后上升，近年来北京市的物质资本产出效率稳步提升。北京市 1985~2012 年 GDP 与劳动力人力资本存量比值变动并不显著，维持在 0.05~0.08，比值在 1996 年之前先下降后上升，1996~2012 年，该比值持续缓慢下降，且 GDP 与劳动力人力资本比值明显低于 GDP 与物质资本比值（见图 3、图 4）。结合生产效率分析，北京市人力资本生产效率基本稳定，有缓慢下降趋势。对比全国 GDP 与劳动力人力资本比值的变化趋势，北京市的人力资本要素生产率下降不是经济大环境的周期性变动影响所致，因为全国整体水平上劳动力人力资本的生产效率在此期间有明显提升。结合图 4、图 6 和图 7，这一现象的可能解释为北京市劳动力人力资本集聚过度，这样并没有对生产效率的提升产生促进作用。

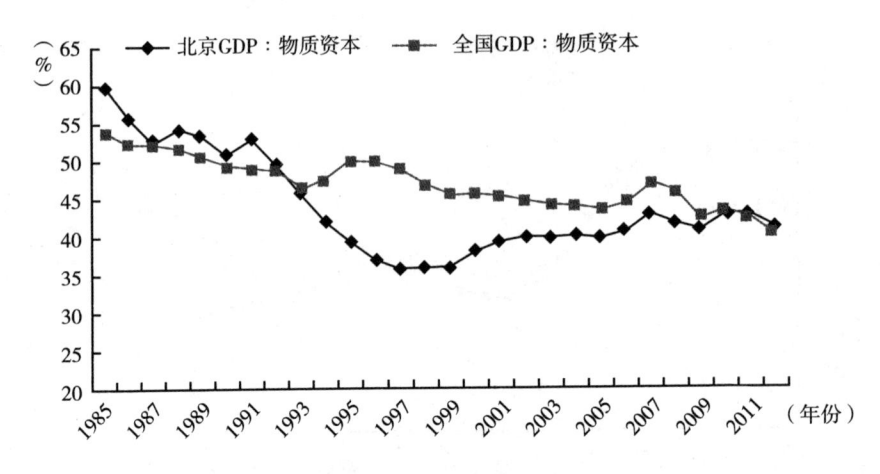

图3 北京市和全国GDP与物质资本名义值比较

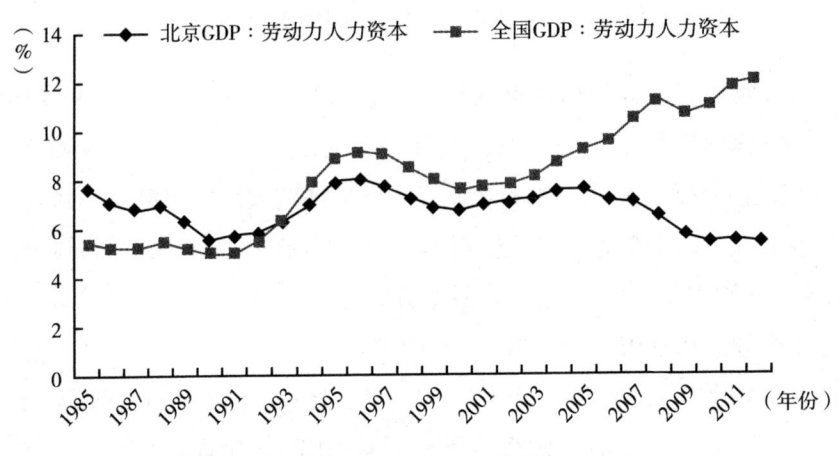

图4 北京市和全国GDP与劳动力人力资本名义值比较

四 北京市人力资本和物质资本结构变动和趋势分析

（一）人力资本的构成及其变动

北京市人力资本的结构在不断变化，其中变化比较明显的特征是年龄结构和教育结构。虽然北京市人力资本在逐年增长，但是仔细分析构成结构，我们会发现其中存在一些问题，使人力资本的变动存在一些特殊因素。

北京市人力资本的年龄结构方面存在人口老化和人力资本储备不足的问题。从劳动力的平均年龄来看（见图5），北京市劳动力在逐渐老化。从现有的人口数据可以推测，如果不考虑流动人口的影响，北京市的人口老龄化将会进一步加速。与全国的劳动力平均年龄相比，2000年之后北京市的人口老龄化速度相对减缓，这可能与劳动力得到相对年轻的流动人口补充有关。人力资本储备是指0~15岁及15岁以上学生人口的人力资本总和，即"非劳动力人口"人力资本等于总人力资本减去劳动力人力资本（不包括学生），反映可以转化成为劳动力的未来国家将会拥有的人力资本。虽然人力资本总量和人力资本储备的绝对值均在增加，但人力资本的储备占总人力资本的比例有减少的趋势（见图6）。最主要的原因是作为劳动力储备的人口比例逐年减小，而平均受教育程度和回报率在逐年上升，使人力资本储备占比的下降慢于人口比例的下降。从中国的人力资本结构来看，人力资本储备占比的降低，说明未来的劳动力的规模将会不断缩小，也就是说，未来人力资本的供给可能相对不足。相反，总劳动力人力资本与总人力资本的比例一

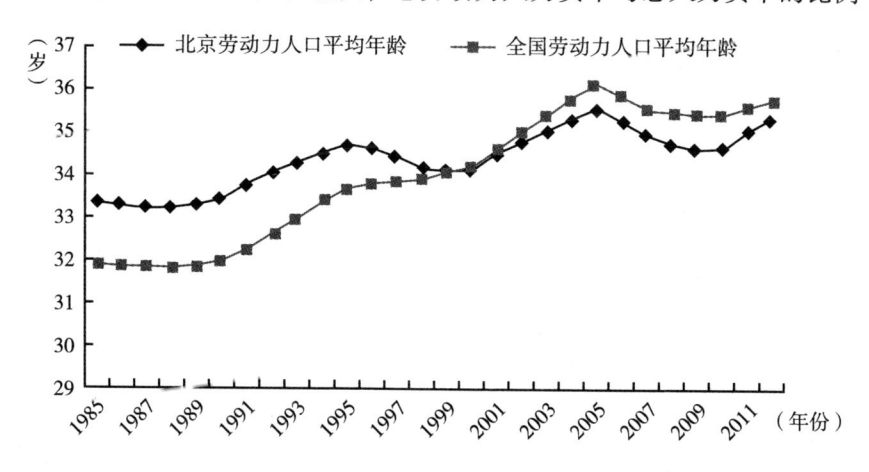

图5　北京市和全国劳动力人口的平均年龄变化

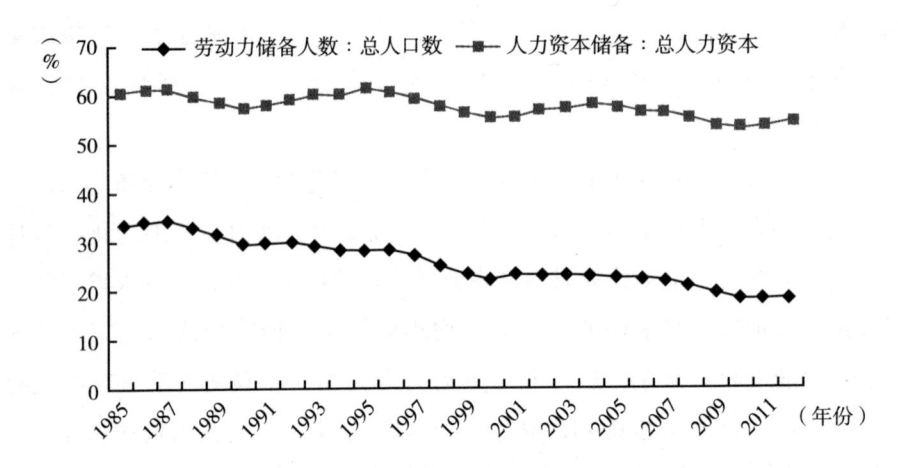

图6 北京市人力资本储备情况*

*劳动力人口包括16~59岁工作男性和16~54岁工作女性，总人口指所有未退休人口，包括0~59岁男性和0~54岁女性，人力资本储备为总人力资本减去劳动力人力资本（即未进入劳动力市场人口人力资本）。

直上升，但2011年开始转为下降的趋势。这反映出劳动力相对丰富的优势在慢慢减退。但考虑到北京市的特殊性和对人力资本的集聚效应以及有比较丰富的劳动力人口的流入，一方面，劳动力人力资本比例较高可能是受到劳动力人口流入的影响，另一方面，未来人力资本储备较低可以通过外来劳动力流入得到补充，具体影响的程度需要对未来北京市的劳动力的流动性进行细致的研究。

从北京市人力资本的教育结构上来看，北京市劳动力人口的教育平均水平比全国水平高出2年多，并仍在持续提高（见图7）。劳动力人口的平均受教育水平比总体人口的平均受教育水平更能反映人力资本中的受教育结构状况，以及其对经济发展的影响。因为劳动力年龄之前的人口还未完成教育，虽然对未来的劳动力市场会有部分影响，但短期内其当前教育状况并不能完全反映出未来的终生价值，而退休人口又已经退出劳动力市场。2012年，北京市劳动力人口的平均受教育年限超过12年，即高中学历；北京市劳动力人口高中以上人口占比也超过60%，远高于全国平均水平（见图7）。教育水平的持续改善是未来改善中国经济劳动质量的重要因素，随着中国城市化进程以及未来人口规模的缩减，中国劳动力人力资本的未来增长将主要依靠劳动力质量的改善。

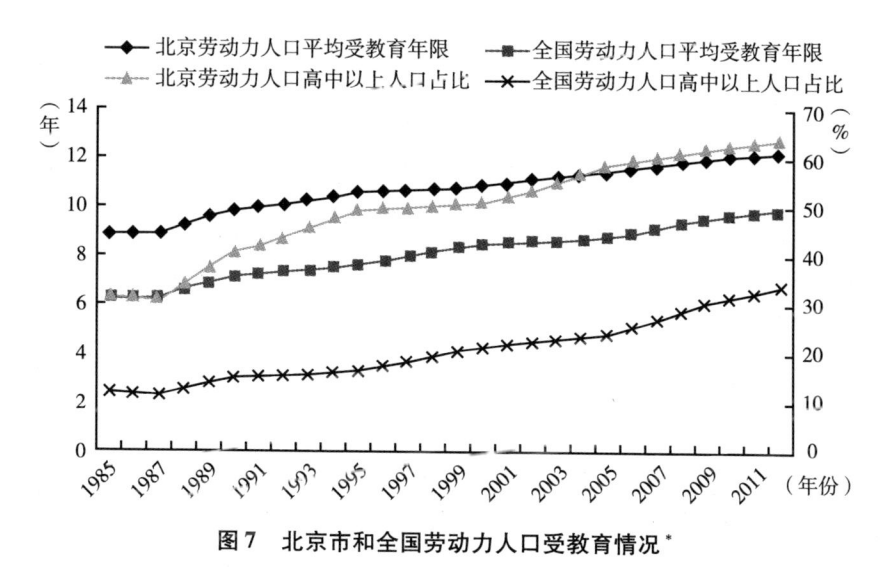

图7　北京市和全国劳动力人口受教育情况*

* 劳动力人口包括16～59岁工作男性和16～54岁工作女性。

人力资本结构调整还需要物质资本投资结构的调整的配合，物质资本结构与人力资本结构的协调发展才能更好地促进经济的持续快速发展。有研究发现，物质资本的公共投资和私人投资对人力资本的作用是不同的，人力资本与私人资本具有互补关系，而与公共资本具有替代关系，而且公共投资对经济增长的贡献较大。① 因此，适当增加教育投入带动要素禀赋结构的优化与调整，提高私人资本的经济份额及其产出效率，可以在提高人力资本质量、优化人力资本教育结构、增强人力资本储备的同时，使物质资本的投资结构在经济增长的过程中更为合理。

（二）物质资本的构成及变动

物质资本由历年固定资本形成总额（GFCF）利用永续盘存法计算得

---

① 廖楚晖：《中国人力资本和物质资本的结构及政府教育投入》，《中国社会科学》2006年第1期。

出。固定资本形成总额指常住单位在一定时期内获得的固定资产减处置的固定资产的价值总额，是支出法GDP核算下的一个项目。固定资产是指通过生产活动生产出来的，且其使用年限在一年以上、单位价值在规定标准以上的资产，不包括自然资产，可分为建筑安装工程、设备工器具购置和其他费用三类（具体数值见表3前五列）。①绝对量上固定资产形成总额在1985～2012年稳步上涨。图8显示了北京市和全国在此期间固定资本形成总额与支出法GDP比值。全国该指标稳步缓慢上升，但北京市波动较大且大部分时期该比值高于全国水平，2008年之前年份的较高值可以看出北京市奥运期间的物质资本投入增加现象。结合北京市固定资本形成总额中各分类固定资本形成情况可以看出：建筑安装工程投入量逐年下降（从1985年的63%下降到2012年的48%）；设备、工器具购置也呈现逐年下降趋势；其他费用从1985年的14.1%上升到2012年的39.6%，中间有个别年份一度超过建筑安装工程费用。建筑安装工程在2008年附近年份急剧下降，可以看出在奥运会召开之前的基础设施投入已经完成，受基建工作大幅急剧下降的影响。全国则呈现不同现象，在此期间，全国建筑安装工程费用始终超过60%，2008年之前稳步下降，但此后有回升趋势。对比可以看出，北京市在发展过程中呈现出与全国一般情况不同的特征，即基建部分完成度高且持续投入降低，设备投入与全国水平相比也明显偏低，但是固定资本形成总额中除前两项外其他费用大幅上升，显著高于全国水平。各项物质资本的投入量显示了历年各项资本的投入水平，此外各项资本的价格平减指数显示了各项资本的供求情况，北京市在1985～2012年（以1985年各项资本价格水平为基期），建筑安装工程价格总涨幅最大，其他费用也显著上涨但低于前者，设备价格指数呈现先上升后下降的趋势。值得注意的是，北京市的各类资本品价格在此期间的总体涨幅小于全国平均水平。

收入法核算的国民账户项目，分为劳动者报酬、生产税净额、固定资产

---

① 建筑工程指各种房屋、建筑物的建造工程，又称建筑工作量。设备工具器具购置指报告期内符合标准的设备、工具、器具的价值。其他费用指在固定资产建造和购置过程中发生的其他费用。具体衡量标准见国家统计局网站（http://www.stats.gov.cn/）。

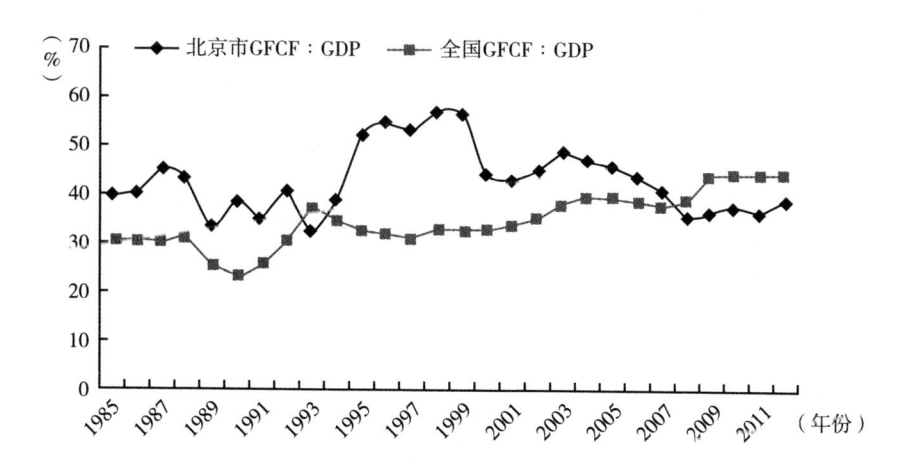

图 8　北京市和全国固定资本形成总额（GFCF）与支出法 GDP 占比 *

* 两者都使用名义值，固定资本形成总额为收入法 GDP 中一项，反映当期 GDP 中投入并形成固定资本的投资额。

折旧和营业盈余，四者加总等于收入法 GDP。劳动者报酬为劳动者税前工资加上其他各项收入，生产税净额是生产税减生产补贴后的净额，固定资产折旧指一定时期内为弥补固定资产损耗，按照规定的固定资产折旧率提取的固定资产折旧，营业盈余指单位创造增加值扣除前三项的余额。在经济核算中，把固定资产折旧和营业盈余计入物质资本报酬，按照劳动者报酬和物质资本报酬比例拆分生产税净额加入前两项后，可得到总劳动者报酬和总非劳动报酬（总物质资本报酬）。需要明确的一点是，这里的总报酬指该类资本当期的收入。通过表3可以看出，各项数据随着国家经济发展都有显著的上升，但是各项占比有显著变动。北京市 1985～2012 年劳动者报酬占比显著上升，在 1990 年之后超过之前占比第一的营业盈余，并在 2008 年之后保持 50% 左右；其余的固定资本折旧和生产税净额占比较为稳定，小幅震荡。但是全国数据显示，在 2003 年之前占比超过 50% 的劳动者收入，在 2003 年之后下降到 50% 之下并震动加剧，营业盈余呈现相反波动但占比始终在 31% 之下；其他两项与北京市变动趋势相似。通过分配生产税净额后得到的总劳动者报酬在北京市总物质资本报酬中的占比从 1985 年的 66% 下降到 2012 年的 39%；全国的总物质资本报酬占比却在相同时期从 41% 上升到 47%。北京市总物质资本回报率的下降可以部分解释为物质资本的存量和物质资本服务增速的下降，但结合劳动者报酬变动的人力资本和劳动力人力资本变动，以及人力资本和物质资本在生产中的效率变动，需要基于现有的数据结果进行更加深入的研究。

表3 北京市物质资本投入和收入法GDP核算各项目名义值

单位：10亿元

年份	固定资本形成总额	建筑安装工程	设备、工器具购置	其他费用	劳动者报酬	生产税净额	固定资产折旧	营业盈余
1985	10.27	6.43	1.45	2.40	8.64	0.05	2.54	14.48
1986	11.60	7.22	1.62	2.76	9.79	1.39	2.94	14.37
1987	14.86	9.19	2.04	3.62	10.23	5.24	3.61	13.60
1988	17.77	10.93	2.41	4.42	12.60	7.42	4.01	16.99
1989	15.19	9.29	2.04	3.86	14.24	9.17	4.48	17.71
1990	19.50	11.86	2.58	5.06	18.07	9.36	5.79	16.87
1991	20.88	12.62	2.73	5.52	21.63	10.87	7.87	19.52
1992	28.90	17.37	3.73	7.80	25.78	12.67	9.16	23.30
1993	32.68	19.53	4.17	8.99	44.61	15.11	12.54	29.70
1994	51.90	30.82	6.53	14.55	58.49	19.45	16.14	37.78
1995	88.83	52.44	11.02	25.36	72.84	25.55	21.77	49.33
1996	92.25	54.13	11.29	26.82	71.39	24.85	22.23	49.39
1997	100.17	58.43	12.09	29.65	79.28	27.25	24.77	55.79
1998	117.19	67.94	13.95	35.30	86.81	29.38	27.51	60.93
1999	123.35	71.07	14.48	37.80	92.15	31.50	30.47	63.32
2000	140.04	80.19	16.20	43.65	132.77	46.41	45.80	91.19
2001	160.21	91.17	18.26	50.77	153.87	54.98	55.97	105.98
2002	195.19	110.24	21.92	62.88	181.06	64.30	68.03	118.11
2003	243.79	138.14	23.88	81.76	211.97	75.31	79.15	134.29
2004	284.43	161.55	31.41	91.47	259.55	96.04	96.05	151.68
2005	320.47	176.69	39.57	104.21	317.99	109.34	109.96	159.67
2006	355.12	191.22	40.17	123.73	365.73	128.67	126.83	190.55
2007	402.26	206.90	46.86	148.50	440.58	162.58	138.30	243.22
2008	398.95	178.01	61.27	159.67	561.58	189.66	160.84	199.43
2009	443.50	176.11	39.97	227.42	614.16	195.35	170.77	235.02
2010	534.24	193.70	65.07	275.47	692.00	219.72	192.60	307.04
2011	595.39	275.18	64.35	255.86	799.24	256.62	215.58	353.76
2012	703.28	336.28	88.43	278.57	910.26	289.46	226.96	361.26

注：若固定资本形成总额与后三项子项目总额不等，是由于四舍五入误差所致。固定资本形成总额为支出法GDP中一个项目，分为建筑安装工程、设备工器具购置和其他费用三类。劳动者报酬、生产税净额、固定资产折旧和营业盈余为收入法GDP核算项目。各项均为名义值。

五 结论

本文介绍了以改进的 J－F 终生收入法为基础的中国人力资本综合度量方法，以及 OECD 对物质资本存量和物质资本服务的系统性估算方法，基于我国目前宏观和微观数据可获得情况计算北京市和全国的人力资本、劳动力人力资本、物质资本、物质资本服务等指标的名义值、实际值、人均值和劳均值。

人力资本和物质资本的整体性变动源于各组成部分的结构性变动，而结构性变动构成整体变动。通过展现人力资本和物质资本的构成和变动情况，本文针对北京市的人力资本和物质资本得出以下结论：①人力资本和物质资本总量在 1985～2012 年保持高速增长，但近年来增长速度有所放缓；②人力资本与物质资本比值先下降后上升，但人力资本存量始终高于物质资本存量；③1985～2012 年，劳动力人力资本总增长低于物质资本总增长，劳动力人力资本增长速度的波动大于物质资本增长速度的波动，但在 1996 年后劳动力人力资本增长速度高于物质资本的增长速度；④人力资本的结构发生显著变动，虽然人力资本总量保持上涨，平均受教育水平导致人均人力资本增长反映了人力资本质量的增长，但是人力资本储备比例下降；⑤物质资本存量与物质资本服务变动趋势相似但不完全一致，物质资本服务平均增长略快于物质资本存量；⑥物质资本当期投入占 GDP 比重逐年上升，其中建筑占比下降，设备占比几乎保持不变，其他类别投入占比上升；⑦以收入法核算的 GDP 中，总劳动报酬占比上升，总物质资本报酬占比下降，与全国数据现象相反，可能导致更多的劳动力流入。

B.17
北京市高层次专业技术人才梯队建设研究

张士运 郑祎*

摘　要： 本报告基于文献研究和实地调查，指出北京市在专业技术人才管理、培养、引进、使用上，仍然存在底数不清、交叉管理严重、塔尖人才（如院士等）青黄不接、人才引进培养力度不够、人才评价不合理等问题。解决这一问题的根本出路，在于整合北京市人才计划，完善人才评价机制，推进人才计划适应市场运行趋势。在人才梯队建设的总体框架下，将人才主管部门、人才计划和市场资源进行有机结合，从而为北京市四个中心建设提供坚实的人才保障。重点在于在人才管理体系上形成合力，在人才市场化配置的进程中处理好政府与市场的关系，注重人才计划与产业政策相配套。

关键词： 专业技术人才　梯队建设　行政效率

一　人才梯队的内涵和规律性特征

人才梯队，是不同层次、不同结构的人才组成的有机整体，也可以指一个企业或地区（国家）的人才体系。

---

* 张士运，北京科学学研究中心主任，长期从事管理科学方面的研究，博士，研究员；郑祎，长期从事科技政策方面的研究，硕士，助理研究员。

从企业的层面来看，建设人才梯队的主要目的是避免企业领导人才断层，从而影响企业的运作。因此对于企业不同层次的人才，都实施相应的接班人战略，尤其以企业的领导人后备队伍作为人才梯队建设的重点。

从地区的层面来看，建设人才梯队的主要目的是维持地区经济发展活力，保障产业发展的创新性和稳定性，通过对部分急需人才进行财政补贴政策，吸引人才参与地区经济发展建设。以产业急需人才和高端综合性管理人才为重点。

从国家的层面来看，人才梯队建设主要目的是提升国家的核心竞争力和综合国力。因此，在国家层面应更注重点面结合。点，即全球竞争重点行业中的核心人才，将会对国家核心竞争力有重大作用。面，即通过政策手段吸引高智人才，比如美国的绿卡政策等。

在这个体系中，不同层次、不同结构的人才发挥着不同的作用，共同推动着企业或地区（国家）的发展。

通过研究，人才梯队主要呈现以下几个规律性特征。

（1）人才团队。人才梯队建设依靠人才团队来支撑，人才团队是人才梯队建设的微观基础，是梯队建设的关键。

（2）人才资源池。这是企业或地区（国家）实施人才梯队建设的基础。因为只有建立人才资源池，才能了解人才信息，从而管理并服务于人才。

（3）人才从低层级向高层级跃升的两个驱动力，即组织驱动和自我驱动。组织驱动，指通过激励制度、薪酬制度、奖惩制度、培训、组织交代任务等影响人才的成长；自我驱动，指通过自我学习、自我能力的培养，使人才的能力得到提升。

（4）人才实现梯队发展的三个必要机制，即评价机制、晋升（淘汰）机制、培养机制。

评价机制的作用主要表现在：①人才能力和业绩评价标准的建立；②人才评价标准动态调整工作；③长期跟踪评价评估工作；④初步建立业界评价系统等。

晋升（淘汰）机制的作用主要表现在：①考评体系的建立，包括名单

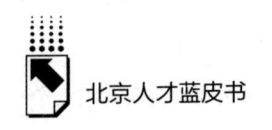

提出、专家组成、考评方式等，考评目的是看人才能否达到相应层级的能力要求和业绩标准；②考察体系建立，主要是实地了解情况，包括对人才的价值观、实际能力的考察；③核批体系的建立，包括核实、批准、公示等程序。

培养机制的主要作用表现在奖励政策、薪酬体系、奖惩制度、培训体系、文化环境等方面。

(5) 人才实现发展的四个通道，即岗位、职称、学历和荣誉。

综上所述，人才梯队建设需要五大要素：即团队、信息（库）、驱动力、机制和通道。团队建设是关键，信息库建设是基础，驱动力是核心，有效的机制是保障，发展通道是载体。五大要素相互协作、缺一不可，共同推动人才梯队建设的发展。

基于上述认识，课题组构建了人才梯队建设模型。核心是自下而上包括基础型人才团队、骨干型人才团队、领军型人才团队的"金字塔"式人才团队结构。每一阶段的人才团队，都需要对应的人才资源池的支撑和涵养，要经过评价机制、晋升机制和培养机制才能够将优秀的人才输送到人才团队当中。提供人才跃迁的动力包括组织驱动和自我驱动相结合的驱动力。整个人才梯队的运行和跃迁是在由岗位、职称、学历和荣誉四大人才评价标准构成的人才发展通道中实现的。

二 北京市专业技术人才梯队的基本情况

2001年以来，北京市专业技术人才规模有了很大增幅，科技活动人员总量持续增长。2014年科技活动人员达到72.7万人，与2001年相比，北京地区科技活动人员总量增长了48.6万人，年均增长率为8.9%，科技活动人员数量保持显著的递增趋势。其中，直接从事R&D活动的人员呈现先快后慢的增长趋势，"十五"期间R&D人员年均增长率为17.8%，"十一五"期间R&D人员年均增长率为4%，2014年R&D人员达到24.5万人年，与2001年相比增长了15万人年，增长近1.6倍（见图1）。

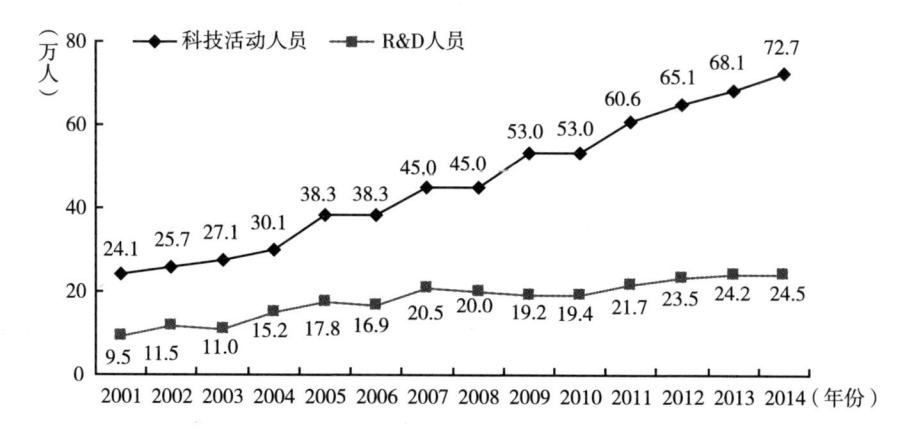

图1 北京地区科技活动人员与R&D人员的规模变化（2001~2014年）

资料来源：《北京统计年鉴》2002~2015年各年版。

2003年全国人才工作会议召开后，首都人才工作不断加强，已拥有近半数的两院院士，并吸引了一大批优秀的"千人计划""海聚工程""高聚工程"专家，高层次人才队伍规模居全国之首。但是落户到北京市属机构的高层次人才人数则较为有限，2013年两院院士中市属机构院士仅有11名，不到北京地区院士总数的2%。北京国家杰出青年科学基金获得人数占全国总数的1/3，但北京市属机构仅有3人获得该基金，且研究领域均为生命医学，仅占北京总数的4.5%。北京优秀青年科学基金获得人数超过全国总数的1/3，但北京市属机构仅有6人获得该基金，仅占北京总数的4.3%，与上海6.9%、广东10%的比例相比存在差距。北京入选"全国百篇"的人数约占全国总数的1/3，但北京市直属机构获评仅有1人，仅占北京总数的3.8%，其论文题目为《波导耦合金属和介电材料光子晶体光谱学特征研究》（见表1）。

2001年以来，北京地区科技活动人员总量持续增长，但作为其核心部分的R&D人员增长相对缓慢。2001~2014年北京地区科技活动人员的年均增长率为8.9%，R&D人员年均增长率为7.6%，R&D人员增长速度低于科技活动人员。R&D人员占科技活动人员的比重是反映专业技术人才创造力与创新性的重要指标，2001年R&D人员占科技活动人员的比重为39.6%；2004年达到最高比重50.5%；2014年比重下降。R&D人员相对于科技活动

人员增长缓慢,一定程度上反映了当前直接从事研发与创新的创新型人才不多,从事科技活动管理和为科技活动提供服务的间接人员偏多,研发力量有待加强。

表1 北京地区高层次人才总量及排名(2013年)

北京地区	人数及占比		人数及占比	
	总数(人)	占全国比重(%)	市属机构总数(人)	市属占地区比重(%)
院士	>700	>40	11	<2
国家基础青年科学基金	67	33.5	3	4.5
优秀青年科学基金	140	35.1	6	4.3
全国百篇	26	26	1	3.8

数据来源:中国科学院网站、中国工程院网站、国家自然科学基金委员会网站、中国学位与研究生教育信息网。

从科技活动人员的部门分布情况看,2013年北京地区企业的科技活动人员达42.1万人,占地区科技活动人员总数的61.8%,比2002年增长28.8万人,所占比重比2002年上升10个百分点;高等院校的科技活动人员达10.2万人,占地区科技活动人员总数的15.0%,比2002年增长了6.6万人,所占比重上升0.9个百分点;科研机构的科技活动人员达13.7万人,占地区科技活动人员总数的20.0%,比2002年增长了6.1万人,所占比重下降了9.6个百分点(见表2)。2002年以来,北京科技活动人员在执行部门中的分布发生了结构性变化,主要表现为企业科技活动人员增速迅猛,占全地区的比重逐年上升,越来越凸显企业在科技活动中的主体地位。

表2 北京科技活动人员按部门分布(2002~2013年)

年份	合计		研究机构		高等学校		企业		其他	
	万人	%	万人	%	万人	%	万人	%	万人	%
2002	25.7	100	7.6	29.6	3.6	14.1	13.3	51.8	1.2	4.5
2003	27.1	100	7.8	28.6	5.4	19.8	12.8	47.4	1.1	4.2
2004	30.1	100	7.9	26.1	4.5	15.0	16.6	55.2	1.2	3.9

续表

年份	合计		研究机构		高等学校		企业		其他	
	万人	%	万人	%	万人	%	万人	%	万人	%
2005	38.3	100	10.1	26.3	4.5	11.8	22.4	58.5	1.3	3.4
2006	38.3	100	10.7	27.9	4.9	12.9	21.3	55.7	1.3	3.5
2007	45.0	100	11.1	24.7	4.7	10.4	27.7	61.6	1.5	3.3
2008	45.0	100	11.5	25.4	5.0	11.1	27.0	60.0	1.6	3.5
2009	53.0	100	11.8	22.2	9.1	17.2	30.2	56.9	1.9	3.6
2010	53.0	100	11.7	22.1	9.4	17.6	30.0	56.7	1.9	3.6
2011	60.6	100	12.3	20.3	9.5	15.7	36.6	60.3	2.2	3.6
2012	65.1	100	13.3	20.4	10.0	15.3	39.6	60.7	2.3	3.5
2013	68.1	100	13.7	20.0	10.2	15.0	42.1	61.8	2.1	3.1

数据来源：中国科学院网站、中国工程院网站、国家自然科学基金委员会网站、中国学位与研究生教育信息网。

三 北京市政府推进专业技术人才梯队建设的管理和政策分析

（一）北京市专业技术人才梯队建设的管理和政策现状

从北京市针对高层次专业技术人才的管理和政策来看，主要有两院院士、杰出人才、特贴专家、千人计划专家、百千万工程、海聚工程和高聚工程人选，入选以上人才计划的人才已经达到5000余人。

北京市出台了包括人才流动、引进、培养、激励和税收优惠等各类政策，据不完全统计达到35项。主要涉及部门有北京市委组织部、北京市人力资源社会保障局、北京市科委和中关村管委会等部门。北京市十分重视专业技术人才队伍的建设，尤其是对高层次人才队伍的培养，不断创新的体制机制为人才发展提供了更好的环境和平台。

通过对相关政策的梳理和研究，北京市高层次人才引进、培养和使用的相关政策可划分为高端人才支持政策、青年人才支持政策和行业特需人才政

策三大类。

1. 高端人才支持政策

表3 培养院士、科学家、工程师和名家大师

名称	责任单位	发展目标	进展情况	经费保障情况
北京学者计划	市人力社保局	2013年起,每2年选拔不超过15名北京学者	2013年初已启动,开展了首批选拔工作	首年投入1300万元左右

表4 其他高端人才政策

名称	责任单位	发展目标	进展情况	经费保障情况
北京海外人才聚集工程	市委组织部	10个由战略科学家领衔的研发团队,聚集50个左右由科技领军人才领衔的高科技创业团队,引进并有重点地支持1000名左右海外高层次人才来京创新创业	2009年启动,共开展了8批"海聚工程"评选工作,累计437人入选	市政府给予每人100万元人民币一次性奖励;"海聚工程"短期项目每人50万元人民币的市政府奖励;"海聚工程"青年项目
中关村高端领军人才聚集工程	中关村管委会	聚集3~5个由战略科学家领衔的研发团队,聚集50个左右由高端领军科技创新创业人才领衔的高科技创业团队;聚集20个左右由高端领军创业投资家和科技中介人才领衔的创业服务团队	从2009年开始,第一批入选57人	100万元人民币的一次性奖励
首都名师教育家发展工程	市教委	"长城学者"达到1000名以上,"首都教育家"达到100名	长城学者培养计划入选者42人	年平均投入1.1亿元左右,来自市财政经费
"科技北京"百名领军人才培养工程	市科委	100位具有国际水平的科技领军人才	已完成3批评选工作,共90人入选	每年1600万元

2. 青年人才支持政策

表5 青年人才支持政策

名称	责任单位	发展目标	进展情况	经费保障情况
科技新星计划	市科委	选拔一批优秀的青年科技骨干	自1993年实施以来,共选拔培养了20批1822人	年均投入3000万元左右,资金来自市财政专项资金
北京市优秀人才资助	市委组织部	支持中青年骨干人才成长,推动各系统、地区人才工作。每年资助300人左右,15个左右的集体	已启动,2004~2012年共资助3443人	年均投入1800万元左右,资金来自市财政专项经费
青年拔尖人才支持计划	市委组织部	计划从2013年起,用10年时间,每年遴选50人左右	未启动,支持办法征求意见中	年均投入2000万元左右,资金来自市财政专项经费

3. 行业特需人才政策

表6 行业特需人才政策

名称	责任单位	发展目标	进展情况	经费保障情况
首都高层次卫生人才队伍建设工程	市卫生局	20名领军人才、100名学科带头人、500名学科骨干	已经完成了2批共235名	年均投入5000万元左右,财政专项资金
百千万人才工程	市人力社保局	落实国家百千万人才工程实施意见	已开展了7批资助工作,资助了255人次、34家单位	年均投入200万元左右,资金来自国内专家工作经费
留学人员资助和创业启动资助	市人力社保局	深入开展留学人员科技活动择优资助工作	从2001年起开展13批资助,资助873人次	年均投入350万元左右,资金来自市财政专项经费
博士后资助	市人力社保局	2011年起每年对北京市的设站单位招收博士后、创新实践基地开展产学研合作以及博士后开展科研活动进行资助	开展3批资助工作,资助301人次和78家单位	年均投入400万元左右,资金来自市财政专项经费

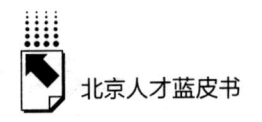

续表

名称	责任单位	发展目标	进展情况	经费保障情况
北京市留学人员创办企业开办费资助资金	海外学人中心	长期性工作,符合条件即可资助10万元开办费,没有具体人数限制	已启动,目前资助400人左右	年均投入1600万元左右
教师队伍建设——教学名师	市教委	自2006年起,每年在北京高校中评选100名左右	累计表彰了782名教师,第九届市级教学名师奖已评选出97名表彰人选	年均投入1400万元左右,资金来自市财政专项经费
北京市中小学名师发展工程	市教委	选拔500名左右师德高尚、专业素养较强和发展潜力较大的中青年教师进行重点培养	2012年底,遴选出首批73名教师作为中小学名师发展工程的学员	年均投入940万元左右,资金来自市财政专项经费
北京市中小学特级教师研修工作室	市教委		首批入选17人	年均投入130万元左右,资金来自市财政专项经费
北京市属高校高层次人才引进与培养、创新团队建设项目	市教委	引进100名左右高端领军人才,培养100名左右长城学者,培育500名左右优秀青年人才,遴选50个左右创新团队	已引进4名高层次人才,入选长城学者培养计划42人,青年拔尖人才培育计划200人,遴选出29个学术创新团队	年均投入1.1亿元左右,资金来自市财政专项经费
北京市职业院校教师素质提升工程	市教委	培养50名左右职业教育名师和100名左右专业带头人;重点支持50个左右专业创新团队;培养500名左右优秀青年骨干教师;资助100名特聘专家	北京市职业院校特聘专家13人,职教名师25人,专业带头人50人,专业创新团队20个,优秀青年骨干教师165人	年均投入3400万元左右,资金来自市财政专项经费
北京市高校青年英才计划	市教委	遴选2000名左右35岁(含)以下的优秀青年教师	目前指标已下达给学校,各学校在做遴选工作	年均投入1亿元左右,资金来自市财政专项经费
北京市哲学社会科学教学科研骨干教师研修工程	市教委		为期5年的研修计划已举办4年,至今为止共举办39期研修班,培训人次达4000余人次	年均投入1000万元左右,资金来自宣传部财政专项

续表

名称	责任单位	发展目标	进展情况	经费保障情况
名师工程	市教委	建设名师工作室平台	项目已开展一年,第一批8个工作室	年均投入65万元左右,资金来自大学生思想政治教育专项经费
高校领导干部队伍能力建设工程	市教委		不定期举办培训班	年均投入300万元左右,资金来自大学生思想政治教育专项经费

（二）管理和政策存在的问题

1. 市场对人才资源配置的决定作用尚不明显

市场是配置人才资源最有效的手段，遵循市场经济规律，推行人才市场化配置是提高人才利用率的重要方法，虽然我国当前的人才战略逐渐转向人才市场化战略，但人才配置仍具行政导向，市场配置人才的作用还远远不够。

一是人才市场化配置上存在观念误区。在引进人才上，"外来和尚会念经"思想作祟，忽视了对现有人才的培养和合理的使用；只注重人才薪酬待遇的提高，对人才未来事业发展的空间、管理机制、工作环境等方面重视不够；一些用人单位盲目抬高用人条件，一方面造成就业困难，另一方面造成人才的浪费。

二是人才流动机制不健全。传统的人才管理体制的弊端尚未根除，人才单位所有制，严格受地域、户籍、部门和身份等限制，难以跨单位、跨部门进行整合，无法适应人才发展的客观需要，人才流动存在困难。

三是市场服务机制滞后。人才市场信息化程度不够，供需双方对信息掌握不均衡、不全面；人才资源中介机构不健全，组织结构和功能尚不完善，难以较好地满足各层次人才配置的需要；各类型人才市场缺乏有效的衔接，间接影响了市场机制在人才资源配置中决定性作用的发挥。

2. 人才梯队建设与产业发展需求存在脱节

尽管北京市明确提出了发展战略性新兴产业，将基础研究、关键技术和产业培育领域与重点产业进行了对接，但目前，北京市尚未提出与产业发展重大需求紧密结合的人才梯队计划，目前的人才政策还聚焦于教育、卫生、科技、哲学、社会科学等领域，对应的产业需求尚不明确。

从人才政策和经济发展之间的关系来看，人才政策应该先于经济发展的步伐，要提前做好人才储备和政策引导工作。北京亟须加强高层次人才梯队建设与产业发展需求的有效对接，发挥人才梯队建设的撬动作用，将体制内的大量优质人才资源引导进入产业，为首都经济社会发展发挥效能。

3. 评价机制不适应人才梯队要求和人才成长规律

评价机制是专业技术人才梯队建设的重要环节和加强梯队建设管理的重要措施，虽然北京市逐渐创新人才评价发现机制，但对高端人才的评价机制仍难以适应人才多元化的发展，且忽略对人才梯队的整体评估。

一是人才评价标准不科学。传统的人才评价标准仍与学历、论文、职称、获奖等因素有关，人才评价简单量化，重数量轻质量，无法全面、准确反映人才的实际贡献。

二是人才评价方式单一，评价程序不合理。评价人才更多依赖于传统的听取意见、专家测评等形式，定性评价为主，缺乏多元化的定量分析评价。有些虽然使用了多重技术和评价手段，但实际效果并不理想，如同行评议法易产生"非共识"现象和主观性较强的评判，科学计量法在个人和小型团体评价中容易产生急功近利或其他学术道德问题。

三是人才评价主体局限性强，人才评价服务市场建设滞后。当前评价主体仍以用人单位为主，引入第三方等社会评价主体的不多，评价活动的市场化水平较低，人才评价的服务机构服务水平不高，服务行为规范程度不够。

四是缺乏对人才梯队的评估。当前对人才团队、梯队的评估主要侧重于对梯队发展起决定性作用的学术带头人进行评估，而忽略对梯队整体实力如支撑条件、成果水平、学术地位、层次结构等因素的评估。

4. 人才梯队建设忽略梯级人才之间的储备和培养

领军人才、骨干人才和储备人才之间存在着明确的上下衔接关系，体现在人才要经过自下而上的培养和锻炼，才能够跃升为上一梯级人才。但人才梯队中处于高层次的人才，缺乏对后备人才的储备和培养。

北京市在高层次人才的培养和选拔过程中，忽视了不同层次人才之间的"师承效应"，即在高层次人才对低层次人才的培养和储备方面，没有明确要求。例如，尽管北京地区的院士资源丰富，但是北京市没有把这个区位优势利用好，部分优势领域面临后备人才短缺的现象。而上海积极发挥院士的培训职能，上海院士咨询与活动中心在联系院士的同时，注重发挥院士的反哺社会功能，积极开展专题讨论、学术沙龙等活动，使青年优秀人才能够有近距离接触大师、交流学术最新进展的机会。

在人才梯队建设中还应重视建立培训机制，从改善人才计划的绩效考核和设立相关机构、出台管理办法两个方面入手。人才计划的绩效考核应该同时考虑知识创新和人才培养两方面，注重强调创新的溢出效应。同时，政府应该出台相应的管理办法，使人才梯队的各级人才在得到政府资助的同时，履行完成培养人才、分享知识创新的义务。

四　北京市高层次专业技术人才梯队建设的理论研究

（一）北京市高层次专业技术人才梯队的层次

北京市高层次专业技术人才梯队划分，首先要符合北京市的经济发展战略。

北京市"十二五"规划提出，北京市"十二五"期间发展的首要目标是"紧紧围绕人文北京、科技北京、绿色北京战略和建设中国特色世界城市的目标，按照在推动科学发展、加快转变经济发展方式中当好标杆和火炬手，走在全国最前面的要求，率先形成创新驱动的发展格局，率先形成城乡经济社会一体化发展新格局，努力把北京建设成为更加繁荣、文明、和谐、

宜居的首善之区"。

习近平总书记调研北京时，就推进北京发展和管理工作提出五点要求。一是要明确城市战略定位，坚持和强化首都全国政治中心、文化中心、国际交往中心、科技创新中心的核心功能；二是要调整疏解非首都核心功能，优化三次产业结构，优化产业特别是工业项目选择，突出高端化、服务化、集聚化、融合化、低碳化，有效控制人口规模，增强区域人口均衡分布，促进区域均衡发展；三是要提升城市建设特别是基础设施建设质量；四是要健全城市管理体制，提高城市管理水平；五是要加大大气污染治理力度。

高层次专业技术人才梯队建设应该从北京市的功能定位、战略定位出发，综合考虑北京市的产业优势和未来经济发展的重点，提出以下几个层面的要求。

1. 世界级的高端顶尖人才

北京市承担了重要的国际交往中心、文化中心和科技创新中心的功能，但是高端顶尖人才还比较缺乏，比如上文提到的城市管理的综合性高端人才、应对大气污染的学科人才和综合管理人才、低碳工业方面的高端人才等。上述涉及的问题都是目前北京市经济发展亟待解决的难题，因此北京急需引进和培养一批世界级的高端顶尖人才，比如诺贝尔奖获得者，世界级的文学、艺术大师，高端金融管理人才以及核心技术掌握者等。这些人才将对提升综合国力和国家竞争力，提升北京市的经济、科技和文化水平起到巨大作用。

人才引进应该遵循"按需引进，为我所用"的原则，政策环境应该具有强大吸引力，创造宽松的环境有助于个人价值的实现。

高端顶尖人才的基本特征：

（1）获得行业内的世界性认可；

（2）正在或者即将创造巨大的经济价值或者社会价值；

（3）富有创造力。

2. 高端后备人才

在国内具有一定的影响力，具有成为世界性高端顶尖人才的潜力，但是在成就上还有一定的差距，在学术钻研、科技创新或者社会价值上还有待进一步发展的这部分人才，被定义为高端后备人才。

对于这部分人才，引进的难度相对较小，未来发挥作用的价值相对更大，因此是人才引进和培养工作的重点。这些人才主要集中在交叉新兴学科和未来发展重点学科上，比如量子通讯理论的应用、生物化学等。

高端后备人才的基本特征：

（1）获得行业认可（比如学科内的尖端奖项：经济学的克拉克奖、计算机的图灵奖等）；

（2）具有较大的发展潜力，仍然活跃在科研一线，具有较明确的发展方向；

（3）富有创新性；

（4）有稳定的团队。

3. 战略领军人才

是指企业人才中具有战略高度和全球视角的国际化人才。能成功将科技创新应用到产业发展中，能带来巨大的经济社会效应的人才。

富有活力的创新创业机制，相对宽松的政策环境，有利于产业孵化的保障机制，是战略领军人才关注的重点。

战略领军人才的基本特征：

（1）具有可产业化的前沿专业技术成果；

（2）有一支可直接应用的稳定团队；

（3）具有战略眼光；

（4）创业创新的实践具有可操作性。

4. 领军后备人才

是指具有较高的学历背景和较好的师承关系，具有突破关键性技术的潜力，已经得到一定的行业认可，但是还没有形成团队化的人才。

富有活力的创新创业机制，可以提供技术帮助和创业支持的交流平台（类似创新工场），政策扶持力度等相关因素，是领军后备人才关注的重点。

领军后备人才的基本特征：

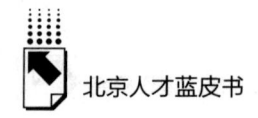

（1）较为年轻的、获得行业内认可的专业技术专家；

（2）具有较好的学历背景和创新基础；

（3）所关注领域具有研发价值；

（4）敢于突破体制机制局限。

5. 青年杰出人才

具有良好的研究或者创新潜力，在领域内取得一些令人瞩目的成就，期待为科技进步和社会经济带来更大贡献的青年人才。

公平的竞争机制，良好的培养环境，以及丰富的国际化交流平台是青年杰出人才最为关注的。

青年杰出人才的特征：

（1）被行业内专家认可具有发展潜力；

（2）获得一些阶段性的成果，例如奖项、论文等；

（3）具有深入钻研的精神；

（4）主动去寻求符合自身才干发挥的更好土壤。

（二）北京市高层次专业技术人才梯队建设与产业发展的关系

北京市高层次专业技术人才梯队建设应该遵循产业发展的规律。从经济总量上看，北京市的发展重点是经济的结构性调整，目前电力、热力的生产和供应业，交通运输设备制造业，黑色金属冶炼及压延加工业和化学原料及化学制品制造业的增加值占了工业增加值的40%以上，未来5年内这些产业的比重会进一步下降，新能源、新材料、节能环保、生物医药、新一代信息技术和高端制造产业等战略性新兴产业的比重会进一步上升。文化创意、旅游、金融等高端服务性产业的比重在目前的基础上也将会不断上升。

未来5~10年北京将会进一步降低高污染、重复性的工业产业比例，而强调发展高端生产性服务业，低碳化、高端化的总部经济，例如高端设计制造、多媒体、绿色清洁能源、新能源汽车等。

因此，第一阶段，未来5年内的人才梯队结构应该紧扣产业调整的主题进行人才梯队布局。

第一梯队，世界级高端顶尖人才，应该有助于解决北京市重点难点问题，比如大气污染问题、城市规划和交通问题等方面的人才。有助于提升北京市的科技创新能力和基础学科的创新发展问题，比如清洁能源、新能源研发中的关键性人才，建造绿色能源汽车相关的核心关键技术人才等。

第二梯队，高端后备人才，主要围绕基础学科的创新发展问题，以及高端顶尖人才的后备人才培养。

第三梯队、第四梯队，主要注重文化创意、旅游、金融等服务性产业，以及新能源、新材料、节能环保、生物医药、新一代信息技术和高端制造产业、信息产业等创业人才。

第五梯队，主要集中在下一个发展阶段的新兴产业，比如高端设计制造、多媒体、绿色清洁能源、新能源汽车等。

第二阶段，未来5~10年内人才梯队结构应该注重进一步提升北京市的功能定位，体现北京市四个中心尤其是科技创新中心的地位。

在有限的财政资金支持和产业发展的多元化需求之间是存在必然矛盾的，因此人才梯队建设的实施不能完全解决产业发展中的所有人才布局问题，只能在现有的财政支持力度和产业化发展之间寻求最优化结果。

（三）北京市高层次专业技术人才梯队建设中的政府定位

北京市高层次专业技术人才梯队建设主要依靠政府、科研机构和人才共同完成，即由北京市委组织部、市人社局、其他委办局以及区县，还有基层单位等共同完成。在北京市人才梯队建设过程中，市委组织部牵头抓总，制定宏观战略，明确指导方向，提出各梯次人才需求及人才梯队要达到的效果和目标；市人社局则根据市委组织部的要求，将组织部人才梯队建设的宏观战略进行可操作化，完成整个人才梯队的设计和运行管理；各委办局主要承担直线运行职能，根据市委组织部的要求和市人社局的人才梯队方案，建立人才遴选平台并选拔出相应领域内的领军和后备人才；区县主要承担人才传输职能，根据市委组织部的要求和市人社局的人才梯队方案，积极选拔和输送区县内的青年杰出人才；基层单位主要承担人才培育和政策反馈职能，一

方面为人才提供较好的发展平台,另一方面总结目前人才体制机制中不合理之处并及时反映给相关部门(见表7)。

表7 高层次专业技术人才梯队建设政府及单位职能定位

单位	主要职责	说明
北京市委组织部	人才发展宏观战略制定;人才梯队发展目标制定;人才需求制定	确定宏观战略,明确指导方向,提出各梯次人才需求及人才梯队要达到的效果和目标
北京市人力资源与社会保障局	梯队结构、规模设计;确定重点产业人才支持数量、力度;确定各梯次人才支持数量、力度;制订人才梯队建设方案	将组织部人才梯队建设的宏观战略进行可操作化,完成人才梯队的设计和运行管理
北京市各委办局	建立和实施人才项目;搭建人才甄选平台	根据市组织部的要求和人社局的人才梯队方案,在其相应的领域内建立和实施相关人才项目,建立人才遴选平台并选拔出相应领域内的领军和后备人才
北京市各区县	向人才甄选平台挖掘和输送优秀人才	根据北京市组织部的要求和人社局人才梯队方案,辖区范围内对各人才梯队覆盖各个领域的优秀青年人才进行积极发掘和通过各委办局所建立的人才遴选平台输送
各基层单位	人才培育;政策效果反馈	创造良好的人才培育环境和发展平台,并对目前的人才体制机制中不合理之处进行总结及时反映给相关部门

五 政策建议

北京市要建设人才梯队,应该加强思想观念的转变。首先应该突破体制的限制,从市场的角度来看待人才管理问题;其次应该从全球视野看待人才流动问题;最后应该尊重人才成长和产业发展的客观规律,从人才自身需求审视人才政策,形成人才梯队管理的市场导向、国际视野和价值判断。

既要注重人才政策和其他经济政策的衔接,立足于北京市优势产业和优势学科，又要紧跟国际潮流，用国际化的视野和发展的眼光看待人才管理的问题。加强人才数据信息化管理的同时，也不能限制人才流动。

因此，高层次专业技术人才梯队建设应该在人才管理体系的大背景下考虑人才政策的顶层设计，以现有的人才计划为整合的基点，通过细分产业和人才发展阶段，突破人才成长过程中存在的环境制约，实现政府人才计划用人机制的合理化。

（一）进一步加强人才梯队建设的顶层设计

北京"十二五"经济规划提出"北京正处在开放竞争格局深刻调整的新阶段"，人才梯队建设应紧扣产业调整格局进行。作为国家首都的北京，面临着经济全球化深入发展、科技创新孕育新的突破、国际市场分化组合的现状，需要以更宽阔的视野审视发展，以世界城市为坐标系定位发展，在更高层次上参与全球分工。在这样的经济背景和要求下，人才梯队的建设应该立足于现有的人才管理体系和人才计划的架构，有计划有重点地解决目前北京市人才管理中存在的突出问题，建立五个梯队。梯队层次，各有侧重，各有政策倾向，从而使各级别、各层面的人才都能获得很好的成长和发展空间。

基于合理的人才梯队结构，还应该妥善处理好人才梯队建设中市场与政府的关系。人才管理应该以高效的市场资源配置为主，以政府主导的人才计划为辅，政府主导的人才计划主要起补充作用，在市场失灵时作为宏观调节的工具。这就需要政府在出台一系列人才计划的同时，花更大力气着手思考和解决人才管理体制中存在的阻碍人才发展的体制机制问题，培育建立完善的市场机制，并且考虑在市场机制逐渐完善后，选择适时调整甚至退出政府主导的人才计划。建立人才发展市场机制是长期目标，目前应从以下问题着手。

一是采用市场化手段，如通过国际猎头公司等选拔合适的人才。岗位设定、全球招聘人才的市场机制要顺利运行，要求信息充分和对称，即人才可以通过外界评价进行衡量，岗位待遇的信息公开。但实际中这两者都不公

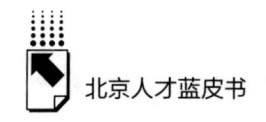

开，因此造成了现实中人才计划选不到合适的人，而相关人选并不一定了解人才计划的现象。而猎头公司一般采取隐蔽猎取、快速出击的主动竞争方式，为客户猎取在人才市场中找不到的高级人才，在一定程度上解决了信息不对称问题，因此，猎头公司可以帮助政府提高人才选拔的效率。

二是采用市场化的信用制度管理经费，而不从财政科目上限制经费使用。突出人才计划的目的和作用，改变人才计划变相为科研管理的现象，将人才计划切实地落实到人才发展最关键的问题上。首先，消除财政科目管理的限制，明确人才计划与科研管理的区别，资金管理的方式和考核评审的机制也按实际需求来设定；其次，建立市场信用制度，并通过法律手段进行保障，即完善人才计划经费使用的可监督平台和举报机制。

（二）以人才资源信息化带动政府管理科学化

针对人才管理存在的底数不清，人才结构缺乏数据支持，各部门掌握的人才资源信息各有侧重，难以直接对接等问题，建议从人才数据管理的角度，建立全市高层次专业技术人才资源库，促进政府部门之间的协调沟通，在人才管理中引入大数据概念。同时，加强人才动态管理，把人才项目和人才动态信息结合起来。具体从以下两个方面着手推动人才资源信息化建设。

一是联合市委组织部、人力社保局、市科委、市教委、市财政局、市自然基金委等单位，以学科分布为基础，建立人才项目申报、人才流动、单位归口管理和生活服务等信息为主体的动态收集、实时发布的综合联动机制。将现有的不同委办局的人才资源信息，通过身份识别进行数据对接，整合人才信息和产业发展的信息。

二是在汇集各部门大数据的基础上，结合学科建设，绘制人才地貌图。将人才的分布、学科结构和团队成长情况，通过人才地貌图进行实时监测，并为出台人才政策提供数据基础。

（三）以体制机制创新引领人才梯队建设

遵循"目标导向、分类实施、客观公正、注重实效"的原则，以创新为主要价值取向，以市场评价、同行评价为主要依据，根据高层次专业技术人才所从事的工作性质、岗位及基础研究、应用研究、科技成果转化等不同类型的科技活动的特点，制定基于胜任特征的评价体系和差异化的分类评价标准。

采取多元化的人才评价方式，选拔、评价各梯次高层次人才，发展和培育优秀人才。在重视人才学历、技术背景和职业道德的同时，更要重视人才对科技进步和社会经济发展所创造的价值，也就是其创造新物质产品和思想文化成果的能力以及成果转化经验等指标，形成尊重高层次专业技术人才个性发展的社会化任职资格评价体系。

基于高层次人才评价标准，建立动态的人才晋升机制，从而实现不同层次人才的优胜劣汰，建立能进能出、能上能下的人才管理制度，促进高层次专业技术人才的有序流动。当高层次专业技术人才满足上一层级的评价标准，可以自动晋升到上一梯级；当不满足该层级的评价标准，则自动下降一个梯级。动态的晋升机制有助于为高层次人才梯队培养和筛选优秀后备人才，大浪淘沙，周而复始，从而不断地提高专业技术人才队伍的整体素质与水平。

构建高层次专业技术人才的培养体系，依托不同的领域、职能及层级制定培养计划，培养具有卓越视野、开拓引领的高层次人才。充分发挥领军式高层次专业技术人才对下一梯次人才的引领带动作用，使各层级高层次专业技术人才通过梯队在实践中得到锻炼，在交流中获得升华。

（四）进一步发挥人才梯队建设中的团队作用

在高层次人才引进的过程中，出现了越来越重视团队化引进的趋势。人才团队化引进有利于克服高层次人才单体引进后工作环境的融合问题，充分发挥尖端领军人才及其团队成员的能力作用，尽快取得重大科研成果。

团队内部的高效管理机制与高层次人才最终取得创新成果是紧密联系的，现代科技研究除了要有拔尖人才统筹领导项目外，还需要一支得力的研究支援人才队伍。因此，团队化支持有助于提高团队内部的管理机制，满足团队高效率运作的要求。

梯队建设和团队建设密切相关,特别是高层次人才培养阶段,往往是以团队的形式完成的。北京市属单位在团队化方面的支持力度远不及中央单位,北京市的人才梯队构建应该以团队建设为抓手,加大对团队的投入力度。

第一,强化人才梯队建设中对团队的支持,根据不同梯次人才的实际需求,把团队建设和团队协作纳入人才梯队的框架中。优先支持创新能力强、梯次结构合理的团队。

第二,加大对团队的支持力度,重点关注北京市处于国内一流水平、具有发展优势的团队。重点培育具有自主创新发展潜力的团队,对提高自主创新能力,打造"北京服务""北京创造"品牌具有重要作用。

参考文献

[1] Fang, Q., Zhao, H., "Social Work Talent Team Construction and Harmonious Society Construction", *Journal of Anhui Normal University (Hum. & Soc. Sci.)*, 2007, 6: 017.

[2] Hambrick, D. C., "The Top Management Team: Key to Strategic Success", *California Management Review*, 1987, 30 (1).

[3] Maslow, A. H., Frager, R., Cox, R., *Motivation and Personality*, New York: Harper & Row, 1970.

[4] Pinder, C. C., *Work Motivation in Organizational Behavior*, Psychology Press, 2008.

[5] Reilly, T., Williams, A. M., Nevill, A., et al, "A Multidisciplinary Approach to Talent Identification in Soccer", *Journal of Sports Sciences*, 2000, 18 (9): 695 - 702.

[6] 董志超:《高层次专业技术人才激励机制》,中国人事出版社,2010。

[7] 宫健:《胜利油田专业技术人才梯队建设研究》,北京交通大学硕士学位论文,2008。

[8] 敬翠:《对建立专业技术人才梯队畅通成才渠道的几点思考》,《中国市场》2013年第14期。

[9] 简光泽:《以人为本 进一步加强医学人才梯队建设》,《海南医学》2011年第

1 期。
[10] 劳伦斯·L. 马西斯，约翰·H. 杰克逊：《人力资源管理》，北京大学出版社，2006。
[11] 雷环、汤威颐、Crawley, E. F.：《培养创新型、多层次、专业化的工程科技人才》，《高等工程教育研究》2009 年第 5 期。
[12] 李明斐、卢小君：《胜任力与胜任力模型构建方法研究》，《大连理工大学学报》2004 年第 1 期。
[13] 刘红：《加强企业人才梯队建设的相关思考》，《企业导报》2013 年第 9 期。
[14] 罗青兰、孙乃纪、于桂兰：《高层次人才成长规律与成长路径研究》，《现代经济探讨》2012 年第 4 期。
[15] 彭剑峰、荆小娟：《员工素质模型设计》，中国人民大学出版社，2003。
[16] 蒲云等：《谈创造性拔尖人才成长规律——全国优秀博士学位论文作者调查启示》，《西南交通大学学报》2006 年第 4 期。
[17] 人才梯队建设研究项目组：《国有企业专业技术人才梯队建设研究》，《中国人力资源开发研究会第十次会员代表大会暨学术研讨会论文汇编》，2008。
[18] 盛湘：《油田企业高层次专业技术人才培养路径》，《石油化工管理干部学院学报》2011 年第 3 期。
[19] 史晓丽：《企业如何构建后备人才梯队》，《CHO 杂志》2012 年 5 月 7 日。
[20] 谭卫和：《我国高层次专业技术人才队伍状况》，《中国人才》2003 年第 10 期。
[21] 王明杰：《发达国家人才战略的比较》，《中国行政管理》2005 年第 8 期。
[22] 张仕江等：《石油企业专业技术人才梯队建设研究》，《中国人力资源开发》2009 年第 4 期。
[23] 张越慧：《中海大连公司人才梯队建设研究》，大连海事大学硕士学位论文，2012。
[24] 郑旺全：《美国高校如何吸引优秀人才》，《中国高等教育》2005 年第 7 期。
[25] 钟虹添、奚国华、张建国：《人才梯队建设和思 8 步法》，厦门大学出版社，2011。

附 录
Appendix

B.18 北京市社会工作者继续教育实施办法

第一章 总 则

第一条 为加强社会工作者继续教育工作，依据民政部《社会工作者继续教育办法》（民发〔2009〕123号），结合实际，制定本办法。

第二条 本办法所称社会工作者，是指通过全国社会工作者职业水平评价取得《中华人民共和国社会工作者职业水平证书》，并持有北京市民政局核发的社会工作者职业水平登记证书人员，包括助理社会工作师、社会工作师和高级社会工作师。

第三条 社会工作者继续教育的目的：

（一）培养社会工作者职业道德素养；

（二）提高社会工作者专业理论水平；

（三）增强社会工作者实务技巧和能力；

（四）建设一支适应首都社会建设的专业人才队伍。

第四条 社会工作者继续教育的原则：

（一）坚持以人为本，服务社会；

（二）坚持改革创新，与时俱进；

（三）坚持注重实际，讲求实效；

（四）坚持按需施教，循序渐进；

（五）坚持持续学习，提高素质。

第五条 凡在北京市登记的社会工作者应按照本办法规定接受继续教育。

第二章 组织管理

第六条 北京市民政局是全市社会工作者继续教育组织管理部门。主要职责是：

（一）制定社会工作者继续教育政策和管理办法；

（二）制定社会工作者继续教育发展规划；

（三）指导社会工作者继续教育培训；

（四）备案、公布社会工作者继续教育机构；

（五）发布社会工作者继续教育信息；

（六）检查指导社会工作者继续教育机构的组织教学及学时管理；

（七）监督、指导、评估社会工作者继续教育机构工作；

（八）其他相关工作。

第七条 北京市民政局委托相关教育机构开展继续教育工作，其主要职责：

（一）制定社会工作者继续教育工作计划和方案；

（二）组织实施社会工作者继续教育培训工作；

（三）组织社会工作者继续教育学时认定和管理；

（四）其他相关工作。

第八条 各区县民政局负责组织和协调本地区社会工作者继续教育工作。

第九条 社会工作者所在单位应当鼓励社会工作者参加继续教育，并在时间、经费等方面给予保障。

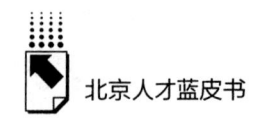

第三章 继续教育内容和形式

第十条 社会工作者继续教育内容要适应社会工作者岗位需要，以提高理论水平和分析、解决实际问题的能力为主，注重针对性、实用性、专业性和时效性。社会工作者继续教育内容，主要包括：

（一）社会工作专业价值观和伦理；

（二）社会工作专业理论知识；

（三）社会工作实务方法和督导技能；

（四）相关法律、法规、规章、政策及文件规定；

（五）其他相关理论知识。

第十一条 社会工作者继续教育形式，主要包括：

（一）北京市民政局组织的社会工作者继续教育；

（二）在北京市民政局备案并予以公布的教育机构组织的社会工作者继续教育；

（三）北京市民政局指定的网络课程或者网络培训；

（四）北京市民政局公布的社会工作实务实习实训基地组织的培训或实习；

（五）参与社会工作相关的专业著作、论文撰写，并公开出版或发表；

（六）国家承认的社会工作专业或者相关专业的学历或学位教育；

（七）北京市民政局认可的与社会工作相关的培训、讲座、研讨、学术报告、考察调研等活动和其他形式。

第四章 学时管理及使用

第十二条 社会工作者继续教育每三年为一个周期，即一个登记有效期，三年内累计接受继续教育时间应达到规定的学时要求。助理社会工作师在每一个登记有效期内接受社会工作继续教育的时间累计不得少于72小时。

社会工作师、高级社会工作师在每一个登记有效期内接受社会工作继续教育的时间累计不得少于 90 小时。

第十三条 社会工作者继续教育学时认定管理，采取填写《北京市社会工作者继续教育登记手册》的方式进行管理。《北京市社会工作者继续教育登记手册》由北京市民政局统一印制、编号，由社会工作者继续教育机构统一填写发放。

第十四条 社会工作者继续教育学时计算方法：

（一）参加社会工作者继续教育，其继续教育学时由教育机构出具培训时间记录、考试或考核成绩单，按实际参加的时间核算继续教育学时；

（二）参加社会工作实务实习实训基地的培训或实习，按社会工作者完成的实训报告核算继续教育时间，每一个登记有效期内最多不超过 30 个学时；

（三）参与社会工作相关的专业著作、论文撰写，并公开出版或者发表的，社会工作者需提供专业著作的国际标准书号或论文发表刊物进行核算继续教育学时，每一个登记有效期内最多不超过 60 个学时；

（四）参加社会工作专业学历或学位教育的，社会工作者需提供学历证书原件或学位证书原件进行核算继续教育学时，每一个登记有效期内最多不超过 90 个学时；未取得学历或学位的，社会工作者提供专业课程单科成绩单和学校出具的课时表，按考试合格的专业课程实际授课时间核算继续教育学时，每一个登记有效期内最多不超过 90 个学时；

（五）参加社会工作相关的培训、讲座、研讨、学术报告和考察调研等活动，社会工作者需提供活动的邀请函或通知以及其他相关记录材料等，按实际参加时间核算继续教育学时，每一个登记有效期内最多不超过 20 个学时；

（六）参加其他形式继续教育或活动，社会工作者需提供的相关证明材料认定继续教育学时，每一个登记有效期内最多不超过 20 个学时。

第十五条 《北京市社会工作者继续教育登记手册》如有损坏、丢失，应及时向发证机构报告，说明理由，申请补发。

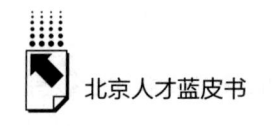

第五章　继续教育机构管理

第十六条　鼓励社会教育机构承担社会工作者继续教育工作。社会教育机构承担社会工作者继续教育的，应当向北京市民政局申请备案。

第十七条　社会工作者继续教育机构具备下列基本条件：

（一）有相应的组织机构和管理制度，开办社会工作专业教育或开展社会工作职业培训及其相关专业培训3年以上；

（二）具有承担继续教育培训工作所需的专业师资队伍，其中，拥有社会工作实务经验的教师占1/3以上；

（三）具备承担继续教育培训工作所需的教学场所和设施以及其他应具备的教学设施；

（四）符合法律法规和国家政策规定的其他条件。

第十八条　社会教育机构申请备案社会工作者继续教育机构时，应提交以下材料：

（一）备案申请表；

（二）组织管理制度，开展社会工作专业教育或职业培训的报告或记录；

（三）师资队伍情况报告，其中应含社会工作相关专业师资背景、实务经验等情况；

（四）教学场所和设施情况报告；

（五）其他可证明机构相关资质能力的文件、资料。

第十九条　北京市民政局对符合规定条件的社会教育机构予以备案，并进行公布。

第二十条　经公布后的社会教育机构，可以组织社会工作者继续教育培训。

第二十一条　社会工作者继续教育机构依据本办法制定社会工作者继续教育计划、方案等。

第二十二条　社会工作者继续教育机构应确保继续教育质量，如实记录继续教育学时。

第二十三条　社会工作者继续教育机构应保存社会工作者继续教育记录材料至少3年。继续教育记录材料包括接受继续教育的人员名册、教育内容、时间、考试或考核成绩等。社会工作者继续教育机构应对社会工作者基本情况信息保密。

第二十四条　社会工作者继续教育机构不得以营利为目的收取培训费，所收费用应公开项目、内容、标准等。

第二十五条　北京市民政局或其委托机构定期组织对社会工作者继续教育机构进行监督指导、检查评估、资质审核和备案公布工作。

第二十六条　社会工作者应到北京市民政局公布的社会教育机构参加继续教育学习。

第六章　监督管理

第二十七条　社会工作者继续教育机构如有不当行为，由北京市民政局进行通报批评，责令限期整改；逾期不改正的，由北京市民政局取消其备案。不当行为包括：

（一）采取虚假、欺诈等手段招揽生源；

（二）出具虚假继续教育学时证明；

（三）因工作失误，造成社会工作者信息泄密、流失等现象；

（四）以社会工作者继续教育机构名义组织境内、境外公费旅游或者进行其他高消费活动；

（五）其他不当行为。

第二十八条　社会工作者继续教育机构应加强对《北京市社会工作者继续教育登记手册》和学时证明的管理。持证人不得涂改、伪造、转让《北京市社会工作者继续教育学登记手册》和学时证明。

第二十九条　社会工作者申请再登记时，必须提交《北京市社会工作者继续教育登记手册》，否则不予再登记。

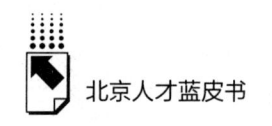

第三十条 社会工作者用假学时证明等材料申请再登记，经查实，不予再登记。

第三十一条 单位和个人对违反本办法规定的行为有权检举，北京市民政局应当及时核实、处理，并为检举人保密。

第三十二条 违反本办法规定而涉及有关法律责任的，依据相关法律追究。

第七章 附则

第三十三条 社会工作者继续教育工作计划和方案每年发布一次。

第三十四条 社会工作者可登录北京市民政信息网（http：//www.bjmzj.gov.cn）查询和下载相关资料。

第三十五条 本办法由北京市民政局负责解释。

第三十六条 本办法自发布之日起实施。《北京市社会工作者继续教育实施办法（试行）》（京民组发〔2010〕539号）废止。

B.19
关于进一步加强北京市外籍人员聘用工作的通知

一 加强外籍人员及用人单位的资质管理

（一）外籍人员来京工作，应当具备以下条件：

1. 身体健康，无犯罪记录，年龄在18～60周岁；

2. 具有学士及以上学位和2年及以上相关工作经历，其中外籍教师应具有5年及以上相关工作经历（语言教师除外）；不具有学士及以上学位，来京承担急需紧缺工种关键技术工艺研发任务的高级技能人才应具有国外技术资格认证；

3. 有确定的用人单位，持有有效护照或能代替护照的其他国际旅行证件；

4. 取得工作许可和工作类居留证件，从事的工作不得超出工作许可限定范围。

对我市经济社会发展急需紧缺的人才可适当放宽年龄及工作经历年限限制。自2014年10月31日起，新申请办理工作许可和工作证件的外籍教师，在学前幼教机构、中小学、国际学校以及各级各类教育培训机构从事教育教学工作的，应当持有所在国颁发的教师资格证书；从事语言教学的，如未持有所在国颁发的教师资格证书，应当取得国际通行的语言教学资格证书。

（二）聘请外国文教专家的单位（包括教育、科研、新闻、出版、文化、艺术、卫生、体育），须取得"聘请外国专家单位资格认可"后，方可开展聘用外国文教专家工作。

市人力社保局（市外专局）在官方网站公布北京地区已取得"聘请外

国专家单位资格认可"的单位名单。取得"聘请外国专家单位资格认可"的单位须在本单位公共区域和网站首页的显著位置公开其《聘请外国专家单位资格认可证书》。

二 用人单位应当落实好外籍人员管理服务的主体责任

（一）用人单位应当通过正规、合法渠道聘用外籍人员，与所聘外籍人员依法签订劳动合同，劳动合同期限不得超过5年，按规定为其缴纳社会保险，并保障其薪酬福利、劳动安全等合法权益，确保所聘外籍人员在劳动合同存续期间遵守中国法律法规。

（二）用人单位应加强内部制度建设，完善绩效考核、薪酬福利、安全防范和教育培训等管理制度；为所聘外籍人员建立包括劳动合同、有效护照和工作证件复印件、有效临时住宿登记单、国外无犯罪记录证明、日常考勤记录、社会保险缴费记录、工资发放记录等内容的工作档案；加强对外籍人员住宿登记管理，督促在旅馆以外的其他住所居住或住宿的外籍人员，依法在入住24小时内由本人或者留宿人，到居住地的公安机关办理登记手续；指定专人担任外籍人员工作事务专办员，专人履责，具体承担所聘外籍人员的手续办理、管理服务等工作，并保持专办员队伍的相对稳定。

（三）用人单位应建立外事应急预案，如所聘外籍人员发生人身意外伤亡事故、医疗卫生事故、经济安全事件以及其他突发情况，用人单位应启动外事应急预案，并及时上报区县和市级人力社保（外专）、外事、公安、教育等部门，不得隐瞒、缓报和谎报。

三 加强外籍人员工作证件的管理

用人单位应当为所聘外籍人员及时办理工作证件的申请、变更、延期、注销等手续。

（一）用人单位应当自解除或终止劳动合同之日起 10 日内，申请注销所聘外籍人员工作证件。

（二）外籍人员擅自离职，超过 15 日未能取得联系的，用人单位应在公开媒体进行为期 10 日的公示，公示期满仍未取得联系的，用人单位应向市人力社保局（市外专局）提交证件注销书面申请；由市人力社保局（市外专局）在其官方网站进行为期 10 日的公示，公示期内，外籍人员本人未提出异议的，注销其工作证件。

（三）用人单位与所聘外籍人员签订的劳动合同期满，其工作证件即行失效。需要续订的，用人单位应当在工作证件期满前 60 日内，向原发证机关提出延长聘用时间的申请，经批准并办理工作证件延期手续。

（四）外籍人员所持签证证件、工作证件遗失、损毁、被盗抢的，或单位登记信息、外国人居留证件登记事项发生变更的，用人单位应当在 10 日内向原发证机关申请办理挂失、补换发或变更手续。

四　积极搭建外籍人员聘用公共服务平台

由市人力社保局（市外专局）牵头，积极开发境外高端人才资源，搭建全市外籍人员聘用供需信息平台，面向符合资质条件、有志来京工作的外籍人员，提供岗位信息、简历发布、就业政策等公共服务；定期组织对全市聘用单位开展包括国情、市情、出入境、签证居留、教育教学等内容的培训。用人单位应于每年 12 月上旬向市人力社保局（市外专局）报送下一年度外籍人员需求计划。

五　加强监督检查与责任追究

（一）市人力社保局（市外专局）会同相关单位成立联合工作机制，动态会商外籍人员在出入境、证件办理、居留等方面的情况，实现信息共享；

建立用人单位信用管理体系和外籍人员个人职业信用管理体系。加强对外籍人员聘用工作的考核监督，对于聘请外国文教专家的单位，考核结果与年检相挂钩，用人单位应当予以配合，提供真实、准确、有效的信息资料。对出现管理疏漏、侵犯外籍员工权益等问题的用人单位，市人力社保局（市外专局）会同相关部门，约谈其法定代表人或其授权代表，督促整改，强化管理。

（二）对于外籍人员非法就业、介绍外籍人员非法就业，以及非法聘用外籍人员的单位和个人，人力社保部门配合公安部门依法予以查处。

（三）对于拒绝人力社保部门检查工作证件、擅自变更用人单位、擅自更换职业、擅自延长工作期限的外籍人员，以及伪造、涂改、冒用、转让、买卖工作证件、资格证书的外籍人员和用人单位，由人力社保部门按照《外国人在中国就业管理规定》第二十九条、第三十条处理。

B.20 北京市鼓励企业设立科技研究开发机构实施办法

第一章 总则

第一条 为坚持和强化北京作为全国科技创新中心的城市战略定位，贯彻落实《北京市人民政府关于强化企业技术创新主体地位全面提升企业创新能力的意见》（京政发〔2013〕28号），引导和鼓励企业科技研究开发机构建设，强化企业技术创新主体地位，充分发挥企业科技研究开发机构在服务企业创新、支撑产业发展中的重要作用，特制定本办法。

第二条 本市建立健全鼓励原始创新、集成创新、引进消化吸收再创新机制，完善技术创新市场导向机制，发挥大型企业创新骨干作用，激发中小企业创新活力。

培育和发展研发服务业，引导和鼓励企业建设以市场为导向、体制机制创新、与产业化紧密结合的新型科技研究开发机构，服务首都创新体系建设。

第三条 企业科技研究开发机构（以下简称"企业研发机构"），是指从事自然科学及科学技术相关领域研究开发和试验发展（包括为开发活动服务的中间试验）的企业，或者企业内部从事技术开发、产品开发、工艺开发以及有关技术服务的机构，是企业开展技术创新、实现科技进步的基础条件。

企业研发机构的形式可分为法人企业和企业分支机构。

第四条 鼓励建设有高水平科技研究开发机构的企业申请认定北京市企业科技研究开发机构（以下简称"市级企业研发机构"）。

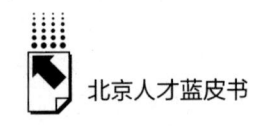

第五条　北京市科学技术委员会（以下简称"市科委"）负责制订相关促进本市企业研发机构建设政策，开展市级企业研发机构的认定、评估和管理等工作。

第六条　市级企业研发机构的认定、评估和管理工作遵循"公开、公平、公正"原则。

第二章　认定

第七条　申请认定市级企业研发机构的，应当是在本市或者区（县）工商行政管理部门依法取得《企业法人营业执照》或《营业执照》的法人企业或者企业分支机构。

第八条　已获得市级企业研发机构资格的企业，除所从事的主营业务不同外，不再受理其控股子公司或者所属母公司的市级企业研发机构的认定申请。

第九条　除符合第七条规定外，具备以下条件的企业法人，可以申请认定市级企业研发机构：

（一）有明确的研究开发方向，符合国家及本市的技术政策和产业政策。

（二）企业信用情况良好，两年内未发生产品质量事故或者侵犯他人知识产权等违法违规行为。

（三）工商登记注册时间在1年以上；有固定场所、科研仪器设备以及其他开展技术研发所需的科研条件，其中，科研用房面积300平方米以上、科研仪器设备原值200万元以上。

（四）总人数不少于20人，其中具有本科以上学历人员人数不低于50%；专职从事研究开发活动人员人数不低于60%。

（五）上一年度技术性收入占总收入比例不低于60%。

（六）上一年度销售收入不足1千万元的，要求近三个会计年度年平均研究开发经费投入不低于200万元；上一年度销售收入1千万元以上的，近三个会计年度研究开发经费投入总额采用超额累计计算，研究开发经费投入占销售收入的比例按照分段超额累退比例法核定：

1. 年销售收入不足 3 千万元的，比例不低于 20%；

2. 年销售收入在 3 千万元以上、不足 1 亿元的部分，比例不低于 15%；

3. 年销售收入在 1 亿元以上的部分，比例不低于 10%。

其中，企业在中国境内发生的研究开发经费投入总额占全部研究开发经费投入总额的比例不低于 60%。企业注册成立时间不足三年的，按实际经营年限计算。

（七）近三年拥有以下科技成果或者奖项之一：

1. 国内外授权的发明专利，或者至少 3 项实用新型专利；

2. 制（修）订现行有效的国家标准、行业标准，实质性参与制（修）订国际标准；

3. 国家秘密技术；

4. 国家新药或者临床批件；

5. 国家动（植）物新品种权；

6. 认定为中关村国家自主创新示范区新技术新产品（服务）；

7. 国家或者本市科学技术类奖励。

第十条 除符合第七条和第九条第一、二、七款规定外，具备以下条件的企业分支机构，可以申请认定市级企业研发机构：

（一）所属公司上一年度销售收入在 1 亿元（含）以上。

（二）有固定场所、科研仪器设备以及其他开展技术研发所需的科研条件。其中，科研用房面积 500 平方米以上，科研仪器设备原值 300 万元以上。

（三）具有本科以上学历的从事研究开发活动人员人数不少于 30 人。

（四）所属公司近三个会计年度研究开发经费投入总额采用超额累计计算，研究开发经费投入占销售收入的比例按照分段超额累退比例法核定：

1. 年销售收入不足 3 亿元的，比例不低于 5%；

2. 年销售收入在 3 亿元以上、不足 10 亿元的部分，比例不低于 3%；

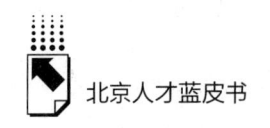

3. 年销售收入在 10 亿元（含）以上的，研究开发经费投入占销售收入的比例不低于 1.5%，或者企业当年研究开发费用总额不低于 7000 万元。

其中，企业在中国境内发生的研究开发经费投入总额占全部研究开发经费投入总额的比例不低于 60%。企业注册成立时间不足三年的，按实际经营年限计算。

第十一条 申请认定市级企业研发机构的，应当向市科委提交《北京市级企业科技研究开发机构认定申请报告》及相关证明材料，材料要求齐全、规范、真实、有效。

第十二条 市科委对申请单位提交的申报材料进行形式审查。符合本办法所规定的形式要件的，予以受理。

第十三条 受理申报材料后，市科委对申报材料进行书面审查，并对审查合格的申请单位进行现场考察。现场考察内容包括机构基本情况、科研条件及申报材料真实性审核等。

第十四条 现场考察符合条件的申请单位在市科委门户网站进行公示。公示期满无异议的，市科委予以认定并颁发《北京市级企业科技研究开发机构证书》。现场考察不符合条件的，不予认定并告知理由。

第十五条 市科委自正式受理申报材料之日起 30 个工作日内完成认定工作。

第三章 评估与管理

第十六条 市级企业研发机构应当健全组织技术研发、产品创新、科技成果转化的机制，加大研究开发投入，加强技术创新能力建设。

第十七条 市级企业研发机构自通过认定之日起，每三年复核一次。复核一般采取书面审查方式，必要时可以结合现场考察。

市级企业研发机构应在期满前 30 日内向市科委提交复核申请材料。复核申请材料参照认定申报材料要求提交，重点说明三年建设期间发展情况。

第十八条 发生下列情况之一的，撤销其市级企业研发机构资格：

（一）逾期未复核的；

（二）复核结果不合格的；

（三）所在单位自行要求撤销或者被依法终止的；

（四）弄虚作假、违反相关规定或有严重违法行为的；

（五）市科委认为应当撤销的其他情形。

被撤销市级企业研发机构资格的，两年内不得重新申报市级企业研发机构。

第十九条 市级企业研发机构发生更名、重组等重大调整事项的，应当在相关法律手续办理完毕后 20 个工作日内将有关调整情况书面报送市科委备案。

第四章 扶持政策

第二十条 支持市级企业研发机构开展体制机制创新。鼓励市级企业研发机构建立和完善激励机制，对做出突出贡献的科技人员和主要经营管理人员进行奖励，激发企业科技人员创新积极性。

第二十一条 支持企业开展产业重大共性关键技术研究等公共科技活动，鼓励产学研协同攻关。本市科技计划项目立项时，应当将具有市级企业研发机构资格作为研发能力审核的重要条件；同等条件下，优先支持市级企业研发机构。

第二十二条 市科委设立专项资金，吸引和带动社会投资，对研发投入持续增长、拥有自主知识产权成果并形成良好社会经济效益的市级企业研发机构进行重点扶持。

第二十三条 市级企业研发机构的高级人才符合本市高级人才奖励管理政策的，可享受相关优惠政策。

第二十四条 鼓励市级企业研发机构申报市级重点实验室、工程技术研究中心等科技创新平台，提升对产业协同创新的支撑与服务能力。

第二十五条 鼓励有条件的市级企业研发机构加入首都科技条件平台，

根据可开放的科技资源量以及对外提供的服务业绩，给予财政科技经费支持，促进科技基础设施和科研仪器设备、科学数据、科技文献、科技成果等科技资源开放共享。

第二十六条　鼓励符合条件的市级企业研发机构，申请北京市科技服务业相关专项资金支持。

第二十七条　市级企业研发机构的科技成果在本市实施转化的，可享受《北京市人民政府关于进一步加大统筹力度支持高技术产业发展的若干意见》（京政发〔2011〕73号）有关政策。

第二十八条　支持市级企业研发机构组建产业技术创新战略联盟，合作开展共性关键技术研发，可根据其对行业及产业的贡献给予政策支持。

第二十九条　符合条件的内资研发机构和外资研发中心采购国产设备、符合条件的外资研发中心进口科技开发用品，可根据《财政部商务部海关总署国家税务总局关于继续执行研发机构采购设备税收政策的通知》（财税〔2011〕88号）的规定享受相关优惠政策。

第三十条　在京设立市级企业研发机构的总部企业，符合《关于加快总部企业在京发展的工作意见》（京政发〔2013〕29号）有关规定的，可享受相关政策。

第三十一条　跨国公司在京地区总部设立市级企业研发机构自建或购买办公用房的，可按照《关于鼓励跨国公司在京设立地区总部的若干规定》（京政发〔2009〕15号）相关规定享受补助。

第三十二条　市科委与区（县）建立协同工作机制，鼓励各区（县）对市级企业研发机构创新发展给予配套扶持政策。

第五章　附则

第三十三条　本办法自2014年6月16日起施行。

B.21
北京市优秀人才培养资助实施办法

第一章 总则

第一条 为贯彻落实《青年英才开发计划实施方案》（中组发〔2011〕24号）和《首都中长期人才发展规划纲要（2010~2020年）》（京发〔2010〕11号），加强首都人才的战略性开发和储备，推进人才工作科学发展，特制定本办法。

第二条 本办法旨在通过项目资助的形式，支持一批具有较好专业基础和较大发展潜力的优秀青年人才成长，支持各区县、各部门和各类用人单位创新人才培养机制完善人才工作体系，促进首都高层次人才队伍建设。

第三条 本办法资助项目分为青年骨干个人项目、青年拔尖个人项目、青年拔尖团队项目和人才工作集体项目等四类。资助工作每年开展一次，每次资助青年骨干个人200名左右，青年拔尖个人50名左右，青年拔尖团队5个左右，人才工作集体项目20个左右。

第二章 申报条件

第四条 青年骨干和青年拔尖个人项目申报人须具有中国国籍，热爱祖国，拥护党的路线、方针、政策，遵纪守法，具有良好的政治素质和职业道德，且全职在京工作，申报当年1月1日未满35周岁。其中：

青年骨干个人项目申报条件：

（一）申报人须具备本科及以上学历，具有一定工作经历。技能人才不受学历限制，但须具有技师及以上职业资格。

（二）申报人须具有较好专业基础和较大发展潜力。

（三）申报人未获得过省部级及以上各类项目资助，且未作为项目负责人承担过省部级及以上科研项目。

（四）对基层一线企事业单位、远郊区县的申报人员给予适当倾斜；对申报内容涉及城乡合作、央地合作和京津冀合作的项目给予适当倾斜。

青年拔尖个人项目申报条件：

（一）申报人须取得博士学位，具有广阔的学术视野和创新思维，突出的专业基础和发展潜力。艺术创作和创业实践人才可适当放宽学位限制。

（二）中央在京单位申报人员所申报项目应与北京市重点发展行业或科技发展重点领域密切相关，或其专业成果可在京津冀地区转化应用。

第五条 青年拔尖团队项目申报条件：

（一）团队研究选题着眼于解决首都经济社会发展的重大问题。

（二）团队具有较好的基础，成员稳定、结构合理，团队成员不少于5人，平均年龄不超过35周岁。

（三）团队带头人年龄不超过40岁，至少1名核心成员应符合青年拔尖个人项目条件。带头人需具有较高的学术水平，较强的组织协调能力与合作创新精神，有主持完成省部级及以上项目或重点课题的经历。

第六条 人才工作集体项目申报条件：

（一）申报单位为北京地区独立法人单位。

（二）申报资助项目方向应符合首都城市发展战略定位。

（三）申报资助项目能突出本单位人才工作的重点，具有较高的创新性和示范性。

（四）各单位每年度只能申报一个集体项目，已获得资助且未结题的单位不得申报新项目。

第三章 评选程序

第七条 北京市优秀人才培养资助项目的申报评选工作由市委组织部具

体牵头负责。申报评审工作坚持"公开、公正、择优、适用"的原则，严格执行有关工作规定和纪律。

第八条 青年骨干个人项目、青年拔尖个人项目和青年拔尖团队项目评选程序：

（一）申请。由个人或团队提出申请，经所在单位审核同意后逐级报至归口推荐单位。

（二）归口推荐。归口推荐单位对所属单位推荐的人员和团队进行汇总筛选，经初审后确定推荐名单并报市委组织部。

（三）评审。根据申请资助人员、团队所处领域和项目类别，市委组织部组织相关领域专家进行分组评审，确定拟资助名单及资助金额的建议方案。

（四）公示审定。在拟资助人员、团队所在单位进行为期7天的公示，所在单位对公示期内的反映意见进行核查。公示结束后将评审结果、公示反映问题的核查情况和处理意见，报市委组织部审定，确定资助方案。

第九条 人才工作集体项目的评选程序：

（一）申报推荐。申报单位根据推进人才工作的需要，研究确定申请资助项目方案，经归口推荐单位审核后，将有关申报材料报市委组织部。

（二）审议。市委组织部对申报材料进行审议，确定集体项目资助方案。

第四章 支持措施

第十条 北京市优秀人才培养资助项目周期一般为1~3年。对实施效果特别突出的个人和单位，可再支持1个周期。

第十一条 资助周期内，为青年骨干个人提供不超过10万元资助经费，为青年拔尖个人提供20万~80万元资助经费，为青年拔尖团队提供200万~300万元资助经费，为人才工作集体项目受资助单位提供10万~50万元资助经费。

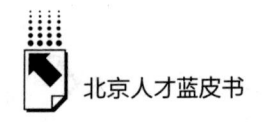

第十二条 对青年拔尖个人和青年拔尖团队进行重点关注，跟踪培养。

（一）各归口推荐单位和所在单位要做好青年拔尖个人和团队的培养工作。

1. 为青年拔尖个人和青年拔尖团队制定个性化的发展规划和跟踪培养计划。

2. 建立联合导师制度。根据需要为青年拔尖个人和青年拔尖团队组建导师组，对其进行专业指导。

3. 支持其参与或承担北京市重大科研项目、重大建设项目、重点学科和重点科研基地建设项目、国际交流项目。

4. 根据需要选送青年拔尖个人和青年拔尖团队核心成员到知名高等院校、科研院所、高新技术企业、科技创业园区的企业开展研修和交流合作。

5. 支持青年拔尖个人和青年拔尖团队核心成员参加国际学术会议和技术交流活动，开展国际交流与合作，原则上每年至少为其提供1次境外学术交流和学习机会。

6. 支持青年拔尖个人和青年拔尖团队科研成果在京津冀地区转化应用，推荐具有较好应用前景的优秀成果申请政府部门的科技资金和产业发展扶持资金。

7. 为青年拔尖个人和青年拔尖团队提供其他必要的支持。

（二）鼓励和支持青年拔尖团队吸引海内外优秀青年人才。支持团队所在单位申报重点（工程）实验室、工程（技术）研究中心、企业技术中心、企业博士后工作站（青年英才实践基地）、院士工作站等平台和载体。

第五章 经费管理

第十三条 市委组织部负责编制资助经费预算；市财政局负责资助经费的统筹、拨付和监管。受资助人所在单位具体负责资助经费的使用管理，并接受人大监督以及审计、财政部门的监督检查。

第十四条 资助经费应按照《北京市市级项目支出预算管理办法》等

政策执行，不可用于与本资助项目无关的支出。

青年骨干个人、青年拔尖个人和青年拔尖团队资助经费可用于开展自主选题研究、组建科研团队、聘请学术导师、出版学术专著、参加国内外学术交流和培训、举办国际国内展演、进行学术访问、合作研究和人才引进等。资助经费按照培养计划分年度拨付。作为入选青年拔尖团队项目的负责人或核心成员，若同时入选青年拔尖个人项目，只享受团队项目的资助经费。

集体项目资助经费可用于各单位开展人才队伍培养工程、特色人才工作、人才工作体制机制创新研究与实践等。不得用于人才奖励、购置固定资产、购买仪器设备及办公用品等。

第十五条　受资助人所在单位和集体项目受资助单位须有必要的匹配资金。资助经费应当单独核算，专款专用，不得截留、挤占和挪用。资助经费结余资金按照北京市结余资金管理的有关规定执行。资助经费支出项目属于政府采购范围的，按照政府采购相关规定执行。

第六章　考核管理

第十六条　受资助人和集体项目受资助单位的考核由市委组织部会同归口推荐单位负责。

第十七条　受资助人所在单位党委（党组）人才工作部门负责对受资助人及项目进行日常考核管理。项目结题须经归口推荐单位党委（党组）批准，并将结题报告和有关成果材料报市委组织部备案。

第十八条　培养周期内，市委组织部会同归口推荐单位组织相关领域专家适时对资助项目进行检查评估，侧重考察项目进展情况，并对项目实施给予专业指导。

第十九条　培养周期结束前，市委组织部会同归口推荐单位组织相关领域专家对受资助对象进行终期评估。对青年骨干个人和青年拔尖个人侧重考察其科研诚信、创新成果和持续创新能力。对青年拔尖团队侧重考核团队带头人领衔作用、团队建设和管理成果、团队业绩贡献等。对集体项目侧重考

察项目执行情况和效果。终期考核结果将作为是否进行第二个周期资助支持的主要依据。

第二十条 受资助人所在单位和归口推荐单位党委（党组）人才工作部门要建立受资助人数据库、培养档案和信用档案。对实施效果显著的人员，应制定跟踪培养计划，做好资助项目完成后的培养工作。

第二十一条 受资助个人和团队核心成员发生变动不能继续完成培养计划，或出现所在单位职能变化，或因特殊原因而不能执行原计划时，应以书面形式上报各归口推荐单位，由归口推荐单位报市委组织部批准调整。

第二十二条 对违反学术道德和职业操守产生恶劣影响，以及有违法违纪行为的，将取消相关待遇。构成违法的，按照相关法律法规处理。

第七章 附则

第二十三条 本办法自发布之日起施行。《北京市优秀人才培养资助实施办法（试行）》同时废止。

第二十四条 本办法由中共北京市委组织部负责解释。

北京市优秀人才资助办理流程

青年骨干个人项目、青年拔尖个人项目和青年拔尖团队项目评选程序：

（一）申请。由个人或团队提出申请，经所在单位审核同意后逐级报至归口推荐单位。申报人或申请团队登陆"北京市优秀人才培养资助申报系统（bjrcgz.gov.cn）"填报信息参加评选。

（二）归口推荐。归口推荐单位对所属单位推荐的人员和团队进行汇总筛选，经初审后确定推荐名单并报市委组织部。

（三）评审。根据申请资助人员、团队所处领域和项目类别，市委组织部组织相关领域专家进行分组评审，确定拟资助名单及资助金额的建议方案。

（四）公示审定。在拟资助人员、团队所在单位进行为期7天的公示，所在单位对公示期内的反映意见进行核查。公示结束后将评审结果、公示反映问题的核查情况和处理意见，报市委组织部审定，确定资助方案。

人才工作集体项目的评选程序：

（一）申报推荐。申报单位根据推进人才工作的需要，研究确定申请资助项目方案，经归口推荐单位审核后，将有关申报材料报市委组织部。申报单位登陆"北京市优秀人才培养资助申报系统（bjrcgz.gov.cn）"填报信息参加评选。

（二）审议。市委组织部对申报材料进行审议，确定集体项目资助方案。

B.22
关于进一步促进海淀区央地人才协同发展的实施意见

为贯彻落实党的十八届三中全会，市委十一届四次、五次全会精神，深入实施《首都中长期人才发展规划纲要（2010~2020年）》，推动《海淀区中长期人才发展规划纲要（2010~2020年）》有关任务落实，进一步整合首都央属高校、科研院所等创新资源，发挥海淀区在央地科技教育人才资源协同发展中的重要作用，促进中关村国家自主创新示范区建设，强化首都全国科技创新中心的核心功能，北京市人才工作领导小组、海淀区委区政府就进一步促进央地人才协同发展，提出以下实施意见。

一 促进央地人才协同发展的重大意义

（一）促进央地人才协同发展是发挥首都资源优势，服务新时期首都城市战略的客观要求

北京拥有较为丰富的科教人才资源，有占全国1/3的央属高校，3/4的中央研究机构，1/3的国家重点实验室和工程研究中心，一半以上的两院院士。用好用活央属人才资源，充分释放人才活力，对于优化首都核心功能，加快实现新时期首都城市战略定位，建设全国政治中心、文化中心、国际交往中心、科技创新中心和国际一流的和谐宜居之都，具有十分重大的意义。

（二）促进央地人才协同发展是推动中关村国家级人才管理改革试验区建设，实现创新驱动发展战略的迫切需要

建设中关村国家级人才管理改革试验区，是实现人才强国战略的重大实

践举措。全面推进中关村人才体制机制改革创新，需要在进一步优化区域创新创业生态系统的基础上，推动央属高校、科研院所实行特殊政策、特殊机制，更好地实现央地人才合作，加快"政产学研用"协同创新，促进科技成果转化，为中关村实现创新驱动发展战略提供有力的人才支撑。

（三）促进央地人才协同发展是推动海淀区经济社会融合发展，加快自主创新和战略性新兴产业发展的现实需要

海淀区在北京市具有独特的区位优势，驻区央属高校占全市3/4、中央研究机构约占1/2，高新技术企业占中关村示范区4/5，当前又正处于抢抓全球新一轮科技革命和产业变革机遇，加快产业转型升级和战略性新兴产业培育的关键时期。推动央属高校、科研院所的人才与创新资源更好地向现实生产力转化，将为区域经济社会发展注入强大动力。

二 总体目标

到2020年，在海淀区通过建机制、搭平台，进一步释放央属人才活力，促进科技与经济紧密结合，产生一批协同创新成果，涌现一批优秀创新创业人才，形成央地人才协同发展良好格局。

——协同发展机制不断完善。积极争取中央单位支持，围绕科技成果处置权改革、成果转化收益分配、人才双向流动等重点难点问题，在部分央属高校、科研院所开展试点，探索突破专家人才走出大院大所体制机制障碍的有效途径，初步形成一套支持科研团队带成果落地转化的政策体系。

——协同发展平台不断拓展。搭建技术研发（科技支撑）项目公开招标、央地人才交流合作俱乐部等人才对接平台，加强北京协同创新研究院、联合研究机构等人才合作载体建设，新增6个企业院士工作站、25个博士后工作站和博士后（青年英才）创新实践基地工作站，探索建立一批企业专家工作站，促进央地人才信息交流更加顺畅，合作内容更加广泛，合作形式更加丰富。

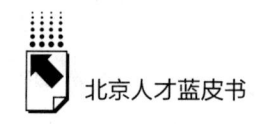

——协同发展成果显著。吸引50个高端领军人才团队带前沿成果落地，科技成果转化率不断提高。促成50个重大央地人才合作项目，产生一批拥有自主知识产权和核心技术的重大科技创新成果。区域发展对央属高校、科研院所人才创业及科技成果转化的吸引力、聚集力进一步增强。

——创新人才不断涌现。与知名央属高校、科研院所联合培养200名产业技术骨干，培训2000名高新技术企业高层次人才、5000名战略性新兴产业基础人才，涌现一批创新创业成效突出的央属人才（团队），人才支撑产业发展的能力显著提升。

——区属人才队伍素质不断提升。依托央属优质资源，引进储备、重点培养100名优秀区属党政、企事业青年人才，培训1000名管理人才，在公共文化、基础教育、医疗卫生、城乡一体化发展等领域全面开展央地人才交流合作，为建设和谐宜居城区提供有力的人才支撑。

三 主要任务

（一）推动央地人才协同发展体制机制改革试点

争取国家有关部委支持，推进《加快推进高等学校科技成果转化和科技协同创新若干意见（试行）》（简称"京校十条"）和《加快推进科研机构科技成果转化和产业化的若干意见（试行）》（简称"京科九条"）政策在海淀区部分央属高校、科研院所试点实施，重点解决科技成果处置审批程序烦琐、收益分配不合理、科技成果转化难以纳入人才职称评定和绩效考核体系、人才双向流动不畅等体制机制问题。（实施单位：市委组织部、市人力社保局、市委教工委、市科委、中关村管委会；海淀区委、海淀区政府）

（二）搭建央地人才协同发展平台载体

搭建技术研发（科技支撑）项目公开招标平台。委托中介机构搭建招标平台，建立项目需求征集、审核发布、交流对接等工作机制。征集快速成长期中小企业急需紧缺的技术需求项目、重点行业发展需要的共性关键技术项目以及海淀区政府在城市建设管理、民生工程、智慧海淀、公共文化等重点领域的科技支撑项目，以央属高校、科研院所为重点，面向全社会公开招标，用市场机制吸引专家人才（团队）承担科研任务。（实施单位：海淀园管委会、海淀区发展改革委）

成立"海淀央地人才交流合作俱乐部"。联系一批高校院所、央属人才、知名创投机构、成长性企业，成立央地人才交流合作俱乐部。定期组织科研成果与转化需求对接活动，促进创投机构、企业与科研成果对接；组织企业技术需求与人才技术能力对接活动，促进人才与企业对接。（实施单位：海淀区人力社保局、海淀区委组织部）

建立一批央地人才联合技术攻关的合作载体。与部分高校合作，采取市场化机制推进北京协同创新研究院建设，组织行业龙头企业、社会投资机构、高校院所技术团队等组成协同创新中心，吸收高校院所创新成果，引导创新方向，检验创新成效；支持企业与高校院所联合设立工程实验室、工程技术（研究）中心等协同创新机构；加强企业院士工作站建设，探索建立企业专家工作站和"北京市专家联谊会——中关村核心区"专家服务基地；探索为企业选聘一批专家人才担任"创新导师"，形成企业为主体、市场为导向、产学研相结合的人才合作模式。（实施单位：海淀园管委会；支持单位：市委组织部、市人力社保局、市科协）

（三）促进央属高端人才（团队）带前沿科技文化成果落地

加强校（院）地联动，促进一批央属人才（团队）带科技成果在海淀落地转化。主动联系、对接央属高校和科研院所，及时掌握一批具有重大创新意义、适应首都发展需要的科技成果，建立科技成果转化项目储备库。设立科技成果转化基金，支持重大科技成果转化项目。（实施单位：海淀园管委会）

加强与市场化成果转化平台的联动，支持一批落地央属人才（团队）及成果转化项目。通过孵化机构、科技园区等市场化成果转化平台推荐，遴

选一批具有良好产业化前景、对战略性新兴产业具有示范带动作用的项目及团队，并予以重点支持，加快成果转化速度，支持企业发展壮大。（实施单位：海淀园管委会）

加强与科技金融人才的联动，撬动一批具有市场潜力的科技成果。积极引进国内外知名创业投资人才到海淀投资，支持其设立专门针对科技成果转化的创投机构和创投基金，建立创投机构与高校院所科技成果转化项目对接机制，与其联合对在海淀落地的项目进行投资，依靠社会资本力量加快科技成果转化。（实施单位：海淀区金融办、海淀园管委会）

支持文化人才创新创业，推动文艺创作产业化。依托文化创意产业园区，支持高校院所的知名文艺创作人才创办文化工作室，扶持文艺作品展示交易平台建设，聚集高校院所、创投机构、文创专家等资源举办文化创业大赛，发现一批优秀文化创意人才和项目，给予重点支持。（实施单位：海淀区委宣传部）

（四）加强校地（企）联合科技人才培养

开展产业领军人才联合培养。依托知名高校，面向科技创业型企业家，开展经营管理能力培训，促进从技术专家向企业家转变；面向企业技术负责人，开展行业技术发展趋势培训，提升企业技术战略规划能力；开展科技金融、文化创意产业等领域人才培训。（实施单位：海淀区人力社保局、海淀区委组织部、海淀区金融办、海淀区委宣传部）

开展产业技术骨干联合培养。支持高新技术企业建立"博士后工作站"、"博士后（青年英才）创新实践基地工作站"，支持协同创新中心招收产业方向的博士生，培养一批既有较高学术水平，又有较强企业技术研发实践能力的骨干人才。（实施单位：海淀园管委会；支持单位：市人力社保局）

开展战略性新兴产业基础人才联合培养。以战略性新兴产业需求为导向，支持社会培训机构、行业协会、产业联盟等中介组织，联合央属高校开展订单式人才培养，强化人才培养与使用的衔接。（实施单位：海淀区人力社保局、海淀园管委会）

（五）依托央属人才资源促进区属事业发展

加强区属党政、企事业人才队伍建设。与央属高校合作培训党政人才，提升服务经济社会发展水平。推动央属与区属单位开展人才双向挂职，培养锻炼人才、支持海淀区各项事业发展。在经济、科技、金融、城建等人才紧缺领域，从重点高校分期分批引进优秀毕业生到区内工作，长期跟踪、重点培养，为海淀长远发展培养储备一批优秀青年人才。（实施单位：海淀区委组织部、海淀区人力社保局；支持单位：市委组织部）

加强公共文化人才队伍建设。与高校院所建立联合文化研究机构，对"三山五园"等重大文化题材开展深入研究。在高校、专业院团设立文化志愿者招募点，在街镇设立地区文体联合会，汇聚央属高层次文化人才，通过文化讲堂、文艺培训、惠民演出等多种方式，就近为居民提供高品质的公共文化服务。探索聘请央属文化单位的专业团队，参与北部文化中心的策划、运营和管理。（实施单位：海淀区委宣传部、海淀区文化委）

加强民生领域人才队伍建设。深化中小学与高校的合作办学，引进专家指导办学理念创新和课程教学改革，合作开展教育教学科研，推广高校与中学衔接的拔尖创新人才培养模式，进一步巩固提升海淀教育的核心竞争力。通过与重点医院联合办医、柔性引进知名专家等多种形式，加强区属医院重点学科建设和人才培养，依托知名医院和医学院校，加大区属卫生学科骨干和社区全科医生培养力度，提升海淀卫生事业发展水平。（实施单位：海淀区委教工委、海淀区教委、海淀区卫计委、海淀区公共委）

加强北部地区新型城镇化人才队伍建设。围绕北部科技生态新区和"一镇一园"建设，探索与高校院所对口建立科技人才创业和科技成果转化基地。吸引本地大学毕业生回镇、村工作，从本地青年中选拔一批志愿扎根农村的人才接受高等教育，依托高校加强规划建设、园区运营、物业管理、社会建设等急需紧缺人才培训，为镇、村和集体经济组织培养储备一批高素质后备人才。（实施单位：海淀区委农工委、海淀区北部办、海淀北部四镇、海淀园管委会）

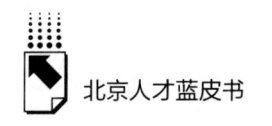

四 主要政策

(一) 央地人才协同发展平台支持政策

1. 合作项目补贴。对通过公开招标平台或央地人才合作交流俱乐部成功对接,具有创新意义和示范效应的项目给予补贴。一是对企业技术需求项目,海淀区按照项目实际成交额最高30%给予补贴,最高补贴金额50万元;按照《北京市支持中小企业发展专项资金管理暂行办法》,市经信委对符合条件的项目给予支持。二是对行业共性关键技术项目,海淀区按照项目实际成交额最高30%给予补贴,最高补贴金额200万元。(实施单位:海淀园管委会;支持单位:市经信委)

2. 知识产权服务。对通过公开招标平台或央地人才合作交流俱乐部成功对接,具有创新意义和示范效应的项目,建立知识产权申请"绿色通道",简化审核流程,提供快捷办理服务。优先推荐申报北京市专利申请资助等专项资助资金,促进与国家专利审查资源对接,支持知识产权专业机构提供专利挖掘布局等定向服务。(实施单位:海淀区知识产权局;支持单位:市知识产权局)

3. 合作载体扶持。对合作成效显著、创新成果取得较大经济效益的协同创新中心、工程实验室、工程技术(研究)中心、企业院士工作站、专家工作站等,根据其资金投入、工作成效,给予最高100万元奖励。(实施单位:海淀园管委会)

4. 人才激励。对在各类央地人才协同发展平台上产生的、具有重大技术应用和巨大市场价值的项目,给予项目团队最高50万元奖励,优先推荐团队成员参加北京市高级工程师(教授级)专业技术资格评定,并将项目主持人纳入市、区两级党委联系专家范围。(实施单位:海淀园管委会、海淀区人力社保局、海淀区委组织部;支持单位:市委组织部)

（二）央属人才（团队）科技文化成果落地支持政策

1. 人才（团队）支持。对在海淀落地的科技成果转化人才（团队）、文化创意人才（团队）以及撬动重大科技成果转化项目落地创投人才（团队），经认定后纳入海淀区"海英人才计划"，享受人才资金奖励、医疗保障、子女教育、房租补贴等支持，并优先推荐参评国家、北京市重大人才工程项目。（实施单位：海淀园管委会、海淀区金融办、海淀区委宣传部）

2. 人才引进。对入选"海英人才计划"的央属人才（团队）所创办或其为主要股东的企业，在落地成果转化过程中需引进核心人才且企业及人才符合人才引进政策条件的，可给予优先支持；需引进应届毕业研究生的，由区人力社保局统计其需求后，报市人力社保局给予重点支持。（实施单位：海淀区人力社保局；支持单位：市人力社保局）

3. 创业支持。央属人才（团队）在海淀区转化科技成果所创办的企业，经认定后纳入海淀区"创业火炬工程"，以股权投资等方式给予最高100万元支持。对高等学校科技人员和学生创办科技企业的，根据相关人员的现金出资额度，按其比例给予每家企业最高100万元的一次性无偿资助。对具有重大创新意义和广阔产业化前景的项目，符合条件的，经报市重大科技成果转化和产业项目统筹联席会议审议通过后，由市重大科技成果转化和产业项目统筹资金以股权投资方式给予最高500万元支持。（实施单位：海淀园管委会；支持单位：市发展改革委、中关村管委会）

4. 鼓励"带土移植"转化模式。鼓励高校、科研院所人才（团队）与知名企业合作转化科技成果，对转化成效显著的核心团队，给予最高50万元奖励。（实施单位：海淀园管委会）

5. 科技金融创新产品支持。鼓励引导金融机构开展金融创新，对服务央属科技文化成果落地做出突出贡献的金融产品和服务项目，给予最高50万元补贴。（实施单位：海淀区金融办）

（三）央地人才联合培养支持政策

1. 共建人才培训基地。对承担高端人才培训任务的央属高校，授予"海淀区高端创新创业人才培训示范基地"。对承担订单式人才培养任务并取得显著成效的培训机构、行业协会、产业联盟等，授予"海淀区创新人才订单式培养基地"，给予一定的经费支持。（实施单位：海淀区人力社保局、海淀区委组织部、海淀园管委会）

2. 博士后工作站等平台支持。对企业博士后工作站、博士后（青年英才）创新实践基地工作站、招收产业方向博士生的协同创新中心等，依据人才培养成效，采取后补贴方式，给予最高100万元补贴。（实施单位：海淀园管委会）

（四）央属人才促进区属事业发展支持政策

1. 项目经费支持。对具有创新示范意义、成效明显的央地人才合作项目，经评选认定后，采用后补贴方式给予一定比例的经费支持。（实施单位：海淀区委组织部、海淀区人力社保局）

2. 人才培养支持。对重点引进到区属单位工作的优秀高校毕业生，通过制定个人发展规划、加强实践锻炼和教育培训、适时择优选拔使用等措施进行重点培养。对回本镇、村工作的大学毕业生，根据其工作表现和个人专长，可作为村级组织或集体经济组织负责人的后备人选，择优选拔使用。对到海淀区北部四镇等偏远地区挂职的央属人才，挂职接收单位为挂职人才提供相应的工作和生活保障。（实施单位：海淀区委组织部、海淀区人力社保局、海淀区委农工委）

五　组织保障

在市人才工作领导小组指导下，建立市、区两级统筹推进机制，加强对该项工作的组织领导和统筹协调。

市委组织部、市人力社保局、市委教工委、市发展改革委、市科委、市经信委、市知识产权局、市科协、中关村管委会、海淀区等部门共同参与，组建工作联席会，协调解决该项工作推进过程中的重大问题，注重发挥各类产业联盟和行业协会等科技人才中介机构和社会组织的作用，形成全社会共同推进央地人才合作和融合发展的工作体系，联席会办公室设在海淀区。

B.23 中关村高端领军人才聚集工程实施细则

为深入贯彻落实党的十八大、十八届三中、四中全会精神和习近平总书记系列重要讲话精神，立足新时期首都城市战略定位，着眼于构建"高精尖"经济结构，发挥中关村作为国家自主创新示范区和人才管理改革试验区的优势，着力完善人才发展体制机制，持续优化人才创新创业生态系统，推动中关村加快向具有全球影响力的科技创新中心进军，根据《关于印发中关村高端领军人才聚集工程方案的通知》（京发〔2008〕28号），结合新形势新要求，现对中关村高端领军人才聚集工程（以下简称高聚工程）实施细则修订如下：

第一章 总 则

第一条 在北京市人才工作领导小组领导下，发挥中关村创新平台派驻单位的职能作用，由中关村创新平台人才工作组牵头，组建专项工作小组，负责实施推进高聚工程。

第二条 专项工作小组设立专项办公室（以下简称专项办），由中关村科技园区管理委员会（以下简称中关村管委会）人才资源处会同委内相关处室组成，具体承担日常工作。

第三条 专项办委托中关村企业家顾问委员会，联系高校和科研机构、中关村规模以上企业、创业投资机构、科技和人才中介机构、创业服务机构、新型社会组织等，组建"高聚工程"人才评价与遴选委员会，负责发现、评价、遴选高端领军人才。

第四条 评价与遴选委员会由国内外顶尖专家学者、领军企业家、知名投资人、创业导师、新型社会组织负责人等高端领军人才组成。在"高聚工程"集中评审阶段，采取"抽签制"方式，随机确定评委名单，分专业领域承担人才评价及遴选任务。

第五条 评价与遴选委员会主要承担以下职能：

（一）发现和推荐高端创新创业人才。

（二）以人才的能力、业绩和贡献为主要依据，建立定性与定量相结合的人才评价体系。

（三）对"高聚工程"入选者的事业发展提供有建设性的指导和咨询意见。

第六条 "高聚工程"主要包括：创新领军人才、创业领军人才、领军企业家、投资家、创新创业服务领军人才5类。

第七条 "高聚工程"的支持资金纳入中关村管委会部门预算，从中关村国家自主创新示范区（以下简称中关村示范区）专项资金中列支，按年度预算经费额度进行安排。

第二章　创新领军人才的评价标准与支持政策

第八条 创新领军人才是指在战略性新兴产业领域从事前沿科学技术研究，具有丰富科研经验和较强自主创新能力，善于研发转化先进技术成果、创制国际国内技术标准，在中关村示范区转化科技成果的高端领军人才。

第九条 创新领军人才应同时具备下列条件：

（一）年龄在55周岁（含）以下。

（二）须为参评当年起前3年内在中关村示范区转化科技成果的人才，或在参评当年拟在中关村示范区转化科技成果且所持技术成熟度较高的人才。

（三）研究领域为"中关村战略性新兴产业集群创新引领工程"确定的领域，已经取得了经第三方专业机构认可的具有自主知识产权的科技成果（即拥有国际发明专利或技术成熟度较高的国内发明专利）；或曾主持国内外重点科研项目、关键技术应用项目。

（四）在中关村示范区企业工作，担任研发机构主要负责人、关键研发项目主持人及以上职务的创新人才；或在国内外著名高校、研究机构取得相当于副教授、副研究员及以上职称，并通过创办企业、与企业合作实施、进行技术转让等方式到中关村示范区转化科技成果的创新人才。

第十条 对45周岁（含）以下、从京外（含海外）地区首次到中关村示范区转移转化先进技术成果的科技创新人才以及中关村自主创新能力建设所特需的科学家、工程师，经人才遴选与评价委员会集体研究后，可适当放宽评价标准与条件，予以优先支持。

第十一条 专项办委托中关村企业家顾问委员会接收汇总人才申报材料，每年集中开展一次人才评价与遴选工作。

第十二条 以原始创新能力、技术先进性及成熟度、科技成果价值、成果转化及产业化前景、知识产权自主性等为主要指标，对创新领军人才进行评价。

第十三条 创新领军人才可获以下支持：

（一）给予创新领军人才100万元人民币的一次性补助。

（二）依托中关村相关产业投资基金、科技成果转化股权投资基金及并购基金，对其创新成果转化予以优先支持。

（三）面向中关村企业、新型科研机构创新领军人才开通教授级高级工程师职称评审直通车，提供申报和参评便利。

（四）按照国家外国人出入境管理法律法规和签证签发相关要求，为外籍创新领军人才及其配偶和未满18周岁的未婚子女，协调办理2~5年多次入境有效的签证，以及工作许可和工作类居留证件。根据个人意愿，视实际贡献，为外籍创新领军人才及其配偶和未满18周岁的未婚子女，申请办理《外国人永久居留证》。

（五）具有中国国籍、在北京市行政区域内工作的"高聚工程"创新领军人才，视实际贡献及本人需求，由市人力社保局办理人才引进。

（六）创新领军人才可享受医疗照顾人员待遇，由北京市卫生行政部门发放医疗证，按照"就近就便"的原则，在全市相关三级甲等医院，开设绿色就诊通道，提供便捷医疗服务。

（七）面向回国定居或来华工作连续1年以上的创新领军人才，个人进境规定范围内合理数量的科研、教学物品及生活自用物品，海关依据有关规定予以免税验放。

（八）根据中关村人才公共租赁住房有关政策，优先提供入住支持。

（九）根据创新领军人才事业发展需要，提供其他有针对性的支持措施。

第三章　创业领军人才的评价标准与支持政策

第十四条　创业领军人才是指熟悉国际规则，善于把握市场经济规律、善于吸附和转化前沿技术成果、善于推动商业模式创新，所创办的企业符合中关村战略性新兴产业、文化创意产业发展方向，具有高成长性特点、能经受市场检验的高端领军人才。

第十五条　创业领军人才应同时具备下列条件：

（一）年龄在55周岁（含）以下。

（二）在中关村示范区创办企业的时间一般在5年（含）以内。

（三）自有资金（含技术入股）占企业创业投资的30%及以上。

（四）创业领域为"中关村战略性新兴产业集群创新引领工程"确定的领域，且自创业以来，企业资产情况良好，年营业收入实现了持续增长。

（五）所创办企业拥有自主知识产权的核心、关键技术，或合法转化了达到国际先进水平的技术成果；所创办企业具有重要商业模式创新特征，未来市场预期较好。

（六）拥有创业价值观正确、结构合理、长期稳定的创业核心团队。

第十六条　视行业特点，对于所创办的企业累计获得创业投资超过3000万元（含）人民币，或参评当年的上一年度企业营业收入达到1000万元人民币的创业领军人才，予以优先支持。

对于企业年营业收入实现50%及以上连续增长的创业领军人才，对于

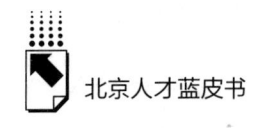

在中关村战略性新兴产业领域多次创业、连续创业的人才或从京外（含海外）地区到中关村示范区二次创业的人才，予以优先支持。

对于部分前期投入较高、收益较低，但今后可能实现高速增长的创业企业及其领军人才，35 周岁（含）以下具有重大创业潜力的青年创业人才，由人才遴选与评价委员会集体研究后，适当放宽第十五条（三）、（四）款评价标准与条件。

第十七条 专项办委托中关村企业家顾问委员会接收汇总人才申报材料，每年集中开展一次人才评价与遴选工作。

第十八条 以企业成长性、核心技术或关键技术的自主性及可持续创新能力、商业模式创新特征与市场前景、人才团队稳定性等为主要指标，对创业领军人才进行评价。

第十九条 创业领军人才可获以下支持：

（一）给予创业领军人才 100 万元人民币的一次性补助。

（二）依托中关村相关产业投资基金、科技成果转化股权投资基金及并购基金，对人才创业项目予以优先支持。

（三）根据北京市在中关村示范区开展新技术新产品推广应用的政策，对创业领军人才所在企业落实相应的支持措施。

（四）面向中关村企业创业领军人才开通教授级高级工程师职称评审直通车，提供申报和参评便利。

（五）按照国家外国人出入境管理法律法规和签证签发相关要求，为外籍创业领军人才及其配偶和未满 18 周岁的未婚子女，协调办理 2~5 年多次入境有效的签证，以及工作许可和工作类居留证件。根据个人意愿，视实际贡献，为外籍创业领军人才及其配偶和未满 18 周岁的未婚子女，申请办理《外国人永久居留证》。

（六）具有中国国籍、在北京市行政区域内工作的"高聚工程"创业领军人才，视实际贡献及本人需求，由市人力社保局办理人才引进。

（七）创业领军人才可享受医疗照顾人员待遇，由北京市卫生行政部门发放医疗证，按照"就近就便"的原则，在全市相关三级甲等医院，开设绿色就诊通道，提供便捷医疗服务。

（八）根据中关村人才公共租赁住房有关政策，优先提供入住支持。

（九）对于从海外初次归国创业，或具有海外留学背景从京外地区来中关村创业的人才，优先协调海外人才创业园提供人才落地、项目孵化等支持与服务。

（十）优先推荐创业领军人才参评国家和北京市重点人才工程、计划；推荐参选北京市、区（县）人大代表；推荐提名北京市、区（县）政协委员、青联委员等。

（十一）根据创业领军人才事业发展需要，提供其他有针对性的支持措施。

第四章　领军企业家的评价标准与支持政策

第二十条　领军企业家是指具有国际视野、战略眼光及卓越经营管理才干，善于驾驭全球经济一体化发展浪潮和市场经济规律，领导企业创造了显著的经济效益，有力推动了经济社会发展且社会责任感较强的高端领军人才。

第二十一条　领军企业家应具备下列条件之一：

（一）主营业务范围为"中关村战略性新兴产业集群创新引领工程"确定的领域，且参评当年上一年度，企业营业收入超过100亿元（含）人民币的中关村企业董事长、总裁（总经理）或担任同级别管理职务的领军人才。

（二）注册或结算中心在中关村示范区、注册或结算中心在北京地区但在中关村示范区设立了研发（分支）机构的世界500强企业境外投资公司投资的企业、著名跨国公司地区总部的董事长、总裁（总经理）或担任同级别管理职务的领军人才。

（三）在中关村示范区投资建设新型孵化载体、发展混合所有制经济、开放本企业优质科研资源的中央企业地区总部、市属国有企业董事长、总裁

（总经理）或担任同级别管理职务的领军人才。

（四）近5年内为中关村科技型中小微企业贷款额度累计超过100亿元（含）人民币的境内外金融机构地区总部董事长、总裁（总经理）或担任同级别管理职务的领军人才。

（五）其他中关村发展所特需的企业经营管理领军人才。

第二十二条 专项办委托中关村企业家顾问委员会接收汇总人才申报材料。对于申报参评"高聚工程"领军企业家的人才，不开展集中评审。专项办委托中关村企业家顾问委员会对参评人才进行资格审查与尽职调查，报专项工作小组审核。

第二十三条 领军企业家可获以下支持：

（一）为领军企业家所在的企业开拓国际市场、进行境外投资及海外并购等提供支持与服务。根据《中关村国家自主创新示范区国际化发展专项资金管理办法》（中科园发〔2014〕1号）规定，对领军企业家所在企业的国际合作项目给予相关资金支持。

（二）根据《中关村国家自主创新示范区建设人才特区的若干意见》（京发〔2011〕5号），在非公有制经济领域，允许领军企业家持有境外关联公司的股权，为其所在企业提供简化外汇资本金结汇手续的便利。

（三）按照国家外国人出入境管理法律法规和签证签发相关要求，为外籍领军企业家及其配偶和未满18周岁的未婚子女，协调办理2~5年多次入境有效的签证，以及工作许可和工作类居留证件。根据个人意愿，视实际贡献，为外籍领军企业家及其配偶和未满18周岁的未婚子女，申请办理《外国人永久居留证》。

（四）具有中国国籍、在北京市行政区域内工作的"高聚工程"领军企业家，视实际贡献及本人需求，由市人力社保局办理人才引进。

（五）领军企业家可享受医疗照顾人员待遇，由北京市卫生行政部门发放医疗证，按照"就近就便"的原则，在全市相关三级甲等医院，开设绿色就诊通道，提供便捷医疗服务。

（六）推荐领军企业家参选北京市、区（县）人大代表；推荐提名北京市、区（县）政协委员、青联委员等。

（七）根据领军企业家事业发展需要，提供其他有针对性的支持措施。

第五章 投资家的评价标准与支持政策

第二十四条 投资家是指熟悉国际规则，具有敏锐投资眼光和丰富的资本运作经验，面向中关村企业从事天使投资、创业投资、风险投资等活动，且投资成功率较高的高端领军人才。

第二十五条 投资家应具备下列条件之一：

（一）在中关村开展天使投资活动3年及以上，累计投资超过5000万元（含）人民币的天使投资机构（组织）的主要负责人。

（二）在中关村示范区注册成立创业投资、风险投资机构且参评当年在中关村投资总额超过3000万元（含）人民币的境内外投资机构董事长、总裁（总经理）、主要合伙人及担任同级别管理职务的领军人才。

（三）近3年内对中关村企业累计投资超过1亿元（含）人民币的风险投资机构董事长、总裁（总经理）、主要合伙人或担任同级别管理职务的领军人才。

（四）其他中关村发展所特需的投资人才。

第二十六条 专项办委托中关村企业家顾问委员会接收汇总人才申报材料，每年集中开展一次人才评价与遴选工作。

第二十七条 以投资额度、投资机构品牌及影响力、被投企业数量、成活率和成长性、被投企业的认可度、投资机构所缴纳的企业所得税等为主要指标，对投资家进行评价。

第二十八条 投资家可获以下支持：

（一）根据《中关村国家自主创新示范区天使投资和创业投资支持资金管理办法》（中科园发〔2014〕41号）有关规定，对投资家所在机构投资的初创企业，提供一定的配套资金支持。

（二）对于投资家主导投资的符合条件的创业企业，依托中关村相关产

业投资基金、科技成果转化股权投资基金及并购基金，给予被投创业企业的项目优先支持。

（三）对于投资家主导投资的符合条件的创业企业，根据北京市在中关村示范区开展新技术新产品推广应用相关政策，给予被投创业企业相应支持措施。

（四）按照国家外国人出入境管理法律法规和签证签发相关要求，为外籍投资家及其配偶和未满18周岁的未婚子女，协调办理2~5年多次入境有效的签证，以及工作许可和工作类居留证件。根据个人意愿，视实际贡献，为外籍投资家及其配偶和未满18周岁的未婚子女，申请办理《外国人永久居留证》。

（五）具有中国国籍、在北京市行政区域内工作的"高聚工程"投资家，视实际贡献及本人需求，由市人力社保局办理人才引进。

（六）投资家可享受医疗照顾人员待遇，由北京市卫生行政部门发放医疗证，按照"就近就便"的原则，在全市相关三级甲等医院，开设绿色就诊通道，提供便捷医疗服务。

（七）根据投资家事业发展需要，提供其他有针对性的支持措施。

第六章　创新创业服务领军人才的评价标准与支持政策

第二十九条　创新创业服务领军人才是指运用现代科技知识与手段、分析研究方法以及经验、信息等要素为科技型企业提供社会化、专业化服务，降低创新成本、促进创新活动、推动科技成果转移转化的服务业高端领军人才。

第三十条　创新创业服务领军人才应具备以下条件之一：

（一）由国家或北京市认定的、近3年内在中关村示范区累计实现1亿元（含）人民币以上技术交易额的技术转移机构、技术交易市场、科技条件平台等机构主要负责人。

（二）近3年内，由外商投资、港澳台服务者投资或中外合资（合作）

创办的科技中介、人力资源服务机构、知识产权和标准运营服务机构、审计机构及律师事务所、会计师事务所主要负责人，且所在机构为中关村示范区企业提供服务的数量与质量达到行业顶尖水平。

（三）近3年内，在标准创制、市场开拓、技术攻关等方面发挥核心作用，在行业内具有重要影响力的中关村产业技术联盟等新型社会组织理事长、秘书长。

（四）近3年内，在中关村示范区成功孵化100家（含）以上的科技型创业企业并培育了至少1家上市公司的孵化机构主要负责人；或中关村创新型孵化器主要负责人。

（五）其他中关村发展所特需的科技服务业领军人才。

第三十一条　专项办委托中关村企业家顾问委员会接收汇总人才申报材料，每年集中开展一次人才评价与遴选工作。

第三十二条　着眼于培育和发展现代服务业，以新型社会组织和科技服务专业机构的服务数量及质量、业界评价、被服务企业的认可度、经济贡献与社会效益等为主要指标，对创新创业服务领军人才进行评价。

第三十三条　创新创业服务领军人才可获以下支持：

（一）按照国家外国人出入境管理法律法规和签证签发相关要求，为外籍创新创业服务领军人才及其配偶和未满18周岁的未婚子女，协调办理2~5年多次入境有效的签证，以及工作许可和工作类居留证件。根据个人意愿，视实际贡献，为外籍创新创业服务领军人才及其配偶和未满18周岁的未婚子女，申请办理《外国人永久居留证》。

（二）具有中国国籍、在北京市行政区域内工作的"高聚工程"创新创业服务领军人才，视实际贡献及本人需求，由市人力社保局办理人才引进。

（三）创新创业服务领军人才可享受医疗照顾人员待遇，由北京市卫生行政部门发放医疗证，按照"就近就便"的原则，在全市相关三级甲等医院，开设绿色就诊通道，提供便捷医疗服务。

（四）根据中关村人才公共租赁住房有关政策，优先提供入住支持。

（五）鼓励创新创业服务领军人才所在单位聘用海外留学人才，市有关

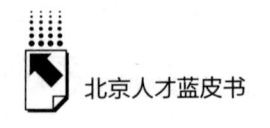

部门为其聘用人才优先提供工作许可和工作类居留证件的申请便利。

（六）根据《中关村国家自主示范区国际化发展专项资金管理办法》（中科园发〔2014〕1号），给予创新创业服务领军人才所在单位的国际合作项目相关资金支持。

（七）根据创新创业服务领军人才事业发展需要，提供其他有针对性的支持措施。

第七章　遴选办法与监督管理

第三十四条　发布中关村"高聚工程"实施细则，广泛开展政策宣传与推介工作。

第三十五条　"高聚工程"在每年上半年组织实施。其中，领军企业家的推荐时间、申报程序不受限制。

第三十六条　优化高端领军人才遴选程序：

（一）由专项办委托中关村企业家顾问委员会，接收汇总相关申报材料，进行合规性审查。

（二）中关村企业家顾问委员会组建不同专业领域的人才评价与遴选委员会，每个委员会至少应由5名国内外专家随机组成。

（三）人才评价与遴选委员会根据"高聚工程"实施细则提出的人才评价要点，采取集中评审、尽职调查等方式对人才进行综合评价。

（四）中关村企业家顾问委员会综合人才评价与遴选委员会的意见，提出入选人才的建议名单，报专项办。

（五）专项办对"高聚工程"入选者建议名单进行公示。

（六）公示无异议的，由专项办向专项工作小组提交建议名单；经专项工作小组审核同意，报中关村管委会主任办公会通过后，落实相关支持政策。

第三十七条　对"高聚工程"入选者颁发证书。

第三十八条　面向中央"千人计划"、北京"海聚工程"入选者，按照视同原则,纳入"高聚工程"支持政策的范围,但不重复补助资金。

第三十九条 依托"高聚工程",建设"中关村人才圈",搭建高端领军人才交流合作的平台。

第四十条 "高聚工程"的实施过程接受纪检(监察)部门、财政部门、审计部门以及媒体、公众的监督。

第四十一条 "高聚工程"入选者应对申报材料真实性负责。

第四十二条 "高聚工程"建立退出机制。对于违法违纪、涉及境内外知识产权纠纷、违背社会诚信的人才,取消入选资格,追回补助资金。

第八章 附则

第四十三条 本细则由中关村管委会负责解释。

第四十四条 本细则自发布之日起30日后施行,原《中关村高端领军人才聚集工程实施细则》(中科园发〔2010〕7号)同时废止。

B.24 北京市特聘专家服务与管理办法

第一章 总 则

第一条 为规范北京市特聘专家的服务与管理工作，根据《国家特聘专家服务与管理办法》《关于建立国家"千人计划"入选专家退出制度的意见》和《关于实施北京海外人才聚集工程的意见》《北京市鼓励海外高层次人才来京创业和工作暂行办法》《关于建立北京市特聘专家制度的意见》等有关规定，制定本办法。

第二条 北京市特聘专家（简称"特聘专家"）是北京市为"海聚工程"引进人才设立的荣誉称号，由中共北京市委组织部、北京市人力资源和社会保障局颁发证书。

第二章 服务管理主体

第三条 北京市海外学人工作联席会（简称"联席会"）负责特聘专家服务与管理工作的领导。联席会办公室负责特聘专家服务与管理工作的指导、协调，以及特聘专家资格的审查确认、工作生活相关待遇的协调落实等工作。联席会各成员单位根据各自职责做好相关政策落实和服务保障工作。

第四条 各高等院校、科研院所、企业、高新园区等用人单位是特聘专家服务与管理的责任主体，在所属系统主管部门或区县党委组织部的指导下，承担如下日常服务与管理工作：

（一）特聘专家的聘用、使用、考核、解聘等；

（二）市政府奖励资金的发放、监管与收回；

（三）相关工作条件及生活待遇的协调落实；

（四）及时掌握并上报特聘专家的到岗情况、工作情况、岗位变化及其他重大事项。

第五条 在北京海外学人中心设立"海聚工程"服务总窗口，负责协助用人单位落实特聘专家相关生活待遇。

在北京海外学人中心各分中心设立"海聚工程"服务分窗口，并在"海聚工程"服务总窗口的指导下，按照属地原则，负责具体协助用人单位落实特聘专家相关生活待遇。

第六条 在市发展改革委、市科委等部门设立"海聚工程"事业发展服务专门窗口，为特聘专家提供事业发展支持。

第三章　工作条件

第七条 用人单位应为特聘专家提供科研场所、科研经费、科研团队等必要的工作支持，为其充分发挥作用提供良好条件。

第八条 特聘专家来京工作，可不受用人单位编制限制，优先推荐评聘专业技术职务，并可依照有关法律及政策规定，担任市属高等院校、科研院所、国有企业和国有金融机构中层以上领导职务或高级专业技术职务。

第九条 特聘专家可参加北京市重点科研项目并担任重大科学研究计划负责人，申请北京市科技资金、产业发展扶持资金，参与北京市重大项目咨询论证和重点工程建设，可被推荐参加国内各种学术组织，并作为政府奖励候选人。

涉及国家安全或有特殊规定的，按相关规定办理。

第十条 特聘专家担任项目或计划负责人的，在约定的职责范围内，有权按规定决定科研经费的使用，包括用于人力成本投入；有权按规定对项目研究内容或技术路线进行调整；有权决定团队成员的聘任，所聘人员可采取协议工资制，不受本单位现有编制和科研经费成本比例限制。事业单位特聘专家及其聘任团队成员工资，可在单位工资总额内单列，并按照本市事业单位工资管理办法和绩效工资政策执行。

第四章　生活待遇

第十一条　外籍特聘专家及其外籍配偶和未满18周岁子女，中国籍特聘专家的外籍配偶和未满18周岁子女，可根据实际需要及停居留事由，申请办理相应类别2~5年有效期的多次往返签证或外国人居留许可（不超过护照有效期）。符合永久居留条件的，可申请办理《外国人永久居留证》。属港、澳、台地区的，按照国家有关规定办理相关证件。

第十二条　全职到岗的中国籍特聘专家及其中国籍配偶和未成年子女，可不受出国前户籍所在地的限制选择在京落户。

愿意放弃外国国籍而申请加入或恢复中国国籍的，由公安机关根据《中华人民共和国国籍法》有关规定优先办理。

第十三条　特聘专家享受本市优诊医疗服务，所需医疗资金通过现行医疗保障制度解决。

特聘专家及其配偶、子女，可参加本市各项社会保险，用人单位也可为其购买商业补充保险。

第十四条　用人单位可参照特聘专家来京前的收入水平，协商确定其薪酬待遇。对特聘专家也可实施期权、技术入股、股权奖励、分红权等多种激励方式。

第十五条　对进境少量科研、教学物品，依法免征进口税收；进境合理数量的生活自用物品，按现行规定办理。

第十六条　特聘专家可按照本市有关购房规定，购买自用商品住房。未购买自用住房的，用人单位可为其租用便于其生活、工作的住房或提供相应租房补贴。

第十七条　特聘专家的配偶提出在北京市就业的，可由用人单位协助安排；暂时无法安排的，用人单位可以适当方式为其发放生活补贴。

第十八条　全职到岗的特聘专家在京子女，接受基础教育的，由教育主管部门优先协调解决。

第五章 义务和责任

第十九条 特聘专家应拥护中华人民共和国宪法，遵守国家及我市各项法律法规，遵守用人单位教学、科研、人事等各项管理规定，践行科学研究工作规范，完成所承担的科学研究、技术攻关以及人才培养、团队建设等目标任务。

第二十条 特聘专家应与用人单位签订工作合同，明确双方的权利义务，细化过渡期、合同期限、工作条件、评价考核、违约情形及责任等内容。过渡期一般为入选通知印发之日起3个月。需要延长的，一般不超过一年。过渡期不计入合同期限。违约责任应包括视特聘专家履行合同情况，部分或全部退还市政府奖励资金。

特聘专家提出签订无固定期限聘用合同的，用人单位可根据实际与其签订相应合同。

第二十一条 用人单位应依据工作合同对特聘专家进行年度考核和3年任期考核，考核结果由所属系统主管部门或区县党委组织部汇总后，报联席会办公室备案。特聘专家应配合做好相关考核工作。

第二十二条 作为创新人才引进的工作类特聘专家，在国内应只有一个全职工作岗位。

第二十三条 特聘专家应积极参与联席会办公室及各成员单位组织的工作和活动，为本市发展建言献策。

第二十四条 特聘专家在合同期限内需变更工作单位的，应征得原工作单位同意。

特聘专家变更后的工作单位为非市属单位的，可保留特聘专家称号，但不再享受本办法规定的有关工作条件和生活待遇，并按照与用人单位签订工作合同的约定，部分或全部退还市政府奖励资金，由原工作单位报联席会办公室审核备案。特聘专家变更后的工作单位为市属单位的，由变更后的工作单位及时报所属系统主管部门或区县党委组织部同意后，再报联席会办公室审核备案。

第六章 退出

第二十五条 特聘专家的退出，依据不同情形实施分类管理。

（一）主动退出。特聘专家本人提出放弃入选资格，经用人单位同意，按主动退出办理。

（二）劝退。过渡期满仍未到岗工作，或在岗时间未达到合同规定要求的，用人单位应及时督促提醒，仍不履约的，按劝退处理。

（三）取消入选资格。弄虚作假骗取入选资格的，或违反职业道德、学术不端、造成恶劣影响的，或触犯国家法律法规的，按取消入选资格办理。

第二十六条 凡需实施退出管理的，均应由用人单位提出意见，报所属系统主管部门或区县党委组织部研究提出处理意见后，再报联席会研究。具体如下：

（一）拟主动退出的，特聘专家本人应向用人单位提出书面申请，说明理由，报联席会备案。

（二）拟劝退的，用人单位应向特聘专家发出劝退通知书，特聘专家可在15个工作日内提出复议申请，报联席会审核。

（三）拟取消入选资格的，须经联席会批准。对涉及学术道德的情形，所属系统主管部门或区县党委组织部可组织或委托第三方学术道德机构进行核查。

第二十七条 退出名单由联席会办公室通知联席会各成员单位和区县党委组织部。入选专家退出后，不再保留相应工作生活待遇；获得的市政府奖励资金，视合同履行情况部分或全部收回；取消获得的特聘专家称号。

第二十八条 加强对退出工作的管理监督，对伪造申报资质、隐瞒违规行为或对违规行为处置不力的用人单位，暂停或取消其申报资格；对把关不严、处理失当的系统主管部门和区县党委组织部，联席会将视情节追究相应责任。

第七章　附则

第二十九条　各用人单位、系统主管部门和区县党委组织部应根据本办法，结合各自实际，做好特聘专家的服务与管理工作。

第三十条　本办法由联席会办公室负责解释。

第三十一条　本办法自颁布之日起施行。

B.25 中关村国际人才创新创业生态系统建设工程

为深入贯彻落实党的十八大、十八届三中、四中全会精神和习近平总书记关于人才工作的系列重要讲话精神，根据市委市政府关于北京加快建设全国科技创新中心的部署要求，结合中关村国家级人才管理改革试验区建设实际，着眼于面向全球吸引人才、竞争人才、使用人才，大幅度提高外籍人才比例，增强首都人才发展的国际竞争力，市人才工作领导小组决定，支持中关村加快打造国际人才创新创业生态系统。

一 总体要求

紧紧围绕中关村建设具有全球影响力的科技创新中心的目标，构建由跨境人才联络、跨境协同创新、跨境合作创业、跨境创业金融、国际知识产权运营及标准创制等平台共同构筑的创新创业生态系统，打造跨境协同创新共同体，形成具有国际竞争力的人才发展生态环境，持续开发世界一流的高端人才及团队，依靠人才智力优势，加快打造"高精尖"经济结构、现代产业体系与开放型经济体系，更好地服务国家创新战略和人才战略。

二 具体目标

用3~5年左右时间，逐步建成国际人才创新创业生态系统，以集聚高端人才为核心，积极开发以外国专家、外籍高级专业技术人才、外籍高级经营管理人才、外籍创业人才"四支队伍"为代表的外籍人才资源，带动知识、技术、资本、市场等各类发展要素的流动，将中关村打造成为人才国际化发展"软口岸"和全球最具吸引力的创新创业中心之一。

——外籍人才数量明显提升。支持用人单位采取直接引进、"柔性"聘用或境外就地开发等方式,集聚外籍人才。中关村外籍人才及港澳台人才总量超过2万人,外国专家数量超过4000人。中关村海外高层次人才超过1500人,海外留学人才超过5万人。

——人才国际化发展特征鲜明。政产学研用协同创新体系更加符合创新资源国际化配置的需要;就地开发境外人才资源和创业项目的平台进一步拓宽、载体不断丰富;高端人才开展国际学术交流、技术合作、创业投资等活动更加活跃;企业及其人才境外投资与海外并购的渠道更加通畅,在国际知识产权保护及标准创制方面打开新局面。

——创新创业生态系统不断优化。以行业领军企业、高校和科研机构、高端人才、大使投资和创业金融、创业服务以及创业文化等为支撑要素的国际化创新创业生态系统逐步形成,有利于国际人才创新创业的市场环境、法治环境进一步优化,人才、技术、资本高效对接的服务体系逐步完善,符合开放型经济体系要求的人才发展格局逐步建立。

三 主要任务

(一)深入实施重大人才工程。深入贯彻落实国家"千人计划"、北京"海聚工程",持续加大海外高层次人才引进力度。制定吸引和支持国际顶尖人才及其创新团队的政策。深入实施中关村"高聚工程",逐步加大引进外籍高端人才比例。启动实施北京高校"高精尖创新中心建设计划",依托学科优势,引进国际顶尖领军人才及创新团队,支持顶尖科学家到中关村转化前沿技术成果。推动"科技北京百名领军人才培养工程"等市级重大人才工程向中关村倾斜政策资源,进一步支持国际创新创业人才引进工作。(落实单位:市委组织部、市人力社保局、市教委、市科委、中关村管委会、市人才工作领导小组相关成员单位)

(二)拓宽国际人才创新平台。充分发挥中关村科学城、未来科技城的发展优势，吸引和集聚以外籍高端人才为代表的国际人才资源。支持新型科研机构建设，重点推动北京生命科学研究所、北京纳米能源与系统研究所、国家作物分子设计工程技术中心等机构，建立与国际接轨的科研管理体制和人才发展机制，吸引更多外籍人才投身科技创新。根据首都总部经济发展的需要，支持跨国公司地区总部、研发中心、分支机构、结算中心入驻中关村，打造有利于国际人才干事创业的"创新生态圈"。（落实单位：市委组织部、市科委、市经济信息化委、市商务委、中关村管委会）

（三）打造国际人才创业平台。不断加强中关村海外人才创业园工作体系建设，立足产业定位开发海外人才，逐步加大吸引和集聚外籍创业人才的力度。深化"中关村高端人才创业基地"建设工作，优先支持外籍创业人才入驻。实施"中关村雏鹰人才发展计划"，选育具有发展潜力的国际青年创业团队，采取线上线下相结合的方式，培育和孵化一批前沿技术项目，建成国际化、市场化的人才开发机制。支持中关村房山园加快建设海聚人才创新创业基地，在中关村石景山园等分园区建设"国际人才港"。（落实单位：中关村管委会、海淀区、朝阳区、石景山区、房山区等相关区县）

（四）支持企业开发国际人才。充分发挥领军企业在开发和使用人才中的主体作用，面向全球知名高校与科研机构引进或聘用外籍高级专业技术人才，吸引和延揽著名跨国企业外籍高级经营管理人才，招聘和使用一定数量的外籍留学生，增强企业核心竞争力。支持领军企业与高校、科研机构合作，采取政产学研用相结合的协同创新机制，以更宽视野、在更大范围吸引国际顶尖创新人才。建立领军企业集聚顶尖人才的联系服务机制，落实人才引进配套政策、支持办法及保障措施。（落实单位：市人力社保局、市教委、市科委、中关村管委会）

（五）打造跨境协同创新平台。支持领军企业"走出去"，与境外高校、科研机构合作建设开放实验室，逐步建成中关村全球开放实验室网络体系，就地开发使用境外高端人才与科技资源。支持领军企业在海外设立研发机构，聘用国际一流人才从事技术研发和产品创新工作，增强整合全球创新资源的能力。加快推进"中关村硅谷创新中心"建设工作，积极支持加拿大渥太华"国际孵化中心"发展，统筹"芬华创新北京中心"和"中以创新合作转移中心"等技术转移合作平台的优势资源，促进人才与技术要素的国际化循环。（落实单位：中关村管委会及相关分园区管委会、中关村发展集团）

（六）建设跨境合作创业平台。支持中关村知名高校、企业、科研机构创建海外孵化器、海外研发中心等，直接面向全球吸引高端人才。依托中关村创新型孵化器，大力开展基于互联网技术的境内外无时差创业竞赛活动，遴选支持一批具有国际视野、拥有核心技术和关键技术的创业团队。建立与高校校友会联系合作的长效机制，广开人才推荐选拔渠道，繁荣创业合作活动，吸引海外校友到中关村创业。统筹中关村软件园、生命园、互联网金融园等专业特色园区创业服务资源，贯通国际创新要素流动渠道，引进"高精尖"外籍人才和产业资源。（落实单位：市教委、中关村管委会、中关村发展集团）

（七）完善跨境科技金融服务。深化落实中关村人才管理改革试验区返程投资、外汇管理创新等政策，构建有利于资本跨境流动的服务体系，促进跨境贸易和投融资的便利化。发挥政府引导资金的作用，支持中关村创新主体设立境外投资和并购引导基金。支持企业通过在境外资本市场上市、开展境外投资或并购活动，进一步增强配置国际高端要素和资源的能力，提升企业国际化发展的水平和核心竞争力。探索通过股权投资、人才引进以及产业化载体相结合的国际技术转移新模式，推动国际领先重大技术成果在中关村的转化和产业化。面向北京"海聚工程"入选者等高层次人才，统筹产业化项目投资基金等资源，支持人才转化创新成果。（落实单位：市金融局、市财政局、市科委、中关村管委会、中关村发展集团）

（八）建设国际人才市场体系。宣传推介中关村人力资源服务业开放政策，吸引国际人才中介机构入驻，大力引进一批具有国际先进水平的人力资源跨国机构，培育一批内资龙头企业，打造一批基于互联网技术和市场化机制的新型人才开发服务平台。根据企业发展需求，推动人才培训、测评、招聘、人事代理及法律咨询等专业服务机构和企业的国际化发展，打造相对完

整的人力资源服务产业链。将人力资源服务业纳入中关村现代服务业支持范围。在中关村加快建设中国（北京）人力资源服务产业园。（落实单位：市人力社保局、市财政局、中关村管委会、海淀区）

（九）抢占知识产权与技术标准制高点。大力支持中关村企业开展知识产权全球化布局，支持产业技术联盟、企业等市场主体采取成立专利运营基金、加强与相关国际组织合作等方式，依靠市场化运营机制和具有创造性的商业模式，推动以知识产权为支撑的知识经济的发展。充分发挥重点产业知识产权联盟和中关村产业技术联盟的功能作用，支持领军企业及其人才团队参与创制或主导创制国际技术标准，促进专利与技术标准有效融合，政府相关部门支持其发布、推广技术标准。积极支持国际标准组织、学会、行业协会等入驻中关村，提速国际化发展步伐。（落实单位：市知识产权局、市政府外办、市科委、市民政局、中关村管委会、海淀区等相关区县）

（十）营造国际人才发展"软环境"。办好2015年度国际科技园区协会（IASP）第32届年会等一批国际交流合作活动。积极引入国际创新创业资源，打造"类海外创业环境"，培育和弘扬创业文化。支持中关村企业建设"you +"等创业社区，发挥好中关村企业家创新社区促进会等新型社会组织的功能，打造创新创业与宜居宜业功能定位相结合的国际人才集聚区。调整完善有利于国际人才发展的医疗、住房、配偶安置、子女教育等配套服务政策。（落实单位：市委组织部、市政府外办、中关村管委会等市人才工作领导小组相关成员单位、海淀区等相关区县）

四 工作要求

（一）加强组织领导。市人才工作领导小组各成员单位、各区县人才工作领导小组要充分发挥职能作用，明确责任分工、细化落实重点任务。中关村创新平台人才工作组要承担具体任务，科学把握工程实施进度，探索新机制、总结新经验，不断取得新成果。市人才工作领导小组办公室牵头对该项工程进行任务分解，将工作责任落实到各有关部门、区县。

（二）统筹工作资源。注重统筹市级层面人才政策资源，加大集成整合力度，共促中关村人才发展，带动首都人才国际化发展。注重统筹财政资金投入，推动市级层面重大人才工程、项目资源向中关村倾斜，以财政投资带动社会投资，形成多元化人才投资渠道。注重调动社会各方面积极性，依托新型社会组织、产业技术联盟等载体开展工作，实现政府、市场、社会资源的有机融合。

（三）创新工作方式。在国际人才创新创业生态系统建设工程的顶层设计下，不断创新手段、丰富内容，根据北京市、中关村国际化发展需要和人才实际需求，完善工程内容、优化实施方法，推动国际人才开发体系始终与时俱进、灵活开放。

B.26
新区推进高端产业领军人才发展示范区建设的实施办法（试行）

第一章 总 则

第一条 为深入落实北京市《关于北京经济技术开发区建设高端产业领军人才发展示范区的实施意见》，实施高层次人才创新创业引领工程（简称"新创工程"），统筹好国内国外两种人才资源，进一步优化大兴区、北京经济技术开发区（以下简称新区）人才创新创业环境，鼓励领军人才创新创业发展，推动新区引领新常态、打造高精尖、服务京津冀，制定本办法。

第二条 "新创工程"领军人才是指在新区创新创业，并取得显著成绩，为新区产业发展做出突出贡献的国内外人才，包括海外高层次人才、科技创新领军人才、经营管理领军人才、高技能领军人才、公共服务领域领军人才及其他经认定的领军人才。

第三条 设立"博大贡献奖"，表彰在新区经济社会发展和科技进步中做出突出贡献的人员。

第四条 每年设立2亿元专项资金，用于"新创工程"领军人才的奖励、扶持及创新创业发展。

第二章 奖励政策

第五条 新入选的海外高层次人才、科技创新领军人才、经营管理领军人才，连续5年每年给予个人10万元奖励资金。新引进的公共服务领域领军人才，连续5年每年给予个人及团队10万元奖励资金。已认定的海外高层次人才自动纳入"新创工程"领军人才，连续 2 年每年给予 10 万元奖励资金。奖励资金主要用于改善和保障领军人才的工作条件和生活水平。

第六条 领军人才当选为中国科学院、中国工程院院士的，一次性给予个人 100 万元奖励资金。

第七条 "博大贡献奖"获得者，一次性给予个人 30 万~100 万元奖励资金。

第八条 鼓励区内企业积极引进领军人才。

1. 引进中央"千人计划"入选者的，一次性给予企业 100 万元引才奖励；

2. 引进北京市"海聚工程"入选者的，一次性给予企业 50 万元引才奖励；

3. 3 年内引进领军人才 5 人以上并稳定工作，或一次引进领军人才创业创新团队 5 人以上的，一次性给予企业最高 50 万元引才奖励。

第三章　扶持政策

第九条 以股权投资等方式投资领军人才项目，扶持领军人才创新创业。支持领军人才投资创办企业，扩大生产规模。支持领军人才领衔企业上市。支持领军人才参与公共技术服务平台建设。优先支持领军人才申报重大项目。

第十条 支持企业与高校建立联合培养基地。每年对被认定的校企合作基地给予最高不超过 50 万元扶持资金。

第十一条 支持领军人才工作室建设。

1. 经认定的高技能领军人才领衔的技能工作室或团队，连续 5 年每年给予 10 万元的扶持资金。

2. 经认定的公共服务领域领军人才组建的工作室，给予每个工作室最高不超过 30 万元的扶持资金。

第十二条 支持领军人才企业以股份或出资比例等股权形式给予在科技成果转化过程中做出贡献的科技工作者、技术人员奖励。

第十三条 支持领军人才承担科技项目。领军人才承担市财政资金设立

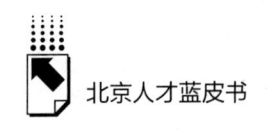

的科技项目，享受列支间接经费。间接经费最高不超过该项目直接费用扣除设备购置费后的20%。

第四章 服务政策

第十四条 进一步完善《新区局级领导联系高层次人才制度》、《关于建立开发区领导干部联系企业制度的意见》，定期对领军人才走访，听取意见建议。

第十五条 推荐符合条件的领军人才担任各级党代表、人大代表、政协委员等。推荐领军人才担任政府特聘专家。

第十六条 成立专业技术职称推荐委员会，优先推荐新区领军人才参评教授级高级工程师、高级工程师。

第十七条 为符合条件的领军人才提供落户、子女入学、就医、交通出行、推荐配偶就业、人才保障性住房等服务，协助申请各类人才培养资助和奖励等服务。

第十八条 为外籍领军人才及随迁外籍配偶和未满18周岁未婚子女申办《外国人永久居留证》，或为其办理2~5年有效的多次往返签证、外国人工作居留许可。

第十九条 按照相关规定为领军人才进境携带合理数量的生活自用品协助办理减免税审批手续。为区内相关机构在进口科研、教学物品，协助办理免征进口关税和进口环节增值税、消费税。

第二十条 关心领军人才生活和身心健康。定期组织领军人才休假。每年为领军人才进行免费健康体检。搭建沟通交流平台。

第五章 培养政策

第二十一条 对符合本实施办法第二十二条至第二十五条规定的各类非领军人才纳入领军人才培养计划，实施动态管理，管理和服务期为4年。

第二十二条　对纳入领军人才培养计划的公共服务领域人才，给予最高不超过 10 万元的资金支持。

第二十三条　对进入企业博士后分站、博士后科研工作站、博士后（青年英才）创新实践基地工作站的博士后（青年英才），一次性给予 10 万元的科研经费资助。

第二十四条　获得国家或北京市资助的引进国外智力项目、"北京市优秀人才培养资助"、"新世纪百千万人才工程培养资助"和"留学人员科技活动择优资助"的，按照 1∶1 的比例匹配资助资金。

第二十五条　公共服务领域专业技术人才、技术团队独立或作为第一负责人承担省（部）级及以上科研项目的，按照 1∶1 的标准匹配资金，最高不超过 50 万元。

第六章　组织实施

第二十六条　本实施办法在新区人才工作协调领导小组的指导下，由新区人才工作协调领导小组办公室统筹协调、组织实施。开发区高层次人才服务中心作为本办法的日常执行机构，负责领军人才奖励、扶持、服务、培养等政策的申请、受理和管理服务。

第二十七条　本实施办法由新区人才工作协调领导小组负责解释。本实施办法不得与其他政策重复享受。

第二十八条　本实施办法自公布之日起 30 日后实施，相关实施细则另行制定。《北京经济技术开发区"博大贡献奖"实施办法》（京开党〔2004〕27 号）、《关于鼓励和吸引海外高层次人才来北京经济技术开发区创业和工作的意见（试行）》（京开党〔2009〕1 号）、《中共北京市大兴区委　中共北京市委经济技术开发区工委关于为高层次人才提供专项服务工作的意见》（京兴发〔2010〕34 号）、《中共北京市大兴区委　中共北京市委经济技术开发区工委关于鼓励高层次人才来大兴区、北京经济技术开发区创新创业的意见》（京兴发〔2010〕35 号）同时废止。

B.27
关于深化中关村人才管理改革的若干措施

为深入落实《关于中关村国家自主创新示范区建设人才特区的若干意见》（京发〔2011〕5号），经中央人才工作协调小组会议研究决定，依托中关村国家自主创新示范区开展人才管理改革试点工作，现提出如下措施。

一 简化外籍高层次人才永久居留证办理程序

面向中关村外籍高层次人才及其随迁配偶和未满18周岁的未婚子女提供申请永久居留资格的便利。对"中关村高端领军人才聚集工程"外籍入选者，或经北京市人力社保局（北京市外国专家局）和中关村管委会认定的中关村外籍高层次人才，由人力资源社会保障部、国家外国专家局开辟专门通道，向公安部推荐办理永久居留证；公安机关加快审批进度，自受理申请之日起90天内完成审批工作。

二 简化外籍高层次人才签证及居留办理程序

根据《外国人入境出境管理条例》，对于经北京市人力社保局（北京市外国专家局）和中关村管委会认定的中关村外籍高层次人才和急需紧缺专门人才申请R字签证和居留证件，由人力资源社会保障部、国家外国专家局开辟专门通道，向公安机关推荐办理签证与居留证件。

三 为外籍人才创业就业提供便利

需要长期在京工作的中关村企业外籍法人代表、外籍高级管理人才以及掌握核心技术、关键技术的专业技术人才，凭中关村管委会出具的推荐函等证明材料，经北京市人力社保局（北京市外国专家局）认定同意，为其优先办理2~5年有效期的《外国人就业证》；符合外国专家条件的，按规定办理2~5年有效期的《外国专家证》。

在北京高校取得硕士及以上学位且到中关村企业就业的外国留学毕业生，可凭中关村管委会出具的证明函件，到北京市人力社保局（北京市外国专家局）申请办理就业手续。北京市人力社保局（北京市外国专家局）对符合条件的申请者发放外国人就业许可和1年有效期的《外国人就业证》。申请者凭《外国人就业证》等证明材料到北京市公安局申请办理工作类居留证件。

对于创业就业满3年且取得突出成绩的中关村外籍人才，经中关村管委会推荐，可向北京市人力社保局（北京市外国专家局）申请办理2~5年有效期的《外国人就业证》；符合外国专家条件的，按规定办理2~5年有效期的《外国专家证》。北京市公安局为持有《外国人就业证》或《外国专家证》的中关村外籍人才，办理2~5年有效期的工作类居留证件。

四 扩大人力资源服务业对外开放

放宽外国投资者在中关村设立中外合资人才中介机构股权比例限制，外方合资者可以拥有不超过70%的股权。支持北京市在中关村建设首都国际人才港、人力资源服务产业园，培育一批国际化水平较高的人力资源服务业内资龙头企业。

五 完善人才评价机制

率先在中关村探索职称分类评审，依托新型科研机构和高新技术企业，创新评价机制，建立以能力、业绩和贡献为导向的人才评价体系，并逐步扩大试点的专业范围和种类。

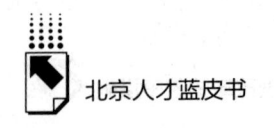

六 开发国外高端智力要素

围绕支持中关村打造2~3个拥有全球技术主导权的产业集群，鼓励有条件的创新主体，在海外创建科技孵化器、开放实验室，搭建中关村企业与境外高校、科研机构顶尖人才及其创新团队的研发项目合作平台，建立知识产权共享和运营机制，推动具备产业化条件的项目在中关村落地转化。以中关村企业为载体、转移和转化前沿技术成果、带动产业集群核心技术和关键技术突破的境外人才及其创新团队，凭中关村管委会的证明函件，经人力资源社会保障部、国家外国专家局及北京市人力社保局（北京市外国专家局）认定，可享受高层次留学人才、回国（来华）专家或外国专家的有关政策。

七 完善新型科研机制

支持未来科技城及北京生命科学研究所、北京纳米能源与系统研究所等新型科研机构，探索符合科研规律和新型科技研发机构特点的科技经费管理机制，建立以科研能力和创新成果为导向的科技人才评价体系，落实科技成果入股、股票期权、分红激励等政策措施，健全法人治理结构和现代科研院所制度，完善与现行科研管理体制相互衔接的制度设计。在北京生命科学研究所试行稳定支持机制。

八 强化人才培养与使用衔接

支持北京高校与有条件、有需求的中关村企业开展人才联合培养、定向招生或合作办学，根据产业发展需要，在高校设置相关学科专业，在中关村企业设立实践实习基地，鼓励企业的领军人才到高校兼职开展教学科研工作。

为保证各项改革试点工作落到实处，由中央组织部牵头，协调相关中央单位和北京市，建立人才政策创新和改革试点任务的协调落实机制和督办机制。北京市建立由市人才工作领导小组办公室、市委组织部、市人力社保局（市外国专家局）、中关村创新平台人才工作组牵头的工作协调与落实机制。北京市有关部门负责研究制定相关政策细化措施或改革试点方案，会同对口中央单位，形成具有可操作性的执行办法并抓好落实。将中关村人才管理改革措施落实成效作为北京市有关部门领导班子年度考核的参考依据。充分发挥中关村国家自主创新示范区部际协调小组、北京市人才工作领导小组和中关村创新平台的职能作用，多渠道地争取中央单位的指导与支持，完善信息报送、会议研究、重点难点问题协调落实机制。

B.28
2014~2015年北京人才工作大事记

2014年北京人才工作大事记

9月

24日 市科委正式发布《关于进一步创新体制机制加快全国科技创新中心建设的意见》，该意见本着充分发挥市场在资源配置中的决定性作用，同时要更好发挥政府作用的思路，围绕深化科技改革中反映出的突出问题和薄弱环节，进一步破除了制约首都科技创新的思想和制度障碍，促进首都科技创新优势向发展优势转化。在赋予单位科技成果处置权、推动七成以上收益归成果完成人、重点突破一批重大公益性技术等方面亮出新招。

26日 市人力社保局、发展改革委、教委等十部门印发通知，开始实施大学生创业引领计划，力争2014~2017年引领不少于2.3万名大学生在京创业。北京将把创新创业类课程纳入高校课程体系，实行学分管理；加强创业培训，推行模块培训、案例教学和创业实训，力争每年开展创业培训不少于5000人；扩大贷款范围，增加融资渠道，为大学生创业者提供资金支持。北京市将大力建设大学生创业园区，为大学生创业者提供经营场所；落实工商登记和银行开户等政策措施，为大学生创业者提供便利。人社部门将做好创业公共服务，搭建大学生创业服务平台，提供小额担保贷款申请、人事代理等一条龙服务。

29日 出台《关于加快发展人力资源服务业的意见》，十余项措施将助力北京市人力资源服务业快速发展，京津冀人力资源市场有望打通。据市人力社保局相关负责人介绍，截至2013年底，全市有北京市人才服务中心、智联招聘、FESCO等人力资源服务机构1119家，年营业收入1000亿元

（包括在北京地区的部委所属和央企人力资源服务机构），全国领先。预计到2020年，北京市人力资源服务机构总数将达到1600家，行业年营业总收入突破1800亿元，年均增长不低于10%。

28~30日 由市人才工作领导小组、中关村创新平台、欧美同学会、国务院侨办经济科技司联合举办，市政府侨办、中关村管委会、中关村发展集团、北京海外学人中心承办的"海外人才考察中关村活动"在京成功举办。外籍顶尖人才代表、部分市政府海外人才工作顾问以及来自美国、加拿大、澳大利亚、瑞典等17个国家和地区的近百名院士、11个国家的80余名海外创业人才参加活动。

11月

3日 最高法院发布《关于北京、上海、广州知识产权法院案件管辖的规定》，特别提出了关于北京知识产权法院的专属管辖范围——知识产权授权确权类案件由北京知识产权法院专属管辖，该类案件是整个知识产权案件的中枢，在知识产权司法保护中具有极为重要的意义。北京知识产权法院于11月6日正式挂牌。

26日 市国资委与中关村管委会合作备忘录签署暨"京企云梯中关村科技创新联盟"揭牌仪式在京举行。未来，双方将为北京市属企业与中关村示范区企业共同打造一个产业与创新合作的高端服务平台。

12月

18日 市委组织部召开"人才京郊行"工作总结动员会，对第六批"人才京郊行"进行总结，部署第七批"人才京郊行"工作并对选派人员开展行前培训。第六批、第七批"人才京郊行"选派人员、选派系统、派出单位和有关区县负责同志共230余人参加了会议。

22日 第二十二届北京优秀青年工程师表彰大会在京举行。北京优秀青年工程师评选活动由市科协、市人力社保局共同开展，是一项面向企（事）业单位的基层青年科技工作者的传统活动。在这届评选活动中，北京

市地质工程勘察院的田小甫、北京市东城区绿化二队的王广琦等200名同志荣获"第二十二届北京优秀青年工程师"称号,其中北京超图软件股份有限公司的黄骞、中国电力科学研究院的李相俊等20名同志荣获"第二十二届北京优秀青年工程师标兵"称号。

28日 由市人才工作领导小组办公室和中国人民大学劳动人事学院联合举办的以"法治中国:人力资源管理制度化与一体化"为主题的2015年中国人力资源管理新年报告会在中国人民大学逸夫会堂隆重召开。市人才工作领导小组成员单位、各区县委组织部、河北省组织人事部门有关负责同志,科研院所、高校、企事业单位的专家学者、学生校友近500人参加了此次报告会。

2015年北京人才工作大事记

1月

13日 市委组织部与河北省委组织部在沧州渤海新区共同组织了"首都专家沧州行"活动,市委组织部按照河北省提出的人才需求,积极开展供需对接、人员选派和服务保障等工作,会同市委教育工委等部门遴选了高校、科研院所和高新技术企业等单位的6名专家人才参与此次活动,为沧州渤海新区4家企业提供了技术支持和智力输出,取得了显著成效。

2月

4日 科技部火炬中心和中关村管委会在北京启动"创业中国中关村引领工程"和"国家高新区互联网跨界融合创新中关村示范工程",以引领全国创新创业大潮,进一步推动"大众创业、万众创新"。

13日 市科委和首都科技发展战略研究院举行媒体通气会,发布"首都科技创新发展指数2014"。首都科技创新发展指数从2005年的基准分60分,增长到2013年的87.96分。在全国科技创新的综合科技进步水平、科技贡献率、发明专利比重、战略新兴产业贡献率、高新技术转移和产业化五个方面，北京都处于全国领先地位。

27日 市委、市政府隆重举行2014年度北京市科学技术奖励大会，220项创新成果喜获北京市科学技术奖，其中包括京东方的超精细移动显示关键技术、北京市与中科院联合完成的北京地区空气质量遥感监测技术、积水潭医院的影像和机器人智能骨科手术体系研究，获奖项目充分体现了北京科技资源丰富、产学研用紧密结合的优势，许多获奖成果直接服务于破解"城市病"和造福改善民生，为北京经济结构向"高精尖"转型提供了有力的技术支撑。

3月

10日 市教委宣布"北京高等学校高水平人才交叉培养计划"正式启动，具体包括"双培计划""外培计划""实培计划"三个子项目，重点推进高校之间、高校与社会之间的交流合作与资源共享。这是北京教育领域推出的又一重大改革举措，计划用3~5年时间，初步建设北京地区高校高水平人才培养的新格局。

11日 市人才工作领导小组召开会议。会议传达了赵乐际同志在中央人才工作协调小组第41次会议上的讲话精神。会议审议通过了《北京市人才工作领导小组关于2014年工作情况的报告》《关于北京市海外引才工作情况的报告》《2015年市人才工作领导小组重点工作安排》《北京市特聘专家管理与服务办法》《〈关于深化中关村人才管理改革试验区的若干措施〉实施细则》《中关村国际人才创新创业生态系统建设工程》6个文件。姜志刚同志对2015年人才工作提出要求。

23日 北京市推进众创空间建设推进会在北京市科委召开。会上，与会领导为创客空间、创客总部、京西创业公社、极地国际创新中心等11家众创空间进行了授牌，同时授予中关村创业大街"北京市众创空间集聚区"称号。目前，北京市各类孵化机构超过150家，国家级孵化机构50家，入驻企业超过9000家；活跃的创业投资机构超过600家，居全国首位。2014

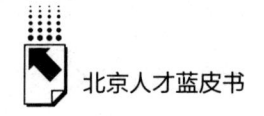

年，北京地区共发生 629 起投资，同比增长 69.1%，涉及投资金额 413.46 亿元，同比增长 296.9%。北京市天使投资案例 316 起，增长 338%，占全国的 41%，居首位。天使投资金额 16.75 亿元，同比翻一番，占全国 50%。

27 日 市人才工作领导小组办公室召开全市人才规划纲要中期评估工作部署会，就《全市人才规划纲要中期评估方案》和《首都人才规划纲要中期评估实施方案》做说明，参会人员就评估方案进行讨论，提出意见建议。

4月

3 日 2015 年度北京市海外高层次人才引进专项计划申报工作启动。

10 日 下午，北京专家联谊会召开第四次会员代表大会。市委组织部副部长张革同志出席会议并讲话，市民政局副局长谢延智同志出席会议并致辞。近 200 名会员代表和市人才工作领导小组成员单位主管领导参加会议。会议审议通过了第三届理事会工作报告和《北京专家联谊会章程》（修正案），选举产生了第四届理事会和监事会。选举左铁镛为第四届理事会理事长，马国馨、邓兴旺、杨开忠、濮存昕和徐小平为副理事长，马怀德为监事会监事长。

同时，由北京市人才工作领导小组办公室指导、北京市委组织部人力资源研究中心主办的北京人才工作网（www.bjrcgz.gov.cn）正式上线运行，"北京人才工作"微信公众号正式开通，至此，首都人才工作宣传实现了电视媒体、纸质媒体、网络媒体和手机媒体"全媒体"覆盖。

30 日 第十一批海外高层次人才申报工作启动。

5月

5 日 第十二批"北京市有突出贡献的科学、技术、管理人才"评选表彰工作启动。

11～15 日 北京市、天津市、河北省党委组织部在北京市委党校联合举办京津冀高层次人才国情研修班。来自三地电子信息、生物医药、新材料、资源环境、节能与新能源等领域的48位高层次人才参加了研修。

18~22日 市委组织部副部长、市人才工作领导小组办公室主任闫成同志率人才考察团赴香港开展海外人才合作交流活动。在青年人才交流、科技与教育合作和海外人才联络等方面组织开展了一系列活动。

7月

8日 市委组织部与河北省委组织部在邯郸市共同举办"首都专家邯郸行"活动。根据邯郸市人才服务需求，市委组织部共选派5名专家为4家企业提供技术支持和智力输出。同时，为促进两地人才工作融合，市委组织部组织市人力社保局、市委农工委、市科委、市经信委4家单位也参加了这次活动，与河北省及邯郸市对口单位就强化部门联动、深化区域合作进行座谈交流。

8~10日 由市委组织部、市人力资源和社会保障局、北京海外学人中心联合主办的"2015海外赤子北京行"活动在京举行。市委组织部、市人力社保局、市国资委、市投促局、市科委、市医院管理局、市侨办、市侨联、市科协、北京海外学人中心等单位及天津市、河北省等相关部门负责人，"千人计划""海聚工程"专家代表及海外来京人才200多人参加本次活动。

21~29日 市委组织部与青海省在西宁启动2015年度"京青专家服务团"活动，16名北京市选派专家与34名青海省内专家将深入青海各地开展短期智力服务，服务范围涵盖农牧、卫生、水利、文化、矿产等10个领域。活动期间，专家围绕基层单位提出的需求，通过参谋咨询、技术攻关、现场指导、示范教学、培训讲座等多种方式，为地方发展把脉会诊、建言献策，传授新知识和新技术，培养急需紧缺人才和实用人才。此项活动意在围绕破解青海省基层发展难题、引领产业升级、促进产学研结合和培养急需紧缺人才，同时，促进人才资源向基层柔性流动，引导人才在基层施展才干。

23日 市人力社保局与市文化局联合发布《北京市艺术系列（动漫游戏）专业技术资格评价试行办法》，符合条件的专业技术人才9月起可申报

专业技术职称。职称设正高级、副高级、中级、初级（助理级）四个等级。动漫游戏职称评价标准的设定，将体现动漫游戏产业特色、行业发展需要和从业人员职业特点，弱化学历、资历等方面的要求，更加注重对申报人员的专业技术水平、业务能力、工作业绩和创新成果等方面的考核评价。

29日 市教委、市财政局印发《北京高校大学生就业创业项目管理办法》。办法规定，"大学生就业创业项目"包括"北京地区高校大学生创业园建设项目""北京高校示范性创业中心建设项目""支持北京高校大学生创新、创意、创业实践项目"。该项目经费主要来自市财政专项拨款，鼓励学校、社会等多渠道联合资助。

8月

10~16日 在京津冀三地组织部门的共同筹划下，来自京津冀三地的52名高层次人才，齐聚张家口开展联合休养活动，沟通交流，畅叙友谊，举办京津冀人才工作座谈会，共同为推进区域协同发展献计献策。参加这次联合休养的专家中，有北京专家24人，天津专家13人，河北专家15人。专家层次高，有6名院士，国家"千人计划"3名、"万人计划"2名；河北省高端人才8名。既有从事自然科学、生命科学、农林水利科学的院士，也有石油化工、医药、文化方面的专家教授，还有来自一线的大学校长、企业家。

17日 中关村科技园区管委会与河北省承德市人民政府签署了协同创新发展战略合作协议。这是继2012年开展战略合作之后，在京津冀协同发展国家战略的大背景下，承德与中关村在大数据产业合作上迈出的重要一步。中关村和承德市将联手构建京津冀大数据走廊承德大数据存储、数据加工处理、云计算服务中心，联手打造中国最大云计算、云服务产业的数据中心。

19日 由北京市从市属医院选派1名综合管理人员和14名专业技术人员组成的首批医疗人才援藏医疗团队进藏，对口支援帮助拉萨市人民医院加强妇产科、心血管内科、消化内科、儿科4个专科建设。医疗人才"组团式"援藏，是由中组部统筹，国家卫计委和有关对口支援省市指派医院，根据对受援医院的评估情况确定若干科室和工作目标，成批次组团选派医疗骨干，提升受援医院的医疗服务能力和整体管理水平。

21日 市人力社保局印发《关于京津冀三地人力资源市场从业人员资格证书互认有关问题的通知》，明确在北京市辖区内设立分支机构的津、冀人力资源服务机构，其从业人员持有的津、冀人力资源市场从业人员资格证书，或北京市人力资源服务机构聘用持有津、冀人力资源市场从业资格证书人员的，均可到市人力社保局进行核验和注册备案，直接纳入北京市人力资源市场从业人员资格管理。北京市人力资源服务机构到天津市或河北省设立分支机构的，从业人员资格证书互认程序参照执行。

9月

21日 中组部人才工作局局长孙学玉、副局长杨佑兴等来京调研中关村人才管理改革试验区建设工作，考察了小米科技公司、北京旷视科技公司和融360等创业企业，走访了中关村创业大街3W咖啡、黑马会等创新型孵化器，并召开座谈会。

15~22日 市委组织部、市支援合作办组织相关领域专家赴新疆乌鲁木齐市、和田地区开展了"首都专家新疆行"活动。根据新疆的人才需求情况，市委组织部会同相关单位精心遴选了13名专家参加本次活动（乌鲁木齐5名、和田8名），服务涉及规划管理、农业科技、产业发展、政法维稳、医疗卫生、教育教研、城市交通等新疆发展急需的行业领域。专家们通过开展专题讲座、座谈交流、业务培训、实地勘察、现场指导等活动，在解决当地实际问题、做好人才传帮带等方面取得了良好的工作成效，并为今后进一步深化合作奠定了基础。

30日 2015年北京海外交流协会年会暨海外专家咨询委员会成立大会在京召开。北京海外交流协会100余名海外理事和国内理事参加会议，参加国庆66周年活动的海外嘉宾列席。北京海外交流协会专家咨询委员会是北京海外交流协会框架下的智库平台，旨在为北京经济社会发展和"四个中心"建设，以及京津冀协同发展提供资政建言。专家咨询委员会组建初期设立城市运行与管理、科技创新与发展、公共服务与保障、文化交流与传播4个研究组，共聘请了海外华侨华人高端专业人士24人。专家咨询委员会的成立将进一步涵养海外侨务资源，加强北京与海外华侨华人高端人士的团结联络，推动首都侨务事业高水平发展，进一步促进北京与海外的交流与合作。

10月

15日 北京海外学人中心丰台分中心揭牌仪式暨"北京海外高层次人才丰台行"活动在北京国际汽车博览中心举办。揭牌仪式后，丰台区各委办局负责人与海外高层次人才深入交流了重点产业发展情况、扶持政策以及人才项目情况，就新能源、智能制造、电子信息、生物医药、资源环境、文化创意等领域多个项目进行了对接洽谈。北京海外学人中心丰台分中心将通过宣传人才工作政策、构建人才信息平台、组织实施人才引进的认定评估、落实人才发展政策等工作，为海外人才在丰台投资创业或到丰台企业工作发展搭建平台，并提供事业发展和生活条件等综合服务。

16日 北京工业大学、中关村东升科技园与香港理工大学在京举行合作签约仪式暨"北京市可持续发展的契机与挑战"圆桌会议。香港理工大学、北京工业大学、中关村东升科技园三方代表发言并签署合作协议。仪式后香港理工大学和北京工业大学专家教授召开圆桌会议，以"北京市可持续发展的契机与挑战"为主题，就城市空气污染、污水处理、抗震与监测、智能交通、智慧城市、低碳建设等议题进行了研讨。

19日 北京市政府发布《关于大力推进大众创业万众创新的实施意见》，并提出构建创新创业服务体系、培育创新创业发展形态、优化创新创业空间布局、完善创新创业保障机制四项主要任务。

22日 通州区、天津武清区、廊坊市三地在通州签订《"通武廊"人才合作框架协议》，京津冀（通武廊）人才发展研究基地同时揭牌。

23日 市教委启动"北京高等学校高精尖创新中心建设计划"，清华大学未来芯片技术高精尖创新中心等13个创新中心获得首批认定。按照计划，北京市将建设20个左右的高精尖中心，实施50个左右的高精尖项目。市财政对高精尖中心按照项目建设周期给予支持。

11月

8日 昌平区高标准打造"资本、人才、技术、信息、文化、空间"六位一体的全国首个创新创业社区。构建以回龙观大街为核心的创新创业生态圈，重点发展移动互联网、智能硬件、大数据、泛文化创意、大健康、新能源以及智能制造等产业，以产业引领回流人才。

12日 由丰台区委组织部、丰台区旅游发展委员会主办的丰台旅游产业人才发展联盟大会暨丰台旅游产业交易会顺利召开，这是北京市区县旅游行业首次召开的旅游行业人才发展工作会议。未来5年内，丰台旅游产业人才发展联盟将致力于搭建旅游产业人才交流与培养平台，为区域旅游产业发展和政策制定提供智力支撑。

12日 房山区出台《引进高层次人才、创新创业人才（团队）支持办法（试行）》，努力在人才居留落户、教育医疗、创业资助等方面实现突破。

20~21日 第三届北京朝阳海外学人创业大会（OTEC）峰会在朝阳规划艺术馆召开，为海归人才创新创业提供平台。通过引进新型创业服务机构和支持机构，吸引了19个国家和地区的近8000名创业者的2000多个项目，以及60余个投资、金融机构参与，300多个项目通过这个平台找到了投资，促成"人才、项目、市场、资本、政策、场地"全面对接。

12月

2日 为促进军民融合产业集群发展，推进"千人计划"专家项目落地，房山区在中关村新兴产业前沿技术研究院举行中国房山军民融合体制与创新研讨会。此次研讨会共有40位"千人计划"专家走进房山共同探讨军民融合体制机制创新，并举行了"千人计划"专家项目进驻房山签约仪式。

9~11日 京津冀三地党委组织部在天津市武清区共同举办2015年京津冀人才工作者培训班。京津冀人才工作领导小组成员单位、地市（区县）党委组织部人才工作部门负责同志约170人参加了培训。本期培训班是京津冀落实人才一体化"1+9"工作共识的重要举措，邀请专家对《京津冀协

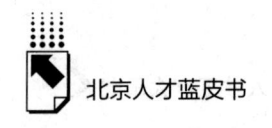

同发展规划纲要》等内容进行了解读，举办了"京津冀人才一体化发展论坛"，到武清开发区进行了现场教学。

10日 为贯彻落实国务院出台的《居住证暂行条例》，做好来京人员服务管理工作，市公安局起草了《北京市居住证管理办法（草案送审稿）》向社会公开征集意见。此外，市发改委组织起草了《北京市积分落户管理办法（征求意见稿）》，同步向社会公开征集意见。

19~20日 由中国人民大学劳动人事学院和北京市人才工作领导小组办公室共同主办的2016年中国人力资源管理新年报告会暨中国人才发展高峰论坛在人民大学逸夫会堂隆重举行。报告会针对互联网时代背景，深入探讨人力资源管理的颠覆与创新、人才发展的挑战与突破，对于新时期实施人才强国战略，推进首都人才工作具有重要的意义。

30日 经河北省人社厅与北京市、天津市人社局协商，三地将互认互通各自的人力资源服务业从业资格，从而实现了京津冀人力资源服务业从业人员资质的一体化。今后只要持有三地间任何一地的从业资格证书，即可在另外两地从事人力资源服务工作，无须再参加当地的人力资源服务从业培训。

31日 顺义区举办首期"人才大讲堂"活动，北京市委组织部人才处处长刘敏华就当前全市人才工作面临的形势与今后一个时期的目标任务进行了专题讲授。"人才大讲堂"计划每两月举办一期，每期会根据当前的形势任务、热点问题以及重点工作，安排演讲主题，旨在打造一个领导干部学习培训和优秀人才学习交流的平台，实现人才的共享发展。

Abstract

Annual Report on Development of Beijing's Talent (*2014 – 2015*) is the fourth book from the series "Blue Book of Beijing's Talent", edited by Beijing Human Resource Research Center for the purpose of comprehensively presenting and summarizing the theoretical achievements and practical experience of talent development in Beijing for a certain period. The report comprises five parts: General Report, Report on Industries, Report on Districts, Report on Fields and Appendix.

General Report summarizes the basic situation of talent development in Beijing. Specific approaches on "five constructions" including system construction, institution construction, team construction, platform construction and environment construction are also included. At the same time, next tasks of talent work focusing on "convergence" are put forward.

Report on Industries, Report on Districts, and Report on Fields have collected reports on talent development in some key industries, districts and fields in Beijing. They in combination aim to display practical exploration, work achievements and strategies by related departments from a multi-perspective.

Appendix has collected important documents on talent development policies and significant events in Beijing since September 2014, enabling the readers to acquire a comprehensive understanding on the general strategy of talent development in Beijing during the concerning period.

Contents

B I General Report

B. 1 Institution and Mechanism Reform: Creating a
New Situation of Talent Work in Beijing
—*Beijing Talent Development Report in 2014 – 2015*
Group of Beijing Center for Human Resource Research / 001

Abstract: 2015 is the year of reform and renovation for Beijing talent work. Firstly, this report summarizes the basic situation of Beijing talent development, and analyzes the new achievements of talent work, from talent scale, quality, structure, efficiency and other aspects. Secondly, it discusses the specific approaches on improving talent work system, promoting institution and mechanism reform of talent development, strengthening the construction of talent team, building the platform of talent development, and creating environment for talent development, which can be summarized as "five constructions" including system construction, institution construction, team construction, platform construction and environment construction. Finally, it puts forward the next tasks of talent work based on "convergence", focusing on improving the development level of talent internationalization, promoting the talent integration in Beijing, Tianjin and Hebei, deepening the institution and mechanism reform of talent development, and strengthening the political leading and absorb to experts, etc.

Keywords: Talent Development; Institution and Mechanism Reform; "Five Constructions"; Talent Integration

₿ Ⅱ Report on Industries

B.2 Research on the Demand Structure of Financial
Talent in Beijing
    HR Department of Beijing Municipal Bureau of Financial Work
    Talent Research Institute of Beijing G&G Human Resource
    Development Center / 028

  Abstract: Interviews and questionnaire survey are conducted on the surplus and shortage situation of talent in big central financial firms and common financial firms, in order to get the demand structure of financial talent in Beijing. It is found that there are few excellent surplus talent for redistribution in big central financial firms, while the surplus talent are not popular in common financial firms. This report analyzes the structure on gender, age, education, job title, qualification certificate, overseas background and work experience of shortage financial talent. The needs of business development, low quality of talent, and shortage of industrial talent are main reasons for talent shortage of financial firms in Beijing. At last, corresponding policy recommendations are put forward according to the main difficulties and suggestions which are raised by financial firms to solve the problem of talent shortage.

  Keywords: Financial Talent; Shortage Talent; Surplus Talent; Talent Structure

B.3 Research on the Institution and Mechanism Reform of
Scientific and Technological Talent Work
    Wu Feifei, Wang Zheng, Zhu Xiaoyu and Huang Zheng / 061

  Abstract: Benefiting from numerous universities and institutes located in Beijing, a larger number of high - level scientific and technological talent are gathered. In order to release those people's innovative and entrepreneurial vitality

北京人才蓝皮书

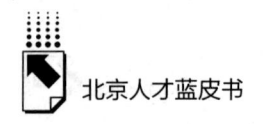

and enthusiasm, this report investigates the situation of institution and mechanism reform of talent work in universities and institutes, discusses the mechanism of talent introduction, training, evaluation, incentive, configuration, innovation and entrepreneurship, summarizes outstanding experiences and typical problems of talent management, through field research, group discussion, case study and other methods. Finally, suggestions for deepening institution and mechanism reform of talent work are put forward in several aspects including releasing autonomy and initiative of research institutes, facilitating the flow of innovation resources within and outside the government, promoting and continuously deepening the reform, and enhancing the operability of current reform measures.

Keywords: Scientific and Technological Talent; Talent Work; Institution and Mechanism Reform; University and Institute

B. 4 Research on Current Situation of Talent in Tourism Culture and Recreation Industry

CPC Mentougou District Party Committee Organization Department / 086

Abstract: According to regional function disposition, tourism culture and recreation industry is the dominant industry in Mentougou District. Therefore, talent team construction in this industry is quite essential in the promotion of regional economic and social development transformation. Based on the regional development phases and the law of talent growing, this report mainly analyzes the role of talent team construction in tourism culture and recreation industry and the district's strengths and weaknesses on talent team construction. Suggestions and measures for improving talent work in tourism culture and recreation industry are put forward, which has important practical significance to the innovation of regional talent work mechanisms, the optimization of talent development environment and the promotion of the healthy and orderly development of the industry. Moreover, the research result will be a positive model for talent team construction in other areas.

Keywords: Tourism Culture and Recreation Industry; Talent Team Construction; Mentougou District

B. 5 Research on the Exploration and Practice of Talent Aggregation in Film and Television Culture Industry

Huairou Cultural Industry Developing and Promotion Center / 103

Abstract: Talent is the core resource of the healthy development of film and television culture industry. How to seize the opportunities of collaborative development of Beijing, Tianjin and Hebei, speed up talent aggregation, promote the development of cultural industry aggregation and make contributions to construct national culture center for Beijing is the urgent subject of talent work in Huairou, which is the only film and television industry demonstration area in China. Taking China (Huairou) film and television industry demonstration area as an example, this report investigates the construction of regional cultural talent, generalizes five talent aggregation mechanisms including industrial base, important events, flexible drawing wisdom, professional college and optimized environment, analyzes the barriers and opportunities under the background of collaborative development of Beijing, Tianjin and Hebei, and put forward eleven corresponding countermeasures.

Keywords: Film and Television Culture Industry; Talent Aggregation; Talent Team Construction

B. 6 Research on the Development of Rural Practical Talent in Beijing

Beijing Municipal Commission of Rural Affairs / 113

Abstract: Rural practical talent is an important part of China's talent team.

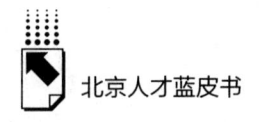

Currently, a sound development and training system of rural practical talent has basically been formed in Beijing, along with the increase of the scale of rural practical talent, the optimization of talent structure as well as the improvement on talent quality, which has provided strong support for urban construction, urban agriculture development, and balance development of urban and rural in Beijing. This report analyzes the basic situation of rural practical talent in 2014, summarizes the main practices of talent construction, and refined typical patterns of rural practical talent development. At the same time, policy recommendations for the construction of rural practical talent are put forward based on the analysis of new situations including the collaborative development strategy of Beijing, Tianjin and Hebei, new position of capital functions as well as new demands from agricultural and rural development in Beijing.

Keywords: Rural Practical Talent; Talent Construction; Developing and Training System

B.7 Research on the Team Construction of Beijing Community Workers

Liu Zhanshan, Zhang Qiang, Liu Lin and Zuo Xin / 137

Abstract: According to the survey on team construction of Beijing community workers in 2014, overall structure of community workers is reasonable, staff is relatively stable, and the whole team tends to be younger, better educated and more professional. At the same time, there are also some problems including incomplete policy system, low income levels, limited development space, and unclear function orientation. Therefore, it is necessary to further refine the policy system, rationalize the mechanism of income security, broaden the space for career development, standardize the function orientation, and adhere to the trend of specialization and professionalism, which will provide stronger support from human resources for the social construction in Beijing.

Keywords: Community Workers; Team Construction; Survey; Policy System

B Ⅲ　Report on Districts

B.8　Research on the Development Strategy of
　　　Innovative and Entrepreneurial Talent in Zhongguancun
　　　Xicheng Science Park
　　　　　Research Group of Development Strategy of Innovative and
　　　　　Entrepreneurial Talent in Zhongguancun Xicheng Science Park / 155

Abstract: As an important part of Zhongguancun Science Park, Zhongguancun Xicheng Science Park has basically formed an industry layout mainly supported by R&D, cultural creativity and financial services. Talent has become the first resource to promote innovative development of the science park, and support the continuous production of innovative results. Aiming at innovative and entrepreneurial talent and focusing on the construction of talent team, the implementation of innovation-driven strategy and the insurance of sustained and rapid economic development, this report mainly researches and assesses current status of talent development and environment construction in the park, forms new ideas of talent development strategy, identifies key areas of talent development, and builds implementation security system for talent development.

Keywords: Innovative and Entrepreneurial Talent; Zhongguancun Science Park; Talent Development

B.9　Research on Talent Introduction and Cultivation Service
　　　System of Strategic Emerging Industries in Haidian District
　　　　　CPC Haidian District Party Committee Organization Department / 181

Abstract: Intensive investigations are conducted to the talent introduction and aggregation work of strategic emerging industries in Haidian District through questionnaire investigation, interviews, etc. According to research results, existing problems are deeply analyzed including insufficient introduction of high – end overseas entrepreneurial talent, incomplete talent supporting policy in enterprises, and institutional and environmental barriers against talent introduction. Policy recommendations are put forward such as establishing the "Through Train" to introduce overseas talent so as to promote project landing; improving talent supporting policy so as to build supporting service system for enterprise talent which is matched with actual demands, breaking the institution and mechanism barriers so as to further promote the international level of talent environment, etc.

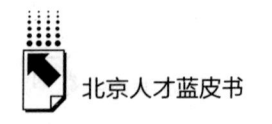

Keywords: Strategic Emerging Industry; Talent Introduction; Talent Cultivation; Talent Service

B.10 Research on the Optimization Path of Talent Entrepreneurial Environment in Fangshan District

CPC Fangshan District Party Committee Organization Department / 197

Abstract: Talent entrepreneurial environment refers to all kinds of circumstances and situations in which various talents start their own businesses, the core of which are factors and conditions that can influence and affect the formation of entrepreneurial ideas and implementation of entrepreneurial activities. Good talent entrepreneurship environment is the most essential issue for the aggregation of high – end talent and the landing of high – tech projects, as well as an important starting point for the rapid development of regional economy. By sorting out the characteristics of talent entrepreneurial environment during the three transformation periods in Fangshan, this report focuses on the comparative analysis of the characteristics and development trend with those of the developed areas. Moreover, problems and causes are found from six aspects including urban environment, human resources environment, political environment, cultural environment, industrial environment and financial environment, ending with countermeasures for optimizing talent entrepreneurial environment in Fangshan.

Keywords: Talent; Entrepreneurial Environment; Optimization Path

B. 11 Research on the Construction Path of High-level Talent Team in Administrative Sub-center
CPC Tongzhou District Party Committee Organization Department / 207

Abstract: According to the positioning of Tongzhou District as an administrative sub-center, this report analyses the economic and social development of Tongzhou in the new era, and the current situation and structure characteristics of talent supply in all the fields. Demands for high educated talent, as well as restriction factors existing in talent work and talent development are comprehensively studied, ending with specific measures and suggestions for solving problems of current and future talent development in Tongzhou.

Keywords: Talent Work; Tongzhou District; Administrative Sub-center

B. 12 Research on the Construction Path of Airport Economic High-level Talent Aggregation Zone in Shunyi District
CPC Shunyi District Party Committee Organization Department / 221

Abstract: This study makes a comprehensive analysis on the current situation and problems of regional talent team construction combined with industrial layout and development plan of Shunyi Airport Economic Zone, focusing on solving the institutional obstacles restricting talent development based on the main task and path of the talent aggregation zone construction. Profiting from the successful construction experience and practices of other talent management reform experimental areas, feasible suggestions and countermeasures on how to construct the talent aggregation zone are put forward from several aspects, including accelerating high-end airport economic industry aggregation, gathering related industry talents, innovating talent work mechanism, strengthening talent platform construction and optimizing talent development environment, which will provide references for the development and innovation of capital talent work.

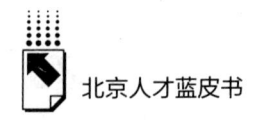

Keywords: Airport Economy; High-level Talent; Talent Aggregation Zone

B.13 Research on the Practice on Innovative Development Driven by Talent Work in Newly-developed District

Organization Departments of Daxing District and BDA / 243

Abstract: Based on the enterprise human resources survey in Daxing district and statistical data of the labor employment information management system in BDA through questionnaire, interviews, expert consultations and other approaches, this report investigates the overall condition of talent team in newly-developed district. According to research results, talent advantages exist in many aspects, such as promoting the development of leading industries, enhancing the innovation ability steadily and accelerating transformation of technical results. In the meanwhile, many aspects remain to be further strengthened, such as the construction of key talent team and continuous innovation in talent policy, etc. Finally, political suggestions are put forward for constructing a new pattern of talent work, optimizing talent policy system, promoting talent echelon construction and enhancing talent service ability, which will provide strong talent support for creating leading talent development demonstration area in high-end industries during the period of the 13th Five-Year Plan.

Keywords: Talent Team; Talent Work; Innovative Development

B Ⅳ　Report on Fields

B.14　Research on the Construction of Unified and Standardized Human Resources Market

Human Resources Market Division of Beijing Municipal Human Resources and Social Security Bureau / 257

Abstract: Since the 12th Five-Year Plan, the requirements of Chinese Party Central Committee, State Council, CPC Beijing Committee and Municipal Government are thoroughly implemented on the work of human resources market in Beijing. The "Big Market" idea and "Two-Lization & Three-Development" working approaches are defined gradually. Great achievements are acquired in several aspects including improving institution and mechanism for managing human resources market, advancing public service system construction of human resources and optimizing development environment of human resources service industry. Currently, China's economy has entered a period of new normal. As a result, the development of human resources market also faces opportunities along with challenges. During the 13th Five-Year Plan, the construction of a unified, standardized and flexible human resources market will be comprehensively promoted, endeavoring to realize breakthroughs in implementing development policies of promoting human resources service industry, improving public service system construction of human resources market, enhancing the administrative ability in managing human resources market and advancing interconnection and interworking of human resource markets among Beijing, Tianjin and Hebei.

Keywords: Human Resources Market; Human Resources Service Industry; Public Service System

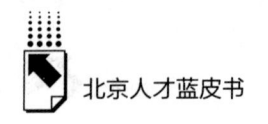

B. 15　Research on the Development of International Talent Intermediary Service Industry in Beijing　　*Wang Huiyao* / 273

Abstract: Since the release of *Interim Provisions on the Administration of Chinese-Foreign Joint Venture Talent Intermediary Agencies* issued by Ministry of Human Resources and Social Security in 2013, the development of international talent intermediary agents in Beijing has been restricted due to the limit on registration capital. In the meanwhile, the lack of international talent in Beijing is aggravated due to the complicated procedures for a foreign talent to get a legal certificate in China, such as Alien Employment Permit, Foreign Expert Certificate and residence permits. This report advises to cancel the limit of 49% ceiling of foreign capital share holding in talent intermediary agencies and allow set up of foreign owned talent intermediary agencies, in order to promote the potential growth of international talents in Beijing.

Keywords: Talent Service; International Talent; Foreign Talent; Intermediary Agency

B. 16　Research on Comparison between Human Capital and Physical Capital in Beijing
　　Li Haizheng, Sun Yue, Qiu Yuefang and Guo Dazhi / 284

Abstract: Human capital and physical capital are not only important parts of national wealth, but also the sources of economic growth. As capital of China, Beijing has abundant human capital and physical capital, intensive research on which will reveal the situation of Beijing and provide references for future economic and social policy. This report adopts the J-F lifetime income approach and OECD capital estimation method to calculate multiple indexes of human capital and physical capital, using the latest data. Based on the analysis on calculation results, structure changing trends of human capital and physical capital are presented.

Keywords: Silver Human Capital; Physical Capital; Estimation Method

B.17　Research on Echelon Construction of High-level Specialized Technical Talent in Beijing　*Zhang Shiyun, Zheng Yi* / 306

Abstract: Based on literature research and field investigation, this report points out there are still problems in the management, cultivation, introduction and utilization of specialized technical talent in Beijing, including incomputable data, cross management, shortage of top talent, insufficient talent introduction and cultivation, and incomplete talent evaluation. The fundamental way to solve these problems lies in the integration of talent plans, the improvement of talent evaluation mechanism, and promoting talent plan adapting to the trend of market operation. Under the overall framework of talent echelon construction, the competent department of human resources, talent plan and market resources should be combined, so as to provide a solid guarantee for the four-center construction of Beijing. The key issues lies in forming a joint force in talent management system, dealing with the relationship between government and market in the process of talent market allocation, and making talent plans coordinated with industrial policy.

Keywords: Specialized Technical Talent; Echelon Construction; Administrative Efficiency

皮书起源

"皮书"起源于十七、十八世纪的英国,主要指官方或社会组织正式发表的重要文件或报告,多以"白皮书"命名。在中国,"皮书"这一概念被社会广泛接受,并被成功运作、发展成为一种全新的出版形态,则源于中国社会科学院社会科学文献出版社。

皮书定义

皮书是对中国与世界发展状况和热点问题进行年度监测,以专业的角度、专家的视野和实证研究方法,针对某一领域或区域现状与发展态势展开分析和预测,具备原创性、实证性、专业性、连续性、前沿性、时效性等特点的公开出版物,由一系列权威研究报告组成。

皮书作者

皮书系列的作者以中国社会科学院、著名高校、地方社会科学院的研究人员为主,多为国内一流研究机构的权威专家学者,他们的看法和观点代表了学界对中国与世界的现实和未来最高水平的解读与分析。

皮书荣誉

皮书系列已成为社会科学文献出版社的著名图书品牌和中国社会科学院的知名学术品牌。2011年,皮书系列正式列入"十二五"国家重点出版规划项目;2012~2015年,重点皮书列入中国社会科学院承担的国家哲学社会科学创新工程项目;2016年,46种院外皮书使用"中国社会科学院创新工程学术出版项目"标识。

中国皮书网
www.pishu.cn

发布皮书研创资讯，传播皮书精彩内容
引领皮书出版潮流，打造皮书服务平台

栏目设置：

- 资讯：皮书动态、皮书观点、皮书数据、皮书报道、皮书发布、电子期刊
- 标准：皮书评价、皮书研究、皮书规范
- 服务：最新皮书、皮书书目、重点推荐、在线购书
- 链接：皮书数据库、皮书博客、皮书微博、在线书城
- 搜索：资讯、图书、研究动态、皮书专家、研创团队

中国皮书网依托皮书系列"权威、前沿、原创"的优质内容资源，通过文字、图片、音频、视频等多种元素，在皮书研创者、使用者之间搭建了一个成果展示、资源共享的互动平台。

自 2005 年 12 月正式上线以来，中国皮书网的 IP 访问量、PV 浏览量与日俱增，受到海内外研究者、公务人员、商务人士以及专业读者的广泛关注。

2008 年、2011 年中国皮书网均在全国新闻出版业网站荣誉评选中获得"最具商业价值网站"称号；2012 年，获得"出版业网站百强"称号。

2014 年，中国皮书网与皮书数据库实现资源共享，端口合一，将提供更丰富的内容，更全面的服务。

法 律 声 明

"皮书系列"(含蓝皮书、绿皮书、黄皮书)之品牌由社会科学文献出版社最早使用并持续至今,现已被中国图书市场所熟知。"皮书系列"的LOGO(　)与"经济蓝皮书""社会蓝皮书"均已在中华人民共和国国家工商行政管理总局商标局登记注册。"皮书系列"图书的注册商标专用权及封面设计、版式设计的著作权均为社会科学文献出版社所有。未经社会科学文献出版社书面授权许可,任何使用与"皮书系列"图书注册商标、封面设计、版式设计相同或者近似的文字、图形或其组合的行为均系侵权行为。

经作者授权,本书的专有出版权及信息网络传播权为社会科学文献出版社享有。未经社会科学文献出版社书面授权许可,任何就本书内容的复制、发行或以数字形式进行网络传播的行为均系侵权行为。

社会科学文献出版社将通过法律途径追究上述侵权行为的法律责任,维护自身合法权益。

欢迎社会各界人士对侵犯社会科学文献出版社上述权利的侵权行为进行举报。电话:010-59367121,电子邮箱:fawubu@ssap.cn。

社会科学文献出版社